PREMIÈRE PRÉSIDENCE DE M. CALMÈTES.

RECUEIL

DES

ARRÊTS NOTABLES

DE LA COUR IMPÉRIALE DE BASTIA,

(ANNÉES 1857-1858-1859.)

PAR

MM. LE C⁰ COLONNA D'ISTRIA ET DE GAFFORI

Chevalier de la Légion d'honneur,

CONSEILLERS A LA COUR.

—

DÉDIÉ

A M. CALMÈTES, PREMIER PRÉSIDENT,

OFFICIER DE LA LÉGION D'HONNEUR.

TOME V.
Seconde Période. — Tome Second.

BASTIA,

DE L'IMPRIMERIE FABIANI.

—

1861.

RECUEIL

DES ARRÊTS NOTABLES

DE LA COUR IMPÉRIALE DE BASTIA.

TOME V.

©

PREMIÈRE PRÉSIDENCE DE M. CALMÈTES.

RECUEIL

DES

ARRÊTS NOTABLES

DE LA COUR IMPÉRIALE DE BASTIA,

(ANNÉES 1857-1858-1859.)

PAR

MM. LE Cᵗᵉ COLONNA D'ISTRIA ET DE GAFFORI

Chevalier de la Légion d'honneur,

CONSEILLERS A LA COUR.

—

DÉDIÉ

A M. CALMÈTES, PREMIER PRÉSIDENT,

OFFICIER DE LA LÉGION D'HONNEUR.

TOME V.

Seconde Période. — Tome Second.

BASTIA,

DE L'IMPRIMERIE FABIANI.

—

1861.

ANNÉE 1857.

ARRÊTS NOTABLES

PAR LA COUR IMPÉRIALE DE BASTIA

1857-1859.

DU 6 JANVIER 1857.

1° DEMANDE EN DISTRACTION. — LITISPENDANCE. — CONNEXITÉ. — SURSIS. — CARACTÈRES.
2° POSSESSEUR. — ACTION PÉTITOIRE.
3° SAISIE-IMMOBILIÈRE. — TRANSCRIPTION. — EFFET. — DEMANDE EN DISTRACTION.
4° ÉVOCATION. — REFUS DU SAISI DE CONCLURE.
5° MISE EN DEMEURE. — CLAUSE AMBIGUE.

*1° L'exception de litispendance et de connexité a pour objet le dessaisis-
sement du Tribunal devant lequel on l'invoque. — Le sursis, au contraire,
suspend la décision, mais ne dénantit pas le Juge.*

*2° Il n'est pas interdit au possesseur qui a triomphé au possessoire d'en-
gager lui-même l'action pétitoire, si son intérêt le commande.*

*L'exercice d'une telle action n'emporte pas renonciation au bénéfice de la
possession* (1).

---

(1) On pourrait objecter, sans doute, que l'action des héritiers Giuseppi, si on devait la
juger d'après les règles relatives à l'action *négatoire*, aurait dû être déclarée non-recevable;
car, dans l'espèce, il s'agissait évidemment d'une action *pétitoire corporelle* qui ne s'exerce
que contre le possesseur de l'immeuble revendiqué, tandis que l'action *pétitoire incorporelle*

3° La transcription de la saisie-immobilière ne dépouille pas le saisi de la propriété des immeubles dont l'expropriation est poursuivie (1).

Le Tribunal devant lequel est formée une demande en distraction de tout ou partie des objets saisis, ne peut surseoir à statuer sur cette demande, sous le prétexte qu'une autre instance portée devant le même siége, composé d'une seule chambre civile, offre à juger la même question qui est soulevée par la demande en distraction.

4° Le refus du saisi de conclure au fond, soit devant le premier Juge, soit en appel, ne peut faire obstacle à l'évocation, si la cause est prête à recevoir jugement (2).

5° Lorsque la clause d'un contrat de prêt, relative à la nécessité de la mise en demeure du débiteur, est obscure ou ambiguë, il y a lieu de l'interpréter dans le sens le plus favorable à ce dernier.

---

peut être exercée par le possesseur lui-même. — V. PONCET, *Des actions*, n°ˢ 23, 24, 52, 53 et 54. Nous pensons cependant que la Cour de Bastia a bien jugé, non-seulement parce que les intimés n'avaient pas intérêt à contester une demande qui les délivrait *des périls et des embarras de l'agression*, comme le porte notre arrêt; mais encore parce que l'on pourrait appliquer ici les principes et les arguments qui ont fait admettre, même sous l'empire de la législation actuelle, les actions *ad futurum*, dans tous les cas où un intérêt bien entendu semble les commander. On consultera avec fruit, à cet égard, une note de M. DEVILLENEUVE qui cite un grand nombre d'autorités et envisage la question sous son véritable point de vue (S. V. 50. 2. 1). — Voir en outre : Bordeaux, 15 février et 23 août 1851 ; — Caen, 4 août 1851 (S. V. 51. 2. 288 ; — 52. 2. 216 et 228; — D. P. 51. 2. 193 ; — 52. 2. 293).

(1) La question a été et paraît encore controversée. Dans le sens de l'arrêt ci-dessus : Amiens, 30 janvier 1825 (S. 26. 2. 247; — D. P. 26. 2. 252) ; — Rejet, 3 février 1856 (S. V. 36. 1. 661 ; — D. P. 36. 1. 86); — Lyon, 10 août 1856 (S. V. 37. 2. 469 ; — D. P. 38. 2. 15) ; — PERSIL, n° 144 et CHAUVEAU, Quest. 2297.

Contrà : Paris, 25 mars 1820 (S. 26. 2. 248 à la note); — Cass., 21 août 1840 (S. V. 40. 1. 859 ; — D. P. 40. 1. 327) ; — Riom, 5 mai 1841 (S. V. 41. 2. 572) ; — DEVILLENEUVE, note sous ce dernier arrêt.

(2) Nous sommes portés à penser qu'en principe général il appartient aux juges chargés de prononcer de décider souverainement si la matière est disposée à recevoir une solution définitive, et si, par suite, l'évocation peut être permise, sous la condition de statuer définitivement sur le fond par un seul et même arrêt. Cependant on pourrait puiser quelques raisons de douter dans les dispositions des art. 342 et 343 du Code de Procédure Civile, d'après lesquels une affaire n'est en état que quand les conclusions ont été contradictoirement prises à l'audience. Quoi qu'il en soit, nous croyons devoir nous borner à renvoyer le lecteur aux observations faites par M. CHAUVEAU, Quest. 1702, § 1er, n° 5.

Estela C. Giuseppi.

ARRÊT.

Après délibération en la Chambre du Conseil,

La Cour; — sur les conclusions de M. Bertrand, Premier Avocat Général;

Considérant que le Tribunal de Première Instance n'a nullement violé les règles tracées par la loi en matière de litispendance ou de connexité, en déclarant qu'il serait sursis à statuer sur la demande en distraction formée par les hoirs Estela, jusqu'après la solution des deux litiges déjà engagés devant le Tribunal lui-même, touchant la propriété des immeubles revendiqués par les appelants;

Considérant que l'exception de litispendance ou de connexité, dans le cas où elle peut être légalement proposée, a pour objet et pour résultat le dessaisissement du Juge devant qui on l'invoque, et non un simple sursis au jugement;

Considérant que le sursis, au contraire, ajourne la décision, mais ne dénantit point le Magistrat qui le prononce;

Considérant, sous un autre rapport, que si, en Droit Romain, la revendication de la propriété était, en général, interdite au possesseur *Quippe sufficit ei ut possideat*, on ne saurait en conclure que, sous l'empire des lois nouvelles, le possesseur troublé dans sa jouissance par l'action possessoire d'un tiers qui se prétend propriétaire, ne puisse, après avoir été maintenu en possession par le Juge compétent, exercer l'action pétitoire pour faire reconnaître son droit, et assurer ainsi sa propriété menacée contre toute atteinte ultérieure;

Considérant que les hoirs Estela, appelants, sont évidemment sans intérêt à se plaindre de cette interversion des rôles, puisque les héritiers Giuseppi, intimés, pouvaient leur laisser les embarras et les périls de l'agression, en se retranchant derrière l'adage *in pari causa potior causa possidentis;* — Que vainement les intimés soutiennent que l'exercice de l'action pétitoire renferme une renonciation implicite au bénéfice de la possession; — Que cette règle n'était point suivie à Rome, ainsi que l'atteste Ulpien, dans le texte si connu du Digeste : *Nihil habet commune proprietas cum possessione........., non enim videtur possessioni renuntiasse qui rem vindicavit;* — Que les appelants reprochent aussi en vain aux hoirs Giuseppi d'avoir agi contre eux par la voie de l'action négatoire, dans un cas où elle n'était pas autorisée; — Qu'une semblable argumentation aurait pu présenter quelque importance durant la période du Droit Romain, où chaque action avait sa dénomination sacramentelle et sa formule inflexible, mais qu'on ne saurait lui reconnaître aucune valeur sous une législation qui, s'attachant moins aux termes qu'au fond des choses, accorde une action là où elle reconnaît un intérêt et permet au demandeur de formuler son action de la manière qu'il juge le plus utile à son succès;

Considérant que c'est encore sans aucun fondement que les hoirs Estela soutiennent que, par l'effet de la transcription de la saisie, les hoirs Giuseppi, débiteurs saisis, ont cessé d'être leurs contradicteurs légitimes dans une controverse relative à la propriété des immeubles dont on poursuit la vente;

Considérant, en effet, que malgré l'interdiction d'aliéner et l'immobilisation des fruits résultant de la transcription, la propriété n'en continue pas moins de résider sur la tête du saisi; — Que c'est par application de ce principe que, soit la demande en distraction, soit la demande en résolution formée par un tiers, soit l'action en révocation de la donation des biens compris dans la saisie doivent être spécialement dirigées contre le débiteur saisi;

Considérant qu'après avoir écarté ces difficultés préliminaires du litige, il reste à examiner si les circonstances de la cause autorisaient le Tribunal à ordonner un sursis, en ce qui concerne la demande en distraction des hoirs Estela;

Considérant que le sursis ne pourrait se justifier que dans le cas où le sort de la demande en distraction serait subordonné au résultat des deux instances précédemment engagées devant le Tribunal de Bastia, et mentionnées dans le jugement attaqué ;

Mais considérant que l'une de ces instances, relative à la propriété des immeubles objet de la demande en distraction, offre à juger identiquement la même question qui s'agite, au fond, dans l'instance actuelle entre les mêmes héritiers ;·

Considérant qu'on ne comprend pas, dès lors, pourquoi le Tribunal, au lieu de la résoudre dans l'instance qui présente le plus d'urgence, en a ajourné la décision jusqu'après le jugement du litige qui avait le moins ce caractère ;

Considérant, en ce qui touche la prétention des légataires de deux immeubles compris dans la demande en distraction , |que l'instance particulière qui existe à cet égard, n'était pas de nature à justifier le sursis prononcé par le Tribunal ; — Que les droits des légataires particuliers et ceux invoqués par les hoirs Estela, procèdent de titres différents ; — Que, dès lors, la solution à intervenir sur la demande en distraction ne saurait exercer aucune influence sur l'instance en validité des legs, la position des légataires ne pouvant être affectée par un jugement dans lequel ils n'auraient pas été parties et qui serait, à leur égard, *res inter alios acta ;*

Considérant que le Tribunal de première instance aurait dû d'autant moins ajourner indéfiniment sa décision sur la demande en distraction, que, par cette mesure, il paralysait les droits des créanciers et pouvait leur causer d'irréparables préjudices ; — Qu'ainsi c'est le cas, en disant droit à l'appel, d'infirmer le jugement attaqué et d'ordonner l'évocation du fond, si la cause est prête à recevoir une décision définitive ;

Considérant que le silence affecté du débiteur saisi, sur le fond de la contestation, soit devant le premier Juge, soit en cause d'appel, ne peut dépouiller la Cour de son droit d'évocation, lorsque la nature de l'instance, l'intérêt du demandeur en distraction et celui des créanciers réclament la solution la plus prompte ;

Considérant que la demande en distraction n'a d'autre fondement que la cession de droits successifs du 6 Novembre 1844 ; — Qu'il s'agit uniquement d'interpréter cet acte, et que, dès lors, la cause est prête à recevoir jugement au fond ;

Considérant qu'il résulte de l'acte précité que la dame Estela céda à son père, Antoine-Jacques Giuseppi, tous ses droits successifs paternels et maternels, pour le prix de dix-huit mille francs payables dans dix années ; — Qu'il fut stipulé, en même temps, qu'à défaut de paiement à l'échéance, la dame Estela deviendrait propriétaire de certains immeubles désignés nommément dans la convention ;

Considérant que d'après l'article 4, explicatif et modificatif de l'article qui précède, le dessaisissement des héritiers Giuseppi était subordonné à une mise en demeure, dont l'effet devait être de proroger pendant un mois le bénéfice du terme ;

Considérant que l'article 4 n'est pas uniquement relatif aux droits d'enregistrement et au paiement des intérêts, ainsi que les appelants le soutiennent ; — Que l'obligation de la mise en demeure a principalement pour objet le capital lui-même ;

Considérant que, si la clause présentait quelque doute, il y aurait lieu de l'interpréter dans le sens de la nécessité de la mise en demeure, suivant les principes généraux du droit en cette matière ;

Considérant que les hoirs Estela ne peuvent être admis à prétendre que l'instance au possessoire par eux engagée contre les héritiers Giuseppi constituait une mise en demeure ; — Qu'en effet, la mise en demeure, telle que la loi l'entend et la définit, suppose que le débiteur n'est pas déchu du bénéfice du terme, tandis que l'action possessoire impliquait, au contraire, cette déchéance ;

Considérant que les hoirs Estela n'ayant point justifié de leur droit de propriété des immeubles en litige, leur demande en distraction doit être repoussée ; ....

Disant droit à l'appel des hoirs Estela,

Infirme le jugement de sursis prononcé par le Tribunal de première instance de Bastia,

Et PROCÉDANT par voie d'évocation, conformément aux conclusions
des appelants,

La cause étant prête à recevoir jugement au fond,

DÉCLARE la demande en distraction mal fondée,

En DÉBOUTE, par suite, les hoirs Estela..........

Chambre Civile. — M. CALMÈTES, *Premier Président.*

MM. ESTELA,
SAVELLI,
MILANTA,   } *Avocats.*
OLLAGNIER,

DU 7 JANVIER 1857.

HYPOTHÈQUE. — BIENS ÉCHANGÉS. — HÉRITIER PUR ET SIMPLE. — CRÉANCIERS.

L'immeuble reçu en contre-échange par l'héritier du débiteur n'est point soumis à l'hypothèque qui grevait l'immeuble donné en échange, lequel reste affecté à l'hypothèque qui le frappait [Cod. Nap. Art. 2122] (1).

Les titres exécutoires contre le défunt le sont pareillement contre l'héritier, aux termes de l'article 877 du Code Napoléon; mais ils ne peuvent point de plein droit, et par le seul effet de l'adition de l'hérédité, soumettre les biens personnels de l'héritier à l'hypothèque qui grevait les biens du défunt (2).

Antonini C. Fabiani.

Créanciers d'une somme déterminée, les frères Antonini avaient obtenu en 1808 un jugement de condamnation contre Félix Giudicelli leur débiteur, et avaient pris en 1809 une inscription hypothécaire pour sûreté de leur créance. — Giudicelli étant décédé en 1817, sa veuve, Marie-Hiéronyme, se fit attribuer en 1825, pour ses reprises matrimoniales, trois immeubles de la succession, dont elle disposa en 1831, à titre onéreux en faveur de sa belle-fille, Barbe, et de son petit fils, Paul-Jean. — Deux des

---

(1-2) Les solutions ci-dessus sont celles d'un jugement du Tribunal de Calvi, que la Cour de Bastia a confirmé par adoption pure et simple des motifs. — La première, combattue par Domat, sect. 1re, titre 2, liv. 3, n° 12 et par Troplong, *Hypothèques*, tom. 2, n° 434 *bis*, est approuvée par Grenier, tom. 1er, n° 206.

La seconde, repoussée par Delvincourt, tom. 2, pag. 373, note 1, et Merlin, V° *Ordre*, §2, n° 2, est, au contraire, admise par les auteurs des Pandectes françaises, tom. 3, n° 301; — Duranton, tom. 7, n° 461 ; — Vazeille, Art. 877, n° 3; — Troplong, *Hypothèques*, tom. 2, n° 390; — Massé et Vergé sur Zachariæ, tom. 2, pag. 328, n° 5; — Dalloz, *Jur. Gén.*, 2e édit., tom. 41, n° 1322. — V. Conf. : Caen, 4 février 1822 (Journal du Palais, année 1822, aff. Chesnel de Voicelery C. Joubin). — La lettre de l'art. 877, dans lequel ne sont point reproduites ces expressions de l'art. 875 « *et hypothécairement pour le tout* » et le principe de l'indivisibilité de l'hypothèque, nous semblent commander cette solution.

immeubles dénommés *Nescinco* et *Capannoso* furent échangés en 1837 contre un autre immeuble, dit *Pratese*, par Padoue-Antoinette Moretti l'un des héritiers Giudicelli, avec le concours de Paul-Jean qui les avait reçus de Marie-Hiéronyme.

Les créanciers de Giudicelli n'avaient plus fait aucune diligence pour le recouvrement de leur créance; ils avaient même laissé périmer, faute de renouvellement, l'inscription qu'ils avaient prise en 1809. — Mais, en 1838, ils prirent une seconde inscription, et l'année suivante ils firent notifier leur titre aux hoirs Giudicelli avec commandement de payer. Ce commandement resta sans effet et sans poursuite ultérieure; seulement les créanciers eurent soin, en 1848, de renouveler leur inscription hypothécaire.

En 1852, l'héritier qui avait échangé *Nescinco* et *Capannoso* contre *Pratese*, céda cet immeuble à son beau-fils Fabiani, moyennant une rente viagère.

Les créanciers laissèrent encore passer trois ans; puis, en 1855, après avoir fait un nouveau commandement aux héritiers Giudicelli, à fin de saisie immobilière, ils sommèrent Fabiani d'avoir à payer ou à délaisser. Cette sommation fut suivie d'opposition sur laquelle le Tribunal de Calvi a statué en ces termes :

« Attendu que par acte, au rapport de Mᵉ Antonini, à la date du 3 Février 1831, Marie-Hiéronyme Giudicelli a vendu à Jean Albertini, moyennant rente viagère, les immeubles *Nescinco* et *Capannoso* qu'elle avait reçus en paiement de ses reprises matrimoniales ;

» Que par acte du 16 Septembre 1837 Padoue-Antoinette femme Moretti, fille de Hiéronyme et de Félix Giudicelli, a, avec le concours et l'*adhésion* de Jean Albertini, échangé ces mêmes immeubles avec Allegrini, qui, en contre-échange, a donné l'immeuble *Pratese* dont la distraction est demandée par Jean Fabiani, qui l'aurait reçu moyennant rente viagère de sa belle-mère, Padoue-Antoinette Moretti ;

» Que des faits qui précèdent il résulte que les immeubles *Nescinco* et *Capannoso* représentés par l'immeuble *Pratese* appartenaient à Hiéronyme, et de Félix Giudicelli, débiteur principal ; — Que ces immeubles sont passés à Padoue-Antoinette, fille et héritière de Hiéronyme et de Félix Giudicelli, débiteur principal ;

» Attendu que Padoue-Antoinette étant héritière de Félix Giudicelli, le jugement obtenu contre son père serait aussi exécutoire contre elle, aux termes de l'art. 877 Cod. Nap., et qu'il le serait hypothécairement pour le tout sur les biens personnels du débiteur principal ; mais qu'il n'en est pas de même pour ce qui regarde les biens propres de l'héritier ; — Qu'à cet égard, il faudrait un jugement nouveau obtenu personnellement contre l'héritier, qui n'en serait même tenu que jusqu'à concurrence de sa portion virile ; — Que de là il suit que l'immeuble *Pratese* ne faisant pas partie de la succession de Félix Giudicelli, n'a pu être affecté à l'hypothèque judiciaire des poursuivants, en vertu du jugement obtenu contre Félix Giudicelli, et que Fabiani, qui tient cet immeuble en vertu de l'acte de rente viagère passé avec Padoue-Antoinette, sa belle-mère, est fondé dans son opposition au commandement de délaisser, qui lui a été fait à la requête des poursuivants ;

» LE TRIBUNAL, sur les conclusions conformes de M. le Procureur impérial,

» **Faisant** droit à l'opposition de la partie de M° Mortini,

» **Déclare** la sommation à elle faite à la requête des parties de° M° Flach à fin de délaisser l'immeuble *Pratese*, sans effet, cet immeuble n'étant point affecté à l'hypothèque des poursuivants ;

» Leur **fait** conséquemment défense de poursuivre sur les mêmes l'exécution des titres énoncés en ladite sommation.......... »

Appel de ce jugement par les créanciers.

Pour les appelants on a dit : — Les actes qui ont été faits depuis le décès de Giudicelli sont tous entachés de fraude et de simulation ; plusieurs circonstances le démontrent ; et, s'il en est ainsi, l'immeuble *Pratese* doit figurer dans le patrimoine du débiteur originaire, au lieu et place de *Nescinco* et *Capannoso* qui en faisaient partie : — Il doit rester, tout au moins, affecté à l'hypothèque qui grevait ces deux immeubles, auxquels il a été substitué. Le principe de substitution est admis par les auteurs, notamment par Troplong qui enseigne, dans son traité des hypothèques, que l'immeuble reçu en échange par le mari est soumis à l'hypothèque de la femme.

Lors même que l'immeuble *Pratese* n'aurait pas subi les effets d'une pareille substitution, il n'en serait pas moins atteint par l'hypothèque des créanciers héréditaires, par cela seul qu'il serait devenu la propriété de l'un des héritiers de Giudicelli. L'héritier, on le sait, n'est en quelque sorte que la continuation de la personne du défunt. En acceptant la succession, il contracte l'engagement de remplir toutes les obligations de son auteur, ainsi et comme celui-ci en était tenu : *Adeundo hæreditatem cum creditoribus hæreditariis contrahere videtur.* Il s'accomplit entre eux une espèce de novation par laquelle un nouveau débiteur est subrogé à l'ancien. — D'autre part, les deux patrimoines du défunt et de l'héritier se confondent de manière à n'en former qu'un seul sous le même maître : *Unus dominus, unum patrimonium.* De même que les créanciers hypothécaires de l'héritier peuvent porter leur action sur les biens que celui-ci a recueillis dans la succession, de même aussi les créanciers du défunt doivent-ils pouvoir exercer leurs droits hypothécaires sur les biens personnels de l'héritier. Ils y sont autorisés par l'article 877 du Code Napoléon qui dit en termes formels, que les titres exécutoires contre le défunt le sont *également* contre l'héritier ; ce qui veut dire que, si le défunt était tenu hypothécairement, l'héritier doit l'être aussi de la même manière.

C'est donc à tort, a-t-on dit, que les premiers Juges ont refusé aux créanciers l'action hypothécaire qu'ils entendaient exercer sur l'immeuble *Pratese*.

On a répondu pour l'intimé : — Les actes qu'on a critiqués comme simulés et frauduleux sont sincères et loyaux. S'il en eût été autrement les créanciers n'auraient pas manqué de les attaquer, ce qu'ils n'ont pas fait.

Les immeubles *Nescinco* et *Capannoso* étaient sortis de la succession Giudicelli, dès 1825, et sont passés en mains tierces bien avant l'échange qui a eu lieu en 1837. Les héritiers qui en ont disposé devront en rendre compte à la succession mais non aux créanciers, qui sont suffisamment garantis par le droit de suite que la loi leur accorde. Ces derniers ne sont pas plus fondés à exiger que l'immeuble *Pratese* soit compté parmi les biens de la succession, qu'ils ne l'auraient été à demander le rapport des deux immeubles échangés. — Ils sont aussi mal venus à prétendre que l'hypothèque qui grevait cet immeuble a réagi, par le seul fait de l'échange, sur celui qui en a été la contre-valeur. Aucun auteur, et moins encore Troplong, n'a enseigné que l'hypothèque passe d'un immeuble à l'autre par substitution. — D'après cet auteur, l'immeuble reçu en échange par le mari est frappé d'hypothèque au profit de la femme, non pas parce qu'il remplace l'immeuble échangé, mais bien parce que l'hypothèque légale étant générale atteint tous les biens que le mari a pu acquérir à quelque titre que ce soit. Si l'immeuble *Pratese* avait été échangé par Giudicelli, nul doute qu'il n'eût été assujetti à l'hypothèque judiciaire et générale de ses créanciers ; mais ce n'est pas Giudicelli qui a fait l'échange ; c'est un tiers contre lequel il n'existait aucun titre hypothécaire, et dès lors, on ne peut prétendre que l'immeuble acquis ait été grevé d'hypothèque.

Il est bien vrai que l'héritier continue la personne du défunt et que les deux patrimoines se confondent : il est vrai de dire aussi que l'héritier est tenu des obligations de son auteur, mais non d'une manière absolue. On ne dira pas assurément, que si le débiteur originaire était contraignable par corps, son héritier l'est aussi. L'héritier subira l'hypothèque qui grevait les biens du défunt, mais cette charge ne peut aller plus loin, sans quoi elle manquerait de titre et de base.

On a parlé d'une réciprocité entre les créanciers ; mais on n'a pas pris garde que les créanciers du défunt sont autorisés, par l'article 778 du Code Napoléon, à demander la séparation des patrimoines, faculté qui est refusée à ceux de l'héritier. Serait-il juste, serait-il équitable que les premiers pussent envahir avec leurs hypothèques le patrimoine de l'héritier, tandis que les seconds pourraient être refoulés et circonscrits dans ce même patrimoine. Une telle inégalité choquerait la raison et ne saurait être admise. Il y a plus, c'est que l'un des héritiers, qui ne peut être tenu personnellement qu'au prorata de son émolument, serait exposé à payer la totalité de la dette si l'hypothèque de la créance héréditaire pouvait affecter ses biens propres, car il est dit dans la loi, article 873, que les héritiers sont tenus hypothécairement pour le tout.

Enfin, l'argument tiré de l'article 877, qui veut que les titres exécutoires contre le défunt le soient également contre l'héritier, n'est nullement fondé. Le mot *également* qu'on lit dans cet article ne veut pas dire *de la même manière* ; mais bien que les titres susceptibles d'exécution contre le défunt, conservent leur force et leur valeur contre l'héritier, sans avoir besoin de les soumettre à une nouvelle sanction ou à une nouvelle formule exécutoire.

En refusant aux appelants l'action hypothécaire sur l'immeuble *Pratese*, les premiers juges ont donc fait une juste et saine application des principes sur la matière, et leur décision doit être maintenue.

ARRÊT.

Après délibération en la Chambre du Conseil,

La Cour; — sur les conclusions conformes de M. Bertrand, Premier Avocat Général;

Adoptant les motifs des premiers juges,
Confirme.

Chambre civile. — M. ANDRAU-MORAL, *Conseiller, f. f. de Président.*

MM. Savelli, ⎱
    Castelli, ⎰ *Avocats.*

DU 14 JANVIER 1857.

1° DOT. — CONSTITUTION. — DROIT ROMAIN.
2° PRESCRIPTION. — HYPOTHÈQUE NON RENOUVELÉE. — MOYEN NOUVEAU.

1° Sous le Droit Romain, les immeubles donnés en paiement d'une dot constituée en numéraire n'étaient pas dotaux et devenaient la propriété du mari (1).

2° L'exception de prescription, opposée au créancier qui poursuit la vente des immeubles soumis à son hypothèque non renouvelée, constitue un moyen nouveau qui ne peut être proposé pour la première fois en appel [*Cod. Proc. Civ. Art. 732*] (2).

Antonini C. Savelli.

Félix Giudicelli décédait en 1817 laissant sa succession chargée de plusieurs dettes, dont une de 4,800 francs au profit des frères Antonini. Ces derniers, porteurs d'un acte public à la date du 28 Mai 1797, avaient pris, en l'an XII, une inscription hypothécaire sur tous les biens de leur débiteur ; ils obtinrent ensuite, en 1808, un jugement de condamnation, et prirent, en 1809, une seconde inscription.

Une autre créance hypothécaire pesait sur la succession de Giudicelli ; c'était celle de sa femme Marie-Hiéronyme Massoni, pour ses reprises matrimoniales s'élevant à

---

(1) Ces principes du Droit Romain sont rappelés dans le § final de l'art. 1553 du Code Napoléon, d'après lequel l'immeuble donné en paiement de la dot constituée en argent n'est pas dotal. — Voir d'ailleurs TROPLONG, *Contr. de mariage*, nᵒˢ 3148, 3149, 3150, 3151 et 3180, lequel invoque l'opinion de MANTICA, FONTANELLA et DELUCA, dont il rapporte même quelques passages.

(2) Il nous semble que la jurisprudence et la doctrine s'accordent à décider que la prohibition formulée par l'art. 732 du Code de Procédure Civile s'applique à tous les moyens généralement quelconques, soit qu'ils concernent la procédure, soit qu'ils aient rapport au fond ; et que, par conséquent, l'exception de prescription qui, dans notre espèce, n'avait pas été proposée en première instance, ne pouvait pas être présentée pour la première fois en appel. — Voir sur cette question CHAUVEAU, Quest. 2425 *sexies*, ainsi que les différentes autorités citées dans son texte et dans ses notes.

4000 livres. L'apport de cette femme avait consisté en objets mobiliers et en deux immeubles donnés en paiement. Giudicelli avait échangé l'un de ces immeubles contre deux autres dénommés *Vignaccia* et *Nescinco*, lesquels se trouvaient encore dans son patrimoine lors de son décès.

En 1825, deux des héritiers Giudicelli, qui étaient au nombre de six, cédèrent à la veuve leur mère, en acquit de ses droits, les deux biens sus-énoncés, plus un autre immeuble de la succession, dit *Capannoso*.

Marie-Hiéronyme consentit, en 1831, un acte par lequel elle céda l'immeuble *Vignaccia* à sa belle-fille Barbe, et les deux autres immeubles à Paul-Jean Albertini son petit-fils, moyennant une rente viagère. Il est à remarquer que cet acte ne fut point transcrit, pas plus que celui de 1825.

Les mêmes créanciers de Giudicelli prirent, en 1838, une inscription qu'ils eurent soin de renouveler en 1848, après avoir obtenu contre les héritiers Giudicelli un jugement qui les déclara tous héritiers purs et simples du débiteur originaire ; ils se mirent ensuite en état d'exécuter leurs titres par la voie de la saisie immobilière. Ayant trouvé que l'immeuble *Vignaccia*, qui avait appartenu originairement à Giudicelli, et un autre immeuble dit *Scalpello*, qui avait été dans le patrimoine de l'un des héritiers, étaient détenus par Savelli au nom de ses enfants mineurs, les créanciers susdits sommèrent d'abord le détenteur d'avoir à purger ou à délaisser, puis ils firent saisir immobilièrement lesdits biens. Savelli forma opposition à la sommation et au procès-verbal de saisie. Le Tribunal de Calvi, saisi de la contestation, rendit un jugement par lequel il ordonna la distraction de *Vignaccia* comme faisant partie de la dot de Marie-Hiéronyme, et autorisa la continuation des poursuites pour ce qui concernait *Scalpello*, à la charge cependant, par les poursuivants, de fournir caution jusqu'à concurrence d'une somme de 2,000 francs pour la garantie d'une créance dotale au profit des mineurs Savelli, comme héritiers de leur mère.

Ce Jugement a été frappé d'appel par les poursuivants.

On a dit pour les appelants : — Les premiers juges sont tombés dans une grave erreur lorsqu'ils ont considéré l'immeuble *Vignaccia* comme faisant partie de la dot de Marie-Hyéronime. Cet immeuble avait été acquis par Giudicelli au moyen d'un échange, et frappé, comme tous ses autres biens, de l'hypothèque judiciaire. Il est vrai qu'il avait donné en contre-échange l'un des immeubles qui formaient les apports de sa femme ; mais ces apports n'étaient point *dotaux* dans l'acception légale de ce mot ; ils avaient été donnés, c'est-à-dire en paiement de la dot constituée en argent. Cette dot était purement mobilière, c'est-à-dire *quantitative* et non *qualitative*. Il existe entre ces deux dots une différence notable : la première devient la propriété du mari, tandis que la seconde reste la propriété de la femme. La dot était *quantitative*, dans l'ancien droit, lorsque, comme dans l'espèce, les biens immeubles avaient été estimés, ou donnés en paiement. Le mari pouvait en disposer à son gré, comme de chose lui appartenant. La loi Vᵉ, Cod. *De jure dotium* lui reconnaissait ce droit : *Quotiens res æstimatæ in dotem dantur, maritus dominium consecutus*; et la loi *De rei uxoriæ actione*, § 9, Cod. ajoutait : *Æstimatarum enim rerum maritus quasi emptor, et commodum sentiet, et dispendium subeat, et periculum exspectet*. Il s'ensuivait que si le mari échangeait l'immeuble estimé, ou donné en paiement, celui qu'il recevait en contre-échange lui demeurait acquis. C'est donc à tort que les premiers Juges ont déclaré que *Vignaccia* était devenu, par l'effet de l'échange, la propriété de Marie-Hiéronyme.

Voyant que le jugement appelé ne pouvait se soutenir en cette partie, l'intimé a excipé, en instance d'appel, de la prescription du droit d'hypothèque des créanciers poursuivants. Ces derniers ont répondu par une fin de non-recevoir tirée de l'article 732 du Code de Procédure Civile. Il est dit, en effet, dans cet article, que la partie saisie ne pourra, sur l'appel, proposer d'autres moyens que ceux qui auront été présentés en première instance. Nul doute que l'exception de prescription ne soit un moyen nouveau, car il n'en a pas été dit un seul mot devant les premiers Juges. Présenté pour la première fois en appel, il doit être écarté comme tardif.

Quand bien même il n'en serait pas ainsi, l'exception devrait encore être rejetée comme non fondée. A cet égard les appelants ont fait remarquer que les titres invoqués contre l'intimé, c'est-à-dire l'acte de 1825 et celui de 1831, n'ont jamais été transcrits; pour eux, c'est tout comme si ces actes n'avaient jamais existé. Ils ont ajouté que ces mêmes actes ne pouvaient, au surplus, faire état, entachés qu'ils étaient de fraude et de simulation. Plusieurs circonstances, en effet, semblaient indiquer l'existence de ces vices. Or, si la transmission opérée en 1825 et 1831 n'avait rien de sérieux, les biens qui en étaient l'objet sont restés virtuellement dans le patrimoine du débiteur avec les hypothèques qui les grevaient; dès lors, nulle prescription possible de la part de ceux qui ne peuvent vanter un titre valable.

Quant à l'immeuble *Scalpello*, les premiers Juges avaient compris eux-mêmes que l'acte par lequel François Giudicelli, l'un des héritiers du débiteur originaire, avait donné à sa femme, *constante matrimonio*, ledit immeuble en paiement de certaines reprises matrimoniales, ne pouvait sortir à effet, tellement la fraude paraissait évidente. Mais prenant pour sincère un prétendu apport, ils ont reconnu à la femme de François une créance hypothécaire, et, tout en autorisant les créanciers à poursuivre la vente de *Scalpello*, ils les ont assujettis à l'obligation de fournir caution pour la garantie des droits de ladite femme. Cette décision a fait un double grief, d'abord en ce qu'elle a admis une créance qui n'existait pas en réalité; ensuite parce qu'elle a fait peser sur les poursuivants une obligation qui n'est point dans la loi.

Sur le premier chef on a dit qu'à la vérité il appert du contrat de mariage de Barbe avec François Giudicelli que celui-ci recevait en dot, outre des immeubles et un mobilier détaillé, un autre mobilier non indiqué ni décrit, d'une valeur de 2,000 francs. Mais il est à remarquer que, dans la stipulation du retour, il n'est parlé que des immeubles et du mobilier détaillé, et nullement de l'autre mobilier; ce qui prouve, ou que cette partie de la dot était faite *ad pompam*, ou, plus vraisemblablement, qu'on augmentait à dessein l'avoir de la femme pour diminuer la garantie des créanciers du mari, et même pour les frustrer. Le soin que prit le mari de payer, *constante matrimonio*, cette partie de la dot par la cession faite à sa femme de l'immeuble *Scalpello*, laisse percer la fraude, et dès lors, on ne saurait, comme l'ont fait les premiers Juges, reconnaître une telle créance.

Sur le second chef : Lors même que la créance eût existé, était-ce un motif pour assujettir les poursuivants à l'obligation de fournir caution ? Non assurément, car ce serait restreindre le droit de poursuite qui est absolu, et ne comporte ni gêne ni limitation. Ce droit est écrit dans l'article 2169 du Code Napoléon qui autorise chaque créancier poursuivant à vendre l'immeuble hypothéqué. — On ne peut le gêner ni l'assujettir à aucune condition, pas plus qu'on ne pourrait l'écarter par une question de priorité ou de postériorité d'hypothèque. Cette question d'ailleurs ne pourrait se produire que dans l'instance d'ordre pour la distribution du prix de la vente. Ce n'est qu'alors que les Juges peuvent s'assurer du mérite et de l'utilité de la poursuite; jusque-là le créancier poursuivant a un intérêt apparent et suffisant pour agir librement. La décision des premiers Juges doit donc être infirmée sur ce chef.

L'intimé a fait soutenir, comme en première instance, que l'immeuble *Vignaccia* a été substitué par l'échange à celui qui avait été apporté en dot par Marie-Hiéronyme, et sur lequel celle-ci avait incontestablement un droit réel. Il a fait observer que le droit de propriété conféré au mari sur l'immeuble dotal estimé n'est qu'apparent, ou tout au moins éventuel et soumis à la condition de restituer le prix. Ce n'est que tout autant que cette condition s'accomplit que le mari devient propriétaire des choses apportées en dot : *Retinebis eas*, dit la loi V^e, Cod. *De jure dotium, si pecuniam tibi offerat*. Ce serait une erreur de croire que la femme n'a plus qu'un droit d'hypothèque sur les biens qui ont formé son apport. La loi XXXe, au même titre, lui assure un droit réel sur la chose même : *Volumus itaque*, y est-il dit, *eam in rem actionem in hujusmodis rebus quasi propriis habere*. Nul doute, d'après ces principes, que si l'immeuble apporté en dot s'était trouvé dans la succession du mari, la femme n'eût eu le droit de le revendiquer, faute de paiement du prix. Ce qu'on dit de l'immeuble apporté doit se dire aussi de celui qui lui a été substitué par l'échange. C'est donc à bon droit que les premiers Juges ont ordonné que *Vignaccia* serait distrait de la saisie, comme faisant partie de la dot de Marie-Hiéronyme.

A supposer que *Vignaccia* soit devenu la propriété du mari, les créanciers de celui-ci ont perdu toute action sur cet immeuble par la prescription de leur droit hypothécaire. En effet, l'inscription qu'ils avaient prise en 1809 était périmée faute de renouvellement. Celle de 1838 n'a pu atteindre *Vignaccia*, qui avait été cédé dès 1825 à Marie-Hiéronyme en paiement de ses reprises matrimoniales, alors qu'aucune charge ne pesait plus sur ledit immeuble devenu libre et franc de l'hypothèque qui l'avait grevé. Aucune autre inscription n'a été prise contre les détenteurs dudit immeuble; il s'est écoulé ainsi plus de trente ans avant qu'une sommation de délaisser soit venue les avertir. A leur égard la prescription est acquise. — Vainement, pour écarter ce moyen péremptoire, on a prétendu que la cession de 1825 et celle de 1831 avaient été faites en fraude des droits des créanciers. Quoi de plus légitime et de plus certain que la créance de Marie-Hiéronyme sur la succession de son mari! On ne saurait la révoquer en doute. La cession faite en sa faveur n'a été que la reconnaissance et la satisfaction de ce droit, qui, en tant qu'antérieur en date, devait primer celui des créanciers. Si Marie-Hiéronyme n'a reçu que ce qui lui était dû, les créanciers du mari sont mal venus à critiquer ses dispositions ultérieures ; car elle a pu disposer valablement de ce qui lui appartenait à juste titre. — On oppose à l'exception de prescription une fin de non-recevoir tirée de ce que ce moyen n'a pas été proposé en première instance ; mais la prescription peut être opposée en tout état de cause, même devant la Cour (Art. 2224 C. Nap.). Lors même qu'il y aurait exception en matière de saisie immobilière, l'article 732 du Code de Procédure Civile serait sans application dans l'espèce, puisque l'instance a été moins engagée sur la saisie que sur l'opposition formée par Savelli à la sommation de purger ou délaisser, contestation qui rentrait dans le droit commun.

Quant à l'immeuble *Scalpello*, si la cession qui en fut faite à la mère des mineurs Savelli ne peut pas faire état, du moins on ne saurait contester sérieusement la créance matrimoniale de celle-ci. Elle résulte positivement de son contrat de mariage, où il est dit que le mari a reçu en dot, non-seulement des immeubles et des objets mobiliers à l'usage de sa femme, mais encore d'autres meubles pour une somme de 2,000 francs. Ce serait mal interpréter le contrat que de lui faire dire que cette partie des apports dotaux n'avait pas été assujettie à la restitution. En lisant attentivement cet acte, on verra que tout le patrimoine dotal devait faire retour dans le cas prévu, et si l'on n'a mentionné que les immeubles et meubles décrits, c'est pour faire ressortir le caractère de dotalité, et nullement pour exclure les autres biens.

La créance dotale une fois admise, comme elle doit l'être, on ne saurait faire un grief aux premiers Juges d'avoir prescrit la caution. Cette mesure est adoptée dans la pratique ; car il ne doit pas être permis à un créancier de faire vendre en pure perte des biens qui sont le gage d'autres créanciers. Libre à eux d'user du droit que la loi leur confère, mais à la condition de ne pas léser d'autres droits et d'offrir les garanties nécessaires. — Les premiers Juges l'ont ainsi pensé sagement, et leur décision doit être maintenue.

ARRÊT.

Après délibération en la Chambre du Conseil,

La Cour ; — sur les conclusions conformes de M. Bertrand, Premier Avocat Général,

I. Sur la question de savoir si l'immeuble Vignaccia, qui a été échangé contre l'immeuble Alzello, doit être considéré comme bien dotal d'Hiéronyme, femme de Félix Giudicelli :

Considérant que d'après le droit romain, dont les principes étaient suivis dans les anciens Tribunaux de la Corse, la dot constituée en argent et payable en biens fonds était une dot estimée, qui ne rendait pas dotaux les immeubles donnés en paiement de la dot, à moins de stipulation contraire;

Considérant qu'il résulte de l'expédition authentique d'un acte du 10 Février 1778, produite d'ordre de la Cour, qu'Hiéronyme Giudicelli a reçu, lors de son mariage avec Félix Giudicelli, une dot de quatre mille livres de Gênes, ou soit de trois mille deux cents francs, monnaie de France, à prendre sur les immeubles *Alzello* et *Avaginco*; — Que les termes dans lesquels est conçu ce contrat prouvent que le père d'Hiéronyme a voulu constituer à sa fille une dot en numéraire, et que les immeubles mentionnés dans l'acte n'ont été désignés qu'en paiement de la dot; — Que, dès lors, ils n'étaient pas dotaux;

Considérant que les actes intervenus postérieurement au contrat de 1778 établissent que Félix Giudicelli et sa femme Hiéronyme n'ont eux-mêmes jamais considéré les immeubles *Alzello* et *Avaginco* comme frappés de dotalité; — Qu'en effet, Félix Giudicelli se déclare, le 17 Janvier 1781, propriétaire du bien *Alzello* et l'échange contre les immeubles *Vignaccia et Nescinco*; et que le 19 Mars 1825, Hiéronyme, sa femme, reçoit ces mêmes immeubles de deux de ses enfants en paiement de ses reprises matrimoniales; — Que c'est donc à tort que les premiers Juges, se basant sur un extrait inexact et incomplet du contrat du 10 Février 1778, ont déclaré que le bien *Vignaccia*, échangé contre l'immeuble *Alzello*, était un bien dotal d'Hiéronyme, qu'il n'aurait jamais appartenu à son mari Félix Giudicelli, et ont ordonné que cet immeuble serait distrait des biens saisis;

II. Sur la fin de non-recevoir opposée a l'exception de la prescription du droit hypothécaire du créancier saisissant :

Considérant que, des dispositions combinées des articles 728 et 732 du Code de Procédure Civile, il résulte que la partie saisie ne peut proposer, en appel, d'autres moyens que ceux qui ont été présentés en première instance, et ce sous peine de nullité; — Que cette prohibition est générale et absolue, et embrasse les moyens du fond tout aussi bien que les moyens de forme;

Considérant qu'il s'agit, dans l'espèce, d'un incident sur saisie immobilière ;

Considérant que la partie de Nicolini ayant soutenu, devant la Cour,
que le droit hypothécaire qui pouvait compéter au créancier saisissant
aurait été prescrit, la partie de Campana a répondu que cette exception
n'aurait pas été opposée devant les premiers Juges et que, dès lors, elle
était tardive et non recevable, aux termes des articles 728 et 732 du Code
de Procédure Civile ; — Que c'est en vain que, pour repousser cette fin
de non-recevoir, la partie de Campana a prétendu que l'expédition régulière du contrat de 1778 n'ayant été produite qu'en appel, elle conser-
vait le droit de combattre cet acte, devant cette juridiction, par toute
sorte de moyens et surtout par l'exception de prescription, puisque c'est
la partie de Campana elle-même qui a présenté en première instance
l'extrait inexact et incomplet du contrat de 1778 ; — Que, d'ailleurs, la
contestation soumise au jugement des Magistrats n'a pas changé de nature par la production de l'expédition de l'acte de 1778, et que cette
contestation est toujours restée la même tant en première instance
qu'en appel ; — D'où il suit que la fin de non-recevoir opposée contre
l'exception de la prescription est fondée en droit et doit être accueillie ;

III. Sur l'immeuble Scalpello :

Considérant que des pièces versées au procès et des faits de la cause
il résulte que les deux mille francs de mobilier, portés dans le contrat de
mariage du 3 Décembre 1829 de Barbe et d'Antoine-François Giudicelli,
ne figurent que *ad pompam* et n'ont pas été reçus par le mari ; — Que,
dès lors, ce dernier n'a pu donner à sa femme en paiement de ces deux
mille francs de mobilier le bien *Scalpello* ; — Que la simulation de cette
dation en paiement résulte du contexte de l'acte dotal et de la circonstance que le prétendu paiement a été fait par le mari à sa femme, *constante matrimonio* ; — Que c'est donc à tort que les premiers Juges ont
ordonné qu'il ne serait passé à la vente de *Scalpello* qu'après que le
poursuivant aurait fourni caution pour garantir que le produit de la
vente atteindrait le chiffre des deux mille francs dus à Barbe Giudicelli ;

FAISANT DROIT à l'appel de la partie de Campana,

ANNULLE le jugement du tribunal civil de Calvi du 12 Mai 1856,

Et par nouveau jugé,

DIT que le bien *Vignaccia* n'a jamais été dotal d'Hyéronime Giudicelli, et qu'il a toujours appartenu à Félix Giudicelli, ses héritiers, ou ayants cause ;

DÉCLARE la partie de Nicolini non recevable dans son exception de prescription du droit hypothécaire du créancier poursuivant ;

DIT, enfin, que le bien *Scalpello* n'a jamais cessé d'appartenir à Félix Giudicelli ou à ses héritiers ;

Par suite, DÉBOUTE la partie de Nicolini de son opposition au commandement et au procès-verbal de saisie,

Et ORDONNE qu'il sera passé outre à la vente des biens saisis.........

Chambre Civile. — M. LEVIE, *Conseiller, f. f. de Président.*

MM. SAVELLI,   } *Avocats.*
    CASTELLI,   }

DU 19 JANVIER 1857.

L'appelé en garantie ne peut exciper de la nullité de l'exploit d'appel, lorsque le garanti, intimé devant la Cour, a couvert la nullité de l'acte d'appel par sa défense au fond (1).

Le principe de l'indivisibilité de l'appel s'opposerait, d'ailleurs, à ce que l'appel, reconnu valable quant au garanti, fût déclaré nul sur la demande du garant.

Angelini C. Alberti.

ARRÊT.

Après délibération en la Chambre du Conseil,

LA COUR; — sur les conclusions de M. BERTRAND, Premier Avocat Général,

SUR LA NULLITÉ DE L'APPEL :

Considérant qu'aux termes de l'article 173 du Code de Procédure Civile, les nullités d'exploits sont couvertes, si elles ne sont proposées *in limine litis* et avant toutes défenses ou exceptions autres que celles d'incompétence;

Considérant que si l'exploit d'appel signifié par les sieurs Angelini et Giannorsi au sieur Alberti, intimé, était entaché d'une double nullité

---

(1) Voir Conf. : deux arrêts rendus par la Cour de Cassation les 28 mars 1824 et 14 février 1826 (S. 24. 1. 355 et 26. 1. 342 ; — D. A. 2. 550 et D. P. 26. 1. 167).

résultant de la violation des dispositions de l'article 68 du Code de Procédure Civile, il est certain que le sieur Alberti, après avoir obtenu un arrêt de jonction de défaut, a conclu au fond à l'une des précédentes audiences; — Que, dès lors, la nullité était couverte et ne pouvait plus être invoquée par l'intimé;

Considérant que c'est postérieurement à ces faits accomplis que les frères Donsimoni, appelés en garantie éventuelle par le sieur Alberti, demandeur originaire, ont pris devant la Cour des conclusions tendantes à faire prononcer la nullité de l'exploit d'appel;

Mais considérant que le demandeur en garantie, en présentant sa défense au fond, avait couvert les nullités de l'acte d'appel, soit en ce qui le concerne personnellement, soit relativement aux défendeurs en garantie dont il était l'ayant cause;

Considérant que les sieurs Donsimoni, garants, ne pouvaient exercer du chef du sieur Alberti, garanti, un droit que celui-ci n'aurait pu exercer lui-même;

Considérant, enfin, sous un autre rapport, que l'appel étant reconnu valable envers l'intimé, on ne saurait le déclarer nul à l'égard des garants, sans violer le principe de l'indivisibilité de l'instance d'appel, l'intérêt des garants et du garanti se confondant, dans l'espèce, en un intérêt unique vis-à-vis des sieurs Angelini et Giannorsi, appelants et défendeurs originaires à l'action en revendication formée par le sieur Alberti;

. . . .

REJETTE la demande en nullité de l'exploit d'appel formée par les frères Donsimoni..........

Chambre Civile. — M. CALMÈTES, *Premier Président.*

MM. GRAZIANI,
TOMMASI,   *Avocats.*
BONELLI,

DU 20 JANVIER 1857.

INTERPRÉTATION. — ARRÊT. — RÈGLES. — LIMITES. — ERREUR DE CALCUL.

Lorsque le rapprochement du dispositif et des motifs d'un arrêt prouve que le dispositif renferme une erreur de calcul, il appartient à la Cour qui l'a commise d'en ordonner la rectification, sur la demande en interprétation formée par la partie intéressée (1).

Mais le pouvoir d'interprétation n'autorise pas les Juges à réformer leur propre décision (2).

Ils ne peuvent faire revivre, notamment sous prétexte d'interprétation, une partie du dispositif d'un jugement infirmé par la formule absolue : Annulle le jugement et procédant par nouveau jugé...... etc. (3)

La veuve Vatteone C. les conjoints Vincentelli.

ARRÊT.

· *Après délibération en la Chambre du Conseil,*

LA COUR; — sur les conclusions conformes de M. BERTRAND, Premier Avocat Général,

Considérant que la demande en interprétation de l'arrêt de la Cour en date du 9 Août 1854 a un double objet; — Que la veuve Vatteone

---

(1-2-3) On peut consulter sur des questions analogues à celles qui ont été jugées par l'arrêt que nous rapportons : Cass., 27 avril 1807 (S. 7. 2. 240 ; — D. A. 6. 40) ; — Rejet, 10 juillet 1817 (S. 18. 1. 344 ; — D. A. 9. 687) ; — Cass., 10 avril 1857 (S. V. 37. 1. 295 ; — D. P. 37. 1. 399) ; — Cass., 1ᵉʳ mars 1842 (S. V. 42. 1. 332 ; — D. P. 42. 1. 118) ; — Cass., 28 avril 1852 (S. V. 52. 1. 444 ; — D. P. 52. 1. 139) ; — Rejet, 11 mars 1856 (S. V. 57. 1. 571 ; — D. P. 56. 1. 147) ; — Rejet, 21 janvier 1857 (S. V. 58. 1. 155 ; — D. P. 57. 1. 359) ; — CARRÉ et CHAUVEAU, *Lois de la Procédure Civile,* Quest. 604 et 605 ; — CARRÉ, *De la Compétence,* art. 15, nᵒˢ 48 à 55.

conclut d'abord au redressement d'une erreur de calcul ou double emploi commis dans le dispositif de l'arrêt, et, en second lieu, à ce qu'il lui soit alloué, à titre de reprise matrimoniale, une somme de cinq cents francs, qui lui avait été accordée par le jugement de première instance et dont l'arrêt l'a privée, sans cependant qu'il contienne aucune disposition précise à cet égard ;

Considérant que, si les décisions de la justice sont marquées d'un caractère d'irrévocabilité, par rapport aux Magistrats qui les ont rendues, il est cependant admis, quelle que soit la généralité de ce principe, que les Tribunaux ont le pouvoir d'expliquer leurs jugements, lorsqu'ils présentent un sens douteux ou ambigu, et que l'exécution en devient par cela même impossible ;

Considérant que, si ce pouvoir n'a pas été expressément reconnu et réglé par le Code de Procédure Civile, il est implicitement renfermé dans les dispositions de l'article 554 de ce Code, qui attribue aux Tribunaux la connaissance des difficultés qui peuvent s'élever sur l'exécution de leurs décisions ;

Considérant que lorsque le rapprochement des motifs et du dispositif d'une décision, émanée du second degré de juridiction, démontre qu'une erreur de calcul s'est glissée dans le dispositif, cette erreur serait le plus souvent irréparable, s'il n'était permis d'en demander le redressement aux Magistrats qui l'ont commise, en recourant à leur autorité par voie d'interprétation ;

Considérant, d'ailleurs, que les erreurs de calcul doivent toujours être rectifiées ;

Considérant que bien que l'article 541 du Code de Procédure Civile déclare que les comptes réglés en justice ne sont point sujets à révision, il admet cependant que, si un compte renferme des erreurs, omissions, faux ou doubles emplois, les parties pourront en obtenir la rectification en s'adressant *aux mêmes Juges;*

Considérant que par une juste application de cette règle, il y a lieu de décider que, lorsqu'en dehors d'une instance en reddition de comptes, une erreur a été reconnue dans le dispositif d'un arrêt, cette erreur, qui ne peut être redressée par la voie de l'appel, peut devenir l'objet d'une demande en interprétation ou en rectification dont la connaissance appartient nécessairement *au même Siége;*

Sur le premier chef de la demande en interprétation :

Considérant, en fait, que l'arrêt de la Cour du 9 Août 1854, reconnaît que la constitution dotale de la dame Vatteone s'élève à six mille francs, et que les héritiers de son mari lui en doivent le remboursement ;

Considérant qu'indépendamment de sa dot mobilière, la dame Vatteone réclamait une somme de deux mille sept cent vingt-quatre francs, formant le prix d'un immeuble dotal dont son mari aurait consenti l'aliénation le lendemain du mariage ;

Considérant que l'arrêt qu'il s'agit d'interpréter décide que la somme de deux mille sept cent vingt-quatre francs a été comprise dans la constitution dotale de six mille francs, et qu'elle ne saurait constituer un article particulier de reprise en dehors de la dot ;

Considérant que le jugement attaqué ayant accordé cumulativement à la veuve Vatteone les deux sommes ci-dessus, et cette décision n'étant réformée qu'en ce qui concerne le prix de l'immeuble aliéné, il est manifeste que le chiffre de deux mille sept cent vingt-quatre francs devait être déduit du montant total de la condamnation prononcée en première instance en faveur de la veuve Vatteone, et non de la somme de six mille francs qui ne devait subir aucune réduction ;

Considérant, toutefois, que par suite d'une erreur, dont l'évidence ne peut être contestée, le dispositif de l'arrêt a fait porter la déduction des deux mille sept cent vingt-quatre francs sur la dot de six mille francs, que la Cour avait entendu allouer intégralement à l'intimée ; — Que cette disposition étant la conséquence d'une erreur de calcul, ou d'un double emploi, doit être rectifiée par explication du sens et de la partie de l'arrêt qui la renferme ;

Sur le chef de demande relatif aux cinq cents francs :

Considérant que le pouvoir d'interprétation accordé aux Tribunaux ne les autorise pas à réformer leurs propres décisions ;

Considérant que le dispositif de l'arrêt du 9 Août 1854, en *annulant le jugement* déféré à la censure de la Cour, a mis au néant la disposition qui allouait à la dame Vatteone un troisième chef de reprise s'élevant à cinq cents francs; — Que, par cela même, la demande de la dame Vatteone a été implicitement repoussée, et que le dispositif de l'arrêt à cet égard est irrévocablement acquis aux héritiers du sieur Vatteone; — Que, par conséquent, on ne saurait aujourd'hui accorder à la veuve Vatteone la somme de cinq cents francs qu'elle réclame, sans porter atteinte à l'inviolabilité de la chose jugée;

DONNE DÉFAUT contre les époux Vincentelli, faute d'avoir constitué avoué et de se défendre;

Pour le profit,

PROCÉDANT par voie d'interprétation de son précédent arrêt,

DÉCLARE que la dame Vatteone a droit à sa dot intégrale s'élevant à six mille francs, et que c'est par le résultat d'une erreur et d'un double emploi qu'elle avait été réduite, dans le dispositif de l'arrêt du 9 Août 1854, à la somme de trois mille deux cent soixante-seize francs;

REJETTE le second chef de la demande en interprétation..........

Chambre Civile. — M. CALMÈTES, *Premier Président.*

M. GAVINI, *avocat.*

DU 2 FÉVRIER 1857.

1° SUCCESSION INDIVISE. — COHÉRITIERS. — DÉTENTEUR. — ACTION EN DÉLAISSEMENT.
2° PARTAGE VERBAL. — EFFETS.
3° QUESTION D'ÉTAT. — CRÉANCIER. — FIN DE NON-RECEVOIR.
4° ACTES DE L'ÉTAT CIVIL. — LOI DU 20 SEPTEMBRE 1792. — PUBLICATION. — CORSE. —
  INSURRECTION DE 1793. — DOMINATION ANGLAISE.
5° MARIAGE. — DROIT ANCIEN. — CURÉ. — DÉFAUT D'ÉNONCIATION DE L'AGE DES CONTRAC-
  TANTS. — ABSENCE DE L'UN DES CURÉS. — NULLITÉ.
6° COLLATÉRAL. — NULLITÉ DU MARIAGE. — EXCEPTION.
7° PRESCRIPTION. — POSSESSION DE L'AUTEUR. — DANS QUEL CAS ELLE PEUT ÊTRE INVO-
  QUÉE.

1° *L'action en délaissement d'un immeuble dépendant d'une succession indivise entre deux légataires universels, peut être exercée par l'un d'eux contre un tiers qui détient précairement ledit immeuble, lorsque le second légataire universel est décédé, qu'il est incertain s'il a laissé des enfants ou descendants en ligne directe, et que le testament portant institution contenait une substitution de eo quod supererit en faveur du survivant.*

2° *Le partage verbal est purement provisoire et ne fait pas cesser l'indivision* (1).

3° *Un créancier ne peut être admis à exciper de l'existence et de la légitimité d'un enfant, dont il n'est ni le représentant ni l'ayant cause* (2).

---

(1) Voir dans ce sens : Bastia, 29 novembre 1850, 9 janvier 1855, 10 mai 1858 (Notre Recueil, tom. 1er et 5 à ces dates), ainsi que la note de M. GILBERT que nous avons rapportée sous le premier de ces arrêts, et dans laquelle sont indiquées les diverses autorités pour et contre. *Adde*, Riom, 4 juillet 1857 (S. V. 58. 2. 103).
  Contrà : Agen, 25 janvier 1859 (S. V. 59. 2. 95; — D. P. 59. 2. 186); — DEMOLOMBE, *Successions*, tom. 5, n°° 519 à 521.
  (2) Conf. : Rej., 6 juillet 1856 (D. P. 56. 1. 249; — S. V. 56. 1. 655); — Amiens, 10 avril 1859 (S. V. 40. 2. 508) ; — DEVILLENEUVE, dans les observations qui précèdent l'arrêt du 6 juillet 1836 susvisé ; — DEMOLOMBE, tom. 5, n°° 282 et suiv.
  Contrà : TOULLIER, tom. 2, n° 914, et tom. 6, n° 372 ; — DURANTON, tom. 5, n° 160, et tom. 10, n° 363, pense que, dans les questions qui intéressent l'état civil de leurs débiteurs, les créanciers peuvent agir par voie d'exception, mais non par voie d'action; — MARCADÉ,

L'action en réclamation d'état est essentiellement attachée à la personne, et le créancier n'est point autorisé par l'article 1166 du Code Napoléon à l'exercer au nom de son débiteur, soit par action principale, soit par exception.

4° Aucun document officiel n'établit à quelle époque le décret du 20 Septembre 1792, sur la tenue des actes de l'état civil, a été publié en Corse.

Il n'a été, en général, exécuté qu'après la retraite des Anglais, en Octobre 1796.

Jusqu'à cette époque, sauf quelques rares exceptions, les actes de l'état civil ont continué à être reçus par les curés des paroisses.

Durant l'insurrection de 1793, et pendant la période anglaise, les édits de Louis XV, sur la tenue des actes de l'état civil, ont eu force de loi.

La loi de 1792 n'a commencé à recevoir son application à Bonifacio qu'à partir du 22 Septembre 1797 (1).

5° Doit être déclaré nul le mariage célébré avant cette date, dans cette commune, par le curé de l'une des parties contractantes, sans la permission écrite du curé de l'autre partie, lorsque l'acte de mariage ne constate ni l'âge des contractants, ni le consentement des père et mère, ni la déclaration de la future épouse qu'elle ne sait ou ne peut signer, dans le cas où l'acte n'est pas revêtu de sa signature (2).

6° D'après l'ancienne jurisprudence, les parents collatéraux pouvaient, par voie d'exception ou incidemment, se prévaloir de la nullité d'un mariage infecté de vices essentiels, bien qu'ils fussent irrecevables à en demander la nullité par action principale (3).

---

sur l'art. 1166, n° 2, n'admet l'action des créanciers que dans le cas où elle est purement pécuniaire.

(1) V. les différents documents imprimés à la suite de l'arrêt et recueillis par les soins de M. le Premier Président CALMÈTES, actuellement Conseiller à la Cour de Cassation.

(2) V. la note qui accompagne cette solution de notre arrêt dans le Recueil de M. Podesta, année 1857, 1re livraison, pag. 25 et suiv.

(3) Voici comment s'exprime D'AGUESSEAU, dans l'affaire de Guise. — « .... Mais il y a » des nullités qui sont des armes communes à tout le monde ; comme les lois qui les pro- » noncent n'ont eu pour objet que l'utilité publique, tous ceux qui ont intérêt à attaquer un » mariage ont également le droit de les proposer. La justice les écoute plus favorablement » dans la bouche des pères ; mais elle ne les rejette pas lorsqu'elles sont invoquées par des » collatéraux. » Il n'en serait plus de même sous la législation actuelle, qui repousse les

7° *La possession de l'auteur ne peut être invoquée à l'effet de compléter le temps nécessaire pour la prescription, que lorsque celui qui voudrait s'en prévaloir a lui-même une possession utile, réunissant tous les caractères déterminés par l'article 2229 du Code Napoléon* (1).

Ettori C. Susini.

ARRÊT.

Après délibération en la Chambre du Conseil,

La Cour; — sur les conclusions de M. Bertrand, Premier Avocat Général,

Considérant que la dame Susini, née Lantieri, a formé contre le sieur Roch Ettori une demande en délaissement d'un magasin situé à la marine de Bonifacio; — Qu'elle fonde son action sur une double qualité, dérivant l'une du testament de feu l'abbé Lantieri, son oncle, la seconde du décès ab intestat de sa sœur Thomasine Lantieri;

Considérant que par testament du 27 Septembre 1796, l'abbé Lantieri institua conjointement pour ses légataires universelles ses deux nièces Benoîte Lantieri, femme Susini, et Thomasine, sa sœur;

Considérant que le magasin dont il s'agit au procès faisait partie de la succession dévolue aux deux légataires; — Que le testament qui les instituait leur imposait une sorte d'indivision pendant six années, en affectant, durant cette période, les revenus de l'hoirie à des services pieux; — Que le testateur portant ses prévisions jusqu'au décès, sans

---

collatéraux, même lorsqu'ils agissent par voie d'exception. — V. Rej., 9 janvier 1821 (D. A. 10. 57; — S. 21. 1. 157); — Id. 5 et 12 novembre 1839 (D. P. 39. 1. 369; — 40. 1. 16; — S. V. 39. 1. 822 et 826.

(1) V. Troplong, *De la Prescription*, tom. 1er, n° 452, qui cite la décision d'Ulpien, Loi 13, § 13 ff. *De acq. possess.*, ainsi conçue : *Nec vitiosæ quidem possessioni ulla potest accedere, nec vitiosa ei quæ vitiosa non est;* — Duranton, tom. 21, n° 241.

descendance légitime et naturelle , de la prémourante de ses deux nièces, lui substitua celle qui survivrait *in id quod supererit ex hœreditate;*

Considérant que les deux légataires instituées se mirent en possession de l'hóirie entière au décès du testateur, et qu'elles en ont joui en commun et par indivis, sans qu'il apparaisse qu'aucun partage ait eu lieu entre elles ;

Considérant que l'indivision confère à la dame Susini un droit qui s'étend *in tota et in qualibet parte* des immeubles dépendants de l'hoirie ; — Que ce droit a pu incontestablement servir de base à la demande en délaissement par elle formée contre Roch Ettori, détenteur du magasin revendiqué ;

Considérant, d'autre part, que la dame Susini a soutenu que sa sœur Thomasine est décédée intestat et sans postérité; — Qu'elle a seule recueilli son hoirie ; et qu'ainsi , soit de son chef propre, soit du chef de sa sœur, elle a pu revendiquer l'immeuble contesté ;

Considérant que le sieur Roch Ettori oppose à la dame Susini que la succession de l'abbé Ettori avait été partagée entre les deux sœurs ; — Que le magasin en litige était échu au lot de Thomasine, et qu'il le détient justement à titre d'antichrèse ; — Que, d'autre part, la demoiselle Thomasine s'était mariée en 1797 avec Jean-Jacques Gioja ; que de ce mariage était issu un enfant légitime nommé Vincent, lequel vit encore ; — d'où résulterait que la dame Susini est sans qualité pour revendiquer le magasin de Bonifacio, soit de son chef, soit du chef de sa sœur, la dame Gioja ;

Considérant que ces exceptions doivent être successivement examinées :

I. En ce qui concerne le partage :

Considérant que le sieur Ettori ne produit aucun acte pour établir que l'hoirie de l'abbé Lantieri a été partagée; — Que le partage verbal, invoqué par l'appelant, n'est pas même certain ; — Que, fût-il prouvé, il serait, de sa nature, purement provisionnel, et n'aurait point mis fin à l'indivision entre les deux sœurs ;

II. En ce qui concerne l'antichrèse :

Considérant que l'acte du 22 Mai 1838, enregistré en 1854, n'est nullement constitutif d'un contrat d'antichrèse; — Qu'il ne contient qu'une promesse de préférence dans le cas de vente de l'immeuble en litige;

Considérant, d'ailleurs, que cet acte n'a été consenti ni par Benoîte ni par Thomasine Lantieri; — Qu'on n'y voit figurer qu'un sieur Pierre-Paul Susini, agissant en qualité de mandataire verbal de la dame Thomasine, sans qu'aucune circonstance de la cause justifie ni la réalité du mandat, ni que l'acte du 22 Mai 1838 ait été approuvé ou ratifié par la prétendue mandante; — Qu'ainsi les deux objections, fondées sur l'existence d'un partage et d'un contrat d'antichrèse, doivent être écartées comme dénuées de tout fondement;

III. En ce qui touche la fin de non-recevoir opposée a l'exception relative a la légitimité de l'enfant issu du mariage de la demoiselle Thomasine et du sieur Gioja :

Considérant que le sieur Roch Ettori est évidemment non recevable à opposer une semblable exception ; — Que son système de défense provoque l'examen et la discussion d'une question d'état, qui ne peut être soulevée par l'appelant, puisqu'il n'est ni l'héritier, ni le représentant, ni l'ayant cause à un titre quelconque dudit Vincent Gioja ;

Considérant qu'en supposant que l'acte de 1838 constituât le sieur Roch Ettori créancier de la succession de Thomasine Lantieri, ou de Vincent Gioja, son prétendu fils, cette qualité ne l'autoriserait nullement à opposer incidemment à l'action en délaissement, formée par les hoirs Susini, une exception fondée sur la filiation et l'état d'enfant légitime de Vincent Gioja; — Que l'article 1166 du Code Napoléon excepte formellement des droits et actions qu'il permet aux créanciers d'exercer ceux qui sont exclusivement attachés à la personne du débiteur ;

Considérant que telles sont éminemment l'action ou l'exception qui présentent à juger une question d'état;

Considérant, d'ailleurs, que l'état civil de Vincent Gioja ne saurait être débattu, discuté et fixé en son absence; — Qu'ainsi, c'est le cas de décider que le sieur Roch Ettori est non recevable dans son exception;

Considérant qu'en prescindant même de la fin de non-recevoir et en examinant, surabondamment, les deux questions relatives à la validité du mariage de Thomasine Lantieri et à la légitimité de Vincent Gioja, il y aurait lieu de déclarer mal fondée la double prétention de l'appelant;

IV. En ce qui concerne la validité du mariage de la demoiselle Thomasine Lantieri et de Jean-Jacques Gioja :

Considérant que le sieur Roch Ettori invoque à l'appui de la validité du mariage un acte émané du curé de Bonifacio constatant que le 26 Mars 1797 il a été procédé à la célébration du mariage, *in facie Ecclesiæ*, de la demoiselle Thomasine Lantieri et de Jean-Jacques Gioja; — Qu'il s'agit, avant tout, pour apprécier le mérite de cet acte, de rechercher quelle était la législation qui régissait, à cette époque, en Corse, et spécialement à Bonifacio, la tenue des actes de l'état civil;

Considérant que si les faits de la cause et l'histoire du pays établissent que le Décret de la Convention nationale, en date du 20 Septembre 1792, fut connu dans l'île vers la fin de cette même année et y reçut un commencement d'exécution borné à quelques localités isolées, il n'existe aucun document officiel constatant d'une manière générale, soit la publication du Décret précité, soit l'envoi aux municipalités des registres de l'état civil, en exécution de l'article 2, titre 2 du même Décret, soit enfin la clôture des registres du clergé et leur dépôt dans les municipalités;

Considérant que tout démontre que la réception des actes de l'état civil par les curés continua à être la règle générale, et que l'exécution du Décret de 1792 ne fut qu'une exception;

Considérant que dans les premiers mois de 1793, la population de l'île, sous l'influence et les excitations du général Paoli, se souleva tout entière et se mit en révolte ouverte contre les ordres émanés du Gouvernement de la République;

Considérant qu'après le départ des Commissaires extraordinaires envoyés par la Convention, la Corse se gouverna d'une manière tout à fait indépendante de la métropole; — Que le 25 Mai 1794, le *Conseil Général du Gouvernement de la Corse*, pouvoir dictatorial, réunissant à la fois les attributions législatives et administratives, rendit un Décret qui rapportait la loi du 20 Septembre 1792, restituait la tenue des actes de l'état civil au clergé et enjoignait aux officiers municipaux de remettre aux curés les registres dont ils seraient détenteurs en vertu de la loi de 1792; — Qu'il ordonna, en même temps, que les curés des paroisses seraient tenus de se conformer, pour la tenue des registres de l'état civil, à la loi ancienne publiée dans le Code Corse, sous le règne de Louis XV;

Considérant qu'un Arrêté du vice-roi du royaume de Corse sous le Gouvernement de Georges III, roi d'Angleterre, enregistré au Tribunal Suprême de l'île le 28 Décembre 1795, ordonna qu'à moins de dispositions contraires émanées du Parlement, les Édits du roi de France, concernant les baptêmes, les sépultures et les mariages, continueraient à être exécutés suivant leur forme et teneur; — Que, par suite, les actes de l'état civil ont été reçus valablement en Corse par les curés des paroisses, soit pendant la phase insurrectionnelle, c'est-à-dire depuis le commencement de l'année 1793 jusqu'au 10 Juin 1794, soit durant la période anglaise, c'est-à-dire depuis cette dernière date jusqu'au rétablissement de l'autorité française, vers la fin de l'année 1796;

Mais considérant que l'exécution du Décret de la Convention Nationale du 20 Septembre 1792 était subordonnée à certaines formalités préalables, particulièrement à l'envoi des registres destinés à constater l'état civil et, avant tout, à la constitution des municipalités;

Considérant qu'il est acquis au procès que dans le mois de Juillet 1797 la loi du 20 Septembre 1792 n'était pas encore parvenue à Bonifacio; — Que les officiers municipaux de cette commune ne furent élus que le premier Vendémiaire an VI (22 Septembre 1797); — Que ce fut à cette même date que l'administration centrale y fit parvenir les registres destinés à recevoir les actes de l'état civil; — Que par conséquent, jusqu'à cette époque, le curé de Bonifacio a pu valablement constater les mariages, les naissances et les décès, en se conformant aux Édits et Ordonnances royaux; — Qu'il reste donc à examiner si l'acte de célébration du mariage de Thomasine Lantieri, compétemment reçu par le curé de Bonifacio le 26 Mars 1797, a été dressé conformément aux Ordonnances et aux Édits qui régissaient la matière;

Considérant qu'aux termes de l'Édit d'Octobre 1769, la célébration du mariage devait être précédée de trois publications de bans, « faites » au prône de la messe paroissiale, par trois jours de fête, avec inter- » valles compétents » (Article 2); — Que les dispenses de deux publications ne pouvaient être accordées par les évêques qu'après la première publication et pour cause légitime; — Que suivant l'article 7 de l'Édit de Juillet 1770, l'acte de célébration de mariage devait énoncer notamment l'âge et la demeure des contractants, — s'ils étaient fils de famille, en tutelle, ou curatelle, ou en puissance d'autrui, — le consentement des père et mère, tuteurs, ou curateurs; — Qu'aux termes du même article, l'acte de mariage devait être signé par les témoins et les parties, et à l'égard de ceux qui ne savaient ou ne pouvaient signer, il devait être fait mention de leur déclaration à cet égard; — Que le mariage des enfants mineurs de vingt-cinq ans était frappé de nullité, s'il n'était justifié du consentement des père et mère (Article 13 de l'Édit d'Octobre 1769); — Qu'enfin, l'article 1er du même Édit déclarait nul et de nul effet le mariage qui n'était point célébré en présence ou avec la permission écrite des curés de chacune des parties contractantes;

Considérant que toutes les prescriptions qui viennent d'être rappelées ont été méconnues ou violées dans l'acte de mariage reçu par le curé de Bonifacio, le 26 Mars 1797;

Considérant que cet acte constate que le mariage n'a été précédé que d'une seule publication, qui avait eu lieu le 25 Mars, c'est-à-dire la veille, et, par conséquent, sans aucun intervalle entre la publication et la célébration; — Qu'il n'est point établi que la dispense des deux autres publications n'a été accordée qu'après la première, ni de quelle autorité ecclésiastique elle était émanée, si toutefois elle a existé; — Que l'acte n'énonce ni l'âge des contractants ni le consentement des père et mère; — Qu'il ne porte point la signature de la future épouse, ni la mention de sa déclaration de ne savoir ou de ne pouvoir signer; — Qu'enfin le sieur Jean-Jacques Gioja étant originaire de Sartene et domicilié dans cette commune, il ne pouvait être procédé au mariage qu'avec le concours ou la permission écrite du curé de cette paroisse; — Qu'il résulte toutefois de l'acte lui-même que le curé de Sartene n'a point concouru à la cérémonie nuptiale et que l'acte n'énonce nullement qu'il eût accordé au curé de Bonifacio la permission par écrit d'y procéder en son absence;

Considérant que ces violations géminées de la loi ont vicié l'acte du 26 Mars 1797 dans les conditions essentielles de son existence légale, et qu'il y a lieu de déclarer nul et de nul effet le mariage qu'il avait pour objet de constater;

Considérant qu'il était généralement reçu, sous l'ancienne jurisprudence, que le défaut de présence du propre curé ou de sa permission écrite, et le défaut de consentement des père et mère étaient des cas d'abus absolus et formaient des nullités substantielles dont les collatéraux pouvaient se prévaloir, non par voie d'action directe en nullité du mariage, mais par voie d'exception, ou incidemment à une autre instance dans laquelle le mariage leur serait opposé; — Que, par suite, les représentants de Benoite Lantieri, femme Susini, intimés devant la Cour, sont incontestablement recevables à exciper de la nullité du mariage de Thomasine Lantieri, pour repousser les prétentions élevées, à leur égard, par le sieur Roch Ettori, sur le fondement de la validité de ce mariage;

Considérant qu'en supposant même que la validité de l'acte du 26 Mars 1797 fût établie, il n'en résulterait nullement la preuve de la filiation et de la légitimité de Vincent Gioja, que le sieur Ettori prétend être issu de cette union;

V. En ce qui concerne la preuve de la filiation de Vincent Gioja :

Considérant que la filiation des enfants légitimes se prouve par les registres de l'état civil (Article 319 du Code Napoléon); — Qu'à défaut de ce titre, la filiation et la légitimité d'un enfant peuvent être établies par la possession d'état (Article 320 du Code Napoléon);

Considérant que le sieur Roch Ettori n'invoque pas même la possession d'état de fils légitime en faveur de l'enfant qu'il soutient être né du mariage de Thomasine Lantieri et de Jean-Jacques Gioja; — Qu'il se borne à produire un acte de baptême du 26 Mars 1803 (15 Germinal an XI) dressé par le curé de Sartene et constatant qu'il a été procédé, le même jour, au baptême d'un enfant né la veille de Don Giacomo Gioja et de Thomasine Lantieri, *sua moglie*, auquel il a été donné les prénoms de Don-Giov.-Vincente; — Que cet acte n'est revêtu d'aucune signature et ne peut faire foi de son contenu;

Considérant, d'ailleurs, qu'en 1803 la loi du 20 Septembre 1792 était exécutée dans toutes les parties de l'île;

Considérant que depuis que la séparation du pouvoir religieux et du pouvoir temporel est devenue l'un des principes les plus importants de notre droit public, l'état civil des citoyens ne peut être prouvé par les registres des curés des paroisses, alors même qu'ils seraient régulièrement tenus; — Que par conséquent, le sieur Roch Ettori n'établissant la filiation légitime de Don-Giov.-Vincente Gioja ni par les registres de l'état civil ni par la possession d'état, son système de défense manque de base et demeure sans valeur;

VI. Sur l'exception de prescription :

Considérant que le sieur Roch Ettori invoque vainement la prescription comme dernier fondement de son droit de propriété sur le magasin revendiqué par les hoirs Susini;

Considérant, en effet, que la possession qui sert de base à son exception, manque des caractères les plus essentiels de la prescription acquisitive; — Qu'il est manifeste que l'appelant n'a jamais possédé à titre de maître l'immeuble dont il s'agit; — Que sa possession a été purement précaire; — Que lui-même n'en explique l'origine que par un contrat d'antichrèse; — Qu'un tel titre n'a pu servir de point de départ à une prescription utile, suivant la maxime *Melius est non habere titulum quam vitiosum ostendere;*

Considérant que la possession du sieur Roch Ettori n'a pas été, d'ailleurs, accompagnée de la bonne foi nécessaire pour prescrire;

— Que la bonne foi, en cette matière, consiste dans la croyance ferme et constante que l'on est propriétaire de l'immeuble possédé; — Que cette croyance est inconciliable avec la cause primordiale qu'il assigne à sa possession;

Considérant, enfin, que l'appelant ne saurait davantage se prévaloir de la possession supposée de Thomasine Lantieri, puisque, d'une part, il ne justifie point qu'il représente cette dernière à un titre quelconque, et que, d'un autre côté, l'article 2235 du Code Napoléon n'autorise le détenteur à invoquer la possession de son auteur que lorsqu'il s'agit de compléter une possession utile, mais insuffisante quant à sa durée;

. . . .

PAR CES MOTIFS, et par ceux du jugement attaqué qui sont en harmonie avec le présent arrêt,

DÉMET de l'appel.

Chambre Civile. — M. CALMÈTES, *Premier Président.*

MM. CECCONI,
MILANTA, } *Avocats.*

N° 1.

PROCLAMATION DU TRIBUNAL DE DISTRICT DE SARTENE.

Vu par le Tribunal de district de Sartene le réquisitoire du citoyen Dumesnil, un des juges substituant le Commissaire national absent pour affaire publique, expositif que la Convention Nationale, par la loi du 18 Octobre dernier qui déclare tous les citoyens indistinctement éligibles aux places de juges, a brisé les dernières entraves qui s'opposaient au progrès de la liberté; que les effets naturels de celle-là doivent être de consolider les bases d'un Gouvernement fondé sur l'égalité, et de propager l'esprit public qui caractérise spécialement un peuple libre;

que la Convention Nationale, après avoir pesé dans sa sagesse les inconvénients qui paraissent inséparables de cette liberté indéfinie, a cru avec fondement que le peuple, éclairé sur ses intérêts, saurait s'en garantir en faisant tomber son choix sur des personnes capables de remplir ces places importantes; que les membres du Tribunal actuel, étant appelés par les suffrages de leurs concitoyens à exercer sur eux une magistrature honorable mais pénible, doivent s'élever à la hauteur de leurs places, et montrer à la Nation qu'ils sont dignes de la confiance dont on les a investis; que le moyen d'y parvenir est de donner des preuves constantes de zèle et de civisme, etc., etc., etc.

Qu'un décret sollicité depuis longtemps vient de faire disparaître...; que les épines que la malveillance de quelques individus a semées sous leurs pas, en entrant dans cette carrière, ne doivent pas déconcerter leur zèle, ni paralyser l'activité du Tribunal; que l'enlèvement en mains armées du Greffe et du Secrétariat du district, la dispersion de ses archives et la déprédation de quantité d'effets nationaux, doivent être un des premiers objets de leur surveillance et de leur sollicitude; que la privation des registres et des pièces que le greffe contenait, retardera nécessairement la marche des affaires indécises; qu'il en est peut-être dans le nombre dont le succès dépend d'un délai fatal; qu'il ne serait pas juste que le public fût victime de la coupable audace et des perfides combinaisons de quelques factieux qui ont violé sans pudeur et ces dépôts sacrés, et l'asile de citoyens revêtus d'un caractère public, et même ces devoirs de l'hospitalité respectés chez les nations les plus barbares.

Qu'à la vérité, suivant une règle de droit, la prescription ne court pas contre celui qui ne peut agir; que, d'après ce principe, la jurisprudence de tous les Tribunaux de l'île avait retranché du temps de la prescription un intervalle de quarante années de guerre qui ont affligé la Corse avant sa réunion à l'Empire français; mais que les lois générales qui, dans certains cas, ont fixé des délais sont si précises, et paraissent tellement obligatoires, qu'il est d'avis que le Tribunal doit recourir au pouvoir législatif pour faire légitimer la détermination provisoire qu'il pourrait prendre à cet égard.

Le tribunal, après avoir délibéré sur le réquisitoire du Commissaire national, tout vu et considéré,

Approuve dans tous ses points ledit réquisitoire comme étant l'expression des sentiments dont chacun des membres est animé; — En conséquence, ordonne qu'eu égard à la soustraction des pièces au greffe, les délais demeureront provisoirement suspendus, sauf au Tribunal à se retirer par devers le pouvoir législatif pour le prier de légitimer par un décret cette disposition provisoire.

Fait et arrêté en Chambre du Conseil, à Sartene, ce 8 Février 1793, l'an II de la République Française.

Signé : Pandolfi, Peretti, Istria, Susini *Président.*

Pour extrait conforme :
Le greffier du Tribunal,
Signé : Susini.

N° 2.

LETTRE DE L'ARCHIVISTE DU DÉPARTEMENT DE LA CORSE A M. LE PRÉFET.

Ajaccio, le 27 Décembre 1856.

Monsieur le Préfet,

M. le Premier Président de la Cour Impériale de Bastia vous a demandé par sa lettre du 11 du courant, si les Archives du Département de la Corse ne posséderaient pas quelques documents certains sur les points suivants :

1° Le Décret du 20 Septembre 1792, relatif à l'état civil des citoyens, fut-il, immédiatement après sa promulgation, envoyé dans le Département de la Corse?

2° La date de la publication de ce décret en Corse, et particulièrement à Sartene et à Bonifacio, est-elle connue?

3° L'envoi aux municipalités de ce département, et spécialement à celles de Bonifacio et de Sartene, des registres de l'état civil, en exécution de l'article 2, titre 2, du Décret précité, peut-il être constaté par quelque document officiel?

4° Enfin, à quelle époque les actes de l'état civil ont-ils commencé à être reçus par les agents municipaux dans les communes de Sartene et de Bonifacio?

Je vais répondre catégoriquement à chacune de ces questions.

1° Il n'y a aux archives aucun registre, aucune pièce officielle qui constate l'arrivée en Corse des lois et décrets pendant la période révolutionnaire.

2° Sans connaître la date certaine de la publication en Corse du Décret précité, il est constant qu'il était connu à Ajaccio avant le 31 Décembre 1792.

3° Aucun registre, aucune pièce officielle, existant aux archives, ne constate l'envoi aux municipalités des registres de l'état civil en exécution de l'article 2, titre 2, dudit Décret; mais, pour ce qui regarde Bonifacio, une lettre de la municipalité démontre que l'envoi des registres fut fait en l'an VI, 1er Vendémiaire (22 Septembre 1797).

4° Les actes de l'état civil n'ont commencé à être reçus en Corse par les agents municipaux qu'à partir du retour des Français en l'an V. S'il en a été tenu antérieurement à cette époque, ce ne peut être qu'une exception à la règle générale.

Pour satisfaire au désir que vous exprime M. le Premier Président, je me suis empressé de faire des recherches non-seulement dans nos archives, mais encore dans celles de la commune d'Ajaccio. J'ai compulsé tous les registres de la période révolutionnaire et je n'ai trouvé nulle part, ni dans la correspondance du Directoire du département avec les districts, ni dans celle des districts avec les municipalités, la trace de l'envoi des lois et décrets, ni leur publication. Cela tient sans doute à ce que les registres qui devaient être dressés pour cet objet, s'il en a toutefois existé, auront été égarés ou perdus dans les révolutions successives qu'a subies notre pays de 1792 à 1797. Cependant, je crois que mes recherches n'auront pas été tout-à-fait infructueuses, car elles établissent d'une manière certaine :

1° Que le décret du 20 Septembre 1792 a été connu en Corse avant la fin de 1792 ;

2° Qu'il a été appliqué, à Ajaccio, en Avril 1793 ;

3° Qu'il n'a pu recevoir d'application pour les années 1794, 1795 et 1796, et pour une partie de 1793.

L'article 8 du titre 6 du Décret du 20 Septembre 1792 porte :

L'Assemblée Nationale, après avoir déterminé le mode de constater désormais l'état civil des citoyens, déclare qu'elle n'entend ni innover, ni nuire à la liberté qu'ils ont tous de consacrer les naissances, mariages et décès par les cérémonies du culte auquel ils sont attachés et par l'intervention des ministres du culte.

En vertu de cet article, les registres des paroisses continuèrent à exister et à être tenus par les curés pour consacrer par les cérémonies religieuses l'état civil des citoyens, et comme, d'après l'article 2 du titre 2 de l'Édit du Roi de Juillet 1770, ces registres devaient être côtés et paraphés sur chaque feuillet par le Juge royal, le Président du Tribunal du district, qui remplaçait dans ses fonctions l'ancien Juge royal, crut de son devoir de côter et parapher les registres de la paroisse, quoique la loi se tût complétement à cet égard. C'est ce qui explique l'entête du premier feuillet d'un registre qui se trouve déposé aux archives de la commune d'Ajaccio.

Voici cet entête :

« Le présent registre contenant vingt-huit feuillets, a été par nous
» Pierre-François Chiappe, Président au Tribunal du district d'Ajac-
» cio, département de la Corse, côté et paraphé par premier et der-
» nier pour servir au citoyen curé de la paroisse d'Ajaccio à y enre-
» gistrer de suite et sans aucun blanc, tous les actes de mariage qui
» se feront en ladite paroisse pendant le cours de l'année prochaine
» 1793, en se conformant à l'article 8 du titre 6 de la loi du 20 Sep-
» tembre 1792.

» Fait à Ajaccio, le 31 Décembre 1792, l'an Iᵉʳ de la République. »

L'édit du Roi de Juillet 1770 chargeait le Juge Royal de côter et parapher les registres des paroisses; le décret du 20 Septembre 1792 charge du soin de côter et parapher les registres de l'état civil tenus par les municipalités, le Président de l'administration du district, ou, à son défaut, les membres du Directoire, suivant l'ordre de liste (Art. 2, Tit. 2).

Se conformant à cette prescription, le 1ᵉʳ Avril 1793, le citoyen Mannei, vice-président du district d'Ajaccio, côta et parapha deux registres qui sont déposés aux archives de la commune d'Ajaccio pour servir l'un à l'enregistrement des publications de mariage conformément à l'article 4 de la 2ᵉ section du décret précité, l'autre pour servir à l'enregistrement des actes de mariage.

L'entête de ce dernier registre porte :

« Le présent registre contenant sept feuillets, celui-ci non compris,
» a été côté et paraphé par premier et dernier par nous Vice-Président
» du Directoire du district d'Ajaccio, pour servir à l'enregistrement des
» actes de mariage dans la municipalité de cette ville, en conformité
» de la loi du 20 Septembre 1792, an IV de la liberté.

» Fait double à Ajaccio, le 1ᵉʳ Avril 1793, l'an II de la République. »

Signé : MANNEI.

Les deux registres côtés et paraphés par Mannei ne contiennent qu'une seule publication et un seul acte de mariage. La publication est celle du mariage projeté du citoyen Giuseppe Ponte *beneficato soppresso* et de la dame Maria-Giuseppa Forcioli. L'acte de mariage est dressé huit jours après en présence de quatre témoins et de l'officier public Pietrapiana qui a fait la publication.

D'après ces documents, il me paraît parfaitement établi :

1° Que le décret du 20 Septembre 1792 a été connu, à Ajaccio, dans la même année ;

2° Qu'il a été appliqué en 1793.

Reste à savoir maintenant si l'exécution de la loi a été générale, et combien de temps elle a duré. Qu'elle ait été généralement admise, je

ne puis ni l'affirmer, ni le nier. Cependant, je penche à croire qu'elle
n'a dû être appliquée que comme exception ; j'en ai la preuve dans le
fait d'un seul acte de mariage célébré à la municipalité d'Ajaccio, et
encore cette publication était-elle, pour ainsi dire, forcée par la position
du sieur Ponte, car, en sa qualité de *chanoine sécularisé de son propre
mouvement*, il ne pouvait exiger que l'Église consacrât son union.

Quant à la durée de l'application de la loi, elle a dû être bien courte,
puisqu'elle fut rapportée le 4 Mai 1794, avec un effet de rétroactivité
qui frappait toute l'année 1793. Pour l'explication de ce fait, il est
nécessaire que j'entre, ici, dans quelques détails historiques.

Vers la fin de 1792, les esprits, en Corse, étaient depuis quelque
temps déjà prévenus contre la France et ses institutions. Paoli domi-
nait le pays, et Paoli allait être mandé à la barre de la Convention.
Si la révolte n'avait pas encore levé la tête, elle se manifestait néanmoins par une résistance occulte à tout ce qui venait de la France.
Au commencement de 1793, l'issue malheureuse de l'expédition de
Sardaigne aggrava encore cette situation. La séparation de la Corse
d'avec la France, sans être annoncée publiquement, commença à exister de fait. Le Conseil général et le Directoire du département, sous
l'impulsion de Paoli, avaient pris en main l'administration du pays et
en dirigeaient les affaires sans tenir compte des ordres qui émanaient
de l'administration centrale. Ce fut alors que la Convention nomma
trois de ses membres, Lacombe Saint-Michel, Delcher et Saliceti, commissaires extraordinaires en Corse, et les chargea d'y rétablir son autorité méconnue. L'arrivée des commissaires mit le feu aux poudres. Le
pays s'insurgea presqu'en entier. Le 13 Mai 1793 les délégués de la
Convention décrétèrent le Conseil général et le Directoire du département dissous, et leurs membres rebelles à la loi. Malheureusement ils
n'étaient pas soutenus par la force. Ils furent bientôt après obligés de
quitter le pays emportant la conviction que, malgré leur décret, le
Conseil général et le Directoire continueraient à l'administrer. A partir
de cette époque, la Corse se gouverna d'une manière tout-à-fait indépendante de la métropole.

Ainsi se passa l'année 1793 et le commencement de 1794.

Le 15 Mai 1794, un mois avant la cession de la Corse à l'Angleterre, le Conseil général, qui avait charge de légiférer, rendit un décret que je vous transcris en entier, parce qu'il est, ce me semble, très-important dans la matière, et qu'il fait voir l'accueil qui dut être fait en Corse au décret du 20 Septembre 1792.

SESSIONE DEL CONSIGLIO GENERALE DEL GOVERNO DI CORSICA
DEL 25 MAGGIO 1794.

« Il Consiglio generale del Governo composto dei signori Ordioni, Suzzarelli, Manfredi, Filippi prete, Antoni, Cottoni, Giorgi, Campana, membri del Consiglio, Lucciani, aggiunto, e Mucchielli, vice-presidente, assistito dal segretario generale ed in presenza del signor Balestrino facente le funzioni di Procuratore generale sindaco, essendosi unito nel luogo ordinario e dopo lettura del processo verbale della sessione d'jeri :

» Un membro ha detto, che quantunque la generale amministrazione sia prossima a deporre l'autorità provvisoria confidatagli dal popolo, non puol chiudere nondimeno le orecchie ai riclami moltiplicati che si elevano contro la legge rivoluzionaria francese che fissava un nuovo metodo per stabilire lo stato civile delle persone.

» Questa legge del 20 Settembre 1792 per la sua opposizione ai nostri costumi, e sopratutto al rispetto dovuto al primo dei sacramenti, ed alla conservazione dello stato delle persone, non deve più lungo tempo sussistere in una società che vuol stabilire la sua legislazione sopra le basi inalterabili della Religione cattolica, e sopra il mantenimento dell'ordine civile.

» L'oratore ha proposto che questa legge sia abrogata senza dilazione, e che dando un effetto retroattivo alla determinazione che sarà resa, venga assicurato in una maniera legale lo stato civile degli abitanti della nostra isola.

» La materia messa in deliberazione, il Sostituto del Procuratore generale inteso,

» Il Consiglio generale : — Considerando che si rende istante di cal-

mare le inquietudini che il difetto di uniformità per la tenuta dei registri dei battesimi, matrimonj e sepolture ha fatto nascere sopra lo
stato delle persone;

» Considerando che i curati delle parrocchie ed i loro vicarj riuni-
scono nelle loro funzioni ecclesiastiche e civili le qualità che assicurano
l'ordine e l'esattezza nella tenuta dei registri,

» Determina provvisoriamente :

» 1° I curati delle parrocchie, o i loro vicarj, o quegli ecclesiastici
che ne fanno le funzioni, saranno tenuti, fra giorni otto, di provvedersi
di doppii registri in conformità dell'antica legge, pubblicata nel Codice
corso, sotto il regno di Luigi XV, farli sottoscrivere e segnare dal Presidente del Tribunale del distretto, e transcrivere sopra di questi nelle
forme consuete i battesimi, i matrimonj contratti legalmente e secondo i riti di santa Chiesa, e le sepolture per tutto l'anno 1793 prossimo
passato;

» 2° Un doppio di questi registri sarà diretto alla cancelleria del Tribunale nell'istessa dilazione di giorni otto;

» 3° In caso che tutti, o qualunque dei curati o vicarj, non avessero
tenuta alcuna nota o registro per costatare lo stato civile dei cittadini
nella loro parrocchia, e ne avessero abbandonata la cura alle municipalità, restano autorizzati a ritirare qualunque registro dalle mani degli
ufficiali municipali per trascrivere sopra di quelli, rivestiti della forma
qui sopra descritta, i battesimi, i matrimonj legalmente contratti e con-
formi ai riti di santa Chiesa, e le sepolture, ed inviarne come sopra un
doppio alle cancellerie dei Tribunali dei distretti;

» 4° Gli ufficiali municipali che si saranno uniformati alla detta legge
del 20 Settembre 1792, con formare dei registri per la trascrizione delli
detti battesimi, matrimonj e sepolture, saranno tenuti di rimetterli ai
curati o vicarj, che ne faranno la requisizione in virtù della presente
determinazione.

» Ordina ai curati, vicarj, delle parrocchie e municipalità dell'isola di
uniformarsi alle disposizioni della presente determinazione, incarica il
Sostituto del Procuratore generale sindaco, i direttori dei distretti e tribunali di tener la mano alla sua piena.ed intera esecuzione. »

Ce Décret du Conseil général du Gouvernement corse régit la matière jusqu'au retour des Français en l'an V.

Quant au fait particulier de la commune de Bonifacio, une lettre de Nicolò Trani, commissaire du canton de Bonifacio, au citoyen Costa, commissaire du département du Liamone, fait connaître qu'au 17 Messidor an V (5 Juillet 1797), la loi de 1792 n'y était pas appliquée : elle porte au § 4 :

« Manca allo scagno municipale la legge concernente i registri dei » matrimonj e battesimi, perciò è necessario di conoscerla per farla ese- » guire. »

Mais ce qui explique parfaitement l'état de la question dans cette commune est la lettre suivante :

L'Amministrazione municipale di Bonifacio alli Cittadini componenti l'Amministrazione centrale del Liamone.

« Bonifacio, li 2 Brumajo anno VII° repubblicano.

» Cittadini,

» Abbiamo ricevuta la lettera che ci avete scritta gli 21 ultimo, colla quale ci prescrivete il modo di supplire ai registri dello stato civile perduti o distrutti dopo il 14 Luglio 1789. Nel nostro archivio tutti i registri dell'antica parrocchia vi sono in buona regola. Questi furono rimessi dall'ex-curato Trani. Questi registri erano formati ogni anno principiando al primo Giugno sino al 31 Decembre detto, e questi sono stati nella medesima forma sino ai 25 Giugno 1797. V. S., cioè sino ai 5 Pratile anno V°, epoca in cui cessò le sue funzioni il detto ex-curato; da quell'epoca sino al 1° Vendemmiajo non esistono registri, non che al 1° Vendemmiajo che furono da voi inviati i registri, ed allora fu eletto l'ufficiale pubblico. Non sarà, crediamo, difficile di avere quelli dei mesi di interruzione, perchè crediamo che l'ex-prete, che era alla cura della Chiesa del culto cattolico in questo comune, avrà tenuto registro, ma credo che non vi deve essere nè matrimonj, nè nascite, ma soltanto qualche morto.

» Ecco, Cittadini, in quale stato sono i registri di questo cantone, e ne abbiamo che datano da un'epoca molto antica.

» Saluto et rispetto.

» Signé : CAPRIATA, MARCILESE, CARUSCI, SERAFINO *presidente*, CELANI *segretario*. »

Pour ce qui est de Sartene, je n'en puis rien dire, mes recherches étant restées complétement infructueuses ; mais je pense que l'on doit lui appliquer la règle qui me paraît résulter des documents que je vous ai cités, à savoir : qu'avant l'an V les registres de l'état civil n'ont existé que dans quelques localités, qu'ils ont été supprimés par le décret du Conseil général du 25 mai 1794, et qu'ils n'ont réellement pris date que vers la fin de 1797, alors que les municipalités furent définitivement réorganisées.

Je suis avec un profond respect, Monsieur le Préfet, votre très-humble et très-obéissant serviteur,

L'Archiviste du Département,
Signé : CAMILLE FRIESS.

N° 2.

DÉPÊCHE DE SON EXCELLENCE M. LE GARDE DES SCEAUX

A M. LE PREMIER PRÉSIDENT.

Paris, le 30 Décembre 1856.

Monsieur le Premier Président,

Par votre lettre du 11 de ce mois vous me faites savoir que la Cour impériale de Bastia est saisie de deux procès dont la solution exige la connaissance de la date de la publication à Sartene et à Bonifacio de la loi du 20 Septembre 1792, sur l'état civil, et vous demandez : 1° Si cette loi a été, immédiatement après sa promulgation, envoyée dans le département de la Corse ; 2° Si la date de sa publication dans ce département, et particulièrement à Sartene et à Bonifacio, est connue ;

3° Si l'envoi aux municipalités de la Corse, et spécialement à celles de Sartene et de Bonifacio, des registres de l'état civil, en exécution de l'article 2, titre 2 de ladite loi, peut être constaté par quelque document officiel; 4° A quelle époque les actes de l'état civil ont commencé à être reçus par les agents municipaux dans les dites communes de Sartene et de Bonifacio.

La loi du 20 Septembre 1792, sur l'état civil, est parvenue au Ministère de la justice le 25; elle a été envoyée à l'impression le même jour, 25 Septembre. L'imprimerie impériale n'ayant pas conservé les registres de transmission ni les accusés de réception de cette époque, la date précise de l'envoi des exemplaires dans les départements et de leur arrivée est inconnue à Paris; mais elle doit avoir été constatée dans chaque département, en exécution de la loi du 5 Novembre 1790, qui réglait le mode de promulgation. La date de la transmission des registres de l'état civil aux municipalités de la Corse, et l'époque à laquelle les actes ont commencé à être reçus par les agents municipaux dans les communes de Sartene et de Bonifacio, ne peuvent être connues au Ministère de la Justice.

Il faut remarquer que la loi du 20 Septembre 1792 exigeait, pour que les actes de l'état civil fussent reçus par les municipalités, l'accomplissement préalable de certaines formalités, telles que l'établissement d'un inventaire des registres existant entre les mains du clergé, la clôture de ces registres et leur dépôt dans la maison commune. L'époque à laquelle la loi a été exécutée a dû varier beaucoup, même pour les diverses communes du même département; et cette époque ne peut être connue que par l'examen des registres conservés dans les mairies ou dans les archives des départements. Je ne puis donc que vous engager à faire faire, à cet égard, des recherches à Sartene, à Bonifacio ou à Ajaccio.

Recevez, Monsieur le Premier Président, l'assurance de ma considération très-distinguée.

Le Garde des Sceaux, Ministre Secrétaire d'État
au Département de la Justice.
Par autorisation : *Le Conseiller d'État, Secrétaire général,*
Signé : DE SIBERT.

N° 4.

ACTE DU PARLEMENT ANGLAIS DU 18 MAI 1795.

GIORGIO III, Re della Gran Bretagna, d'Irlanda, di Francia e di Corsica.

Atto di Parlamento del 18 Maggio 1795, che ordina l'esecuzione degli Editti con-
cernenti i battesimi, matrimonj e sepolture, e provvede all'apposizione e levata
dei sigilli e agl'inventarj.

Considerando che le antiche leggi provvedono con delle forme caute e determinate ad assicurare lo stato civile delle persone,

Piaccia perciò all'Eccellentissima Maestà del Re, col consenso della Camera di Parlamento, riunita in questa presente sessione, e per autorità della medesima, statuire, e sia statuito come segue :

ART. 1. Sino a che un Atto di Parlamento non determini altrimenti, gli Editti del Re di Francia concernente i battesimi, e sepolture, quello riguardante i matrimonj, e quello che ha per oggetto l'apposizione e levata dei sigilli e gl'inventarj, saranno eseguiti secondo la loro forma e tenore.

ART. 2. I Podestà delle Pievi apporranno e leveranno i sigilli, e faranno gl'inventarj prescritti dalla detta legge, ciascheduno nella loro Pieve.

Ordiniamo al Tribunale Supremo, a quelli delle giurisdizioni, ai Podestà delle Pievi ed agli Ufficiali municipali delle Comunità di pubblicare, eseguire e fare eseguire la presente come legge del Regno.

Per ordine di Sua Eccellenza il Vice-Re del Regno di Corsica,
Firmato : POZZO DI BORGO.
Conforme all'originale :
Firmato : POZZO DI BORGO.

Letta, pubblicata e registrata su i Registri del Tribunale Supremo, li 28 Decembre 1795.

Firmato : GAFFORJ, *Cancelliere.*

N° 5.

EXTRAIT DU REGISTRE DES PUBLICATIONS DE LOIS, ORDONNÉES
PAR LE TRIBUNAL DU DISTRICT DE BASTIA.

Du mercredi 24 Octobre 1792, l'an Ier de la République française,
à dix heures du matin,

Après que de Franceschi, commissaire du pouvoir exécutif, a été ouï,

Le Tribunal ordonne que la loi qui détermine le mode de constater
l'état civil des citoyens sera consignée sur le registre du greffe pour
être exécutée suivant sa forme et teneur, publiée et affichée.

Ainsi fait et prononcé ledit jour 24 Octobre 1792, présents MM. Bertolacci, président; Negroni, Morelli, Massei et Benedetti, juges; de
Franceschi, commissaire du pouvoir exécutif, et Seatelli, greffier.

Signé à la minute : BERTOLACCI, SEATELLI.

Pour extrait conforme délivré à la requête de M. le Premier Président,

Le Greffier,
Signé : SEATELLI.

N° 6.

EXTRAIT DU REGISTRE TENU AU GREFFE DU TRIBUNAL DU DISTRICT DE LA
PORTA D'AMPUGNANI POUR SERVIR A LA PUBLICATION DES LOIS; LEDIT REGI-
STRE SIGNÉ, CÔTÉ ET PARAPHÉ PAR M. LE PRÉSIDENT CASABIANCA, ET DÉPOSÉ
AU GREFFE DE LA COUR IMPÉRIALE DE BASTIA.

Audience du lundi vingt-neuf Octobre 1792,

Feuillet 179. — Loi du 20 Septembre 1792 (n° 2542) qui détermine le mode de constater l'état civil des citoyens.

Pour extrait :
Le greffier en chef provisoire de la Cour impériale de Bastia,
Signé : CANAVAGGIO.

N° 7.

EXTRAIT DU REGISTRE TENU AU GREFFE DU TRIBUNAL DE CORTE, POUR SERVIR
A LA CONSIGNATION DES LOIS ; LEDIT REGISTRE CÔTÉ, SIGNÉ ET PARAPHÉ PAR
M. LE PRÉSIDENT ROSSI, ET DÉPOSÉ AU GREFFE DE LA COUR IMPÉRIALE DE
BASTIA.

Feuillet 5. — N° 135. Loi du 20 Septembre 1792 (n° 2542) qui
détermine le mode de constater l'état civil des citoyens, consignée au
registre le 22 Octobre 1792.

Pour extrait :

*Le greffier en chef provisoire de la Cour impériale
de Bastia ,*

Signé : CANAVAGGIO.

DU 9 FÉVRIER 1857.

JUGEMENT. — SIGNIFICATION. — EXÉCUTION. — DOMICILE. — HABITATION.

La connaissance que la partie condamnée aurait pu avoir du jugement rendu contre elle, et de l'exécution dont elle est menacée, ne saurait suppléer à la signification prescrite par l'article 147 du Code de Procédure Civile.

Le vœu de la loi n'est satisfait que par une signification à personne ou à domicile (1).

La signification faite en parlant à la personne du maire d'une commune, où la partie condamnée n'aurait qu'une résidence momentanée, est irrégulière et nulle.

A défaut de circonstances justificatives d'un changement de domicile, la signification doit avoir lieu au domicile d'origine.

Suzzarelli C. Pelozzi.

ARRÊT.

Après délibération en la Chambre du Conseil,

LA COUR ; — sur les conclusions de M. BERTRAND, Premier Avocat Général,

Considérant qu'aux termes de l'article 147 du Code de Procédure Civile, tout jugement provisoire ou définitif qui prononce une condam-

---

(1) Il a été décidé par la Cour de Cassation, le 15 avril 1819 (S. 19. 1. 322), que la connaissance que peut avoir une partie d'un jugement rendu contre elle, par toute autre voie qu'une signification régulière, ne fait pas courir contre elle les délais pour se pourvoir. RIVOIRE, n° 181 et CHAUVEAU sur CARRÉ, Quest. 1362 *bis* et *ter*, soutiennent la même opinion. Ces principes doivent, selon nous, s'appliquer, à plus forte raison, au cas d'une exécution pratiquée avant toute signification.

nation, ne peut être exécuté qu'après avoir été signifié à la partie, à personne ou domicile;

Considérant que la signification préalable à l'exécution constitue une formalité substantielle, dont l'absence ne saurait être suppléée par la connaissance directe ou indirecte que la partie condamnée aurait pu avoir du jugement rendu contre elle, et de l'exécution dont elle est menacée;

Considérant que le vœu de l'article 147 n'est rempli que par une signification régulière et valable; — Qu'il s'agit, dans le litige soumis à l'appréciation de la Cour, de rechercher si la saisie du bateau et la saisie-exécution, pratiquées au préjudice des mariés Suzzarelli le 17 Mars 1855, ont été précédées de la signification du jugement du 27 Juillet 1853, qui condamnait la dame Suzzarelli à payer à Catherine Pelozzi une somme capitale de deux mille six cents francs, en lui accordant deux ans de terme;

Considérant qu'il est constant que la copie dudit jugement signifié le 17 Septembre 1853, a été remise au maire d'Ajaccio, l'huissier n'ayant *trouvé au domicile des époux Suzzarelli ni eux, ni leurs parents, et aucun voisin n'ayant consenti à la recevoir;*

Considérant que la validité de cette signification est subordonnée à la question de savoir si les époux Suzzarelli sont domiciliés à Ajaccio;

Considérant que le sieur Suzzarelli est né à Bonifacio; — Que les intimés reconnaissent que c'est dans cette commune qu'il avait son domicile d'origine; — Qu'ils soutiennent seulement que ce domicile a été transféré à Ajaccio, à l'époque du mariage de Suzzarelli avec la demoiselle Marie-Joséphine Costa;

Considérant que les questions relatives à la translation du domicile, présentent deux éléments essentiels à apprécier, le fait et l'intention; — Que le changement de domicile s'opère par le fait d'une habitation réelle dans un autre lieu, joint à l'intention d'y fixer son principal établissement;

Considérant que l'intention s'induit ou de la double déclaration prescrite par l'article 104 du Code Napoléon, — ou des circonstances, à défaut de déclarations expresses;

Considérant, en fait, qu'il n'est nullement établi que Suzzarelli, soit avant, soit après son mariage, ait eu ou son habitation réelle, ou son principal établissement à Ajaccio; — Qu'il n'a point cessé d'avoir à Bonifacio son habitation originaire; — Que c'est à Bonifacio que les intimés ont fait pratiquer une saisie-exécution des meubles de leurs débiteurs le 14 Septembre 1855; — Que l'itératif commandement et le procès-verbal de saisie énoncent que les époux Suzzarelli demeurent et sont domiciliés à Bonifacio;

Considérant que les autres actes ou exploits versés au procès contiennent des énonciations contradictoires en ce qui concerne le domicile des appelants; — Que ces actes ne sauraient donc avoir une influence décisive dans la cause, et s'annihilent réciproquement par le fait même de leur contradiction; — Qu'on ne peut, par suite, en faire résulter la preuve d'un changement intentionnel de domicile de la part de Suzzarelli;

Considérant que les autres circonstances de la cause invoquées par les intimés relativement à la question intentionnelle, sont insuffisantes pour établir que Suzzarelli ait eu la volonté de transférer son domicile à Ajaccio; — Que le fait de son habitation persévérante à Bonifacio proteste contre cette volonté qui, d'ailleurs, ne s'explique et ne se justifie par aucun motif de convenance particulière ou d'intérêt personnel;

Considérant que l'irrégularité de la signification du jugement a frappé d'une nullité radicale les commandements, les deux saisies-exécution et tout l'ensuivi;

. . . .

A MIS et MET l'appellation et ce dont est appel au néant,

Et PROCÉDANT par nouveau jugé,

ANNULLE la signification du jugement du 27 Juillet 1853;

ANNULLE pareillement les itératifs commandements et les saisies du 17 Mars 1854 et du 14 Septembre 1855, ainsi que tout l'ensuivi........

Chambre Civile. — M. CALMETES, *Premier Président.*

MM. BONELLI, } *Avocats.*
MILANTA, }

DU 9 FÉVRIER 1857.

LEGS VERBAL. — PROMESSE DE L'EXÉCUTION. — NULLITÉ DE L'ENGAGEMENT. — CAUSE ILLICITE.

La promesse d'exécution d'un legs verbal est frappée de nullité comme étant fondée sur une cause illicite (1).

Colonna de Leca C. la veuve Nesa.

ARRÊT.

Après délibération en la Chambre du Conseil ,

LA COUR ; — sur les conclusions conformes de M. BERTRAND, Premier Avocat Général,

Considérant que la dame Fiordispina, veuve Nesa, demande le délaissement du tiers de l'enclos dit *Chioso di Nesa*, en vertu d'un acte sous

---

(1) L'ordonnance de 1735, art. 1er, portait textuellement : « Toutes dispositions testamen-
» taires ou à cause de mort, de quelque nature qu'elles soient, seront faites par écrit.
» Déclarons nulles toutes celles qui ne seront faites que verbalement, et défendons d'en
» admettre la preuve par témoins, même sous prétexte de la modicité de la somme dont il
» aurait été disposé. » Le Code Napoléon a été rédigé dans le même esprit, ainsi que cela
résulte nécessairement des art. 893, 895 et 969. — Voir MARCADÉ, sur l'art. 969, et TROPLONG,
Donat. et Test., tom. 3, nos 1443 et suiv., 1450. Il faut donc retenir que l'écriture est
de l'essence du testament, et que, par conséquent, le legs verbal est prohibé par la loi.
Cela admis, on ne saurait douter, selon nous, que la promesse d'exécuter un legs verbal
ne doive être annulée, aux termes de l'art. 1133 du code précité, comme fondée sur une
cause illicite.

signature privée consenti par le sieur Colonna de Leca le 26 Mai 1844, et dans lequel il aurait promis l'abandon dudit immeuble en exécution de la volonté verbalement exprimée, à cet égard, par la dame Marianne Nesa, en dehors de son testament du 17 Décembre 1820 portant institution d'héritier en faveur dudit Colonna de Leca et de ses deux frères ;

Considérant que cet acte n'est point représenté devant la Cour ; — Que, fût-il produit, il y aurait lieu d'en prononcer la nullité ;

Considérant, en effet, qu'il résulte des articles 893, 895, 969 du Code Napoléon qu'il n'est permis de disposer de ses biens, par voie testamentaire, que suivant les formes prescrites par la loi ; — Que l'omission de ces formalités entraîne la nullité des dispositions ;

Considérant que la promesse du sieur Colonna de délaisser le tiers de l'immeuble dit *Chioso di Nesa*, qu'il avait recueilli dans la succession de la dame Marianne, veuve Nesa, constituerait une obligation frappée de nullité comme étant fondée sur une cause illicite ;

Considérant que le maintien de cette obligation serait la reconnaissance et la consécration d'un legs verbal, expressément prohibé par la législation qui nous régit ;

Considérant que l'acte privé invoqué par la dame Fiordispina ne saurait valoir davantage comme acte de libéralité, de la part du sieur Colonna de Leca, l'article 931 du Code Napoléon ne reconnaissant comme valables que les donations par acte public ;

Considérant que les déclarations faites par le sieur Colonna de Leca, devant le Juge de Paix, ne furent pas acceptées par la dame Fiordispina Nesa ; — Qu'elles ne sauraient, d'ailleurs, avoir plus de puissance que l'écrit privé du 26 Mai 1844, s'il était représenté par l'intimée ;

Considérant, surabondamment, qu'il paraît résulter des circonstances de la cause que le legs verbal dont il s'agit aurait été fait non au profit de la dame Fiordispina, mais bien en faveur de Lucie Nesa, sa fille ;..........

A MIS et MET au néant l'appellation et ce dont est appel,

Et PROCÉDANT par nouveau jugé,

Déclare mal-fondée la demande en délaissement du tiers de l'enclos dit *Chioso di Nesa*,

En débouté, par suite, la dame Fiordispina, veuve Nesa.........

Chambre Civile. — M. CALMÈTES, *Premier Président.*

MM. Milanta, } *Avocats.*
Savelli, }

DU 10 FÉVRIER 1857.

COMPÉTENCE. — TRIBUNAUX CIVILS. — AFFAIRES COMMERCIALES. — EXCEPTION. —
SECOND DEGRÉ DE JURIDICTION.

Lorsqu'une affaire commerciale est portée devant la juridiction civile, si les parties, en comparaissant devant le Tribunal de première instance, présentent leur défense au fond, l'exception d'incompétence ne peut être ultérieurement proposée devant le Juge d'appel (1).

(1) Conf. Bastia, 10 août 1851 (Not. Rec. tom. 1er, pag. 519). La jurisprudence s'est constamment prononcée dans ce sens, et nous ne connaissons que deux jugements du tribunal d'Anvers qui aient adopté une opinion contraire. Ces jugements, à la date des 27 mai et 15 juillet 1848, se trouvent rapportés (D. P. 49. 3. 77 et 78). Il faut cependant constater, que le même accord ne règne pas dans la doctrine sur la question de savoir si l'incompétence des tribunaux civils, pour connaître des matières commerciales, est absolue ou simplement relative.

Parmi les nombreux arrêts qui ont décidé que, dans notre hypothèse, le déclinatoire doit être proposé *in limine litis*, et ne peut l'être pour la première fois ni en cause d'appel, ni devant la Cour de Cassation, on peut voir : Cass., 10 juillet 1816 (S. 16. 1. 334; — D. A. 3. 375) ; — Bordeaux, 1er février 1851 (S. V. 31. 2. 139 ; — D. P. 33. 2. 5) ; — Rejet, 9 janvier 1838 (S. V. 38. 1. 746 ; — D. P. 38. 1. 156); — *Idem*, 18 mars 1839 (S. V. 39. 1. 508; — D. P. 39. 1. 132); — *Idem*, 20 nov. 1848 (S. V. 49. 1. 129; — D. P. 48. 1. 233); — Orléans, 25 juin 1850 (S. V. 51. 2. 13; — D. P. 52. 2. 75); — Paris, 30 déc. 1852 (S. V. 54. 2. 120) ; — Bourges, 3 janvier 1859 (S. V. 59. 2. 312 ; — D. P. 59. 5. 161).

Quant aux auteurs, nous nous bornerons à indiquer pour l'incompétence relative : MERLIN, *Rép.*, Vo *Trib. de Comm.*, no 5, et *Trib. Ordin.*, no 3; — PARDESSUS, *Droit Comm.*, tom. 5, no 1347; — BIOCHE et GOUJET, *Dict. de Proc.*, Vo *Comp. des Trib. de Comm.*, no 16 de la 3e édition; — ORILLARD, *Comp. des Trib. de Comm.*, nos 126 et suiv.; — CHAUVEAU sur CARRÉ, sur l'art. 170 en note; — NOUGUIER, *Trib. de Comm.*, tom. 2, pag. 89 et suiv. — Pour l'incompétence absolue : CARRÉ, *Comp. Civ.*, no 472; — BONCENNE, *Théorie de la Proc.*, tom. 1er, pag. 330; — BOITARD, *Leçons de Proc.*, tom. 1er, pag. 455 de la 2e édition ; — BENECH, *Des Justices de Paix et des Trib. Civils*, 2e partie, pag. 29 et suiv.

Nous terminerons cette note en disant que NOUGUIER et CARRÉ, *ubi suprà*, nous semblent avoir consacré à la question les développements les plus amples et les plus complets.

Orsoni C. Gandié.

ARRÊT.

Après délibération en la Chambre du Conseil,

LA COUR; — sur les conclusions de M. BERTRAND, Premier Avocat Général,

SUR L'EXCEPTION D'INCOMPÉTENCE :

Considérant que les Tribunaux civils ont la plénitude de là juridiction; — Que la compétence exceptionnelle attribuée aux Juges Consulaires n'est pas d'ordre et d'intérêt publics; — Qu'elle a principalement pour but l'intérêt privé des commerçants et la prompte expédition des affaires relatives à leur trafic et à leur négoce; — Que, par suite, l'incompétence des Tribunaux civils pour connaitre de telles contestations peut être couverte par le silence des parties, si en comparaissant devant le premier Juge elles acceptent sa juridiction et présentent leur défense au fond;

Considérant qu'autoriser, dans ce cas, la demande en renvoi, lorsque la cause est parvenue devant le Juge d'appel, ce serait ouvrir la voie à des retards que le législateur a voulu surtout éviter;

Considérant, d'ailleurs, que si la cause est prête à recevoir jugement au fond, la nullité du jugement pour cause d'incompétence demeure vaine et sans résultat, puisque la Cour, en procédant par voie d'évocation, peut toujours statuer définitivement sur les contestations qui divisent les parties; — Qu'ainsi l'exception d'incompétence doit être rejetée comme mal fondée;

SANS S'ARRÊTER à l'exception d'incompétence, laquelle est déclarée mal fondée,

REJETTE l'appel, par fin de non-recevoir.........

Chambre Civile. — M. CALMÈTES, *Premier Président.*

MM. GAVINI, } *Avocats.*
MILANTA,   }

DU 11 FÉVRIER 1857.

1° Lorsqu'un même Magistrat a participé au Jugement d'une même affaire, d'abord en première instance et ensuite en appel, l'Arrêt est frappé de nullité.

2° La juridiction civile ordinaire est seule compétente pour statuer sur les difficultés qui s'élèvent entre une commune et un propriétaire, qui fait l'abandon volontaire de son terrain pour le redressement d'un chemin vicinal, sous la condition que le droit de préemption sur l'ancien chemin abandonné lui serait exclusivement réservé.

L'autorité administrative est incompétente pour statuer sur l'existence de la convention et sur ses effets, — spécialement sur l'action en délaissement de l'ancien chemin abandonné et sur la demande en indemnité à titre de dommages, si le délaissement ne peut avoir lieu.

La réalité de la convention peut être établie par l'aveu du propriétaire dépossédé, — aveu qui constate, à la fois, la gratuité de l'abandon de son terrain et la garantie du droit de préemption sur l'ancien chemin délaissé, par suite du redressement.

Un tel aveu est indivisible.

Commune de Luri C. Bernardi.

ARRÊT.

Après délibération en la Chambre du Conseil,

LA COUR; — sur les conclusions de M. BERTRAND, Premier Avocat Général,

I. SUR LA NULLITÉ DE L'ARRÊT DE DÉFAUT :

Considérant qu'il est constant que M. le Conseiller Fabrizj a participé

au Jugement du 7 Décembre 1855, soumis à l'appréciation de la Cour;
— Qu'il a également concouru à l'Arrêt de défaut du 8 Décembre 1856,
intervenu sur l'appel du même jugement;

Considérant que ce Magistrat était frappé d'incapacité pour statuer,
comme Juge d'appel, sur le mérite d'une décision qu'il avait rendue en
qualité de Juge du premier degré;

Considérant que, lors de l'Arrêt du 8 Décembre 1856, la Cour n'était
composée que de sept membres; — Que le vice de la composition de
la Cour entraîne la nullité de sa décision, et qu'il y a lieu, en annulant
ledit Arrêt, de statuer sur le mérite des griefs d'appel, proposés par la
commune de Luri envers le Jugement du 7 Décembre 1855.

II. Sur l'exception d'incompétence :

Considérant, en fait, que la demande du sieur Bernardi avait pour
objet le délaissement d'une parcelle de l'ancien chemin du hameau de
Piazza, abandonné par suite du redressement opéré, dans cette voie
de communication, il y a environ cinq années; et, à défaut de délaissement, la condamnation de la commune de Luri à lui payer, à titre
de dommages-intérêts, une indemnité représentant la valeur de la cour
de sa maison, dont il avait fait l'abandon conditionnel à ladite commune, pour l'exécution du redressement projeté; — Qu'une semblable
demande présentait à juger une question de propriété ne pouvant être
portée que devant la juridiction ordinaire ;

Considérant, sous un autre rapport, que le législateur a tracé des
règles particulières pour l'expropriation fondée sur l'utilité publique;
— Que la loi du 21 Mai 1836 a plus spécialement déterminé les formes de la procédure et la compétence dans le cas d'expropriation pour
fixation ou redressement de chemins vicinaux (Articles 16 et 17 de la
Loi du 21 Mai 1836);

Considérant que l'attribution de compétence soit au Juge de paix,
soit au jury, est limitée au règlement de l'indemnité, lorsque, d'ailleurs,
le droit à l'indemnité réclamée n'est pas contesté; — Qu'en principe
général le règlement de l'indemnité est un préalable nécessaire à l'expropriation; — Qu'aux termes de l'article 16 de la même loi, la trans-

lation définitive de la propriété n'est que la suite et la conséquence de la fixation de cette indemnité et du procès-verbal qui la constate (Article 16, Loi du 21 Mai 1836);

Considérant que, dans l'espèce particulière soumise à l'appréciation de la Cour, il n'est nullement question de fixer une indemnité préalablement à une expropriation; — Que l'expropriation est consommée depuis environ cinq années, en vertu d'une convention intervenue entre le sieur Bernardi et le Maire de Luri; — Qu'il s'agit de préciser le caractère et les effets de cette convention, de déclarer si l'abandon volontairement fait par le sieur Bernardi a été pur et simple ou conditionnel, — de constater la réalité de la condition et d'en déterminer les effets; — Que la juridiction civile ordinaire est manifestement seule compétente pour statuer sur un tel litige; — Que, par suite, l'exception d'incompétence proposée par la commune appelante doit être repoussée comme mal fondée.

III. AU FOND :

Considérant que la convention intervenue entre le sieur Bernardi et la commune de Luri n'a pas été constatée par écrit; — Que, toutefois, le sieur Bernardi reconnaît que l'abandon de la cour de sa maison a été gratuit, en ajoutant qu'il ne l'a consenti à ce titre, que sous la condition acceptée par la commune que le droit de préemption du terrain abandonné en regard de sa propriété lui serait réservé; — Que cet aveu est indivisible; — Qu'on ne saurait l'admettre quant à la gratuité de la cession et le rejeter relativement à la préemption qui devait tenir lieu d'indemnité; — Qu'en appréciant sainement les conclusions prises par la commune devant la Cour, on y trouve la reconnaissance non équivoque de la convention invoquée par le sieur Bernardi; — Que c'est sous la foi de cet abandon conditionnel que la commune a pris possession de la cour de la maison du sieur Bernardi; — Que vainement l'appelant allègue que la condition n'a pu être stipulée, l'article 19 de la loi précitée n'accordant cette faculté qu'au riverain, et le sieur Bernardi ne se trouvant point dans une semblable situation par rapport au terrain abandonné;

Considérant que cette objection n'est pas sérieuse ; — Que c'est, en effet, parce que le sieur Bernardi ne pouvait réclamer la préemption comme un droit, que la convention qui la lui garantissait était nécessaire ;

Considérant qu'il est reconnu que la commune a rendu, par son fait, l'accomplissement de la condition impossible ; — Que le sieur Bernardi se trouve, dès lors, relevé de sa renonciation à l'indemnité, et qu'il appartient aux Tribunaux ordinaires, en constatant à cet égard son droit, de fixer le dédommagement qui lui est dû ;

REÇOIT l'opposition de la commune,

Et y disant droit,

MET au néant l'arrêt de défaut rendu par la Cour le 8 Décembre 1856 ;

Et procédant par nouveau jugé,

A DÉMIS et DÉMET l'appelant de son appel..........

Chambre Civile. — M. CALMÈTES, *Premier Président.*

MM. MILANTA, } *Avocats.*
OLLAGNIER,

DU 25 FÉVRIER 1857.

1° SOCIÉTÉ COMMERCIALE. — DOMICILE.
2° NOMBRE DES COPIES. — ASSIGNATION.

1° Une société commerciale est-elle valablement assignée, en matière ci-
vile, au lieu d'exploitation de l'une des branches de son industrie, bien que
son principal établissement et son siége déclaré soient ailleurs ? — Rés.
affirm. (1).

2° Si l'assignation a porté non-seulement contre le gérant de cette société,
mais encore contre l'un de ses agents, a-t-il pu suffire d'une seule copie
pour tous? — Rés. affirm. (2).

(1-2) Cette solution ne paraît pas conforme aux véritables principes. — En effet, l'art. 68 du Cod. de Proc. civ. veut que tous exploits soient faits à personne ou domicile; et l'art. 69 § 6 ajoute, que les sociétés de commerce doivent être assignées en leur maison sociale, ou bien en la personne ou au domicile de l'un des associés. Or, s'il est vrai que les frères Jackson ont leur domicile réel et le siège de leur société commerciale à Rive-de-Gier, ils ne pouvaient être valablement assignés à Bastia. Vainement dirait-on que les frères Jackson ayant à Bastia un représentant, on a pu les assigner utilement en la personne et demeure de ce dernier : on n'agit pas régulièrement contre un mandataire, et d'ailleurs, l'action de Delarbre pouvait bien se rattacher à l'acquisition de l'usine de Toga, mais elle n'avait pas trait à l'acquisition pour laquelle de La Rochette était préposé. Dans le système visé par l'arrêt, un particulier qui posséderait des biens autre part qu'au lieu de son domicile réel, pourrait être cité, à raison de ces biens, en la personne ou à la demeure de ses adminis-trateurs ou fermiers, ce qui serait contraire à tous les principes. — La circonstance que les intimés n'avaient pas appelé du jugement qui avait écarté la même exception en première instance, devait rester sans influence dans la cause, d'abord parce que le débouté de la demande au fond leur ôtait tout intérêt à discuter l'incident qui n'avait plus de portée; ensuite parce que l'appel formait une nouvelle instance dont les actes devaient se suffire à eux-mêmes : si ces actes étaient entachés de nullité, rien de ce qui avait été fait en première instance ne pouvait les valider.

Quant au nombre des copies, il est hors de doute qu'il doit en être laissé une à chacune des parties intéressées, quand bien même les personnes évoquées en cause auraient un seul et même intérêt à repousser la demande. On comprendrait, dans l'espèce, qu'on n'eût donné qu'une seule copie aux frères Jackson, en tant qu'associés et gérants de la même société; mais du moment où l'on assignait aussi de La Rochette pour se voir condamner

Delarbre C. Jackson frères et de La Rochette.

Un jugement du Tribunal civil de Bastia avait débouté Delarbre d'une demande en revendication et indemnité qu'il avait formée contre les frères Jackson et de La Rochette. Delarbre appelle de ce jugement, au moyen d'une assignation donnée à Bastia, et dont il ne fut laissé qu'une seule copie pour les trois intimés. Ces derniers ont excipé devant la Cour de la nullité de l'appel, d'abord parce que l'assignation n'avait pas été faite à personne ou domicile; en second lieu parce que cet acte n'avait pas été signifié à chacun d'eux.

On a dit, sur le premier moyen, que le domicile des frères Jackson n'était pas à Bastia, mais bien à Rive-de-Gier, où ils ont leur principal établissement et le siége déclaré de leur société. L'usine de Toga près Bastia, exploitée pour leur compte, ne forme qu'une branche de leur industrie, et n'en est pas la plus importante. — Quant à de La Rochette, il ne réside à Bastia que comme agent des frères Jackson et seulement pour l'exploitation de ladite usine.

Sur le second moyen de nullité, lors même que les intimés auraient eu leur domicile légal à Bastia, toujours fallait-il leur donner à chacun une copie de l'assignation. En procédant autrement, en ne laissant qu'une seule copie pour les trois intimés, on peut dire qu'aucun d'eux n'a été assigné, car rien n'indique dans l'exploit que la copie fût destinée plutôt à l'un qu'à l'autre des intimés.

L'appelant a répondu, que son action se rattachait à l'acquisition que les frères Jackson avaient faite de l'usine de Toga et ses dépendances, et que, pour lui, leur domicile était à Bastia, où ils font exploiter cette usine dont la direction est confiée à de La Rochette; que la demande introductive d'instance avait été signifiée à Bastia, et bien que les défendeurs eussent excipé de la même nullité, le Tribunal avait passé outre en rejetant l'exception; qu'ayant acquiescé à ce jugement, faute d'appel, les intimés ont eux-mêmes reconnu qu'ils pouvaient être assignés à Bastia, et sont dès lors mal venus à prétendre qu'ils ont un autre domicile.

Quant au nombre des copies, les trois intimés n'avaient qu'un seul et même intérêt, c'est-à-dire les frères Jackson comme associés et de La Rochette comme leur représentant en tout ce qui concerne l'usine de Toga : dans ce cas il a pu suffire d'une seule copie.

Le système de l'appelant ayant prévalu, la Cour a statué en ces termes :

---

avec eux aux fins de la demande, on ne pouvait se dispenser de laisser une autre copie. Peu importe qu'au fond ce dernier fût sans intérêt personnel dans la cause; sa position était fixée par les termes de la demande, et c'est dans ces termes que l'exception devait être jugée.

ARRÊT.

Après délibération en la Chambre du Conseil ,

La Cour ; — sur les conclusions contraires de M. Bertrand, Premier Avocat Général,

Sur l'irrecevabilité de l'appel, tirée de ce que Jackson Frères n'auraient été cités ni a personne ni a domicile :

Attendu qu'il est constant, en fait, que La Rochette était à l'époque où s'est engagé le procès actuel le représentant, en Corse, de Jackson, pour tout ce qui concernait l'exploitation des usines de Fiumalto et de Toga, et qu'il l'est encore aujourd'hui pour cette dernière ; — Que c'est en effet ledit de La Rochette qui, en cette qualité, a toujours procédé devant les diverses juridictions de ce ressort, soit en demandant, soit en défendant, quand il s'est agi des intérêts de ladite compagnie, en Corse ;

Attendu que la raison et le droit enseignent que les sociétés industrielles peuvent être régulièrement et utilement assignées en la personne et demeure de leur représentant, sur les lieux où se sont accomplis les faits ayant amené la contestation, quand il s'agit de ces faits, quoique le siége principal de la Société soit situé dans une autre localité ;

Attendu, à un autre point de vue, que Jackson frères et Compagnie, ainsi que de La Rochette leur représentant en Corse, ayant été cités par Delarbre devant le Tribunal de première instance de Bastia et ayant excipé de cette nullité, ils en ont été déboutés ; — Que le Jugement attaqué a, en effet, implicitement reconnu et décidé que lesdits Jackson frères et Compagnie ont été légalement assignés en la personne et demeure de de La Rochette, leur représentant ;

Attendu que ce Jugement a été signifié par Jackson frères et Compagnie à leur adversaire, sans qu'il apparaisse qu'ils aient fait aucune réserve relativement à la prétendue irrégularité sur laquelle ils s'appuient aujourd'hui pour demander la nullité de l'appel, par fin de non-recevoir.

En ce qui concerne le moyen de nullité tiré de ce qu'il n'aurait été donné qu'une seule copie de l'acte d'appel :

Attendu que la Société Jackson frères a seule intérêt au procès, et que c'est contre elle seulement qu'est dirigée la demande de Delarbre; — Qu'il est évident que de La Rochette n'y est en aucune façon intéressé personnellement, puisque les faits qui y ont donné lieu étaient déjà accomplis lorsqu'il a été constitué et est devenu le représentant, en Corse, de la Société Jackson frères; — Que, d'un autre côté, il ressort de tous les éléments du procès que ledit de La Rochette n'a été mis en cause que comme représentant de Jackson frères et Compagnie, et qu'on n'a conclu contre lui qu'en cette qualité; — Qu'il suit de ce qui précède, qu'il n'était pas nécessaire que l'huissier chargé de notifier l'appel laissât plusieurs copies, puisque tout l'intérêt du procès était concentré sur la personne de Jackson frères, représentant la Société de ce nom; — Et qu'en laissant la copie de cet appel, destinée auxdits Jackson frères, à la personne de de La Rochette, leur représentant en Corse, le vœu de la loi a été suffisamment rempli.

Au fond :

Adoptant les motifs des premiers Juges;............

Sans s'arrêter à la double fin de non-recevoir proposée par les intimés contre la régularité de l'acte d'appel dont ils sont démis et déboutés,

Et statuant sur ledit appel au fond,

Déclare icelui mal fondé,

Confirme, en conséquence, le jugement attaqué..........

Chambre Civile. — M. ANDRAU-MORAL, *Conseiller, f. f. de Président.*

MM. Bonelli,
Milanta, } *Avocats.*

DU 25 FÉVRIER 1857.

COMMUNES. — PARTAGE. — HABITANTS. — FEU. — INSCRIPTION. — LISTE. — EFFETS. — DROITS TRANSMISSIBLES. — ACTE DE PARTAGE ADMINISTRATIF. — INTERPRÉTATION. — RENVOI D'OFFICE.

L'inscription d'un chef de famille ou de ménage, sur la liste des habitants ayant droit de concourir au partage des biens communaux, crée des droits irrévocables, transmissibles aux héritiers des habitants inscrits, alors même qu'ils décéderaient avant l'opération matérielle du partage (1).

Les habitants qui ont le droit d'être inscrits sur la liste des co-partageants sont ceux dont l'habitation constitue un feu (2).

On entend par feu la demeure du chef de ménage, majeur, domicilié dans la commune, vivant seul ou faisant un même feu avec sa famille (3).

La question de savoir si l'acte administratif de partage a attribué un immeuble litigieux à l'une ou à l'autre des parties en instance devant la juridiction civile, ne pouvant être résolue que par l'interprétation de l'acte de partage, il est du devoir des Tribunaux ordinaires d'ordonner le renvoi devant l'autorité administrative, à l'effet d'y faire interpréter l'acte qui est émané d'elle et dont elle seule peut déterminer le sens, la portée et les effets.

(1-2-3) Avant la révolution de 1789, divers édits et arrêts avaient ordonné que le partage des biens communaux auraient lieu par *feu* ou par chef de famille. La loi des 10-11 juin 1793, art. 1er, section 2e porte, au contraire, que ce partage sera fait par tête d'habitant domicilié, de tout âge et de tout sexe, absent ou présent. Les décrets ou avis du Conseil d'État des 20 juillet 1807 et 26 avril 1808 ont fait revivre le mode de partage par *feu* ou par chef de famille. Enfin, l'art. 105 du Code forestier explique que par *feu* on doit entendre chef de famille ou de maison ayant domicile réel et fixe dans la commune. — C'est par l'inscription sur la liste des habitants ayant droit au partage que se trouve arrêté le nombre des lots et conséquemment des parties prenantes; par l'acte de partage on attribue un lot à chaque habitant inscrit. Celui-ci a donc acquis, à partir de son inscription, un droit qu'il peut transmettre à ses héritiers, s'il vient à décéder dans l'intervalle. Voir ci-après l'arrêt rendu par la Cour de Bastia, le 7 décembre 1857, qui a vidé le renvoi prononcé.

Négroni C. Negroni.

ARRÊT.

Après délibération en la Chambre du Conseil,

La Cour; — sur les conclusions de M. Bertrand, Premier Avocat Général,

Considérant qu'il résulte des faits et circonstances de la cause, que Pierre Negroni, père de l'appelant, a été inscrit, en 1825, sur la liste des chefs de famille ayant le droit de concourir au partage des biens communaux de la commune de Rutali;

Considérant que vainement Pierre-Félix Negroni, intimé, s'efforce de s'attribuer le bénéfice de cette inscription;

Considérant, en effet, qu'en 1825, Pierre-Félix Negroni n'était âgé que de treize ans environ et vivait avec Pierre Negroni, son père incestueux et adultérin;

Considérant que ce dernier était chef de famille ou de ménage, et que son habitation constituait un *feu*, dans le sens du Décret du 20 Juillet 1807, qui détermine d'après quelles bases doit être effectué le partage des biens communaux;

Considérant qu'on entend par *feu*, en cette matière, l'habitation d'une personne majeure et domiciliée seule ou avec sa famille et ne formant qu'un même ménage; — Que le droit attaché au *feu* réside tout entier dans le chef de la famille;

Considérant que Pierre Negroni se trouvait, en 1825, dans une semblable position, et qu'il serait étrange que l'autorité municipale eût omis de l'inscrire sur la liste des chefs de famille, tandis qu'elle y aurait porté Pierre-Félix Negroni, enfant mineur, qui, à aucun point de vue, ne pouvait être assimilé à un chef de ménage;

Considérant que le jugement attaqué invoque en vain la solution administrative du 3 Juillet 1826 relative aux orphelins; — Qu'en effet, le droit de l'orphelin procède du père; qu'il n'est admis au partage que dans la commune où son père était domicilié; qu'il prend la portion qui aurait été affectée à ce dernier et la partage avec ses frères, s'ils n'ont déjà obtenu eux-mêmes une part indépendante, comme chefs de famille (Décision du Préfet de la Corse du 3 Juillet 1826);

Considérant que la naissance incestueuse et adultérine de Pierre-Félix Negroni ne lui permet de se prévaloir que de ses droits propres;

Considérant que son âge et sa position, en 1825, s'opposant à son inscription sur la liste des chefs de ménage de la commune de Rutali, tout concourt à prouver que l'autorité municipale n'a pas entendu le comprendre parmi les co-partageants, et que l'inscription de Pierre Negroni n'était relative et ne pouvait s'appliquer qu'au père de François Negroni, appelant;

Considérant que cette inscription a créé en faveur de Pierre Negroni des droits irrévocables, transmissibles à ses héritiers;

Considérant que, par exploit introductif d'instance, François Negroni a demandé le délaissement des immeubles situés au lieu dit *Valle ai Mori*, attribués à Pierre Negroni dans le partage des biens communaux de la commune de Rutali; — Que cette demande était évidemment de la compétence de la juridiction civile;

Mais considérant que Pierre-Félix Negroni, détenteur des immeubles dont il s'agit, a repoussé la demande en délaissement en invoquant l'acte administratif de partage du 24 Août 1828, approuvé par le Préfet de la Corse le 15 Février 1842; — Que l'intimé soutient que cet acte lui a attribué la propriété desdits immeubles, à l'exclusion de François Negroni, fils légitime et héritier de feu Pierre Negroni;

Considérant que cette exception ne saurait être appréciée que par l'interprétation de l'acte du 24 Août 1828, dont l'autorité administrative peut seule déterminer le sens, la portée et les effets;

Considérant que les questions d'incompétence *ratione materiæ* sont d'ordre public, et qu'il est du devoir des Tribunaux ordinaires de se déclarer d'office incompétents lorsque, par voie d'action ou d'exception, ils sont saisis d'une question dont la connaissance appartient exclusivement à l'autorité administrative ;..........

AVANT DIRE DROIT sur l'appel de François Negroni, et sur la demande en délaissement par lui formée le 1er Décembre 1854,

STATUANT d'office,

RENVOIE les parties devant l'autorité administrative aux fins d'y faire interpréter l'acte de partage du 24 Août 1828, et spécialement pour faire décider si cet acte a attribué les immeubles qui y sont désignés sous le lot n° 54 au sieur Pierre-Félix Negroni, intimé, à l'exclusion de Pierre Negroni et de sa descendance légitime,

Pour, après l'arrêté d'interprétation, être statué par la Cour ce qu'il appartiendra sur les autres chefs des contestations qui divisent les parties..........

Chambre Civile. — M. CALMÈTES, *Premier Président.*

MM. CECCONI, } *Avocats.*
     OLLAGNIER, |

DU 2 MARS 1857.

L'urgence qui autorise à recourir au Juge des référés n'existe que lorsque tout retard est dommageable, et que l'assignation même à bref délai devant le Tribunal constituerait un péril (1).

L'ordonnance du Président du Tribunal de Commerce qui, sur l'invitation des parties, nomme un expert, présente tous les caractères d'un acte juridictionnel dont l'exécution, si elle donne lieu à des difficultés, peut devenir l'objet d'une instance en référé;

Mais le Juge du référé doit se borner à statuer provisoirement sur les difficultés d'exécution, sans pouvoir examiner le mérite de l'ordonnance soit en la forme, soit au fond (2).

Berla C. Arène.

ARRÊT.

Après délibération en la Chambre du Conseil,

LA COUR; — sur les conclusions conformes de M. BERTRAND, Premier Avocat Général;

Considérant que la compétence exceptionnelle du Juge des référés

(1) Conf. : Rome, 6 juillet 1811 (S. 14. 2. 189 ; — D. A. 11. 543) ; — Grenoble, 1er août 1842 (S. V. 43. 2. 270; — D. P. 44. 4. 179). On peut dire, d'ailleurs, que la solution de cette question dépendra, dans chaque espèce, des circonstances particulières de l'affaire. On peut consulter sur ce point : Une dissertation insérée dans le Recueil de SIREY (9. 2. 192) ; — CARRÉ et CHAUVEAU, *Comment. de l'art.* 806, pages 265 et suiv.; — DE BELLEYME, *Ordonnances sur référés*, tom. 2, pag. 240 et suiv.

(2) Voir, dans ce sens, CHAUVEAU sur CARRÉ, Quest. 2754 *ter*, qui cite un arrêt rendu

est limitée aux cas d'urgence et à la solution provisoire des difficultés relatives à l'exécution d'un titre exécutoire ou d'un jugement ;

Considérant qu'il n'y a urgence, en cette matière, que lorsque tout retard constitue un péril, et qu'il n'est même pas possible d'attendre l'expiration d'une assignation à bref délai, devant le Tribunal compétent, pour statuer sur le fond ;

Considérant que l'expertise confiée au sieur Gustave Martin n'était pas d'une nature urgente ; qu'elle pouvait être différée sans aucun inconvénient ; — Que telle a été l'opinion du sieur Arène lui-même, puisqu'il n'a pas cru devoir exécuter, sur minute, la décision soumise à l'appréciation de la Cour, bien qu'elle fût exécutoire nonobstant appel ou opposition et sans caution ;

Mais considérant que, par une convention expresse, les sieurs Berla et Arène ont conféré au Président du Tribunal de Commerce de Marseille le pouvoir de nommer un expert, à l'effet de procéder à une opération qui devait avoir lieu à Bastia ; — Que ce magistrat, ayant accepté cette prorogation de sa juridiction, a rendu une ordonnance portant nomination du sieur Gustave Martin ; — Que c'est aussi en qualité de Président, que ce magistrat a reçu le serment de l'expert ; — Que s'agissant, dans l'instance introduite par le sieur Arène contre le sieur Berla, de difficultés survenues à l'occasion de l'exécution d'une Ordonnance présentant tous les caractères d'un acte juridictionnel, le Tribunal de Bastia était manifestement compétent pour statuer comme Juge des référés, par délégation des pouvoirs du Président du même siége ;

Considérant, toutefois, qu'il ne lui appartenait pas de décider si l'Ordonnance émanée du Président du Tribunal de Commerce de Marseille était régulière en la forme, et si elle a fait une saine appréciation des conventions des parties ; — Que c'était là une question du fond, qui

---

par la Cour de Pau, le 5 janvier 1837, et décidant que le Juge de référé n'est pas compétent pour connaître de la validité d'un titre en lui-même ; — BÉLHARD , *Des Référés* , pag. 25 ; — DE BELLEYME, tom. 2, chap. 1er, § *De la Comp.* , pag. 4 et suiv. ; — Analog. Rejet, 6 mars 1834 (S. V. 34. 1. 152 ; — D. P. 34. 1. 137) ; — Cass., 17 janvier 1855 (S. V. 55. 1. 97).

ne pouvait être résolue par le Juge du référé qui ne statue que sur le provisoire ;

Considérant qu'il est de l'intérêt de toutes les parties de faire procéder à l'évaluation des travaux exécutés à l'usine à gaz de Bastia ;

.   .   .   .

CONFIRME.

Chambre Civile. — M. CALMÈTES, *Premier Président.*

MM. GAVINI,   ⎱
Cecconi,   ⎰   *Avocats.*

DU 4 MARS 1857.

SAISIE CONSERVATOIRE. — GARDIEN. — DIVERTISSEMENT DES OBJETS SAISIS. —
RESPONSABILITÉ.

*Lorsque le gardien des objets saisis les divertit et en rend la représenta-
tion impossible, il peut être condamné au paiement intégral des causes de la
saisie* (1).

Darj C. Finaltieri.

ARRÊT.

Après délibération en la Chambre du Conseil,

La Cour; — sur les conclusions de M. Bertrand, Premier Avocat
Général ,

Considérant que le divertissement de la plus grande partie des objets
saisis et confiés à la garde d'Hugues Darj, témoignent suffisamment de
l'infidélité du gardien ;

---

(1) Il serait trop rigoureux, selon nous, d'établir en principe général que le gardien des
objets saisis peut être condamné au paiement intégral des causes de la saisie, toutes les
fois qu'il a rendu impossible la représentation de ces mêmes objets. Nous préférerions dire
avec la Cour de Bourges, dans son arrêt du 25 Therm. an VIII (S. C. N. 1. 2. 4) que le
gardien qui ne représente pas les objets saisis confiés à sa garde n'est tenu que de la valeur de ces objets, alors même que les causes de la saisie seraient supérieures à cette valeur.
Ce qui, dans l'espèce, justifie l'arrêt de la Cour de Bastia, c'est que le gardien ne prouvait
en aucune manière que les objets non représentés fussent d'une valeur insuffisante pour
couvrir les causes de la saisie. — Voir anal. : Paris, 20 août 1825 (S. 26. 2. 20 ; — D. P.
26. 2. 51) ; — Rejet, 18 avril 1827 (S. 27. 1. 295 ; — D. P. 27. 1. 205) ; — Bordeaux,
21 décembre 1827 (S. 30..2. 187 ; — D. P. 30. 2. 113) ; — Chauveau sur Carré, Quest.
2063 *bis.*

Considérant que la responsabilité du gardien, dans une semblable hypothèse, n'est point réglée par les dispositions de l'Article 603 du Code de Procédure Civile ; — Que cet article ne prévoit que des cas dans lesquels la représentation des objets saisis est possible ; — Que, dans l'espèce soumise à l'appréciation de la Cour, il s'agit d'un divertissement qui ne permet pas la représentation des objets saisis et qui constitue un délit ; — Que le Tribunal a pu, dès lors, étendre la responsabilité du gardien au remboursement intégral de la créance du saisissant ;

Considérant, d'ailleurs, que l'appelant n'a nullement justifié que les objets saisis fussent d'une valeur insuffisante pour couvrir les causes de la saisie ;

Considérant qu'il n'est dû aucun frais de garde au gardien infidèle ;

. . . .

• CONFIRME.

Chambre Civile. — M. CALMÈTES, *Premier Président.*

MM. BONELLI,
                  } *Avocats.*
    TOMMASI,

DU 10 MARS 1857.

MITOYENNETÉ. — MUR. — OUVERTURES. — FENÊTRES. — JOURS DE COUTUME. — EXHAUSSEMENT. — PROHIBITION.

L'acquisition de la mitoyenneté entraîne la suppression des jours de coutume ou de souffrance (1).

Si l'un des co-propriétaires du mur mitoyen l'exhausse à ses frais et dans son intérêt, il ne peut pratiquer dans la partie exhaussée ni fenêtres, ni jours de coutume (2).

Le co-propriétaire de la partie inférieure du mur peut en exiger la suppression, sans indemnité, alors surtout qu'il offre d'acquérir la mitoyenneté de l'exhaussement, conformément à l'Article 658 du Code Napoléon (3).

---

(1) Ce point nous semble constant en jurisprudence et en doctrine. — Rejet, 1er décembre 1813 (S. 14. 1. 95 ; — D. A. 12. 41) ; — Paris, 18 juin 1836 (S. V. 36. 2. 403; — D. P. 36. 2. 137) ; — Toulouse , 28 décembre 1832 et 8 février 1844 (S. V. 33. 2. 632 et 44. 2. 291 ; — D. P. 33. 2. 171 et 44. 2. 183) ; — Rejet, 30 mai 1858 (S. V. 38. 1. 818 ; — D. P. 38. 1. 281) ; — MERLIN , *Rép.* , V° *Vue* , § 3 , n° 8 ; — DURANTON , tom. 5 , n° 325 ; — ROLLAND DE VILLARGUES , V° *Mitoyenneté* , n° 57 ; — MARCADÉ , sur l'art. 661 , n° 1er, § 3 ; — GAVINI , *Des Servitudes*, tom. 2 , n° 846 ; — PARDESSUS , *Des Servit.* , n° 211 , est d'avis que les jours doivent subsister tant que le voisin, usant du droit que lui donne la mitoyenneté acquise, ne bâtit pas contre le mur. — TOULLIER, tom. 3 , n° 527, se prononce dans un sens contraire à l'arrêt que nous rapportons.

Quant à la question de savoir si celui qui acquiert la mitoyenneté du mur peut exiger la suppression des jours ou vues qui existeraient depuis plus de trente ans, ou en vertu de titres, voir les arrêts rendus par la Cour de Bastia les 19 novembre 1834 , 25 mai 1839 , et 28 août 1846, ainsi que la note dont le premier de ces arrêts est accompagné (Notre Recueil, tom. 2 et 3 à ces dates).

(2-3) Conf. : Douai, 17 février 1811 (S. 13. 2. 29 ; — D. A. 12. 42) ; — Rejet, 1er décembre 1813 (S. 14. 1. 95 ; — D. A. 12. 41.); — Cass., 5 décembre 1814 (S. 15. 1. 49 ; — D. A. 12. 41).

Contrà : PARDESSUS , *ubi suprà* ; — DURANTON , tom. 5 , n° 333 ; — BRODY , *Des Servit.*, page 60 et suiv. , qui invoque à l'appui de son opinion divers arrêts rendus sous l'ancienne législation. — Sur la question, GAVINI , *ubi suprà*.

12*

Cristinacce C. Leca.

ARRÊT.

Après délibération en la Chambre du Conseil,

La Cour; — sur les conclusions de M. Bertrand, Premier Avocat Général,

Considérant que si, aux termes de l'Article 676 du Code Napoléon, le propriétaire du mur non mitoyen joignant le terrain d'autrui, peut y pratiquer des jours de souffrance, cette faculté doit être conciliée avec les principes qui régissent la mitoyenneté;

Considérant que l'Article 660 accorde au voisin le droit d'acquérir la mitoyenneté du mur attenant à son héritage; — Que ce droit entraîne la suppression des jours de souffrance, et soumet le propriétaire du mur à une sorte d'expropriation pour cause d'utilité privée;

Considérant que l'Article 658 autorise l'un des communistes à exhausser le mur mitoyen, sous certaines conditions déterminées;

Mais considérant que le propriétaire de l'exhaussement est évidemment placé dans une condition moins favorable que le propriétaire exclusif d'un mur attenant au terrain d'autrui; — Que son droit de propriété n'est pas absolu, puisque, s'il est propriétaire unique de la partie surélevée, il n'est que co-propriétaire indivis à la base; — Que cette communauté d'intérêts impose une limite nécessaire aux droits de chaque communiste;

Considérant que la faculté de grever le mur mitoyen de la charge d'un exhaussement, n'implique pas le droit d'ajouter à la servitude de la surcharge, une seconde servitude d'ouvertures quelconques ou de jours de souffrance; — Que, par suite, si le sieur Cristinacce a pratiqué des fenêtres et des jours de coutume dans l'exhaussement qu'il a construit sur le mur mitoyen dont il s'agit au procès , ces ouvertures ayant été créées sans droit doivent être supprimées sans indemnité ;

Considérant que le sieur Leca a pu manifester, par des conclusions prises à l'audience devant le premier Juge, la volonté d'acquérir la mitoyenneté ; — Que ces conclusions le soumettent à une obligation que le sieur Cristinacce peut désormais le contraindre à exécuter ;

. . . .

CONFIRME.

Chambre Civile. — M. CALMÈTES , *Premier Président.*

MM. GAVINI,
OLLAGNIER, } *Avocats.*

DU 18 MARS 1857.

DERNIER RESSORT. — JUGEMENT. — ACTION IMMOBILIÈRE. — REVENU. — MOYENS DE
PREUVE. — DROITS DES COURS IMPÉRIALES.

*Lorsque le demandeur en délaissement d'une parcelle de terrain n'en a
point déterminé la valeur ou le revenu, soit dans l'exploit introductif d'instance, soit dans ses conclusions devant le premier Juge, il appartient aux
Cours impériales d'en rechercher la preuve dans les documents émanés des
parties elles-mêmes, et de déclarer l'appel non recevable si le revenu de
l'immeuble en litige est inférieur à soixante francs (1).*

(1) Il ne faudrait pas conclure de cette décision que, quelle que soit ou puisse paraître la
valeur de l'objet litigieux, si son revenu n'est déterminé ni en rente ni par prix de bail, il
serait permis aux Juges d'admettre d'autres bases d'évaluation, ou de faire eux-mêmes
l'évaluation du litige que les parties lui auraient soumis d'une manière indéterminée. Une
solution semblable serait contraire à la jurisprudence que nous regardons comme constante,
malgré les arrêts rendus par les Cours d'Alger, de Paris et de Bourges les 6 avril 1852,
19 novembre 1856 et 7 mars 1860 (S. V. 53. 2. 305, 57. 2. 444 et 60. 2. 186; — D. P. 55.
2. 272). On peut consulter en effet : Cass., 11 octobre 1808 (S. 8. 1. 535; — D. A. 4. 727);
— *Idem*, 22 juillet 1839 (S. V. 39. 1. 564; — D. P. 39. 1. 286); — *Idem*, 14 janv. 1845 (S.V.
45. 1. 379; — D. P. 45. 1. 115); — *Idem*, 17 janvier 1848 (S. V. 48. 1. 313; — D. P. 48. 1.
58); — Douai, 1er juillet 1840 (S. V. 40. 2. 488; — D. P. 41. 2. 98); — Amiens, 16 juin
1841 (S. V. 44. 2. 263; — D. P. 44. 2. 190); — Lyon, 24 août 1854 (S. V. 55. 2. 52);
Sic CARRÉ, *Comp. Civ.*, tom. 2, art. 281, nos 283 et 286; — BENECH, *Traités des Trib. Civ.*,
page 135. La Cour de Bastia n'a pas été aussi loin, car elle a décidé seulement, et avec
raison selon nous, que le jugement contre lequel on avait relevé appel était en dernier
ressort, parce que le revenu de la parcelle de terrain revendiquée avait été fixé à quatre
francs, par les parties elles-mêmes, dans l'acte authentique qui servait de base à l'action
en revendication. Voir dans ce sens CARRÉ, *ubi suprà*, art. 280, et n° 283.

Pietri C. Corrotti et Bernardi.

ARRÊT.

Après délibération en la Chambre du Conseil,

La Cour; — sur les conclusions conformes de M. Bertrand, Premier Avocat Général,

Considérant que la demande des sieurs Corrotti et Bernardi avait pour objet le délaissement d'une parcelle de terrain de la contenance de douze mètres, cinquante centimètres carrés;

Considérant que, si les demandeurs n'ont point précisé la valeur de l'objet du litige, elle se trouve constatée avec certitude par les documents de la cause;

Considérant qu'il résulte, en effet, des énonciations de l'acte public du 1er Mars 1841, qui sert de base à la demande en délaissement, que les parties ont fixé elles-mêmes la valeur du terrain dont il s'agit à quatre cents francs au plus en capital et à quatre francs de revenu;

Considérant que d'après l'Article 1er de la Loi du 11 Avril 1838, les Tribunaux de Première Instance connaissent en dernier ressort des actions immobilières jusqu'à soixante francs de revenu *déterminé soit en rentes, soit par prix de bail;*

Considérant que ces dernières expressions ne sont pas limitatives, mais simplement démonstratives; — Que la preuve de l'importance du revenu peut s'induire des déclarations faites par les parties dans les actes versés au procès;

Considérant que, dans une semblable hypothèse, si la demande originaire ou les conclusions prises à l'audience devant le premier Juge sont muettes sur le revenu de l'immeuble contesté, il appartient à la juridiction supérieure des Cours impériales d'en rechercher la preuve dans les documents émanés des parties elles-mêmes, afin de ne pas dépouiller les décisions des Tribunaux de Première Instance du caractère d'irrévocabilité, qui leur est imprimé par la nature et la valeur de l'objet en litige ;

Déclare l'appel non recevable.

Chambre Civile. — M. CALMÈTES , *Premier Président.*

MM. Fabiani, ⎫
Grimaldi , ⎬ *Avocats.*

DU 24 MARS 1857.

HYPOTHÈQUE LÉGALE. — FEMME. — RÉDUCTION.

L'hypothèque légale de la femme ne peut être restreinte, constante matrimonio, *sans son consentement* (1).

Ordioni C. Follacci.

ARRÊT.

Après délibération en la Chambre du Conseil,

La Cour; — sur les conclusions de M. Bertrand, Premier Avocat Général,

Considérant que l'hypothèque légale de la femme est générale et frappe tous les biens immeubles du mari;

Considérant que, si l'Article 2161 du Code Napoléon ouvre au mari, comme à tous les autres débiteurs grevés d'une hypothèque générale, une action en réduction dans les cas qu'il détermine, l'exercice de cette action se trouve soumis à des règles spéciales;

---

(1) Voir dans ce sens : Rejet, 9 décembre 1824 (S. 25. 1. 213 ; — D. P. 25. 1. 14) ; — Rouen, 27 avril 1844 et 11 mars 1846 (S. V. 44. 2. 315 et 46. 2. 503 ; — D. P. 44. 2. 119 et 46. 2. 182) ; — Paris, 1er avril 1848 et 31 mai 1851 (S. V. 48. 2. 224 et 51. 2. 357 ; — D. P. 48. 2. 60 et 52. 2. 111) ; — Grenier, *Des Hypothèques,* tom. 1er, n° 270 ; — Persil, art. 2144, n° 2 ; — Troplong, *Des Hypothèques,* tom. 2, n° 641 ; — Dalloz, V° *Hypothèques,* pag. 436, n° 20.

En sens contraire : Paris, 16 juillet 1813 (S. 14. 2. 233 ; — D. A. 9. 439) ; — Nancy, 26 août 1825 (S. 26. 2. 149 ; — D. P. 26. 2. 120) ; — Duranton, tom. 20, n° 208; Devilleneuve et Carrette, Dissertation sur un arrêt de la Cour de Paris du 25 avril 1823, conforme à celui du 16 juillet 1813 déjà indiqué (C. N. 7. 2. 201).

Considérant que la restriction de l'hypothèque légale ayant pour effet d'amoindrir les garanties accordées à la femme, elle ne peut être ordonnée que sur son exprès consentement, et qu'après avoir pris l'avis des quatre plus proches parents d'icelle, réunis en assemblée de famille, conformément aux prescriptions de l'Article 2144 du Code Napoléon;

Considérant que le sieur Ordioni ne saurait, en qualité de créancier éventuel du sieur Follacci et comme exerçant les actions de ce dernier, avoir des droits plus étendus que le sieur Follacci lui-même;

Considérant, d'ailleurs, que dans l'espèce particulière du litige la restriction de l'hypothèque légale de la dame Follacci lui serait manifestement préjudiciable et que c'est avec juste raison qu'elle repousse la demande du sieur Ordioni;

.   .   .   .

CONFIRME.

Chambre Civile. — M. CALMÈTES, *Premier Président.*

MM. GAFFORJ, ⎞
   MILANTA, ⎠ *Avocats.*

DU 30 MARS 1857.

PILOTAGE. — CONTESTATION. — COMPÉTENCE. — APPEL. — FIN DE NON-RECEVOIR. — DEMANDE RECONVENTIONNELLE. — NAVIRES A VOILES. — NAVIRES A VAPEUR. — TAXE. — AFFRANCHISSEMENT.

Les Tribunaux de Commerce sont compétents pour statuer sur les contestations relatives aux droits de pilotage, même dans les cas où l'application des Tarifs est contestée en principe (1).

La demande tendant à obtenir un affranchissement absolu de toute taxe de pilotage pour l'avenir est de sa nature indéterminée, et si elle est formée reconventionnellement elle rend l'appel recevable, alors même que la demande principale serait renfermée dans les limites du dernier ressort.

Les bateaux à vapeur de construction française ne peuvent être affranchis du droit de pilotage dans les ports du cinquième arrondissement maritime, s'ils se livrent à une navigation irrégulière d'un port français à un port français (2).

Vanetti C. Santelli.

ARRÊT.

Après délibération en la Chambre du Conseil,

LA COUR; — sur les conclusions de M. BERTRAND, Premier Avocat Général,

I. SUR L'EXCEPTION D'INCOMPÉTENCE :

Considérant, en fait, que le litige soumis à la Cour a pour objet la demande formée par Santelli, pilote lamaneur du port de Bastia,

---

(1-2) Voir *infrà*, à sa date, l'arrêt du 4 février 1858 et la note dont il est accompagné.

contre Vanetti, capitaine du bateau à vapeur le *Toga*, en paiement de la somme de cent huit francs, quatre-vingt dix centimes, pour droits de pilotage ;

Considérant que, d'après l'article 50 du Décret du 12 Décembre 1806, les contestations relatives au paiement des indemnités et salaires des pilotes sont jugées par le Tribunal de Commerce du port ; — Que vainement l'appelant soutient que cet article n'est pas applicable aux cas où la contestation porte sur la légitimité du droit réclamé ;

Considérant que les termes de l'article précité repoussent cette prétention, puisqu'ils placent dans les attributions de la juridiction consulaire, non-seulement les contestations sur les indemnités et salaires des pilotes, mais encore celles qui peuvent s'élever sur les *droits* même de *pilotage ;* — Que ces expressions sont générales et ne comportent aucune exception ;

Considérant, sous un autre rapport, que le Décret du 12 Décembre 1806, et l'Ordonnance royale du 19 Mars 1843, ne sont point des actes administratifs ; — Qu'ils participent, au contraire, de la nature législative, et qu'il appartient essentiellement aux Tribunaux ordinaires de les interpréter, comme d'en ordonner l'application ;

Considérant qu'il ne s'agit au surplus, dans l'espèce, ni d'interpréter l'article 50 du Décret de 1806, en ce qui concerne l'exception d'incompétence, ni l'article 165 de l'Ordonnance de 1843, en ce qui touche le fond du litige, mais bien d'en appliquer littéralement les dispositions ; — Qu'ainsi c'est à bon droit que le Tribunal de Commerce de Bastia s'est déclaré compétent ;

II. Sur la fin de non-recevoir opposée a l'appel de Vanetti :

Considérant que, si la demande principale est renfermée dans les limites du dernier ressort, il est constant que le capitaine Vanetti a formé une demande reconventionnelle d'une nature indéterminée ; — Que cette demande avait pour but d'obtenir du Tribunal une décision qui, par voie réglementaire, affranchît pour l'avenir les bateaux à vapeur de la Compagnie Valery de toutes redevances envers le pilote lamaneur du port de Bastia ;

Considérant que, si le jugement du Tribunal de Commerce eût accueilli une semblable prétention, il est incontestable que le pilote Santelli aurait pu le déférer à la Cour par la voie de l'appel; — Que le même recours doit être ouvert à Vanetti; puisque sa demande reconventionnelle a été implicitement rejetée; — Qu'il y a lieu, par suite, de déclarer la fin de non-recevoir mal fondée;

III. AU FOND :

Considérant que, dans tous les ports où l'institution du pilotage a été admise, le paiement des droits de pilotage est la règle, l'affranchissement des droits l'exception;

Considérant qu'il n'y aurait aucune justice à soumettre les navires à voiles à la taxe de pilotage, à l'exclusion des bateaux à vapeur qui en seraient exemptés;

Considérant, toutefois, que dans le but de favoriser le développement de la marine à vapeur et à raison aussi de la rapidité et de la multiplicité des voyages des navires mus par cet agent, l'article 164 de l'Ordonnance du 19 Mars 1843 a disposé que la quotité des taxes établies par les tarifs de pilotage pour les bâtiments à voiles, serait réduite de moitié pour les bâtiments à vapeur;

Considérant, d'autre part, que le législateur, dans une pensée de protection et d'encouragement pour nos constructeurs de navires et pour les armateurs qui se livrent au commerce d'importation et d'exportation, a affranchi de tout droit de pilotage les bateaux à vapeur de construction française faisant une navigation régulière entre Marseille et les ports étrangers (Article 165 de l'Ordonnance du 19 Mars 1843); — Que le bénéfice de cette disposition a été étendue aux ports de Bastia et de Saint-Florent, complétement assimilés, à cet égard, au port de Marseille;

Considérant que le bateau à vapeur le *Toga* ne se trouvait point placé dans ces conditions exceptionnelles; — Qu'il n'a jamais fait de navigation régulière entre les ports de Marseille ou de Bastia et l'étranger; — Qu'il s'est borné à naviguer, sans régularité, entre les ports de Bastia et de Marseille;

Considérant que, si l'assemblée commerciale des négociants de Bastia du 5 Juillet 1847 a décidé que l'article 165 précité était applicable aux bateaux à vapeur de la Compagnie Valery, cette résolution n'a pas été intégralement approuvée par l'autorité supérieure ; — Que l'Ordonnance royale du 7 Février 1848, invoquée par l'appelant a uniquement rendu applicables les dispositions de l'article 165 du Règlement général de pilotage du 19 Mars 1843, aux navires à vapeur de *construction française naviguant régulièrement des ports de Bastia et de Saint-Florent à des ports étrangers ;*

Considérant que la prétention du capitaine du *Toga*, soumise par ses armateurs à M. le Ministre de la Marine et des Colonies, a été condamnée en termes précis et positifs;

Considérant que, si dans les premiers temps qui ont suivi l'acquisition du *Toga* par la Compagnie Valery, le pilote Santelli n'a pas exigé le paiement de la taxe, il ne saurait résulter de cette circonstance une déchéance radicale de son droit, ni pour la Compagnie un affranchissement absolu de son obligation ; ....

REJETTE comme mal fondées l'exception d'incompétence et la fin de non-recevoir opposée à l'appel,

Et STATUANT au fond,

A DÉMIS et DÉMET l'appelant de son appel et le condamne en l'amende et aux dépens.

Chambre Civile. — M. CALMÈTES , *Premier Président.*

MM. GAVINI, } *Avocats.*
   MILANTA, }

DU 30 MARS 1857.

DOT. — MARI. — AMÉLIORATIONS A L'IMMEUBLE DOTAL. — PLUS VALUE. — DROIT IMPERSONNEL. — CRÉANCIER. — MODE D'ÉVALUATION DE LA PLUS VALUE.

Le droit du mari à une idemnité à raison de la plus value par lui donnée à l'immeuble dotal, n'est pas exclusivement attaché à sa personne (1);

Il est cessible et transmissible à ses héritiers: il peut donc être exercé par ses créanciers (2).

Pour apprécier le montant de la plus value, il faut procéder à une double opération; la première a pour objet l'évaluation de l'immeuble dotal, d'après son état au moment du mariage et sa valeur à sa dissolution, abstraction faite des améliorations; la seconde doit avoir pour résultat de faire connaître la valeur de l'immeuble à la dissolution du mariage, en ayant égard, au contraire, aux améliorations effectuées par le mari.

Podesta C. Marcantoni.

ARRÊT.

Après délibération en la Chambre du Conseil,

LA COUR; — sur les conclusions conformes de M. BERTRAND, Premier Avocat Général,

I. Considérant qu'il est constant, en fait, que le sieur Marcantoni

---

(1-2) Il est certain que le mari qui a fait des améliorations sur l'immeuble dotal de sa femme, peut, à la différence de l'usufruitier, réclamer une indemnité proportionnée à la plus value par lui donnée à cet immeuble. Bastia, 29 décembre 1856 et la note 5 (Notre Rec., tom. 4, p. 346). Il nous semble bien difficile, pour ne pas dire impossible, que ce droit admis en faveur du mari doive ou puisse être considéré comme exclusivement attaché à la personne, et que, par suite, les créanciers ne soient pas admis à l'exercer. Sur le

avait expressément conclu devant le premier Juge à ce que les hoirs Podesta fussent condamnés au paiement de la plus value donnée à l'immeuble dotal de la dame Podesta, par les améliorations et les constructions exécutées par le sieur Pierre Podesta, son mari; — Qu'ainsi le Tribunal a été incontestablement saisi de ce chef de demande;

II. Considérant que vainement les appelants prétendent que le sieur Marcantoni n'ayant point énoncé dans sa requête d'opposition la demande relative à la plus value, il était non recevable à la produire ultérieurement en discutant le mérite de son opposition;

Considérant que les cohéritiers Podesta commettent une évidente confusion entre les exceptions et les moyens du fond;

Considérant que, si quelques auteurs ont pu soutenir que les exceptions ou les nullités de nature à être couvertes par la défense au fond doivent être énoncées, sous peine de déchéance, dans la requête d'opposition, cette nécessité n'a jamais été étendue aux moyens du fond eux-mêmes;

Considérant que le jugement par défaut frappé d'opposition n'a plus que la valeur d'un acte d'instruction; — Que l'opposition remet la partie défaillante au même et semblable état où elle était avant le jugement et lui permet de présenter au fond, sur la demande principale, tous les moyens et exceptions qu'elle aurait pu invoquer lors du jugement par défaut, si elle avait comparu;

III. Considérant, sous un autre rapport, que le droit du sieur Pierre Podesta au paiement de la plus value était cessible de sa nature et transmissible à ses héritiers; — Que le sieur Marcantoni a donc qualité pour l'exercer au nom de son débiteur, conformément aux dispositions de

---

point de savoir ce que l'on doit entendre par droits exclusivement attachés à la personne, aux termes de l'art. 1166 du Code Napoléon : — Voir : TOULLIER, tom. 7, p. 566 et suiv.; — DURANTON, tom. 10, nᵒˢ 557 et suiv., 562 et suiv.; — MARCADÉ, sur l'art. 1166, nᵒ 2; —. DEVILLENEUVE, *Observations* sur un arrêt de la Cour de Cassation du 6 juillet 1856 (S. V. 56. 1. 655).

l'article 1166 du Code Napoléon ; — Que les appelants soutiennent en
vain que le droit à la plus value était attaché à la personne du sieur
Pierre Podesta et compris dans la disposition exceptionnelle de l'article
précité ;

Considérant, en effet, que les droits personnels sont ceux qui vivent
et meurent avec celui à qui ils appartiennent et *quæ ad hæredes non
transeunt;* — Que telle n'était pas la nature du droit à la plus value ;
— Qu'ainsi l'exception invoquée par les hoirs Podesta n'est pas fondée ;

IV. Considérant, au fond, que les discussions relatives au paiement
et aux compensations qui peuvent être éventuellement opposées par les
hoirs Podesta au sieur Marcantoni sont évidemment prématurées ;
— Qu'avant de décider suivant quel mode le sieur Marcantoni sera payé
de la plus value que les constructions du sieur Podesta ont pu donner
à l'immeuble dotal appartenant à sa femme, il est indispensable de connaître la réalité de cette plus value et son importance ; — Que tel est
le but de l'interlocutoire ordonné par le premier Juge ; — Que sa décision est, à cet égard, irréprochable et doit être maintenue ; — Qu'il y a
lieu seulement de préciser le mandat des experts, non par voie de réformation, mais uniquement par voie d'explication ;

Considérant que, quelle que soit l'évaluation donnée à l'immeuble
dotal dans le contrat de mariage, il est manifeste que si des améliorations n'y avaient pas été effectuées par le mari, la dame Podesta n'aurait pu le reprendre au moment de la dissolution du mariage que
suivant la valeur qu'il aurait eue à cette date ; — Que, par conséquent,
les experts devront d'abord constater cette valeur ; — Que, par une
seconde opération, ils constateront la valeur de l'immeuble d'après son
état actuel, et que la différence donnera le chiffre réel de la plus value ;

V. En ce qui concerne l'appel incident et le chef de l'appel principal
relatifs aux intérêts :

Considérant que les demandes du sieur Marcantoni et des hoirs Podesta relatives aux intérêts sont également irrecevables comme constituant des demandes nouvelles ;...........

Déclare l'appel principal irrecevable en ce qui concerne les intérêts; pour le surplus, le déclare mal fondé;

Rejette pareillement comme irrecevable l'appel incident du sieur Marcantoni;

Dit, toutefois, en expliquant le mandat donné aux experts, qu'ils évalueront l'immeuble constitué en dot à la dame Podesta d'après son état au moment du mariage et sa valeur au moment de sa dissolution, abstraction faite des constructions et des améliorations, et qu'ils constateront ensuite sa valeur actuelle, eu égard auxdites constructions et améliorations;

Chambre Civile. — M. CALMÈTES, *Premier Président.*

MM. Podesta,
Milanta, } *Avocats.*

DU 8 AVRIL 1857.

1° SERMENT. — DÉLATION. — OBLIGATION DU JUGE.
2° PÈRE. — ENFANT MINEUR. — BIENS PERSONNELS. — FRUITS ET REVENUS. —
ALIMENTS. — ENTRETIEN. — OBLIGATION.

1° Dans les cas où la loi autorise la délation du serment décisoire, le Juge ne peut refuser de l'ordonner conformément aux conclusions de la partie qui le défère (1).

2° Les père et mère ne sont tenus de subvenir aux frais d'entretien de leurs enfants mineurs, que lorsque ces derniers ne possèdent pas des biens dont les revenus peuvent suffire à leurs besoins (2).

---

(1) La jurisprudence, combattue il est vrai par l'opinion des auteurs, décide généralement que la loi n'impose point aux juges l'obligation d'ordonner le serment décisoire déféré par une partie, et leur reconnaît un pouvoir discrétionnaire pour apprécier non-seulement la pertinence des faits sur lesquels le serment doit porter, mais encore l'utilité de la prestation elle-même. — Voir en effet : Rejet, 2 février 1819 (S. 19. 1. 332 ; — D. A. 6. 654) ; — *Idem*, 23 avril 1829 (S. 29. 1. 366 ; — D. P. 29. 1. 224) ; — *Idem*, 15 février 1832 (S. V. 32. 1. 750 ; — D. P. 32. 1. 374) ; — *Idem*, 6 août 1856 (S. V. 58. 1. 669 ; — D. P. 57. 1. 38) ; — Agen, 10 déc. 1858 et Pau, 8 décembre 1858 (D. P. 59. 2. 18 et 19 ; — S. V. 59. 2. 15) ; — Rejet, 1er mars 1859 (S. V. 59. 1. 529 ; — D. P. 59. 1. 155) ; — *Idem*, 6 février 1860 (S. V. 60. 1. 337). TOULLIER, tom. 10, n° 404, ainsi que MASSÉ et VERGÉ, annotations sur ZACHARIÆ, tom. 3, § 608, note 16, p. 554, est le seul auteur qui se soit prononcé dans le sens de la jurisprudence ; les autres ont adopté une opinion contraire : BONCENNE, tom. 2, p. 494 ; — BIOCHE, *Diction. de procéd.*, V° *Serment*, n° 40 ; — BONNIER, *Des preuves*, n° 302 ; — MARCADÉ, sur l'art. 1358, n° 2 ; — AUBRY et RAU, d'après ZACHARIÆ, tom. 6, § 753, note 23 ; — DEVILLENEUVE, note sur un arrêt de la Cour de Cassation du 7 novembre 1858, qui décide que le serment déféré par la partie n'est pas toujours décisoire, et qu'il appartient aux juges de déterminer, d'après les circonstances, le caractère du serment (S. V. 58. 1. 875).

(2) Voir Conf. : Bastia, 29 décembre 1856 (Notre Rec., tom. 4, p. 345, et la note 4) ; — Trèves, 20 janvier 1812 (S. 12. 2. 275 ; — D. A. 1. 538) ; — Nîmes, 1er mai 1826 (S. 26. 2. 192 ; — D. P. 26. 2. 156) ; — Bordeaux, 21 mai 1835 (S. V. 36. 2. 19 ; — D. P. 35. 2. 135) ; — FAVARD DE LANGLADE, V° *Puiss. Patern.*, section 2, § 3, n° 7 ; — MAGNIN, *Minorités*, tom. 1er, n° 443.

Mancini C. Pietri.

ARRÊT.

Après délibération en la Chambre du Conseil,

La Cour ; — sur les conclusions conformes de M. Bertrand, Premier Avocat Général,

Sur le grief des deux appels relatif au trousseau :

Considérant que la dame Pietri, en léguant à ses filles *il suo corredo tale quale si trova*, n'a pas entendu leur léguer la valeur du trousseau originairement constitué se portant à 390 écus, mais bien sa garde-robe, ainsi que les bijoux qu'elle possédait au moment de son décès ;

Considérant que ce legs n'a pas été fait par préciput et hors part ; — Qu'ainsi le *corredo tale quale si trova* doit être imputé, suivant sa valeur au moment du décès, sur la réserve des deux sœurs ;

Considérant que le sieur Pietri, en exécutant le legs de son épouse relatif au trousseau, ne se libérera pas de trois cent quatre-vingt-dix écus, mais seulement d'une portion de cette somme, proportionnelle à la valeur des objets qu'il était chargé par le testament de remettre en nature ;

Considérant, quant à la remise de ces objets, que le sieur Pietri affirme qu'elle a eu lieu, et défère le serment à la dame Mancini sur la réalité de la remise ;

Considérant qu'on ne s'explique pas pourquoi le premier Juge n'a pas donné acte au sieur Pietri de sa délation de serment à la dame Mancini ;

Considérant, en effet, que la délation de serment, dans les cas où elle est autorisée, met fin à l'office du Juge ; — Que le serment prêté tient lieu de jugement et a même plus de puissance qu'un jugement :

Majorem habet autoritatem quam res judicata, a dit la loi romaine;
— Qu'il y a lieu, par suite, sans avoir égard à l'appel principal, de
dire droit, sur ce chef, à l'appel incident;

SUR LE GRIEF DES DEUX APPELS RELATIF AUX INTÉRÊTS DE LA DOT :

Considérant que les père et mère ne sont obligés de subvenir aux
aliments, à l'entretien et à l'éducation de leurs enfants mineurs que
pietatis officio et en cas de nécessité; — Que cette obligation cesse
si leurs enfants possèdent des biens personnels, dont les revenus,
perçus par le père, peuvent suffire, comme dans l'espèce, à leurs besoins;

Considérant que, si le sieur Pietri a joui de la dot de sa femme postérieurement au décès de celle-ci, il a pourvu à l'éducation et à l'entretien de la dame Mancini jusqu'au 19 Janvier 1855; — Qu'il s'est
opéré une compensation libératoire pour le sieur Pietri, entre les intérêts de la dot dont il était débiteur et les frais d'entretien qu'il a
fournis sans y être obligé; — Que, par conséquent, c'est le cas de
rejeter l'appel principal et de dire droit, au contraire, à l'appel incident;

. . . .

DISANT DROIT aux appels et réformant quant à ce,

DÉCLARE que le legs du trousseau n'a pas été fait par préciput et
hors part, et que les objets légués seront imputés sur la part héréditaire
de la dame Mancini, suivant leur valeur à l'époque de l'ouverture de
la succession et l'estimation qui en sera ultérieurement faite;

DIT que le sieur Pietri, en effectuant la remise des objets légués,
se libérera, non des trois cent quatre-vingt-dix écus de Florence, valeur intégrale du trousseau estimé dans le contrat de mariage, mais
bien jusqu'à concurrence de la valeur des objets qui ont été ou seront
par lui délivrés à la dame Mancini;

DONNE acte au sieur Pietri du serment par lui déféré à la dame
Mancini;

ORDONNE que le serment sera prêté, s'il y a lieu, devant le Tribunal
de renvoi;

CONDAMNE le sieur Pietri au paiement des intérêts de la dot à compter du 19 Janvier 1855, jour où sa fille a quitté sa maison ;

. . . .

Chambre Civile. — M. CALMÈTES, *Premier Président.*

MM. MILANTA, }
    TOMMASI, } *Avocats.*

DU 4 MAI 1857.

SAISIE IMMOBILIÈRE. — CONTENANCE DES IMMEUBLES SAISIS. — DEMANDE EN NULLITÉ. — HUISSIER AUDIENCIER. — NULLITÉ. — DIVISIBILITÉ.

Les dispositions de l'article 718 Code de Procédure Civile sont générales, et s'appliquent même à la demande en nullité basée sur ce que la contenance d'une partie des immeubles saisis n'a pas été suffisamment désignée dans le procès-verbal. — Cette demande est un incident de la saisie immobilière, et doit être introduite, non par des dires et observations insérés au cahier des charges, mais par un simple acte d'avoué à avoué (1).

Ne sont pas nuls, et peuvent seulement donner lieu à une demande en dommages-intérêts, les actes faits en violation de l'article 26 du Décret du 14 Juin 1813, lequel porte que les huissiers audienciers feront exclusivement, près leurs Cours et Tribunaux respectifs, les significations d'avoué à avoué. Ce n'est là qu'une exception au principe général de l'article 2 du même Décret, introduite uniquement en faveur des huissiers, mais ne constituant pas un droit absolu et entraînant la nullité de l'acte notifié, tel que celui que l'article 25 confère aux huissiers audienciers de la Cour de Cassation (2).

Le procès-verbal qui donne à l'un des immeubles saisis une contenance de beaucoup inférieure à sa contenance réelle, doit être déclaré nul quant

---

(1) Sur la généralité et la portée des termes de l'art. 718 voir CHAUVEAU sur CARRÉ, Quest. 2412 *bis*, qui rapporte l'opinion conforme de plusieurs jurisconsultes.

(2) La Cour de Cassation a décidé les 8 novembre 1831, 7 août 1849 et 8 mai 1850 (S. V. 31. 1. 420 et 49. 1. 715 ; — D. P. 49. 1. 319 et 54. 5. 417), que la signification d'un arrêt d'admission faite par un huissier du tribunal de première instance de Paris est nulle, et que la nullité peut même être prononcée d'office par la Cour de Cassation. Les art. 25 et 26 du décret de 1813 sont conçus à peu près dans les mêmes termes; il faudrait donc rigoureusement adopter la même solution dans les deux cas. Cependant nous devons avouer que nous nous déciderions difficilement à prononcer une nullité dans le silence de la loi qu'il s'agit d'appliquer. Voir d'ailleurs ce qui a été dit par CARRÉ et CHAUVEAU, quest. 9 et 644, pour des cas analogues prévus par les art. 4 et 156 du Code de Procédure civile.

à cet immeuble, lors même que les tenants et aboutissants en auraient été
exactement indiqués par l'huissier; mais ce défaut de désignation n'entraîne
pas nécessairement la nullité de la saisie pour le tout [*Cod. Proc. Civ.,*
Art. 675 et 715] (1).

De Susini C. De Susini.

ARRÊT.

Après délibération en la Chambre du Conseil,

La Cour; — sur les conclusions de M. Bertrand, Premier Avocat
Général,

En ce qui touche le premier chef de nullité de la requête contenant
demande en nullité :

Considérant que cette demande en nullité constituait un incident de
poursuite sur saisie immobilière; — Qu'elle devait, dès lors, être faite
en conformité des dispositions prescrites par l'Article 718 du Code de
Procédure Civile, c'est-à-dire par un simple acte d'avoué à avoué contenant les moyens et conclusions; — Que les premiers Juges sont tombés dans une confusion évidente, en prononçant la nullité de cet acte,
sur le fondement que le saisi aurait dû se conformer aux prescriptions
de l'Article 694 du Code susvisé, en faisant insérer, à la suite de la

---

(1) Sur la nullité qui peut résulter de l'insuffisance de la contenance indiquée, consulter
Chauveau, Quest. 2233 *bis*, lequel se décide, comme Carré, pour la solution de l'arrêt ci-
dessus. Quant à la divisibilité de la nullité qui aurait pu être contestée avant la loi du 2
juin 1841, mais que la jurisprudence avait généralement admise, elle ne saurait plus faire
l'objet d'un doute depuis les modifications introduites par cette même loi, et en présence
du § 2 de l'art. 715 qui est ainsi conçu : *La nullité prononcée pour défaut de désignation de*
l'un ou de plusieurs des immeubles compris dans la saisie n'entraînera pas nécessairement la nul-
lité de la poursuite en ce qui concerne les autres immeubles.

mise à prix, ses dires et observations; — Qu'en effet, le législateur de
1841, ainsi qu'il s'en est formellement expliqué à l'Article 694, n'a eu
en vue que les dires et observations ayant pour objet d'introduire des
modifications dans le cahier des charges, et nullement les moyens de
nullité dirigés contre le procès-verbal de saisie ; — Qu'aux termes de
l'Article 728 du même Code, les moyens de nullité, tant en la forme
qu'au fond, contre la procédure qui précède la publication du cahier
des charges, constituent de véritables incidents sur saisie immobilière,
et doivent, conséquemment, être introduits par acte d'avoué à avoué ;

EN CE QUI TOUCHE LE DEUXIÈME CHEF DE NULLITÉ :

Considérant que, si aux termes de l'Article 26 du Décret du 14 Juin
1813, les actes d'avoué à avoué doivent être exclusivement signifiés
par les huissiers audienciers, il ne faut pas, toutefois, perdre de vue
que l'Article 2 du même Décret porte, que les huissiers auront tous le
même caractère, les mêmes attributions et le droit d'exploiter concur-
remment dans l'étendue du ressort du Tribunal de leur arrondissement ; — Qu'on ne saurait assimiler l'incapacité dont sont frappés les
huissiers institués pour le service des Cours Impériales et des Tribunaux, quant aux affaires de la compétence de la Cour de Cassation, à
l'incapacité prononcée par l'Article 26 précité ; — Que l'Article 25 du
Décret constitue, au profit des huissiers audienciers de la Cour Suprême, un privilége absolu et sans exception, de nature à priver les
huissiers des Cours et Tribunaux du pouvoir et du caractère nécessaires pour les affaires portées devant la Cour Suprême, tandis que
l'Article 26 ne renferme qu'une exception unique au profit des huissiers audienciers ; — Qu'on comprendrait que l'atteinte portée au droit
qui compète à ces derniers pût donner lieu à des dommages-intérêts
de la part de l'huissier contrevenant, et même à une peine disciplinaire, mais ce serait aller au-delà de l'intention du législateur que de
déclarer l'acte d'avoué à avoué, signifié par un autre huissier que
l'huissier audiencier, infecté d'un vice radical devant fatalement entraîner sa nullité ;

Considérant, d'ailleurs, qu'il appert des faits et circonstances de la cause, que la partie de M⁰ Pellegrini s'est trouvée dans la nécessité d'avoir recours à l'huissier de la justice de paix de Sartene, à cause de l'absence des deux seuls huissiers exerçant près le Tribunal de première instance de cette ville ; — Qu'il est à considérer qu'il s'agissait de faire procéder à la signification d'un acte, qui devait être effectuée, sous peine de déchéance, trois jours avant la publication du cahier des charges ;

Considérant, enfin, que rien n'est venu établir que les deux huissiers exerçant près le Tribunal de Sartene eussent été désignés en conformité de l'Article 94 du Décret du 30 Mars 1808 pour le service intérieur des audiences de ce Tribunal ; — Qu'ainsi, c'est à tort que les premiers Juges ont déclaré nulle et de nul effet la signification faite par l'huissier de la justice de paix ;

AU FOND :

Considérant que c'est à la suite du dissentiment grave qui s'était produit entre le saisissant et le saisi, relativement à la contenance du domaine dénommé *Monte*, que la Cour de céans a rendu, le 10 Avril 1848, un Arrêt interlocutoire par lequel elle a formellement déclaré que, pour apprécier les moyens du fond, et dans l'intérêt du saisi et des créanciers, il était nécessaire que l'on connût la véritable contenance du domaine saisi ; — Que, par un deuxième Arrêt du 6 Janvier 1852, et alors qu'il s'agissait de pourvoir au remplacement d'un des experts nommés, ladite Cour a retenu que l'opération ayant été jugée nécessaire pour l'appréciation des droits et moyens des parties, il était indispensable d'y faire procéder ;

Considérant, en effet, que le procès-verbal de saisie donne au domaine de *Monte* une contenance approximative de trente-quatre hectares, cinquante ares, tandis que la partie de M⁰ Pellegrini n'a cessé de soutenir que la contenance de cet immeuble était d'à peu près cent hectares ; que c'est en présence d'une pareille divergence, que la Cour a ordonné l'expertise qu'il s'agit aujourd'hui d'apprécier ;

Considérant qu'aux termes des Articles combinés 675 et 715 du Code de Procédure Civile, tout procès-verbal de saisie doit contenir, lorsqu'il s'agit de biens ruraux, l'indication du bien saisi, la contenance approximative et la nature de chaque pièce de ce même bien ;

Considérant que la partie de M° Nicolini s'est vainement efforcée de prétendre que l'accomplissement de la formalité relative à la contenance approximative, a seulement pour objet de faire constater, d'une manière positive, l'identité de l'immeuble saisi ; — Qu'il est évident que, par l'ensemble des formalités prescrites par l'Article 675, le législateur a voulu non-seulement arriver à constater l'identité de l'immeuble saisi, mais aussi à fournir des données approximatives sur la valeur de ce même immeuble ; — Qu'il est de l'intérêt du saisi et des créanciers que les personnes qui seraient disposées à se présenter aux enchères, puissent se procurer des renseignements exacts et suffisants sur la situation et la valeur de l'immeuble destiné à être vendu aux enchères ; — Que si, comme dans l'espèce, une différence énorme venait à se manifester entre la contenance réelle et celle indiquée au procès-verbal, et que cette différence ne dût pas entraîner la nullité du procès-verbal, il serait au pouvoir du poursuivant d'éloigner les enchérisseurs, ou tout au moins de les retenir dans des limites étroites, et de garder l'immeuble saisi pour un prix modique ; — Qu'il doit en être d'autant moins ainsi que, par l'Article 690 du Code de Procédure Civile, contrairement à ce que portait la Loi du 11 Brumaire an VII, la fixation de la mise à prix est entièrement abandonnée à l'arbitraire du poursuivant ;

Considérant que, dans son acception, le mot contenance signifie capacité, étendue ; qu'en prescrivant l'accomplissement des formalités contenues en l'Article 675, le législateur de 1841 a voulu exiger non-seulement l'indication de la situation de cet immeuble, mais aussi sa composition en terres, bois, prés, vignes, et le *nombre d'hectares*, ou soit la mesure de l'immeuble saisi ; — Que ce sont là les expressions employées par les savants rapporteurs de la Chambre des Pairs et de celle des Députés ; — Que, dans l'espèce actuelle et à défaut de cadastration, l'officier ministériel ne possédant pas les connaissances nécessaires pour donner la contenance approximative de l'immeuble, son devoir était de demander des renseignements au poursuivant, et celui-ci a à s'imputer de ne les avoir pas fournis ;

Considérant que c'est en vain qu'on a voulu chercher et trouver l'accomplissement de l'indication prescrite par la Loi relativement à la contenance, dans l'énonciation des quarante-cinq hectolitres d'ensemencement qui suit celle des trente-quatre hectares ; — Qu'une pareille désignation ne saurait remplacer celle du nombre d'hectares ou de la mesure de l'immeuble saisi ; — Qu'elle est, d'ailleurs, incomplète, incertaine et même fallacieuse, et ne s'applique qu'à la partie de l'immeuble susceptible d'être ensemencée ;

Considérant que le procès-verbal dressé par l'homme de l'art dépasse de beaucoup les prévisions de la partie de Mᵉ Pellegrini, puisque le domaine de *Monte* a, d'après ce procès-verbal, une contenance de cent soixante-huit hectares, trente-deux ares, soixante-six centiares, dont cent trente-sept hectares cultivables à la charrue ou à la pioche ; — Qu'il est même à remarquer que la terre dite *Cachina* d'une contenance de sept hectares, quatorze ares, quatre-vingt-seize centiares, n'a pas été comprise par l'expert géomètre dans les cent soixante-huit hectares, tandis qu'elle figure dans le procès-verbal de saisie comme ayant une contenance d'environ quatre hectares, ce qui réduirait à trente hectares la contenance telle qu'elle a été portée dans ledit procès-verbal, et par opposition aux cent soixante-huit hectares du rapport d'expert ;

Considérant qu'il suffit de rapprocher ces deux contenances pour se convaincre de la différence énorme qui les sépare ;

Considérant que le procès-verbal qui donne aux biens saisis une contenance de beaucoup inférieure à la contenance réelle, doit être annulé comme ne renfermant pas l'indication dont parle l'Article 675, n° 3, § 3 du Code de Procédure Civile et prescrite à peine de nullité par l'Article 715 du même Code ;

Considérant, en ce qui a trait aux parcelles de *Monte*, d'*Asciavera* et *Capanella*, qu'il n'est pas exact de dire, ainsi que l'intimé le prétend par ses conclusions subsidiaires, que la partie saisie n'a invoqué aucun moyen de nullité fondé sur le défaut de contenance approximative, quant à ces trois parcelles ; — Que, par les conclusions prises devant les premiers Juges dans l'intérêt de ladite partie, l'arpentage des contenances de celles des parcelles dont la saisie ne paraîtrait pas devoir être annulée d'ores et déjà, a été demandé; — Que, d'ailleurs, l'intimé a lui-même poursuivi l'exécution de l'arrêt interlocutoire, sans faire de réserves relativement à ces parcelles d'*Asciavera* et de *Capanella*, lesquelles font partie du domaine saisi sur la partie de M⁰ Pellegrini; — Qu'ainsi, la fin de non-recevoir opposée par l'intimé doit être rejetée;

Considérant que le procès-verbal de saisie est régulier en ce qui touche la maison sise à Sartène et la vigne de *Rizzanese;* — Qu'il doit donc être maintenu relativement à ces deux immeubles et sortir à effet; — Qu'aux termes de l'Article 715 du Code de Procédure Civile, la nullité prononcée pour défaut de désignation de l'un ou de plusieurs des immeubles compris dans la saisie n'entraînera pas nécessairement la nullité de la poursuite en ce qui concerne les autres immeubles;

Considérant que la demande en dommages-intérêts formée par l'appelant est entièrement dénuée de fondement; — Qu'on comprend difficilement qu'un débiteur retardataire ait osé formuler une pareille demande devant la justice;

VIDANT son Arrêt interlocutoire du 10 Avril 1848,

DÉCLARE réguliers le procès-verbal d'expertise et le plan parcellaire dressés par l'homme de l'art, en conséquence, les ENTÉRINE,

Et DISANT DROIT sur l'appel émis par la partie de M⁰ Pellegrini, ayant à cet appel tel égard que de raison,

ANNULLE le jugement attaqué,

Et par nouveau jugé, FAISANT ce que les premiers Juges auraient dû faire,

ANNULLE le procès-verbal de saisie faite à la poursuite de l'intimé, en la partie qui concerne le domaine dénommé *Monte*, pour défaut d'indication de la contenance approximative de cet immeuble;

DIT que, pour le surplus, ledit procès-verbal sortira à effet selon sa forme et teneur et qu'il sera passé outre, d'après les derniers errements de la procédure sur saisie-immobilière, à la vente de la maison et de la vigne saisies;

REJETTE la fin de non-recevoir opposée par l'intimé relativement aux parcelles dites *Monte, Asciavera* et *Capannella;*

DÉBOUTE l'appelant de sa demande en dommages-intérêts ;

. . . .

Chambre Civile. — M. ANDRAU MORAL, *Conseiller, f. f. de Président.*

MM. DE SUSINI,
MILANTA,   } *Avocats.*

DU 19 MAI 1857.

1° TAXE. — OPPOSITION. — DOUBLE EMPLOI.
2° DEMANDE INCIDENTE. — NATURE. — CLASSE. — DROIT D'OBTENTION.
3° OPPOSITION. — EXPLOIT. — RÉITÉRATION PAR REQUÊTE.
4° DÉMIS D'OPPOSITION PAR DÉFAUT. — DROIT D'OBTENTION.

1° Lorsque les frais d'un arrêt par défaut ont été régulièrement liquidés et taxés, ces mêmes frais ne peuvent être portés dans le rôle relatif à la liquidation des dépens de l'arrêt définitif, intervenu dans la même instance.

2° Si les exceptions et les incidents doivent être taxés comme en matière ordinaire ou en matière sommaire, selon la nature de l'instance dans laquelle ils se sont produits, ce principe n'est point applicable lorsqu'il s'agit de fixer la valeur de la demande incidente et le chiffre du droit d'obtention de l'arrêt par défaut ou définitif. — Il en est ainsi spécialement de la demande en interprétation, qui ne remet en discussion qu'une partie des points jugés par l'arrêt à interpréter.

3° Lorsque l'opposition à un commandement a été faite par exploit contenant constitution d'avoué et assignation signifiée à personne et à domicile, il n'y a pas obligation de la réitérer par requête d'avoué à avoué.

4° L'arrêt qui rejette par défaut une opposition à un précédent arrêt, ou qui la déclare mal fondée, doit être taxé, quant au droit d'obtention, comme arrêt définitif et non comme arrêt par défaut.

Conjoints Vincentelli C. la veuve Vatteone.

ARRÊT.

Après délibération en la Chambre du Conseil,

LA COUR ; — sur les conclusions conformes de M. BERTRAND, Premier Avocat Général,

I. SUR LA PREMIÈRE QUESTION :

Considérant que la somme de quarante-deux francs, dix-sept centimes,

ayant été déjà l'objet d'un premier rôle de frais régulièrement taxé par
Ordonnance du 22 Janvier 1857, c'est mal à propos que Mᵉ Nicolini l'a
portée une seconde fois dans le rôle de frais liquidé le 1ᵉʳ Avril suivant ;
— Qu'il y a lieu, par suite, de dire droit, quant à ce, à l'opposition,
et de déclarer que ladite somme sera distraite de ce dernier rôle ;

II. Sur la deuxième question :

Considérant que si, d'après la jurisprudence de la Cour, les incidents
suivent la loi de l'instance principale dans laquelle ils se sont produits,
et doivent être taxés comme la demande principale elle-même, ce principe ne peut être invoqué que pour déterminer la nature de la demande
incidente, mais nullement pour en fixer la valeur, lorsqu'il est reconnu
qu'elle doit être taxée comme en matière sommaire ;

Considérant, en effet, que dans le cas où la contestation incidente ne se
réfère qu'à une partie de la demande principale, les autres chefs étant
réglés par une décision définitive, acceptée par toutes les parties, il n'y
aurait ni justice, ni raison à assimiler la demande partielle à la demande intégrale, et à les taxer l'une et l'autre d'après une règle uniforme ;

Considérant, en fait, que si la demande principale de la dame Vatteone, sur laquelle est intervenu l'Arrêt du 11 Août 1856, était d'une
valeur supérieure à cinq mille francs, la demande en interprétation du
même arrêt n'était relative qu'à deux sommes s'élevant ensemble à trois
mille deux cent vingt-quatre francs ; — Que, par suite, tout en reconnaissant que la demande en interprétation est de nature sommaire, comme la demande originaire, sa valeur doit être déterminée uniquement
d'après le montant des sommes qui étaient l'objet de la discussion incidente ; — D'où il résulte que la demande de la dame Vatteone se trouvant classée dans la deuxième catégorie des affaires sommaires, le
droit d'obtention de l'arrêt par défaut en date du 20 Janvier 1857, est
de dix-huit francs, et non de vingt-sept francs, ainsi que l'a mal à propos soutenu Mᵉ Nicolini ;

III. Sur la troisième question :

Considérant qu'il est certain, en droit, que tout acte ou toute procé-

dure frustratoires doivent être rejetés de la taxe soit pour les émolu-
ments, soit pour les déboursés; — Qu'il s'agit seulement dans la cause
soumise à l'appréciation de la Cour, de décider si l'arrêt du 31 Mars
1857, qui déclare l'opposition des époux Vincentelli tardive et non
recevable, a été inutilement poursuivi et obtenu par Mᵉ Nicolini, et s'il
constitue une procédure frustratoire;

Considérant que la décision de cette question est subordonnée à celle
relative au mérite de l'opposition du 25 Février 1857;

Considérant que Mᵉ Lusinchi, pour démontrer l'inutilité et le caractère purement frustratoire de l'Arrêt du 31 Mars 1857, invoque l'Article
162 du Code de Procédure, d'après lequel l'opposition non réitérée
par requête, avec constitution d'avoué dans la huitaine, est réputée
non avenue de plein droit et sans qu'il soit besoin de le faire ordonner;

Considérant que ce principe, fondé sur les termes de l'Article 162,
n'est applicable que lorsqu'il s'agit d'une opposition formée extrajudi-
ciairement ou par déclaration sur commandement, ou procès-verbal
d'exécution, sans constitution d'avoué, et qui ne lie pas l'instance; —
Mais que la réitération cesse d'être obligatoire et devient même su-
perflue si l'opposition a été faite, comme dans l'espèce, par exploit
contenant constitution d'avoué, signifié à personne et à domicile, avec
assignation à comparaître devant le Tribunal compétent;

Considérant que cette opposition, n'étant pas nulle de plein droit,
il y avait lieu de la faire déclarer, par arrêt, irrecevable ou mal fondée;
— Qu'ainsi l'Arrêt du 31 Mars 1857 ne constitue pas une procédure
frustratoire, dont les frais doivent demeurer à la charge de Mᵉ Nicolini;

IV. Sur la quatrième question :

Considérant que, suivant la jurisprudence de la Cour, l'arrêt qui
démet par défaut d'une opposition à un précédent arrêt, doit être taxé
non comme arrêt par défaut, mais bien comme arrêt définitif; — Qu'à
cette hypothèse s'applique, en effet, le § 3 de l'Article 67 du Tarif,
qui alloue un émolument pour les arrêts ou jugements contradictoires
ou *définitifs;*

Considérant que l'arrêt qui rejette par défaut une opposition à un précédent arrêt par défaut, ou qui la déclare mal fondée, est incontestablement définitif, puisqu'il ne peut être l'objet d'une nouvelle opposition ;

Mais considérant que la demande incidente de la dame Vatteone appartenant à la deuxième classe des affaires sommaires, le droit d'obtention doit être fixé à trente-six francs, au lieu de cinquante-quatre francs ; l'émolument pour dressé des qualités et de signification de l'arrêt à avoué à neuf francs, et les déboursés pour la correspondance à six francs ;

. . . .

STATUANT sur l'opposition,

1° DÉCLARE que la somme de quarante-deux francs, portée à l'article premier du second rôle de frais de Me Nicolini, forme double emploi avec les frais liquidés par l'Ordonnance du 22 Janvier dernier, et sera supprimée du rôle ;

2° FIXE à dix-huit francs le droit d'obtention de l'arrêt rendu par défaut le 20 Janvier 1857,

A trente-six francs le droit d'obtention de l'arrêt définitif du 31 Mars 1857,

A neuf francs le droit des qualités dudit arrêt,

A six francs les déboursés pour la correspondance ;

3° RÉDUIT, en conséquence, le montant des deux rôles de frais dressés par Me Nicolini les 22 Janvier et 31 Mars 1857 à la somme de cent soixante et douze francs, cinquante centimes.

Chambre Civile. — M. CALMÈTES, *Premier Président.*

MM. LUSINCHI, }
NICOLINI, } *Avoués.*

DU 29 JUIN 1857.

*Le donataire par préciput, qui est en même temps successible, doit resti-
tuer les fruits de ce qui excède la portion disponible, à compter du décès du
donateur, lors même que la demande en restitution n'aurait pas été faite
dans l'année : — Les dispositions de l'article 928 du Code Napoléon, qui,
dans ce cas, n'ordonnent la restitution des fruits qu'à partir du jour de la
demande, ne s'appliquent qu'au donataire non-successible (1).*

(1) Cette solution ne nous paraît en harmonie ni avec l'esprit ni avec le texte formel de
l'art. 928 Cod. Nap. ; et il nous semble qu'elle implique nécessairement une confusion
anormale des principes qui règlent les rapports dus par chaque héritier à son cohéritier,
avec ceux d'après lesquels les réservataires sont autorisés à demander la réduction de tout
don excédant la quotité disponible.

Les termes de l'art. 928 sont généraux et absolus. En parlant de la restitution des fruits,
pour le cas où une donation doit être réduite, le législateur n'a fait aucune distinction
entre le donataire qui est successible et celui qui ne l'est pas. Cela suffit, selon nous,
pour que l'on doive forcément conclure que les dispositions de cet article s'appliquent à
l'une comme à l'autre hypothèse. Depuis longtemps il est en effet de principe que : *Ubi lex
non distinguit nec nos distinguere debemus.* Pour prouver au besoin que, dans la section où se
trouve l'art. 928 précité, le législateur a réglé les droits et les devoirs des donataires successibles et des donataires non successibles, il suffirait de citer l'art. 924 qui prévoit expressément le cas d'une donation faite à un des successibles, et sujette à réduction. La Cour de
Cassation a même décidé, le 16 août 1853, en confirmant un arrêt de la Cour de Paris à la
date du 5 août 1852, que l'article 928 s'applique à la réduction des donations déguisées.
(Voy. DALLOZ, *Jur. Gén.*, 2ᵉ édit., tom. 16, Vᵒ *Disp. entre Vifs et Test.*, nᵒ 1272, où il cite
l'arrêt de la Cour de Paris par lui rapporté dans son Rec. Pér. (D. P. 53. 2. 30 ; — S. V. 55. 1.
575). D'ailleurs, quelle serait la raison qui pourrait faire accorder, à celui qu'aucun lien
de parenté ne rattache au donateur, une faveur que l'on devrait refuser au père, à la mère
et aux enfants de ce même donateur? Le principe de l'égalité dans les partages ne saurait
être invoqué, puisque la donation par préciput et hors part démontre d'une manière irré-
fragable que le défunt a voulu avantager un de ses héritiers; qu'il l'a préféré à tous les
autres; et qu'il lui a expressément attribué une portion plus considérable dans sa succes-

Ortoli C. Pietri.

ARRÊT.

Après délibération en la Chambre du Conseil,

La Cour; — sur les conclusions de M. de Casabianca, Avocat Général,

Sur les deuxième et troisième griefs de l'appel incident relatifs à la restitution des fruits :

Attendu que l'Article 928 du Code Napoléon ne s'applique qu'au

---

sion. Dire qu'il serait contradictoire que, pouvant intenter l'action en pétition d'hérédité pendant trente ans, on n'ait pas la même faculté pour la répétition des fruits et des revenus, c'est confondre deux choses essentiellement distinctes; l'action en pétition d'hérédité, qui d'après l'art. 789 Cod. Nap. n'est soumise qu'à la prescription trentenaire, et le droit de réclamer la restitution des fruits de l'excédant de la portion disponible, lequel, aux termes de l'art. 928, ne saurait atteindre les fruits perçus antérieurement à la demande en réduction, à moins que cette demande n'ait été formée dans l'année du décès du donateur.

Voici comment s'exprime M. Troplong, dans son traité *Des Donations et Testaments*, tom. 2, n° 1020, où il cite divers auteurs à l'appui de son opinion : « L'obligation d'inten- » ter l'action en réduction dans l'année est de droit étroit. Le légitimaire ne serait pas » excusé en disant qu'il a ignoré le décès. L'héritier légitimaire est si intimement lié au » défunt par les liens de la famille, qu'il n'est pas facile de supposer qu'il aura ignoré, pen- » dant plus d'un an, le décès d'une personne chérie. Dans tous les cas, la loi a voulu » veiller aux intérêts des donataires de bonne foi. Il ne faut pas que la libéralité qui leur a » été faite devienne pour eux l'occasion d'une ruine ; ce qui ne manquerait pas d'arriver si » on admettait les demandes tardives. »

Mais ce dernier considérant de l'arrêt que nous examinons, en prouvant beaucoup trop, ne prouve absolument rien. En effet, il est évident que s'il avait réellement la force qu'on voudrait lui attribuer, il pèserait de tout son poids sur le donataire non successible, aussi bien que sur celui qui ne prend pas part au partage, et par conséquent la distinction faite par l'arrêt devient impossible, si l'on ne veut pas effacer du Code Napoléon les dispositions de l'art. 928.

S'il fallait maintenant consulter l'esprit dans lequel ce même article a été rédigé, il ne serait pas difficile de se convaincre que le législateur a simplement tiré une conséquence

donataire non successible et ne prenant pas part au partage; —
Que le cohéritier qui détient une portion quelconque des biens
de la succession, autres que ceux dont il a été mis en possession et
jouissance par une donation ou par un testament avec attribution de
préciput et dispense de rapport, doit compte des fruits et revenus de

---

virtuellement renfermée dans les principes posés par les art. 549 et 550 du code précité. En
effet le donataire par préciput possède, en vertu d'un titre translatif de propriété, même la
portion qui excède la quotité disponible; et tant qu'une demande en réduction n'a pas été
formée contre lui, il est censé ignorer les vices de son titre. Il est donc un véritable possesseur de bonne foi jusqu'au jour de cette demande, si elle ne lui est pas notifiée dans
l'année, et il fait siens tous les fruits qu'il a perçus depuis le décès du donateur. — Tout ce
que nous venons de dire découle naturellement de l'arrêt de la Cour de Poitiers du 27 janvier 1859 (D. P. 39. 2. 205; — S. V. 59. 2. 288), ainsi que des doctrines que soutiennent
GRENIER, Des Don., tom. 2, n° 653; — DURANTON, tom. 8, n° 375; — MARCADÉ, sur l'art.
928; — SAINTESPÈS-LESCOT, Des Don., tom. 2, n° 549 et suiv.; — TROPLONG, ubi suprà,
n°s 1018 et suiv.; — MOURLON, Rép. écrit., 2e exam., pag. 278 et 279; — PROSPER VERNET,
Traité de la quot. disp., pag. 504 et 505; — DALLOZ, Jur. gén., 2e édit. ubi suprà, n°s 1251,
1267 et suiv.

Vainement voudrait-on soutenir que ces principes, quoique vrais pour certains cas spéciaux, ne sauraient être valablement invoqués en matière de succession, où s'applique,
dans toute sa force, la vieille maxime : Fructus augent hæreditatem. Ce système serait vic-
torieusement combattu par les art. 549 et 550 que nous venons d'analyser, et par l'art. 138
du Cod. Nap. lequel porte que : « Tant que l'absent ne se représentera pas, ou que les ac-
» tions ne seront pas exercées de son chef, ceux qui auront recueilli la succession gagneront
» les fruits par eux perçus de bonne foi. » On ne saurait douter que les mêmes articles
n'aient introduit un droit nouveau et abrogé définitivement les lois romaines, ainsi que
l'ancienne jurisprudence à cet égard. C'est une vérité sur laquelle il serait inutile d'insister,
puisqu'elle est démontrée, jusqu'à la dernière évidence, par une foule d'arrêts de la Cour de
Cassation et des Cours impériales, aussi bien que par la généralité des auteurs; et nous
nous contenterons de poser comme un principe constant en doctrine et en jurisprudence,
que l'héritier apparent, de même que tout autre possesseur, fait les fruits siens s'il les per-
çoit de bonne foi. V. entre autres arrêts et auteurs sur ce point : Rejet, 9 brumaire an 13
(S. 5. 2. 331); — Dijon, 7 janv. 1817 (D. P. 17. 2. 98; — S. 17. 2. 357); — Cass., 18 août
1830 (D. P. 30. 1. 334 et S. 30. 1. 312); — Paris, 5 juillet 1834 et Limoges, 27 déc. 1833
(D. P. 34. 2. 217; — 36. 2. 105; — S. V. 34. 2. 416 et 543); — Cass., 11 fév. 1835 (S. V. 35.
1. 331); — Deux Rejets, dans deux espèces, du 7 juin 1837 (D. P. 37. 1. 363; — S. V. 37.
1. 381.); — Douai, 1er juillet 1840 et 15 mai 1847 (D. P. 41. 2. 98; — S. V. 40. 2. 488 et
47. 2. 564); — Cass., 24 mai 1848 (S. V. 49. 1. 125); — Rennes, 19 mai 1849 (S. V. 50.
2. 609); — Cass., 21 janv. 1852 (S. V. 52. 1. 102); — CHABOT, sur l'art. 773, n° 6, tom. 2,
pag. 389; — SAINTESPÈS-LESCOT et TROPLONG, aux endroits ci-dessus cités; — DURANTON,
tom. 1er, n°s 585 et suiv., tom. 8, n°s 351, 352, 357 et 362; — ZACHARIÆ, tom. 1, § 201,

cette portion à partir du jour de l'ouverture de la succession ; — Qu'on ne comprendrait pas, en effet, que le cohéritier placé dans cette position, et déjà avantagé par l'effet de la donation ou du testament, dût l'être encore par la faculté de faire les fruits et revenus siens jusqu'au jour de la demande; et qu'en définitive, l'héritier qui peut intenter

---

note 12 ; — PROUDHON, *Dom. Priv.*, tom. 2, n°⁵ 438, 348, 349 et 350; — MARCADÉ, sur l'art. 350, 2° et 3°; — DEMOLOMBE, tom. 9, n° 609 ; — DALLOZ, *Jur. gén.*, 2° édit., V° *Succession*, n°⁵ 412 à 416 inclusiv.

On serait encore, selon nous, mal venu à argumenter de ce qui est prescrit par l'art. 856 relativement aux fruits des choses sujettes à rapport; à moins que l'on ne veuille résoudre les contestations qui s'élèvent sur une demande en réduction par les règles établies pour les actions en rapport. Ce système, nous l'avons déjà dit, entraînerait une étrange confusion entre deux matières qui sont si différentes par leur nature. En effet, pour ne parler que de ce qui frappe au premier abord, nous ferons remarquer, 1° Que le rapport n'est dû que par l'héritier venant à la succession (Art. 843); tandis que le donataire même non successible est soumis à la réduction (Art. 920); — 2° Que le rapport peut être demandé par tout héritier de la ligne collatérale comme par ceux de la ligne directe, afin de maintenir l'égalité dans les partages (Art. 857); et qu'au contraire, l'action en réduction n'appartient qu'à ceux au profit desquels la loi fait la réserve, dans le but de conserver intacte cette réserve elle-même (Art. 921 et 922) ; — 3° Que l'on doit rapporter tout ce que l'on a reçu directement ou indirectement, à moins que le don n'ait été fait par préciput et hors part (Art. 843); tandis que la demande en réduction n'est possible que si les dispositions entre-vifs ou testamentaires contiennent la dispense formelle du rapport et excèdent la portion disponible (Art. 920).

Enfin, nous ajouterons que l'on se rendra facilement compte de la position différente faite par la loi à l'héritier qui rapporte et au donataire qui souffre une réduction, si l'on veut bien peser les deux observations suivantes que nous avons puisées dans les auteurs ci-dessus indiqués, et surtout dans MERLIN et TROPLONG. L'héritier sujet à rapport ne peut jamais ignorer les obligations qui lui sont imposées par le titre en vertu duquel il possède; et le retard que ses cohéritiers peuvent mettre à le poursuivre, ne saurait lui faire croire qu'il est dispensé de rapporter à la masse le don qui lui avait été fait. Voilà pourquoi il ne peut jamais invoquer sa bonne foi : aussi, comme tout possesseur de mauvaise foi, il est comptable des fruits perçus depuis le décès. Il n'en est pas de même du donataire passible d'une simple réduction; car pour savoir si la donation est ou n'est pas sujette à réduction, il est nécessaire au préalable qu'il connaisse les forces de la succession; et ce n'est souvent qu'à l'aide de calculs minutieux qu'il peut parvenir à apprendre que la quotité disponible a été ou n'a pas été dépassée. — L'inaction des réservataires, pendant un an, est de nature à le convaincre que le donateur est resté dans les limites de la loi; et cette croyance, quand même elle serait le résultat d'une erreur, est plus que suffisante pour faire considérer le donataire comme possesseur de bonne foi et le dispenser de restituer les fruits perçus antérieurement à la demande en réduction qui n'aurait pas été faite dans l'année.

l'action en pétition d'hérédité pendant trente ans, n'eût pas la même faculté pour la répétition des fruits et revenus;

CONFIRME.

Chambre Civile. — M. ANDRAU-MORAL, *Conseiller, f. f. de Président.*

MM. BONELLI, ⎫
    MILANTA, ⎬ *Avocats.*

DU 7 JUILLET 1857.

SOCIÉTÉ. — PARTAGE. — RESCISION. — LÉSION. — ENTREPRISE INDUSTRIELLE. —
DIVISION DE L'EXPLOITATION.

La rescision, pour cause de lésion de plus du quart, ne saurait être invoquée contre la convention par laquelle deux associés pour une entreprise embrassant deux opérations distinctes ont divisé l'exploitation commune, en se chargeant chacun de l'une des branches de l'entreprise, à ses risques et périls et sous sa seule responsabilité.

Massoulié C. Maroni.

ARRÊT.

Après délibération en la Chambre du Conseil,

La Cour; — sur les conclusions conformes de M. Bertrand, Premier Avocat Général,

Sur la rescision des conventions du 24 Mai 1856, pour lésion de plus du quart :

Considérant que si, en thèse générale, l'Article 887 du Code Napoléon est applicable au partage des sociétés parvenues à leur terme, il n'en saurait être ainsi lorsqu'il s'agit de la division d'une entreprise en cours d'opérations et dont chaque associé conserve une branche d'exploitation, à ses risques et périls, avec les chances de gain ou de perte inhérentes à toute exploitation commerciale;

Considérant, d'ailleurs, que les conventions du 24 Mai 1856 ont été exécutées, et que l'on ne comprendrait pas comment on pourrait les mettre aujourd'hui à l'écart, pour rendre communes deux entreprises distinctes et gérées par chacun des associés isolément, sous sa propre responsabilité et sous son seul contrôle ;

. . . .

Confirme.

Chambre Civile. — M. CALMÈTES, *Premier Président.*

MM. Bonelli, ⎫
    Gavini, ⎭ *Avocats.*

DU 8 JUILLET 1857.

CORSE. — FORÊTS. — DOMANIALITÉ. — IMPRESCRIPTIBILITÉ. — DROIT ANCIEN.

Sous l'ancien droit qui régissait la Corse, les forêts étaient domaniales et imprescriptibles; les communes et les particuliers ne pouvaient s'en prétendre propriétaires que lorsqu'ils produisaient des actes de concession émanés de la République de Gênes (1).

Il en était spécialement ainsi des forêts situées dans la commune de Ghisoni (Fiumorbo).

L'État a donc pu céder à la commune de Ghisoni la forêt de Casamente, dont la domanialité est établie, soit par les principes qui viennent d'être rappelés, soit par divers actes et monuments publics.

Gafforj C. la Commune de Ghisoni.

ARRÊT.

Après délibération en la Chambre du Conseil,

LA COUR; — sur les conclusions conformes de M. BERTRAND, Premier Avocat Général,

Considérant que le sieur Gafforj est appelant devant la Cour, et que cette qualité lui impose l'obligation de prouver l'erreur ou l'injustice de la décision attaquée;

Considérant que cette obligation n'a pas été par lui remplie; — Qu'en effet, le sieur Gafforj n'a nullement justifié son droit de propriété sur

(1) Voir Conf. : Bastia, 31 mai 1841, 8 juillet 1857 et 1er juin 1859 (Notre Recueil, tom. 2 et *infrà* à ces dates).

les bois et forêts dénommés *li Canali*, *Filettello*, *Missignoli* et *Assatojo*;

Considérant que, dans l'acte originaire du 12 Septembre 1792, les vendeurs aliènent en faveur des héritiers de Jean-Paul Lusinchi, de Ghisoni, le tiers leur appartenant dans la propriété située *nel Casale detto Casavecchiaccio*; — Que dans cet acte, qui ne mentionne même pas *Missignoli*, on ne voit figurer *li Canali*, *Filettello* et *Assatojo* que comme limites des biens vendus, et que, dès lors, les bois dont il s'agit ne sont pas compris dans la vente;

Considérant qu'il n'est nullement établi que Tristani, vendeur dans l'acte de 1838, eût été autorisé à consentir ladite vente; — Qu'il aurait donc disposé de la chose d'autrui et qu'à ce titre, la vente serait nulle;

Considérant qu'en présence de ces faits, le système du sieur Gafforj se trouve repoussé par un invincible dilemme; — Qu'en effet, ou bien les bois, objet de l'acte de 1838, étaient compris dans la circonscription des terrains vendus en 1792, ou bien ils en étaient exclus;

Considérant que, dans la première hypothèse, les vendeurs auraient été irrévocablement dépouillés de tous leurs droits par une aliénation pure et simple, sans restrictions, ni réserves;

Considérant que l'absence de toute réserve s'explique, soit parce que les bois à cette époque, et dans cette partie de la Corse, étaient sans valeur, soit parce que les vendeurs en auraient reconnu la domanialité; — Que dans la seconde hypothèse, les prétentions de Gafforj seraient également mal fondées, puisqu'il ne prouve pas, et ne demande pas même à établir, que les biens litigieux avaient appartenu aux vendeurs de 1792;

Considérant, sous un autre rapport, que, d'après le droit public de la Corse avant sa réunion à la France, les grandes masses boisées, non aliénées ou concédées par titres authentiques émanés du souverain, faisaient partie du domaine de l'État et étaient imprescriptibles;

Considérant qu'en ce qui concerne les forêts de Ghisoni et spécialement la forêt de *Casamente*, les droits du Domaine, soit sous le Gouvernement génois, soit sous l'administration du général Paoli, sont manifestement établis par divers actes et documents publics; — Que, dès lors, l'État a pu valablement transmettre, par la transaction Blondel, la propriété de *Casamente* à la commune de Ghisoni ; — Que les titres invoqués par Gafforj, indépendamment de leur inefficacité déjà prouvée, sont sans valeur, puisqu'ils ne procèdent pas de l'État;

Considérant qu'en supposant les terrains revendiqués par le sieur Gafforj susceptibles, en tout ou en partie, de prescription, l'appelant n'a ni rapporté, ni articulé la preuve d'une possession acquisitive ;

CONFIRME.

Chambre Civile. — M. CALMÈTES, *Premier Président.*

MM. GAFFORJ,
TOMMASI, } *Avocats.*

DU 13 JUILLET 1857.

1° Ce n'est ni l'importance, ni le nombre des dispositions attaquées qui caractérisent l'appel principal, mais bien la priorité de la date.

L'appel incident est celui qui est formé après un premier appel (1).

2° La signification du jugement faite avant tout appel ne fait pas obstacle à l'appel incident, même lorsque la signification du jugement est accompagnée de commandement à fins d'exécution, et que l'appel incident est formé par exploit (2).

3° Le concours d'un juge suppléant n'est point une cause de nullité, dans le cas où le jugement ne mentionne pas l'empêchement des juges titulaires (3).

---

(1) Ces deux solutions sont incontestables. Voir CHAUVEAU sur CARRÉ, Quest. 1571 *bis* qui cite à l'appui de son opinion plusieurs auteurs et différents arrêts.

(2) Conf. : Rejet, 10 mai 1820 (S. 20. 1. 458). Il a même été décidé que l'exécution volontaire ou les poursuites à fin d'exécution n'empêchent pas l'intimé de relever appel incident, si la partie adverse attaque ensuite le jugement. Metz, 26 mars 1821 (S. 23. 2. 126); — Cass., 1er décembre 1824 (S. V. C. N. 7. 1. 574); — Montpellier, 14 janvier 1853 (S. V. 53. 2. 441; — D. P. 54. 2. 86); — Bordeaux, 11 mars 1853 (S. V. 53. 2. 322; — D. P. 54. 2. 260). Si l'acquiescement était postérieur à l'appel principal, l'intimé ne serait plus recevable à interjeter appel incident. Voir : CARRÉ et CHAUVEAU, Quest. 1576, 1577, et les différentes autorités citées par le professeur de Toulouse.

(3) C'est un point constant en jurisprudence, à la différence de ce qui a lieu lorsque c'est un avocat ou un avoué qui est appelé à compléter le tribunal. — Voir la note placée sous un arrêt de la Cour de Bastia du 1er mai 1850 (Notre Recueil, tom. 1er, p. 451) ainsi que la note 2-3 sous celui du 16 janvier 1856 (Notre Recueil, tom. 4, p. 217).

Leca C. Conti.

ARRÊT.

Après délibération en la Chambre du Conseil,

LA COUR; — sur les conclusions conformes de **M.** BERTRAND, Premier Avocat Général,

SUR LA NON RECEVABILITÉ DE L'APPEL RELEVÉ PAR LE SIEUR CONTI :

Considérant que, pour apprécier le mérite de cette fin de non-recevoir, il importe, avant tout, de rechercher quelle est la nature de l'appel du sieur Conti et de décider s'il est principal ou incident;

Considérant qu'on ne saurait s'arrêter, à cet égard, à la qualification qui lui a été donnée dans les conclusions prises par le sieur Conti, s'il était reconnu que cette qualification est erronée;

Considérant, en droit, que ce n'est ni le nombre, ni l'importance des dispositions attaquées qui caractérisent l'appel principal, mais uniquement la priorité de son existence;

Considérant que l'appel incident, au contraire, est celui qui est formé postérieurement à un premier appel; — Que, par suite, lorsque deux parties ont interjeté appel d'un même jugement, le premier de ces appels est principal et le second est incident;

Considérant qu'il importe peu, sous ce rapport, que le second appel ait été relevé par exploit, cette forme n'étant pas exclusivement réservée par la loi à l'appel principal;

Considérant, en fait, que le sieur Leca a relevé appel envers le jugement du Tribunal d'Ajaccio du 9 Octobre 1856, par exploit du 21 Janvier dernier, et le sieur Conti par exploit du 24 du même mois; — Que, par conséquent, bien que le sieur Conti ait donné à son appel la qualification d'appel principal, il n'en est pas moins certain que, formé accessoirement ou incidemment à l'appel du sieur Leca, il ne peut constituer qu'un appel incident;

Considérant que le sieur Leca oppose vainement à l'appel du sieur Conti l'acquiescement résultant de la signification du jugement, avec commandement d'avoir à l'exécuter dans le délai de vingt-quatre heures;

Considérant que cette signification ayant eu lieu le 15 Janvier dernier, c'est-à-dire avant l'appel principal, elle n'a pu dépouiller le sieur Conti du droit de former incidemment appel; — Qu'en effet, l'acquiescement qui résultait de la signification du jugement était conditionnel de sa nature, et son irrévocabilité était subordonnée à l'exécution de la condamnation par le sieur Leca;

Considérant que ce dernier, bien loin de déférer au commandement qui lui était adressé, a, au contraire, interjeté immédiatement appel du jugement signifié;

Considérant que, par le fait seul de cet appel, le sieur Conti s'est trouvé relevé de son acquiescement, suivant la maxime : *Nihil licere debet actori, quod non liceat reo;* — Qu'ainsi, la fin de non-recevoir n'est pas fondée.

SUR LA NULLITÉ DU JUGEMENT DU 9 OCTOBRE 1856 :

Considérant qu'à la différence des Avocats et des Avoués, les Juges suppléants ne sont pas des Magistrats d'exception; — Qu'ils sont revêtus par la loi du caractère de Juges et peuvent siéger habituellement dans le Tribunal auquel ils sont attachés ; — Que, dès lors, leur participation à un jugement est régulière et légale, si leur concours est nécessaire pour constituer le Tribunal, alors même que le jugement ne mentionne pas qu'ils ont été appelés à défaut des Juges titulaires et dans l'ordre de leur inscription au tableau;

Considérant que le jugement attaqué constate qu'il a été rendu par MM. Cuneo d'Ornano, Président, Petreto, Juge, et Fieschi, Juge suppléant, appelé pour compléter; — Que, par ces énonciations, il a été pleinement satisfait au vœu de la loi, et que le moyen fondé sur la nullité du jugement doit être rejeté ;............

AU FOND :

Considérant que les droits respectifs du sieur Conti et du sieur Leca, relativement à la jouissance des eaux du ruisseau de *Cavallo morto*, pour le jeu de leurs moulins, ont été réglés par la sentence arbitrale du 28 Floréal an VIII ;

Considérant que cette sentence, qui a été volontairement exécutée par le sieur Leca et le sieur Conti depuis l'an VIII jusqu'en 1856, est devenue la loi commune des parties ; — Qu'il résulte de cette sentence que la prise d'eau du moulin du sieur Leca pouvait être établie à quatre pas de distance du moulin du sieur Conti ; mais que ce dernier aurait le droit d'enlever le barrage s'il nuisait au jeu de son usine en cas de crues d'eau, sauf à prévenir le meunier du sieur Leca préalablement à la destruction de l'obstacle ; — Que le sieur Conti fut même autorisé, en cas d'urgence, à faire détruire le barrage sans avertissement préalable ;

Considérant que de cette double disposition il résulte que le barrage du sieur Leca devait être de nature à pouvoir être instantanément enlevé en cas de nécessité ou d'urgence ; — Que, par conséquent, le sieur Leca ne pouvait construire une digue en maçonnerie de plus d'un mètre d'épaisseur, sa destruction, en cas de grosses eaux, pouvant présenter d'insurmontables difficultés ; — Qu'on objecte vainement que cette digue a été construite à trente mètres de distance du moulin Conti ; — Que la sentence de l'an VIII, en effet, n'a pas seulement voulu régler les obligations et les droits des parties pour le cas où le barrage serait taxativement placé à quatre pas en aval du moulin de l'intimé ; — Que cette distance a été uniquement fixée pour marquer le point le plus rapproché du moulin du sieur Conti où le barrage pourrait être établi ; — Qu'il n'est pas possible d'admettre qu'en dehors des quatre pas, la disposition devenait inefficace et cessait d'être obligatoire pour le sieur Leca, ou demeurait sans valeur pour le sieur Conti ;

Considérant qu'une disposition qu'il eût été si facile d'éluder, n'aurait présenté aucun caractère sérieux ;

Considérant que la plus sûre règle d'interprétation des décisions judiciaires, comme des lois et des conventions en général, consiste dans l'exécution qui leur a été donnée ; — Que le sieur Leca, en se bornant, pendant plus de soixante ans, à établir des barrages mobiles, a nettement déterminé la signification et la portée de la sentence de l'an VIII, et que sa prétention si tardivement manifestée de construire une digue en maçonnerie doit être repoussée comme mal fondée ;

Considérant que le Tribunal, en maintenant la digue dont il s'agit, sous certaines modifications qu'il indique, a réformé implicitement la sentence de l'an VIII, qui ne lui était pas soumise, et porté ainsi atteinte à l'autorité de la chose jugée ;

. . . .

A DÉMIS et DÉMET le sieur Leca de son appel principal,

Et, SANS S'ARRÊTER à la fin de non-recevoir opposée à l'appel incident, CONDAMNE le sieur Leca à démolir la digue en maçonnerie par lui construite dans le lit de la rivière de *Cavallo morto*, en aval du moulin du sieur Conti ;

DIT que le sieur Leca ne pourra établir, pour la prise d'eau nécessaire à son usine, que des barrages mobiles et d'une facile destruction, dans le cas de nécessité ou d'urgence, conformément aux dispositions de la sentence du 28 Floréal an VIII ;

MAINTIENT le sieur Conti dans le droit de faire enlever lesdits barrages, avec ou sans avertissement préalable, suivant les diverses hypothèses prévues par ladite sentence ;

. . . .

Chambre Civile. — M. CALMÈTES, *Premier Président.*

MM. BONELLI, } *Avocats.*
MILANTA, }

DU 22 JUILLET 1857.

1° ENQUÊTE. — LISTE DE TÉMOINS. — OMISSION D'UN PRÉNOM. — ERREUR D'ORTHOGRAPHE DANS UN NOM.
2° REPROCHES. — TÉMOINS INSTRUMENTAIRES. — TESTAMENT.
3° TÉMOIN. — ENQUÊTE. — CONTRE ENQUÊTE.
4° ASSIGNATION POUR ÊTRE PRÉSENT A L'ENQUÊTE. — DÉLAI DES DISTANCES.

1° L'omission du prénom d'un témoin et l'erreur commise dans l'orthographe de son nom n'entraînent pas la nullité de la déposition du témoin, si, d'ailleurs, il n'a pu exister aucun doute sur l'individualité de la personne dont le nom a été signifié.

2° Les témoins instrumentaires d'un testament peuvent être entendus dans l'enquête qui a pour objet d'établir l'insanité d'esprit du testateur (1).

3° L'Article 283 du Code de Procédure Civile ne prohibe point l'audition dans la contraire enquête du témoin qui a déposé dans l'enquête (2).

4° Le délai des distances dans l'assignation donnée à la partie au domicile de son avoué, en vertu de l'Article 261 du même Code, ne doit point

---

(1) Malgré quelques décisions contraires, la jurisprudence et la doctrine se sont prononcées dans ce sens. — V. Conf. : Rej., 12 juillet 1825 (D. P. 25. 1. 358 ; — S. 26. 1. 310) ; — Nancy, 24 juillet 1833 (D. P. 34. 2. 204 ; — S. 35. 2. 90) ; — Rej., 12 août 1834 (D. P. 34. 1. 436 ; — S. V. 35. 1. 202) ; — Pau, 23 décembre 1856 (D. P. 37. 2. 37 ; — S. V. 37. 2. 266) ; — Rej., 12 mars 1858 (D. P. 38. 1. 99 ; — S. V. 38. 1. 206) ; — Cass., 2 février 1842 (D. P. 42. 1. 156 ; — S. V. 42. 1. 379) ; — Rej., 26 juin 1854 (D. P. 54. 1. 228 ; — S. V. 54. 1. 481) ; — Rej., 12 novembre 1856 (S. V. 57. 1. 847) ; — MERLIN, *Répert.*, V° *Témoins instrumentaires*, § 2, n° 8 et Quest. V° *Témoins*, § 3; — BONCENNE, tom. 4, pag. 112 et suiv.; — THOMINE-DESMAZURES, n° 274; — CARRÉ et CHAUVEAU, Quest. 926, 927, 1114 *bis*.
Contrà : Rej., 17 décembre 1818 (D. A. 10. 655 ; — S. 19. 1. 284) ; — Toulouse, 26 mai 1829 (D. P. 53. 2. 102 ; — S. 29. 2. 307) ; — Colmar, 21 novembre 1829 (D. P. 30. 2. 180; — S. 30. 2. 141).

(2) Décider le contraire ce serait admettre qu'une partie peut reprocher le témoin qu'elle a produit elle-même; et reconnaître que l'on doit considérer comme ayant donné des certificats sur les faits relatifs au procès, celui qui fait une déclaration pour remplir un devoir de sa charge ou pour obéir à la justice, ce qui serait évidemment contraire aux prescriptions de la loi. — V. CARRÉ et CHAUVEAU, Quest. 1061 et 1110.

être calculé eu égard à la distance qui sépare le domicile de l'avoué du domicile de la partie, mais en raison de la distance entre le premier de ces domiciles et le lieu où l'enquête doit être faite (3).

Pianelli C. Colonna de Leca.

ARRÊT.

Après délibération en la Chambre du Conseil,

La Cour; — sur les conclusions de M. Bertrand, Premier Avocat Général,

I. En ce qui concerne le témoin Sabadini :

Considérant que, si, dans la notification de la liste des témoins aux appelants, le prénom de ce témoin a été omis, et si, d'autre part, une erreur a été commise dans l'orthographe de son nom, il est certain et non contesté que cette omission et cette erreur n'ont pu faire naître aucun doute sur l'individualité du témoin indiqué ; — Que sa profession de notaire et sa demeure à Ajaccio ont suffi pour désigner avec certitude le témoin que l'on voulait faire entendre, puisqu'il n'existe, à Ajaccio, qu'un seul notaire du nom de Sabadini ; — Qu'ainsi il a été pleinement satisfait au vœu de la loi.

---

(3) Il nous semble que cette décision est contraire à la jurisprudence la plus générale ainsi qu'à l'opinion de la plupart des auteurs. — V. en effet: Bastia, 12 juillet 1827 (Notre Rec., tom. 1er, pag. 295 et la note 3); — Cass., 11 janvier 1815 (S. 15. 1. 255; — D. A. 6. 862); — *Idem*, 23 juillet 1823 (S. 24. 1. 43; — D. A. 6. 864); — *Idem*, Chambres réunies, 28 janvier 1826 (S. 26. 1. 259; — D. P. 26. 1. 81); — Rouen, 6 mars 1828 (S. 28. 2. 84; — D. P. 28. 2. 59); — Nîmes, 11 janvier 1832 (S. V. 32. 2. 126); — Colmar, 15 juillet 1833 (S. V. 34. 2. 664); — D. P. 34. 2. 158); — Rej., 28 mai 1834 (S. V. 34. 1. 311; — D. P. 34. 1. 258); — Limoges, 22 juillet 1837 (D. P. 38. 2. 144); — Poitiers, 25 juillet 1839 (S. V. 39. 2. 487; — D. P. 39. 2. 211); — Bordeaux, 17 janvier 1851 (S. V. 52. 2. 239; — D. P. 51. 2. 48); — Bourges, 14 décembre 1853 (S. V. 54. 2. 108; — Merlin, Quest. Vº *Enquête*, § 3; — Boncenne, tom. 4, pag. 275; — Thomine-Desmazures, tom. 1er, nº 509, pag. 455; — Carré et Chauveau, Quest. 1020 et 3409.

II. En ce qui concerne le reproche des témoins Friess et Grimaldi qui ont signé le testament en qualité de témoins instrumentaires :

Considérant que les témoins instrumentaires d'un testament accomplissent un devoir imposé par la loi ; — Que leur mission consiste principalement à attester l'identité des parties et le fait de la libre manifestation de la volonté du testateur ; — Qu'ils ne peuvent, par conséquent, être assimilés à ceux qui auraient donné des certificats sur des faits relatifs au procès.

III. Sur la double notification du nom de Friess et la double déposition de Grimaldi :

Considérant que, si Friess avait figuré sur la liste des témoins signifiée à la requête des appelants, il est constant que ce témoin n'a pas été assigné dans l'enquête ; — Que rien ne s'opposait, dès lors, à ce qu'il fût produit par les intimés dans leur contre enquête ;

Considérant que, si Grimaldi a été entendu dans l'enquête des Pianelli, il ne résulte point de cette première déposition une incapacité de déposer dans l'enquête de leurs adversaires ; — Que l'Article 283 n'indique point le cas d'une déposition antérieure dans l'enquête, comme constituant le motif de reproche envers le témoin qui serait appelé pour être entendu dans la contre enquête.

IV. Sur la nullité de la déposition du témoin Pierre Colonna dont le nom a été signifié le dix Juin :

Considérant que la nullité, dans le système des appelants, résulterait de ce que dans l'assignation à eux donnée au domicile de leur avoué à Bastia, il n'aurait pas été tenu compte de l'augmentation de délai à raison de la distance entre Bastia, lieu du domicile de l'avoué, et Ajaccio, lieu du domicile de la partie, augmentation qui devait être portée au double, aux termes de l'Article 1033 du Code de Procédure Civile ;

Considérant que, pour l'appréciation de ce moyen de nullité, il faut avant tout décider si l'augmentation du délai doit être calculée à raison de la distance entre le domicile de l'avoué et celui de la partie, ou bien entre le premier de ces domiciles et le lieu où l'enquête doit être faite ;

Considérant qu'en matière d'enquête la loi ne se préoccupe nullement du domicile de la partie qui a constitué avoué ; — Que, dans le but d'imprimer à la procédure une marche plus rapide, elle donne à la partie un domicile spécial chez l'avoué qui la représente ; — Que les assignations adressées à ce domicile légal, sont censées signifiées au domicile même de la partie ;

Considérant que l'assignation donnée conformément à l'Article 261 du Code de Procédure Civile a pour objet de mettre tous les intéressés à même d'assister à l'enquête ;

Considérant que la partie qui a constitué avoué ne peut ignorer que la signification du jugement, la sommation d'être présente à l'enquête et la notification de la liste des témoins lui seront faites au domicile de son avoué ; — Qu'elle a dû, par suite, faire parvenir à ce domicile tous les renseignements nécessaires pour les reproches des témoins et pour les interpellations à leur adresser, ou bien s'y trouver elle-même, comme dans l'espèce, si elle le juge plus utile à ses intérêts ;

Considérant que l'augmentation de délai que la partie assignée peut légitimement réclamer, ne doit point, dès lors, être calculée eu égard à la distance qui sépare son domicile personnel de celui de l'avoué, mais uniquement à celle qui existe entre ce dernier domicile et le lieu où l'enquête doit être faite ; — Que, dans l'esprit de l'Article 1033 du Code de Procédure Civile, l'augmentation de délai accordée à la partie doit toujours être proportionnelle à la distance entre le lieu de l'assignation et celui de la comparution ;

Considérant que lorsqu'il s'agit d'une enquête, le lieu de la comparution est celui où l'enquête doit être confectionnée ;

Considérant que, dans la cause, le domicile légal des appelants était chez leur avoué à Bastia ; — Que c'est là que leur a été donnée l'assignation pour être présents à l'enquête ;

Considérant que l'enquête devant être faite à Bastia même, il est manifeste qu'aucune augmentation de délai n'était due aux parties de Nicolini ; — Qu'ainsi, l'assignation du 10 Juin dernier est parfaitement régulière, puisqu'un délai supérieur à trois jours francs devait s'écouler entre l'assignation et l'audition du témoin Colonna ;

REJETTE, comme mal fondés, les reproches et les moyens de nullité opposés par les parties de Gavini ;

ORDONNE qu'il sera donné lecture des dépositions des témoins Sabadini, Friess, Grimaldi et Colonna.

Chambre Civile. — M. CALMÉTES, *Premier Président.*

MM. GAVINI,   } *Avocats.*
MILANTA,   }

DU 24 JUILLET 1857.

PORT D'ARMES. — INTENTION. — BONNE FOI. — USAGE APPARENT. — EFFETS EXTÉRIEURS.

Celui qui, de l'intérieur d'une maison, et sans dépasser le seuil de la porte, tue d'un coup d'arme à feu un chien qui se tvouve sur la place publique, ou un pigeon qui s'est enfui d'un pigeonnier voisin, se rend coupable du délit du port d'arme prévu et puni par les articles 1er et 2 de la loi du 10 Juin 1853, exceptionnelle pour la Corse (1).

Dans cette matière spéciale, l'intention et la bonne foi du prévenu ne peuvent exercer aucune influence; il suffit, pour constituer le délit, que l'usage des armes ait été apparent et que les effets s'en soient produits à l'extérieur, dans une rue ou sur une place (2).

Ministère Public C. Maschetti.

ARRÊT.

Après délibération en la Chambre du Conseil,

La Cour; — sur les réquisitions conformes de M. de Montera, Substitut du Procureur Général,

Considérant qu'il est constant que le 16 novembre 1856, le prévenu Pierre Maschetti, après une vive discussion avec le nommé Bassi, le poursuivit, en tenant un pistolet à la main et en le menaçant de son

(1-2) En cassant un arrêt rendu par la Cour impériale de Bastia, le 28 octobre 1853, la Chambre criminelle de la Cour de Cassation a décidé, le 29 décembre de la même année, conformément à l'arrêt ci-dessus, que l'infraction à la loi du 10 juin 1853 ne peut être excusée sous prétexte de bonne foi ou d'absence de toute intention criminelle (S. V. 54. 1. 74; — D. P. 53. 5. 23). — Voir en sens contraire: Bastia, 7 mai 1858 et 18 novemb. 1859 (*Infrà* à ces dates). Nous croyons devoir faire remarquer que le pourvoi dirigé contre ces deux derniers arrêts a été rejeté.

arme ; — Que la rétractation de Bassi, qui avait immédiatement porté plainte de ce fait, s'explique par les sollicitations dont il a été entouré et par la crainte que devait lui inspirer Maschetti ;

Considérant qu'il est également établi que, dans le commencement de l'année 1856, le prévenu a tué, d'un coup d'arme à feu, un chien qui était sur la place publique de Castellare, et un pigeon qui s'était enfui de la maison du maire de cette commune ;

Considérant que, si Maschetti n'a pas dépassé le seuil des maisons dans lesquelles il se trouvait au moment où il a tiré ces deux coups de feu, il est toutefois certain qu'il a fait un usage apparent des armes qu'il avait entre les mains, et que les effets s'en sont produits à l'extérieur, dans une rue et sur la place de Castellare ;

Considérant que les faits ainsi établis constituent le délit de port d'armes prévu et puni par la loi du 10 Juin 1853 ;

Considérant qu'il importe peu que Maschetti n'ait pas été mu, dans ces deux dernières circonstances, par une pensée criminelle, l'intention et la bonne foi ne pouvant, en cette matière spéciale, exercer aucune influence sur le caractère délictueux des faits imputés au prévenu et sur la décision de la Cour ;

FAISANT DROIT à l'appel du Ministère Public,

DÉCLARE que le prévenu Maschetti s'est rendu coupable, dans le courant de l'année 1856, du triple délit de port d'armes qui lui était imputé ;

Et lui FAISANT application des Articles 1 et 2 de la loi du 10 Juin 1853, 194 du Code d'Instruction criminelle et 52 du Code Pénal,

CONDAMNE ledit Pierre Maschetti à trois mois d'emprisonnement, à seize francs d'amende et aux frais.

Chambre des Appels de Police correctionnelle. — M. CALMÈTES, *Premier Président.*

M. CHERSIA, *Avocat.*

DU 29 JUILLET 1857.

1° FAILLITE. — OUVERTURE.

2° DÉPÔT DU FAILLI, — OBLIGATOIRE, — FACULTATIF.

1° Ce qui constitue essentiellement l'état de faillite c'est la perte du crédit jointe à la cessation des paiements; — les Juges doivent en constater la date, et fixent ainsi l'ouverture de la faillite (1).

2° Les tribunaux ne peuvent affranchir le failli du dépôt de sa personne, que lorsqu'il a remis son bilan au greffe du Tribunal de Commerce dans les trois jours de la cessation des paiements.

Si la remise a lieu postérieurement aux trois jours de la suspension des paiements, le dépôt du failli dans la maison d'arrêt pour dettes est obligatoire (Articles 456 et 438, Cod. Comm.)

Roustan C. Agostini et Franck.

ARRÊT.

Après délibération en la Chambre du Conseil,

La Cour; — sur les conclusions de M. de Montera, Substitut du Procureur Général;

Au fond :

Considérant qu'il n'existe point de principes absolus, en droit, relativement à la fixation de l'ouverture de la faillite; — Que le devoir du Juge consiste uniquement à rechercher à quelle époque remontent la

---

(1) Voir un arrêt rendu par la Cour de Bastia, le 16 mai 1827 et la note dont il est accompagné (Notre Rec., tom. 1er, pag. 265).

perte du crédit, et la cessation des paiements du négociant dont on poursuit la déclaration de faillite ;

Considérant, en effet, que ce qui caractérise essentiellement l'état de faillite, c'est la ruine du crédit et l'impossibilité de satisfaire à ses engagements, manifestée par la cessation des paiements ;

Considérant qu'il résulte des documents de la cause, que la veuve Agostini et Franck ont suspendu leurs paiements à compter du 1er Décembre 1856 ; — Que, dès cette époque, la maison dont il s'agit avait perdu tout crédit, et qu'il n'apparaît point qu'elle ait fait aucun paiement postérieurement à cette date ;

Considérant que la faculté d'affranchir le failli du dépôt de sa personne dans la maison d'arrêt pour dettes, n'existe que lorsqu'il a déposé son bilan dans les trois jours de la cessation des paiements, conformément aux Articles 456 et 438 du Code de Commerce ;

Considérant que la veuve Agostini et Franck n'ont remis leur bilan au greffe du Tribunal de Commerce que le 18 Mai dernier, plus de cinq mois après la cessation de leurs paiements ; — Que, dès lors, le dépôt de la personne des faillis était obligatoire et non facultatif ;

. . . .

DISANT DROIT à l'appel relevé envers le jugement du 18 Juin, et RÉFORMANT,

FIXE l'époque de l'ouverture de la faillite Agostini et Franck au 1er Décembre 1856 ;

DIT que les personnes des faillis seront déposées dans la maison d'arrêt, pour dettes, de la ville de Bastia..........

Chambre Civile. — M. CALMÈTES, *Premier Président.*

MM. TOMMASI,
LOTTERO, } *Avocats.*
BONELLI,

DU 5 AOUT 1857.

1° Les contrats pignoratifs étaient proscrits sous l'ancienne jurisprudence, parce qu'ils avaient presque toujours pour but de dissimuler des prêts usuraires.

La législation nouvelle n'a point prohibé nommément ces sortes de contrats; mais il appartient toujours aux Magistrats de rechercher si l'acte dont on demande l'annulation a eu réellement pour but de déguiser, sous les apparences d'une vente à réméré, un contrat de prêt fait moyennant un gage immobilier, avec stipulation d'intérêts excédant le taux légal (1).

Le tiers qui rembourse à l'acquéreur à pacte de rachat le montant du prix par lui payé, ne peut soutenir que, par le seul fait de ce paiement, il se trouve subrogé aux droits du vendeur; — Une cession était indispensable pour lui transmettre la propriété de l'immeuble et le droit d'exercer le rachat à son profit. — Par le remboursement du prix du rachat, effectué par un tiers, en qualité de negotiorum gestor du vendeur, celui-ci rentre dans son droit de propriété, sous l'obligation de faire compte au tiers de la somme par lui remise à l'acquéreur à réméré.

2° Le cohéritier qui a fait des améliorations à l'un des immeubles de l'hoirie à partager, ne peut prétendre à un prélèvement en nature d'une portion de l'immeuble lui-même, il n'a droit qu'à une indemnité pécuniaire dont les experts déterminent le chiffre.

---

(1) On peut consulter sur ces questions, ou leurs analogues, les arrêts rendus par la Cour de Bastia les 10 mai 1850, 20 mars 1854 et 31 mai de la même année, ainsi que la note qui accompagne cette dernière décision (Notre Recueil, tom. 1er, p. 463, et tom. 4, p. 25 et 65).

De Petriconi C. De Petriconi.

ARRÊT.

Après délibération en la Chambre du Conseil,

La Cour ; — sur les conclusions de M. Bertrand , Premier Avocat Général ,

En ce qui touche la vente a réméré de l'immeuble *Campo d'Ogliastro :* Considérant que, si l'ancien droit avait prohibé les contrats pignoratifs, c'est surtout parce qu'ils avaient ordinairement pour objet de dissimuler des prêts usuraires ;

Considérant que, sous l'empire de la législation actuelle, qui n'a point proscrit les contrats de cette nature, les Tribunaux doivent rechercher si l'acte dont on demande la nullité, comme étant entaché d'impignoration, a eu réellement pour but de déguiser, sous les apparences d'une vente à réméré, un contrat de prêt fait moyennant un gage immobilier, avec stipulation d'intérêts excédant le taux légal ;

Considérant que l'acte du 20 Août 1813 n'offre rien de semblable ; — Qu'il présente, au contraire, tous les caractères d'une vente à pacte de rachat autorisée par nos Lois, et que, dès lors, elle doit être reconnue valable ;

Considérant que, si le sieur Gaspard de Petriconi a remboursé à la dame Julie Massiani le prix du rachat s'élevant à mille sept cent quatre-vingt-douze francs, il n'en résulte pas qu'il se soit trouvé substitué, par le seul fait de ce paiement, ni à la dame Salistella Piana, venderesse à pacte de rachat, ni à la dame Julie Massiani ; — Qu'une telle transmission de droits exigeait ou une cession de la part de la dame Salistella Piana, ou une subrogation de la part de Julie Massiani, ce qui ne se rencontre pas dans l'espèce du litige ;

Considérant que tout démontre que Gaspard de Petriconi a agi, en

cette circonstance, à titre de *negotiorum gestor* de sa mère et que, par
le fait du remboursement, il est devenu créancier de cette dernière en
la somme de mille sept cent quatre-vingt-douze francs, tandis que la
dame Salistella Piana a reconquis son droit absolu de propriété sur
l'immeuble dont elle n'avait, d'ailleurs, perdu ni la possession, ni la
jouissance, par l'effet de l'acte du 20 Août 1813 ;

Considérant que l'exception de prescription invoquée par les héritiers de Gaspard de Petriconi, ne saurait être admise, soit parce qu'ils
n'ont pas fait connaître, d'une manière précise, le point de départ de
la possession de leur auteur, soit parce que cette possession n'a pu
avoir lieu qu'à titre précaire jusqu'en 1819, époque du décès de Salistella Piana, et qu'à compter de cette date jusqu'à l'introduction de
l'instance, il ne s'est écoulé qu'un laps de temps insuffisant pour prescrire.

En ce qui concerne les améliorations :

Considérant que, si *Campo d'Ogliastro* a augmenté de valeur par
suite des améliorations faites à cet immeuble par Gaspard de Petriconi
ou ses héritiers, il est d'une stricte justice de leur en tenir compte ;
— Qu'il y aura lieu, dès lors, de faire déterminer cette augmentation
de valeur par les experts nommés par le Tribunal de renvoi.

Sur le prélèvement d'une portion de *Campo d'Ogliastro* jusqu'a concurrence du montant des améliorations et du prix du rachat :

Considérant qu'en leur qualité de créanciers, les représentants de
Gaspard de Petriconi ne sauraient élever la prétention d'être payés en
immeubles de la succession ; — Qu'ils ne peuvent spécialement demander à exercer un prélèvement sur *Campo d'Ogliastro* dont ils prétendent
avoir augmenté la valeur par les améliorations qu'ils ont faites sur cet
immeuble ; — Que ce bail en paiement ne se justifie par aucun texte
de loi et ne pourrait avoir lieu que par le libre consentement des parties ;

Disant droit aux appels respectifs et réformant quant à ce seulement,

Dit qu'il sera fait compte aux héritiers de Gaspard de Petriconi des améliorations par eux faites à l'immeuble *Campo d'Ogliastro ;*

Ordonne que la plus-value résultant de ces améliorations sera déterminée par les experts nommés par le Tribunal de renvoi ;

Déclare qu'il n'est dû aucun prélèvement en nature aux héritiers de Gaspard de Petriconi, soit pour le prix du rachat, frais et loyaux coûts de l'acte, soit pour la plus-value résultant des améliorations, s'il en existe.

.   .   .   .

Chambre Civile. — M. CALMÈTES, *Premier Président.*

MM. Tommasi,
Gavini, } *Avocats.*
Milanta,

DU 10 AOUT 1857.

AVOCAT. — DISCIPLINE. — FAUTE D'AUDIENCE. — DÉFENSE. — RÈGLEMENT DE LA COUR. — ABSENCE DE L'AUDIENCE.

L'article 103 du Décret du 30 Mars 1808 qui confie aux Cours et Tribunaux le droit de connaître des fautes de discipline commises ou découvertes à l'audience, est applicable aux Avocats aussi bien qu'aux Officiers ministériels (1).

Les dispositions de cet article relatives à l'obligation d'entendre ou d'appeler l'Avocat avant toute condamnation, ne peuvent être invoquées que dans les cas prévus par le paragraphe deuxième seulement, et non lorsque c'est le fait même de son absence qui donne lieu contre l'Avocat à l'application d'une peine disciplinaire; — Les droits de la défense sont garantis par la faculté de former opposition à la condamnation prononcée contre l'Avocat sans qu'il ait été entendu ni appelé à se défendre (2).

---

(1) Conf. : Rej., 28 avril 1820 (D. A. 4. 831 ; — S. 20. 1. 297) ; — Orléans, 6 avril 1857 (S. V. 57. 2. 236) ; — Rej., 8 janvier 1838 (D. P. 38. 1. 8 ; — S. V. 38. 1. 266) ; — Limoges, 2 février 1847 (D. P. 47. 2. 50) ; — Rej., 18 nov. 1852 (D. P. 52. 5. 51 ; — S. V. 53. 1. 42).

(2) M. Ch. Podesta, juge au Tribunal de première instance de Bastia, a résumé ainsi dans son *Recueil de Jurisprudence* du Ressort de la Corse, année 1857, 3ᵉ livraison, pag. 95 et suiv., les moyens présentés par le Bâtonnier de l'Ordre des Avocats, au soutien de l'opposition relevée par Mᵉ Tommasi :

« Dans une plaidoirie remarquable par le choix, la disposition, le développement des » moyens, et surtout par l'observation scrupuleuse des convenances, M. le Bâtonnier a pro- » testé du respect absolu du Barreau de Bastia pour la Magistrature et pour l'éminent Pre- » mier Président de notre Cour. Mais, a-t-il dit, les points décidés dans l'arrêt opposé » intéressent profondément l'existence même du Barreau et exigent une liberté de discus- » sion toute particulière. Cette liberté n'a pas manqué à la défense : la Cour a écouté avec » une attention bienveillante et soutenue tous les développements dans lesquels M. le » Bâtonnier a cru devoir entrer, développements qui ne sauraient trouver une place suf- » fisante dans les limites étroites de ce recueil, et dont nous devons présenter ici la subs- » tance.

» Mᵉ Graziani a fait valoir trois moyens principaux : nullité de l'arrêt rendu ; incompé-

L'Avocat qui, contrairement aux prescriptions du Règlement de la Cour, approuvé par le Garde des Sceaux, s'absente sans en donner avis au Président de la Chambre, et ne se présente pas pour plaider une cause qui est portée sur le rôle d'audience, commet une infraction au Règlement de la

---

» tence; inapplicabilité du règlement. C'est dans le cours de ces moyens qu'il a donné les
» explications de fait ci-dessus relatées. — *Nullité* : Me Tommasi avant d'être condamné
» aurait dû être entendu ou dûment appelé. La nécessité d'une citation préalable est de
» droit naturel : pour faire exception à cette règle il faut qu'il y ait une dérogation expresse
» et spéciale pour les Avocats: l'article 103, en supposant qu'il leur soit applicable, confirme
» le principe du droit naturel, sauf pour le cas où l'inculpé est présent à la barre et peut
» dès lors se défendre avant toute condamnation. L'art. 19 de l'ordonnance du 20 novembre
» 1822 répète le même principe; les Avocats sont donc maintenus sous l'empire tutélaire
» de la règle générale. — *Incompétence*. Mais en supposant même que la citation préalable
» ne fût pas nécessaire, a ajouté l'honorable défenseur, la Cour était-elle compétente pour
» statuer *de plano?* Depuis surtout le décret de 1810 et l'ordonnance de 1822 n'est-ce pas
» au conseil de discipline qu'appartient la juridiction, en premier ressort, des fautes disci-
» plinaires commises par les Avocats? L'art. 103 ne saurait leur être applicable, puisque
» d'une part l'art. 102 auquel il se lie ne parle que des Officiers ministériels, et que, d'autre
» part, au moment du décret du 30 mars 1808 l'*Ordre* n'existait plus. Mais en supposant
» même qu'il fût applicable aux Avocats alors qu'il n'y avait ni règlement particulier, ni
» conseil de discipline pour réprimer leur faute, cet article n'a-t-il pas été abrogé par le
» décret de 1810 et l'ordonnance de 1822, décret et ordonnance qui ont réorganisé et ré-
» glementé d'une manière complète et spéciale l'*Ordre des Avocats? Generi per speciem de-*
» *rogatur; illud potissimum habetur quod ad speciem directum est.* C'est en vertu de ce prin-
» cipe qu'il a été reconnu qu'à la suite de la loi du 25 ventôse an XI sur le notariat, les
» art. 102 et 103 du décret du 30 mars étaient devenus inapplicables aux Notaires; que le
» décret du 14 juin 1813, organique des huissiers, a senti la nécessité d'une disposition
» spéciale pour maintenir ces officiers ministériels sous l'empire de l'art. 103. — *Inapplica-*
» *bilité du règlement de la Cour*. Au surplus, en admettant même l'art. 103, en admettant
» que le fait imputé ait été commis à l'audience, les articles 94 et 95 du règlement de la
» Cour peuvent-ils être appliqués? L'art. 8 du décret du 2 juillet 1812 n'édicte pour le cas
» qu'il prévoit que des réparations pécuniaires envers la partie s'il y a lieu. La Cour a-t-elle
» pu pour le même cas édicter une peine disciplinaire? Les peines ne peuvent être établies
» que par une disposition expresse : elles sont d'ailleurs de droit rigoureusement étroit;
» l'approbation émanée de Son Excellence M. le Garde des Sceaux ne saurait donner au
» règlement la force d'une loi. Les Avocats, a dit en terminant l'honorable défenseur, ont
» regardé cette disposition comme comminatoire. Ils n'ont jamais cependant manqué
» d'obéir aux ordres de la Cour : leur obéissance est assurée à la Magistrature, et si dans
» l'affaire actuelle une absence a été faite, c'est à la suite non pas d'une mauvaise inten-
» tion, mais bien de l'erreur et de causes imprévues.

　» M. le premier Avocat Général a pris ensuite la parole : on a pu une fois encore appré-
» cier dans les conclusions de ce docte et profond Magistrat la loyauté qui le caractérise et

*Cour et à ses devoirs professionnels; — Par suite il est possible non seule-
ment des condamnations pécuniaires envers sa partie, mais encore de l'une
des peines disciplinaires édictées par la loi (Décret du 12 Juillet 1812,
Art. 8; — Ordonnance du 20 Novembre 1822, Art. 18).*

Ministère Public C. Tommasi.

ARRÊT.

Après délibération en la Chambre du Conseil,

La Cour; — sur les réquisitions de M. Bertrand, Premier Avocat
Général,

1. Sur l'exception d'incompétence :

Considérant qu'aux termes de l'Article 103 du Décret du 30 Mars
1808, dans les Cours et dans les Tribunaux de Première Instance,
chaque Chambre connaît des fautes de discipline qui auraient été commises ou découvertes à l'audience; — Que cette disposition est géné-

---

» dont il ne s'est jamais départi. Il a cru devoir d'abord repousser les deux premiers
» moyens. Si, lors du décret du 30 mars 1808, l'Ordre n'avait pas encore été rétabli, les
» Avocats n'en existaient pas moins : si l'art. 103 ne leur était pas applicable, la Magis-
» trature aurait été désarmée, puisqu'il n'existait pas alors de conseils de discipline. L'or-
» donnance de 1822 et le décret de 1810 n'ont pas abrogé l'art. 103, puisque l'art. 16 de
» l'ordonnance a soin de réserver le droit des Cours et Tribunaux pour les fautes commises
» à l'audience. Il faut en outre que ces fautes soient punies sans citation préalable : quand
» il s'agit d'une atteinte portée à la Magistrature en séance, il faut que la réparation suive
» immédiatement l'outrage. D'ailleurs l'art. 103, dans sa deuxième partie, ne s'applique
» qu'aux fautes commises en dehors de l'audience, et l'art. 19 de l'ordonnance, qu'à celles
» qui rentrent dans la compétence des conseils de discipline. C'est en arrivant au troisième
» moyen que l'honorable Magistrat a cru devoir, dans sa loyauté, se mettre en désaccord
» avec le règlement de la Cour. C'est dans l'application de la peine que la difficulté pour
» lui se trouve tout entière concentrée. La Cour a-t-elle pu, par un règlement émané d'elle,
» édicter une peine alors que le décret de 1812 n'infligeait que des réparations civiles? La
» négative lui semble préférable. Un règlement ne suffit pas : l'approbation de Son Exc.
» M. le Garde des Sceaux est éminemment respectable, mais il ne saurait l'admettre com-
» me équivalant à une disposition légale. »

rale et s'applique aussi bien aux membres du Barreau qu'aux Officiers ministériels ; — Que les fautes de discipline commises à l'audience pouvant constituer un manquement au respect dû aux Magistrats devant qui elles se produisent, on ne saurait admettre que la réparation n'en puisse être demandée qu'au conseil de l'Ordre ; — Que la Loi n'a pu dépouiller la Magistrature du droit de faire respecter ses audiences, d'assurer le service de la justice et de sauvegarder sa propre dignité ;

Considérant que la juridiction de la Cour, en de telles circonstances, ne porte aucune atteinte à la dignité d'un Ordre si intimement lié à l'institution judiciaire ; — Que la Magistrature, qui ouvre si souvent ses rangs pour recevoir dans son sein les membres du Barreau, est aussi jalouse de l'honneur et de la dignité des Avocats que les Avocats eux-mêmes ; — Qu'ainsi, l'exception d'incompétence doit être écartée comme mal fondée.

II. Sur la nullité de l'Arrêt du 15 Juillet dernier, fondée sur ce qu'il aurait été rendu sans que l'avocat condamné eut été entendu :

Considérant que Me Tommasi ne peut légitimement se plaindre d'avoir été condamné sans être entendu, puisque c'est le fait même de son absence qui a donné lieu à la condamnation disciplinaire contre lui prononcée ; — Que vainement l'opposant soutient-il qu'il aurait dû être appelé avant toute condamnation, conformément aux dispositions de l'Article 103 du Décret du 30 Mars 1808 ;

Considérant que cet article ne peut être invoqué avec fondement, dans l'espèce particulière de la cause ; — Qu'il ne reçoit d'application que dans le cas de poursuites dirigées contre un Avocat sur la plainte de particuliers, ou lorsqu'il s'agit de statuer sur les réquisitions du Procureur Général, en assemblée générale, dans la Chambre du conseil, à l'occasion de faits qui ne se seraient point passés ou qui n'auraient pas été découverts à l'audience ;

Considérant, d'autre part, que l'Article 19 de l'Ordonnance du 20 Novembre 1822 n'est relatif qu'aux poursuites qui rentrent dans la compétence du conseil de discipline ;

Considérant que les droits sacrés de la défense sont pleinement ga-

rale et s'applique aussi bien aux membres du Barreau qu'aux Officiers
ministériels ; — Que les fautes de discipline commises à l'audience pouvant constituer un manquement au respect dû aux Magistrats devant
qui elles se produisent, on ne saurait admettre que la réparation n'en
puisse être demandée qu'au conseil de l'Ordre ; — Que la Loi n'a pu dépouiller la Magistrature du droit de faire respecter ses audiences, d'assurer le service de la justice et de sauvegarder sa propre dignité ;

Considérant que la juridiction de la Cour, en de telles circonstances,
ne porte aucune atteinte à la dignité d'un Ordre si intimement lié à
l'institution judiciaire ; — Que la Magistrature, qui ouvre si souvent
ses rangs pour recevoir dans son sein les membres du Barreau, est
aussi jalouse de l'honneur et de la dignité des Avocats que les Avocats
eux-mêmes ; — Qu'ainsi, l'exception d'incompétence doit être écartée
comme mal fondée.

II. Sur la nullité de l'Arrêt du 15 Juillet dernier, fondée sur ce
qu'il aurait été rendu sans que l'avocat condamné eut été entendu :

Considérant que Me Tommasi ne peut légitimement se plaindre d'a-
voir été condamné sans être entendu, puisque c'est le fait même de
son absence qui a donné lieu à la condamnation disciplinaire contre lui
prononcée ; — Que vainement l'opposant soutient-il qu'il aurait dû être
appelé avant toute condamnation, conformément aux dispositions de
l'Article 103 du Décret du 30 Mars 1808 ;

Considérant que cet article ne peut être invoqué avec fondement,
dans l'espèce particulière de la cause ; — Qu'il ne reçoit d'application
que dans le cas de poursuites dirigées contre un Avocat sur la plainte
de particuliers, ou lorsqu'il s'agit de statuer sur les réquisitions du
Procureur Général, en assemblée générale, dans la Chambre du conseil,
à l'occasion de faits qui ne se seraient point passés ou qui n'auraient
pas été découverts à l'audience ;

Considérant, d'autre part, que l'Article 19 de l'Ordonnance du 20
Novembre 1822 n'est relatif qu'aux poursuites qui rentrent dans la
compétence du conseil de discipline ;

Considérant que les droits sacrés de la défense sont pleinement garantis par l'opposition qui, dans ces hypothèses exceptionnelles, est incontestablement ouverte à l'Avocat frappé d'une condamnation disciplinaire, sans avoir été ni entendu, ni appelé à se défendre ;

III. Au fond :

Considérant que, d'après l'Article 94 du Règlement de la Cour, approuvé par décision de Son Excellence M. le Garde-des-Sceaux, du 6 Septembre 1854, lorsqu'un Avocat se trouve empêché de se rendre à l'audience, soit pour cause de maladie, soit pour toute autre cause grave, il est tenu d'en informer par écrit le Président de la Chambre, au plus tard, la veille de l'audience où sa présence est nécessaire ; — Que d'après l'Article 95 du même Règlement, tout Avocat chargé d'une affaire qu'il a acceptée, et qui n'a excipé d'aucun empêchement lors de la position des qualités, ou qui aura été débouté de sa demande en renvoi, est obligé de plaider à l'appel de la cause, à moins qu'il ne lui soit survenu, depuis, un motif valable de remise, et, en cas d'absence ou de refus, il peut être condamné à une peine disciplinaire, aux frais de la remise et aux dommages-intérêts du retard envers les parties, conformément à l'Article 8 du Décret du 2 Juillet 1812 ;

Considérant, en fait, que Mᵉ Tommasi, chargé de la défense des époux Martin devant la Chambre Civile de la Cour, n'avait excipé d'aucun motif de renvoi lors de la position des qualités ; — Que cette cause avait été portée au rôle des affaires qui pourraient être appelées aux audiences des 13, 14 et 15 Juillet ; — Que ce rôle, arrêté par le Premier Président en présence des avoués des parties, avait été affiché, de son ordre, dans la salle d'audience ;

Considérant que c'est dans ces circonstances que la cause ayant été appelée, suivant son tour d'inscription au rôle de la semaine, Mᵉ Tommasi ne s'est pas présenté pour prendre la parole ; — Qu'il s'était absenté de Bastia sans en avoir informé verbalement ou par écrit le Premier Président ; — Qu'il n'avait pas même fait connaître son absence à Mᵉ Corbara, son avoué, lequel, ne se trouvant pas assisté de son conseil, demanda à retirer ses conclusions et laissa prendre défaut ; — Qu'une semblable conduite constitue, à la fois, une infraction au Règlement de la Cour et aux devoirs professionnels de l'Avocat;

Considérant que l'absence de Mᵉ Tommasi compromettant à la fois le service de l'audience et les intérêts de sa partie, le rendait évidemment passible d'une condamnation disciplinaire;

IV. SUR L'APPLICATION DE LA PEINE :

Considérant que l'opposant soutient vainement qu'il ne pouvait être atteint que par des condamnations pécuniaires envers la partie, conformément à l'Article 8 du Décret du 2 Juillet 1812;

Considérant que les dispositions de cet article, rappelées dans le Règlement de la Cour, n'ont eu pour but que de protéger les intérêts de la partie dont la défense est abandonnée; — Que les frais de la remise, si elle est ordonnée, et les dommages-intérêts du retard ne constituent qu'une réparation purement civile; — Qu'un même fait peut être dommageable envers la partie et présenter aussi tous les caractères d'une faute disciplinaire, c'est-à-dire d'une violation des lois, ou des règlements auxquels l'Avocat doit obéissance et respect; — Que, dans une telle circonstance, le fait disciplinaire tombe incontestablement sous l'application des pénalités générales énoncées dans l'Article 18 de l'Ordonnance du 20 Novembre 1822; — Que, par conséquent, c'est avec une juste raison que la Cour, en usant d'indulgence et de modération, a fait à Mᵉ Tommasi l'application de la peine la moins grave édictée par cet article;

Considérant que la faute commise par Mᵉ Tommasi, ne permettant de mettre en doute ni son honneur, ni sa moralité ou sa délicatesse professionnelle, la condamnation contre lui prononcée, ne peut porter aucune atteinte à la considération qui lui est due;

Reçoit l'opposition relevée par Mᵉ Tommasi envers l'Arrêt rendu par défaut le 15 Juillet dernier;

Et, STATUANT sur icelle, la DÉCLARE mal fondée,

En DÉMET Mᵉ Tommasi, et le CONDAMNE aux dépens.

Chambre Civile. — M. CALMÈTES, *Premier Président.*

M. GHAZIANI, *Avocat.*

DU 9 NOVEMBRE 1857.

Lorsque le décès de l'intimé n'a pas été notifié à l'appelant, celui-ci n'étant pas tenu de reprendre l'instance pour poursuivre les fins de son appel, ne peut être admis à soutenir que le délai de la péremption doit être augmenté de six mois, conformément à la seconde disposition de l'Article 397 du Code de Procédure Civile (1).

Sa prétention ne serait pas mieux fondée s'il invoquait la nécessité de la reprise de la part de l'héritier de l'intimé décédé; car, si ce dernier est tenu de reprendre l'instance pour défendre à appel du chef de son auteur, la même obligation ne lui est pas imposée en ce qui concerne la demande en péremption. — *La reprise de l'instance serait même, de sa part, une renonciation implicite à demander la péremption* (2).

Il est de principe que la péremption est couverte par la reprise d'instance (3).

---

(1) Conf. : Caen, 17 janvier 1828 (S. 50. 2. 134 ; — D. P. 30. 2. 56) ; — Dijon , 26 mai 1830, cité par CHAUVEAU, Quest. 1423 *bis*; — MERLIN, *Rép.*, V° *Péremption*, § 2, n° 2; — FAVARD DE LANGLADE, tom. 4, p. 103, n° 5; — RODIÈRE, tom. 2, p. 245.

Contrà : Poitiers, 22 janvier 1823 (S. 30. 2. 134); — Bordeaux, 11 août 1828 e 19 avril 1834 (S. V. 29. 2. 261 et 34. 2. 567; — D. P. 32. 2. 14 et 36. 2. 7); — CHAUVEAU SUR CARRÉ, *ubi suprà*. — BOURBEAU, continuateur de BONCENNE, p. 630 du tom. 5, fait une distinction. Il admet la nécessité de la notification préalable du décès dans le cas où c'est le défendeur qui est mort pendant l'instance; et il la rejette si c'est, au contraire, le demandeur qui est décédé.

(2-3) Malgré un arrêt de la Cour de Bordeaux du 12 mai 1824 (S. 24. 2. 176 ; — D. A. 11. 186), la jurisprudence décide que, pour demander la péremption , les héritiers d'une personne décédée ne sont pas obligés de reprendre préalablement l'instance. — Voir : Metz, 24 février 1826 (S. 28. 2. 89 ; — D. P. 28. 2. 56); — Montpellier, 17 janvier 1831 (S. V. 31. 2. 271 ; — D. P. 31. 2. 232) ; — Bordeaux (cette Cour s'était d'abord prononcée en sens contraire), 22 avril 1833 (S. V. 54. 2. 173 ; — D. P. 34. 2. 130); — Rejet, 3 février 1835 et 19 janvier 1837 (S. V. 35. 1. 624 et 37. 1. 120; — D P. 35. 1. 104 et 37. 1. 319). *Sic*, CHAU-

Luccioni C. Luccioni.

ARRÊT.

Après délibération en la Chambre du Conseil,

La Cour; — sur les conclusions conformes de M. Bertrand, Premier Avocat Général,

Considérant qu'aux termes de l'Article 397 du Code de Procédure Civile toute instance, encore qu'il n'y ait pas eu constitution d'avoué de la part du défendeur ou de l'intimé, est éteinte par discontinuation de poursuites pendant trois ans;

Considérant que, d'après le même article, ce délai est augmenté de six mois, dans tous les cas où il y a lieu à reprise d'instance, ou à constitution de nouvel avoué;

Considérant que le sieur Antoine-François Luccioni a relevé appel, le 12 Avril 1854, contre François-Marie, Hiéronyme Luccioni, Jean Casabianca et la veuve Muscatelli née Luccioni, d'un jugement rendu par le Tribunal de Corte le 17 Août 1853; — Que cette instance est demeurée impoursuivie; — Que le 4 Mars 1857, Hiéronyme épouse Casabianca est décédée sans que son décès ait été notifié à l'appelant; — Que le 6 Mai suivant, il a été formé une demande en péremption d'instance par les parties de Mᵉ Corbara; — Qu'il s'agit de savoir si

---

veau sur Carré, Quest. 1424 *bis.* — Quant à la question de savoir si la péremption ne serait pas couverte par la demande en reprise d'instance, il a été jugé par la Cour de Paris, le 25 novembre 1848 (S. V. 48. 2. 758; — D. P. 49. 2. 47), que la reprise d'instance formée par le même exploit et dans le but seulement de demander la péremption ne rend pas cette demande non recevable. C'est aussi ce qui paraît résulter de ce que disent, à ce sujet, Chauveau, *eodem,* et Biocue, Vᵒ *Péremption,* nᵒ 146. — Voir en outre, Bastia, 13 novembre 1855 et la note 1-2, tom. 4 de Notre Rec., p. 181.

cette demande est fondée, c'est-à-dire si le décès de la dame Hiéronyme Casabianca a prorogé de six mois le délai de la péremption ;

Considérant que l'augmentation de délai ne serait acquise au défendeur à la demande en péremption, que s'il y avait eu lieu à reprise d'instance, soit de la part de l'appelant, soit de la part des intimés ;

Considérant que le sieur François-Antoine Luccioni n'aurait été tenu de reprendre l'instance, que tout autant que le décès de la dame Hiéronyme Casabianca aurait fait obstacle à la poursuite de son appel ;

Mais considérant que, suivant les dispositions de l'Article 344 du Code de Procédure Civile, le décès n'ayant pas été notifié à l'appelant, celui-ci pouvait valablement poursuivre les fins de son appel contre tous les intimés ; — Que cet événement était, quant à lui, un fait sans existence légale, qui ne pouvait ni créer en sa faveur un droit, ni lui imposer une obligation ; — Que le décès non signifié ne le soumettant pas, dès lors, à reprendre l'instance, il ne peut s'en prévaloir pour réclamer une augmentation de délai, qui ne s'explique et ne se justifie que par la nécessité même de la reprise de l'instance, et par l'ignorance où peut se trouver la partie qui doit accomplir cette formalité, en ce qui concerne la personne des héritiers, leur nombre et leur résidence ; — Que la faveur de la prorogation de délai accordée dans ces circonstances à l'appelant ne serait qu'un effet sans cause ;

Considérant que, si de la part des intimés et des héritiers de la dame Casabianca la reprise de l'instance était nécessaire pour défendre à l'appel de François Antoine Luccioni, elle ne l'était nullement pour demander la péremption de l'instance ;

Considérant que la demande en reprise et la demande en péremption sont contradictoires et inconciliables dans leur exercice ; — Que la reprise de l'instance par les intimés aurait impliqué la renonciation à la demande en péremption, puisqu'elle aurait conservé l'instance d'appel, et couvert la péremption accomplie ;

Considérant que plus de trois années s'étant écoulées depuis la date de l'exploit d'appel signifié à la requête de François-Antoine Luccioni, sans qu'aucun acte ait entretenu l'instance, la demande en péremp-

tion introduite par requête du 6 Mai 1857 est justifiée, et qu'il y a lieu
de l'accueillir;..........

DÉCLARE éteinte, par discontinuation de poursuites pendant trois
années, l'instance d'appel introduite le 12 Avril 1854.

Chambre Civile. — M. CALMÈTES, *Premier Président.*

MM. Gavini, ⎫ *Avocats.*
   Milanta, ⎬

DU 10 NOVEMBRE 1857.

1° AVOUÉ. — REMISE DES PIÈCES. — MANDAT. — OBLIGATION. — PÉREMPTION D'INSTANCE. — RESPONSABILITÉ.

2° PLUS PÉTITION. — DEMANDE EXAGÉRÉE. — LOIS ACTUELLES. — DÉPENS.

1° *La remise des pièces à un avoué qui les accepte l'oblige à poursuivre l'instance dans l'intérêt de son client, et principalement à empêcher l'instance de tomber en péremption* (1).

2° *La plus pétition n'est pas interdite par nos lois et ne peut, à elle seule, entraîner la condamnation aux dépens* (2).

---

(1) Il est incontestable, selon nous, que les mandataires de profession, tels que les avoués, sont censés avoir accepté le mandat, par cela seul qu'ils n'ont pas fait connaître leur refus; qu'ils sont soumis à toutes les obligations imposées aux mandataires par les art. 1991, 1992 et 1993 du Code Napoléon; et que leur responsabilité doit être réglée non-seulement d'après les art. 1382 et 1383 du même code, mais encore en conformité de l'art. 1031 du Code de Procédure Civile. De ces vérités, il faut donc conclure que l'avoué est tenu de toute faute grave de sa part, impliquant négligence, défaut de discernement, ou direction abusive de la procédure, en se gardant bien toutefois, dans la pratique, de donner une trop grande extension à cette responsabilité. On peut consulter : CARRÉ, *De la Compétence*, art. 142, 143, 144, § 5; — TROPLONG, *Du Mandat*, n°s 344 et suiv.; — CARRÉ et CHAUVEAU, sur l'art. 1031 et spécialement Quest. 3595 *bis*; — GILBERT, *Codes annotés*, art. 1382 et 1383 Cod. Nap., n°s 25 et suiv., 1991 et 1992 *eodem*, n° 2; et art. 1031 Cod. de Proc. Civ., n°s 9 et suiv.; — SOUQUET, *Des temps légaux*, tableau 613, colonne 5, § 2. On trouvera dans ces auteurs de nombreuses applications des principes que nous avons posés. *Junge* : Bourges, 22 février 1855 (S. V. 55. 2. 144; — D. P. 55. 2. 150).

(2) Voir Conf., mais dans des espèces plus ou moins analogues, Rejet 1er février 1832 (S. V. 32. 1. 537; — D. P. 32. 1. 62); — *Idem*, 28 novembre 1833 (S. V. 33. 1. 830; — D. P. 34. 1. 30); — *Idem*, 2 juillet 1834 (S. V. 34. 1. 710); — *Idem*, 5 novembre 1834 (S. V. 34. 1. 691; — D. P. 35. 1. 12); — *Idem*, 19 avril 1848 (D. P. 48. 1. 648; — S. V. 48. 1. 394); — Orléans, 17 août 1853 (S. V. 53. 2. 568; — D. P. 53. 2. 194). On sait d'ailleurs qu'il est de principe, en jurisprudence, que les Juges ont un pouvoir discrétionnaire pour faire, entre les parties qui succombent respectivement, la répartition des dépens; et que leurs décisions, sur ce point, ne donnent pas ouverture à cassation. Nous indiquerons, parmi les arrêts les plus récents, Rejet, 6 janvier 1840 (S. V. 40. 1. 13; — D. P. 40. 1. 83); — *Idem*, 12 mai 1841 (S. V. 41. 1. 665; — D. P. 41. 1. 264); — *Idem*, 14 mai 1844 (S. V. 44. 1. 388; — D. P. 44. 1. 280); — *Idem*, 4 avril 1855 (S. V. 55. 1. 668; — D. P. 55. 1. 104).

Rossi C. Andrei.

ARRÊT.

Après délibération en la Chambre du Conseil,

La Cour; — sur les conclusions conformes de M. Bertrand, Premier Avocat Général,

Sur l'appel principal :

Considérant que la condamnation prononcée par le Tribunal contre Rossi a pour base un oubli ou une négligence qui, sans porter aucune atteinte à son honneur ou à sa délicatesse professionnelle, engageait hautement sa responsabilité;

Considérant que le premier Juge a sagement apprécié la nature du mandat qui lie l'avoué à son client, et les conséquences qui en résultent;

Considérant, en effet, qu'il est de principe que la remise d'un dossier à un avoué et son acceptation impliquent, d'une part, le mandat, et, de l'autre, l'obligation d'agir en justice pour la partie qui a effectué cette remise;

Considérant que l'officier ministériel détenteur des pièces est tenu de veiller diligemment à la conservation des droits de son client; — Que le premier de ses devoirs est de ne pas laisser tomber l'instance en péremption, à moins qu'il n'ait été autorisé à abandonner les poursuites;

Considérant qu'une semblable autorisation, qui, d'ailleurs, ne se présume pas, doit être expressément prouvée; — Que, dans l'espèce, il n'est nullement établi que les défendeurs à la demande en péremption eussent fait connaître à Me Rossi qu'il eût à s'abstenir de tout acte de poursuites; — Que la remise de quarante francs, avant que la péremption ne fût acquise, témoigne d'une intention contraire; — Que, par conséquent, c'est à bon droit que le Tribunal de première instance a déclaré Mᵉ Rossi responsable des suites de la péremption envers les parties dont il avait accepté la défense;

EN CE QUI CONCERNE L'APPEL INCIDENT SUR LA CONDAMNATION DES INTIMÉS AU TIERS DES DÉPENS DE PREMIÈRE INSTANCE :

Considérant que la plus pétition ou l'exagération de la demande n'est point interdite sous notre législation et qu'elle ne peut, à elle seule, servir de base à une condamnation aux dépens;

. . . .

A DÉMIS et DÉMET le sieur Rossi de son appel principal,

Et DISANT DROIT, au contraire, à l'appel incident des parties de Campana,

INFIRME la disposition du jugement qui mettait à la charge des sieur et dame Andrei, intimés, le tiers des dépens de première instance;

CONDAMNE le sieur Rossi à faire compte auxdits intimés :

1° Des intérêts de la somme de cent quatre-vingt-quatre francs à partir de la demande originaire;

2° De la somme de quarante francs reçue par lui ou par son fils pour subvenir aux frais de l'instance périmée;

3° Des frais de la seconde instance d'appel frustratoirement engagée par le sieur Rossi;

4° Du montant de l'enregistrement des diverses pièces soumises à cette formalité en exécution du jugement attaqué;

5° Le CONDAMNE, enfin, aux dépens de première instance et d'appel..............

Chambre Civile. — M. CALMÈTES, *Premier Président.*

MM. Rossi,
Lepidi, } *Avocats.*

DU 11 NOVEMBRE 1857.

1° ARBITRES LIQUIDATEURS. — MATIÈRE COMMERCIALE. — CARACTÈRE. — NOMBRE.
2° ASSOCIATION EN PARTICIPATION. — CARACTÈRES. — OBLIGATIONS ET DROITS DES ASSO-
CIÉS. — OPÉRATIONS PARTICULIÈRES.

1° Les arbitres liquidateurs ne sont ni des juges, ni des experts: leur caractère est déterminé par les pouvoirs que l'Article 429 du Code de Procédure Civile leur confère (1).

Le Tribunal s'écarte, à la fois, des termes et de l'esprit de la loi en nommant deux arbitres; il est tenu d'en désigner un ou trois, sauf aux parties à en convenir d'autres à l'audience même (2).

2° L'association en participation n'a point un caractère général; elle n'embrasse que les opérations prévues et déterminées à l'avance — et les associés peuvent se livrer, en dehors de la société, à des opérations analogues, si l'acte social ne leur en impose pas l'interdiction.

Susini d'Abbati C. Peretti.

ARRÊT.

Après délibération en la Chambre du Conseil,

La Cour ; — sur les conclusions conformes de M. Bertrand, Premier Avocat Général,

Sur la nomination des arbitres liquidateurs :
Considérant que la nomination d'arbitres, faite par le jugement du

---

(1-2) Voir dans ce sens : Pardessus, *Droit comm.*, tom. 5, n° 1373, pag. 78 et suiv. ; — Nouguier, *Trib. de Comm.*, tom. 3, n° 44, ainsi que les autorités qu'il cite à l'appui de son opinion.

Tribunal de Sartene en date du 25 Mai 1857, a eu lieu en vertu de l'Article 429 du Code de Procédure Civile; — Que de tels arbitres ne sont ni des arbitres juges, ni de véritables experts; — Que leur mission consiste et se borne à examiner les comptes, pièces et registres, à entendre les parties, à les concilier sur les difficultés que les comptes peuvent présenter, sinon à exprimer leur avis; — Que c'est mal à propos que le jugement attaqué leur a donné la qualification d'experts, en laissant aux parties la faculté d'en nommer d'autres dans les trois jours;

Considérant que, d'après l'Article 429 du Code de Procédure Civile qui régissait la cause, s'agissant d'un règlement de comptes en matière de société commerciale, le Tribunal était tenu de nommer d'office un ou trois arbitres, sauf aux parties à s'entendre pour en nommer d'autres, à l'audience même;

Considérant que la nomination de deux arbitres pourrait créer des embarras, entraîner des lenteurs et des frais qu'il importe d'éviter; — Que les difficultés de la liquidation, en divisant les deux arbitres, les mettraient peut-être dans l'impossibilité de donner un avis unique suivant le vœu de la loi;

Mais considérant qu'au lieu d'annuler la nomination d'arbitres faite par le Tribunal, il convient de la compléter par l'adjonction d'un tiers-arbitre ayant des connaissances spéciales en semblable matière;

. . . .

SUR LES OPÉRATIONS FAITES PAR LES PERETTI EN DEHORS DE LA SOCIÉTÉ :

Considérant que l'association en participation n'a pas un caractère de généralité; — Qu'elle est restreinte, au contraire, à une ou plusieurs opérations commerciales prévues et déterminées dès l'origine;

Considérant que les opérations qui formaient l'objet de l'association en participation dont il s'agit au procès, ont été clairement déterminées dans l'acte social; — Que cet acte n'interdisait ni aux sieurs Peretti, ni au sieur Susini de se livrer, pour leur compte particulier, à des opérations analogues ou différentes avec des capitaux étrangers à leur association; — Que, par conséquent, le sieur Susini est sans droit pour

réclamer une part dans les bénéfices des opérations faites par les sieurs
Peretti en dehors de la société ;

. . . .

DISANT, quant à ce, DROIT à l'appel de la partie de Milanta,
NOMME d'office pour tiers arbitre liquidateur le sieur Camille Pietri,
de Sartene, lequel, avec le concours des deux arbitres déjà nommés,
procédera à la liquidation des deux sociétés, à moins que les parties
ne conviennent d'un autre tiers-arbitre sur l'audience ;..........
REJETTE, comme n'étant pas justifiée, la demande en dommages des
frères Peretti, ainsi que le surplus des conclusions des parties.........

Chambre Civile. — M. CALMÈTES, *Premier Président.*

MM. MILANTA, }
BONELLI,   } *Avocats.*

DU 18 NOVEMBRE 1857.

BLANCS—SEINGS. — TRANSACTION SUR PROCÈS. — SENTENCE ARBITRALE. — RÈGLES. —
DÉSISTEMENT. — THÉORIE DES DOUBLES.

Lorsque les arbitres porteurs de blancs-seings qui leur ont été remis par des parties en instance, au lieu de rédiger une sentence arbitrale en donnant aux blancs-seings la forme d'un compromis, ont converti les blancs-seings èn une convention transactionnelle qui met fin au différend, un tel acte n'est point régi, quant à sa forme et à sa validité, par les principes en matière d'arbitrage, mais bien par les règles de droit relatives aux transactions (1).

Il n'est pas de l'essence des transactions sur procès de stipuler des sacrifices réciproques; elles peuvent consister dans un désistement pur et simple de la part du demandeur et, dans ce cas, si la transaction a lieu par acte privé, elle n'est pas soumise à la théorie des doubles (2).

Mattei C. Murati.

ARRÊT.

Après délibération en la Chambre du Conseil,

La Cour ; — sur les conclusions conformes de M. Bertrand, Premier Avocat Général,

Considérant que la principale question du procès consiste à savoir si

---

(1) Voir Troplong, *Des Transactions*, n° 38 ; — Carré et Chauveau, Quest. 3268 ; — Bastia, 27 janvier 1858, *infrà*, à cette date.

(2) Contrairement à l'opinion de Domat, liv. 1er, tit. 13, sect. 1re, n° 2, Duranton, tom. 18, n° 391 et suiv., et Troplong, *ubi suprà*, n°s 19 et suiv., soutiennent que si le sacrifice n'existe que d'un seul côté, il y a *désistement* ou *acquiescement* mais non pas *transaction*.

l'acte privé du 6 Avril 1856 est valable, et s'il a mis fin à l'instance engagée par le sieur Achille Murati contre les époux Murati et Paul-Louis Mattei, appelants devant la Cour ;

Considérant que cet acte, rédigé sur des blancs-seings remis par les parties à des amiables compositeurs, ne présente aucun des caractères extérieurs de la sentence arbitrale ; — Que, par conséquent, le sieur Murati allègue vainement que le tiers arbitre, le sieur de Petriconi, n'avait point conféré avec son propre arbitre ;

Considérant, en fait, que cette allégation n'est pas justifiée, et, en droit, qu'on ne saurait appliquer les principes relatifs à l'arbitrage à un acte que les arbitres, en vertu des pouvoirs illimités qui leur avaient été donnés, ont revêtu des formes extérieures d'une convention transactionnelle ;

Considérant que l'acte dont il s'agit constitue, en effet, une transaction régulière et valable ; — Que le sieur Murati soutient, en vain, que son fils Vincentello n'avait pas reçu de lui le pouvoir de transiger ; — Qu'on lit dans l'acte de procuration en date du 31 Janvier 1854, que l'intimé donne pouvoir à son fils de *transiger*, *compromettre* soit en demandant, soit en défendant, tant devant les Tribunaux ordinaires et répressifs que devant arbitres et amiables compositeurs ; — Qu'un tel pouvoir embrassait virtuellement celui de se désister d'une action que l'on aurait témérairement engagée ;

Considérant, d'autre part, que le sieur Paul-Louis Mattei et les époux Murati, appelants, n'ayant qu'un intérêt unique dans l'instance, l'acte ne devait être fait qu'en double original ;

Considérant, surabondamment, que l'Article 1325 du Code Napoléon ne reçoit d'application qu'aux actes qui renferment des conventions bilatérales ou synallagmatiques ;

Considérant que la transaction du 6 Avril 1856 ne contenant qu'une renonciation pure et simple de la part du fondé de pouvoirs d'Achille Murati à l'action intentée par ce dernier, sans imposer aucune obligation aux défendeurs, il est manifeste qu'un tel acte n'était pas soumis à la formalité prescrite par l'Article précité ;

Considérant, d'autre part, que les transactions sur procès n'impli-

quent pas la nécessité de sacrifices réciproques ; — Qu'elles peuvent
consister uniquement dans la renonciation à une instance mal à propos
introduite, alors surtout que le désistement n'est que l'expression de la
pensée d'arbitres amiables compositeurs, chargés d'apprécier souverainement le mérite du différend ;

Considérant que la transaction étant ainsi reconnue valable à ces
divers points de vue, il en résulte que tous les actes de l'instance ultérieurement suivie par le sieur Murati sont frappés d'une nullité radicale, ainsi que les jugements par lui obtenus ;

Considérant, en ce qui concerne particulièrement le jugement interlocutoire du 14 Mars 1837, que c'est par un oubli manifeste des
principes qui régissaient la cause que les premiers Juges ont voulu
faire revivre l'instance abandonnée et éteinte, en assimilant la transaction à une sentence arbitrale, et en recherchant si les arbitres ne se
seraient pas mépris sur l'objet du litige qui leur était soumis ;

Considérant que, même en suivant les premiers Juges sur ce terrain, leur décision ne pourrait être justifiée ;

Considérant, en effet, que l'acte dont il s'agit, quel que soit le caractère qu'on veuille lui assigner, porte en termes exprès, dans sa clause
finale :

« Je renonce à l'instance introduite et à quelque action ou prétention
» que ce soit relative à ladite *source*, promettant de ne plus troubler,
» en aucun temps, le sieur Paul-Louis Mattei dans la jouissance de la
» propriété de *Vignale* qui appartient audit Paul-Louis Mattei ; »

Considérant que l'action du sieur Achille Murati ayant pour objet de
se faire reconnaître propriétaire pour moitié de la *source* qui naît dans
ladite propriété de *Vignale*, la clause qui vient d'être rapportée se réfère nettement à l'objet même du litige, et que les porteurs des blancs-
seings n'ont nullement commis l'erreur qu'on leur attribue ;

Considérant que, si les arbitres, dans l'exposé qui précède la disposition finale de l'acte attaqué, ont qualifié de *servitude* le droit revendiqué par l'intimé, celui-ci ne saurait le leur imputer à grief, puisque,
dans les conclusions par lui prises devant la Cour, on lit : « qu'il s'a-
» gissait, en effet, entre les parties, de régler le mode de la *servitude*

» par rapport au fond servant, ainsi que cela résulte du contexte de
» l'acte ; »

Considérant, enfin, qu'en supposant que l'acte du 6 Mai 1856 constituât une sentence arbitrale, bien que les prétendus arbitres ne l'aient
pas même revêtu de leurs signatures, il est certain que leur décision
étant claire et irréprochable dans son dispositif, ne pourrait être annulée sur le fondement qu'elle contient, dans ses motifs, des énonciations obscures ou équivoques ;

. . . .

Disant droit à l'appel principal, et sans avoir aucun égard à l'appel
incident du sieur Achille Murati, lequel doit être rejeté comme mal
fondé, ainsi que ses divers moyens et exceptions,

Déclare bonne et valable, soit en la forme, soit au fond, la transaction
du 6 Mai 1856, par laquelle le sieur Achille Murati s'est désisté de
l'action qu'il avait introduite contre les appelants le 18 Mai 1855 ;

Met au néant tous les actes qui ont suivi ladite transaction et notamment le jugement par défaut, en date du 25 Avril 1856, et le jugement interlocutoire du 14 Mars 1857.

. . . .

Chambre Civile. — M. CALMÈTES, *Premier Président.*

MM. Ollagnier, ⎫
          Cecconi,   ⎬ *Avocats.*

DU 21 NOVEMBRE 1857.

COLPORTAGE. — DISTRIBUTION ACCIDENTELLE. — DÉFAUT D'INTENTION.

L'Article 6 de la loi du 27 Juillet 1849 qui prohibe toute distribution d'écrits non autorisés par le Préfet, n'est pas restreint aux colporteurs ou distributeurs de profession; il s'applique également à ceux qui ne se livrent qu'accidentellement à des faits de distribution (1).

L'auteur de cette distribution ne saurait être excusé, ni parce que l'écrit aurait été pris, dans son propre domicile, par les personnes qui lui en avaient fait la demande à l'avance, ni parce que lui-même aurait été dans la persuasion qu'il ne se rendait coupable d'aucun fait punissable (2).

Le Ministère Public C. Santelli.

ARRÊT.

Après délibération en la Chambre du Conseil,

LA COUR; — sur les conclusions conformes de M. DE CASABIANCA, Avocat Général;

Attendu qu'il est constant, en fait, et qu'il n'est pas disconvenu par

---

(1-2) La jurisprudence est constante. Il a même été jugé que, dans la généralité de ses expressions, l'art. 6 de la loi du 27 juillet 1849 comprend les simples bulletins électoraux ; et que le fait réprimé par cette disposition de la loi ne constitue qu'une contravention, quoique punie de peines correctionnelles. La bonne foi du prévenu ne saurait donc lui servir d'excuse. Voir : Paris, 28 décembre 1848 (S. V. 50. 2. 211 ; — D. P. 50. 2. 120); — Caen, 30 janvier 1850 (S. V. 50. 1. 303 à la note; — D. P. 50. 2. 121); — Bourges, 21 mars 1850 (S. V. 50. 2. 212 ; — D. P. 50. 2. 121) ; — Montpellier, 7 mai 1850 (D. P. 50. 2. 84) ; — Orléans, 18 juin 1850 (D. P. 51. 5. 413); — Rejet, 25 juin 1852 (S. V. 52. 1. 601 ; — D. P. 52. 1. 190); — Cass., chambres réunies, 26 mars 1856 et 30 janvier 1857 (S. V. 56. 1. 369 et 57. 1. 145); — Cass., 11 avril 1856 (S. V. 56. 1. 378) ; — Rejet, 29 avril 1859 (S. V. 59. 1. 458).

Santelli lui-même, que vingt exemplaires de l'ouvrage intitulé l'*Asino*, par Guerrazzi, lui ont été envoyés de Livourne; — Qu'il les a eus et gardés en sa possession plus ou moins de temps; et que tous ces exemplaires, hormis un seul, qui a été trouvé et saisi chez Santelli lui-même, ont disparu; — Que Santelli prétend, à la vérité, qu'il n'avait demandé à Guerrazzi que cinq seuls exemplaires; qu'il les avait demandés uniquement pour satisfaire au désir de quelques amis qui l'en avaient plusieurs fois instamment prié, et qu'une fois ces exemplaires remis aux personnes auxquelles ils étaient destinés, il a renvoyé les autres à Livourne; mais que cette dernière partie de sa version n'est aucunement soutenable; qu'elle ne s'appuie sur aucune espèce de justification; et qu'ainsi, il faut retenir que tous les vingt exemplaires, moins celui qui a été retrouvé en son domicile, ont été par lui distribués;

Qu'on ne conçoit pas, en effet, comment lui, qui s'avoue l'ami, le confident, le correspondant de Guerrazzi, et qui, à ce titre, devait avoir à cœur de servir ses intérêts, et se conformer à ses intentions, se serait fait scrupule de lui renvoyer les quinze exemplaires qu'il n'avait pas demandés, alors qu'il n'était encore l'objet d'aucune recherche judiciaire, et qu'il croyait, comme il le prétend encore aujourd'hui, n'avoir rien fait de contraire à la loi, à la religion et à la morale publique, en aidant à la publication et au placement de l'ouvrage de son ami; — Que cette version est d'autant moins admissible, qu'il est constaté par le procès-verbal du commissaire de police, dressé au moment de la visite et de la saisie faite chez Santelli d'un exemplaire de l'*Asino*, procès-verbal non démenti par aucun fait, par aucune déposition contraire, que Santelli est convenu lui-même à ce moment que tous les autres exemplaires, c'est-à-dire dix-neuf ou vingt, avaient été distribués, et que c'est en même temps, chose digne de remarque, que Santelli, qui vient dire devant la Cour que les exemplaires par lui envoyés à Livourne étaient au nombre de quinze, n'étaient, d'après les déclarations devant le Tribunal de première instance, qu'au nombre de douze;

Attendu que dût-on, après tout et malgré tout, admettre comme vraies toutes les explications de Santelli, dût-on, admettre avec lui, que cinq seules copies de l'ouvrage dont s'agit, ont été distribuées par ses soins, que ces copies on les lui avait demandées à l'avance, qu'on est venu les chercher et les prendre chez lui, il ne se serait pas moins rendu coupable du délit prévu et puni par l'Article 6 de la loi du 27 Juillet 1849 ; — Qu'il suffit en effet, d'après cet article, que le fait de la distribution ait eu lieu par une personne non autorisée, et qu'il ne peut être digne de la gravité d'une discussion judiciaire de soutenir qu'il n'y a pas eu distribution, parce qu'un ouvrage ou écrit quelconque a été demandé à l'avance par celui qui le reçoit, et parce que la remise, au lieu d'avoir été faite dans la rue ou partout ailleurs, a eu lieu au domicile de celui-là même qui est possesseur de l'ouvrage et qui s'est chargé de le mettre en circulation ;

Attendu que la défense n'est pas plus fondée à soutenir que l'Article 6 de la loi du 27 Juillet 1849 n'a voulu frapper que le colporteur de profession ; — Que le colporteur de profession par cela justement qu'il est connu, peut être facilement surveillé, tandis que le distributeur clandestin se cache plus aisément et rend le fait de la fraude moins accessible à la vigilance et aux investigations de l'action publique ;

Attendu, enfin, que le défaut d'intention ne peut résulter de l'ignorance présumée du droit ; — Que cette ignorance ne se présume pas ; — Qu'une action déclarée punissable par la loi est toujours punissable, à moins qu'elle n'ait été le résultat du hasard, de circonstances indépendantes de la volonté de l'auteur, ou que l'auteur ne se trouvât au moment de l'action même dans le cas d'aliénation mentale ; — Que Santelli ne s'est pas trouvé et ne se trouve dans aucun de ces cas ; et qu'ainsi, c'est à tort que les premiers Juges ont considéré l'action qui lui est imputée, comme manquant de l'élément essentiel de l'intention ;

Par toutes ces considérations, et attendu néanmoins qu'il y a des circonstances atténuantes,

FAISANT DROIT à l'appel du Procureur impérial près le Tribunal de Bastia,

DIT avoir été mal jugé par les premiers Juges ;

ÉMENDANT et faisant ce qui aurait dû être fait,

DÉCLARE Santelli coupable, avec circonstances atténuantes , d'avoir dans le courant de l'année 1857, distribué , sans l'autorisation voulue par la loi, plusieurs exemplaires de l'ouvrage intitulé l'*Asino* , par Guerrazzi ,

POUR répression de quoi, et par application des Articles 6 de la loi du 27 Juillet 1849, 463 du Code Pénal, et 194 du Code d'Instruction Criminelle, dont lecture, etc.

CONDAMNE Santelli à cinq francs d'amende et aux frais.

Chambre Correctionnelle. — M. CASALE , *Président.*

M. OLLAGNIER , *Avocat.*

DU 30 NOVEMBRE 1857.

1° REMISE PARTIELLE DE LA DETTE. — SOLIDARITÉ. — RÉSERVE EXPRESSE. — TERMES ÉQUI-
POLLENTS. — EFFETS DE LA REMISE.
2° INTÉRÊTS MORATOIRES. — DISPOSITION D'OFFICE. — PRESCRIPTION QUINQUENNALE. —
INTÉRÊTS ÉCHUS DURANT L'INSTANCE.

1° *L'Article 1285 du Code Napoléon n'exige pas une réserve expresse*
de la solidarité contre les co-débiteurs solidaires étrangers à la remise
partielle de la dette; — Cette réserve peut être exprimée en termes équipol-
lents et s'induire de l'ensemble de l'acte contenant remise, réserve ou dé-
charge (1).

Il ne peut dépendre du créancier, qui a obtenu la remise, d'en annihiler
les effets légaux vis-à-vis des autres co-débiteurs solidaires par une décla-
ration privée, dans laquelle il serait énoncé que la remise avait uniquement
pour objet de l'affranchir personnellement de la solidarité et de la con-
trainte par corps, sans libération partielle de la dette.

2° *Le Juge ne peut prononcer d'office la prescription quinquennale. —*
L'Article 2223 du Code Napoléon s'applique à cette prescription comme à
toutes les autres (2).

---

(1) L'art. 1285 du Code Nap. porte textuellement que le créancier doit se réserver *expres-*
sément ses droits contre les autres débiteurs solidaires, s'il ne veut pas que la décharge ou
remise par lui accordée à l'un d'eux libère tous les autres. Nous n'irons pas jusqu'à prétendre qu'il est indispensable que cette réserve soit exprimée en termes sacramentels; et
nous admettons facilement le système des équipollents que l'on ne combat plus aujour-
d'hui en matière de dispense de rapport, quoique l'art. 843 exige aussi une dispense
expresse; cependant il nous semble que les tribunaux ne doivent user qu'avec une grande
circonspection de leur pouvoir discrétionnaire pour interpréter les actes, afin de connaître
quelle a été l'intention des parties à cet égard; et qu'ils ne peuvent admettre la conservation des droits du créancier, que dans le cas où la réserve dont il veut se prévaloir résulte
virtuellement et nécessairement des termes mêmes de l'acte contenant la remise ou décharge.

(2) Cela nous paraît incontestable en présence des termes généraux et absolus de l'art.
2223 du Code Napoléon. Voir d'ailleurs : VAZEILLE, *De la Prescription*, n° 341; — TROPLONG,
eodem, tom. 1er, n° 88; — DURANTON, tom. 21, n°s 109 et 111.

*Les intérêts moratoires, c'est-à-dire ceux qui sont dus en vertu d'une dé-
cision judiciaire, sont soumis à la prescription de cinq ans* (3).

*Tant que les parties se trouvent en instance, les intérêts du capital pro-
ductif d'intérêts et objet du litige ne sont point atteints par la prescription
quinquennale* (4).

Arrighi de Casanova C. les époux Rossi.

ARRÊT.

Après délibération en la Chambre du Conseil,

La Cour ; — sur les conclusions de M. BERTRAND, Premier Avocat
Général,

1. Sur l'existence de la créance :

Considérant que l'acte du 4 Février 1827 n'a point une signification
et une portée générale ; — Que feu Mathieu Arrighi, créancier originaire, a uniquement fait remise ou donné quittance au sieur Pieraggi,
l'un de ses co-débiteurs solidaires, du tiers à sa charge dans la dette
commune ;

Considérant que, si la déclaration dont il s'agit ne renferme pas, en
termes exprès, une réserve des droits du créancier contre les deux
autres co-débiteurs solidaires, cette réserve s'y trouve exprimée en
termes équipollents, et résulte, d'ailleurs, de l'ensemble de l'acte ;

Considérant qu'on ne saurait avoir aucun égard à la déclaration du
sieur Pieraggi, souscrite à une date incertaine, et d'après laquelle la

---

(3) Conf. : Bastia, 2 février 1850 (Notre Recueil, tom. 1ᵉʳ, pag. 437). Voir en outre la
note 2 placée sous cet arrêt, laquelle contient l'indication des autorités que l'on peut invoquer pour ou contre la solution adoptée par l'arrêt ci-dessus.

(4) Dans la note qui accompagne l'arrêt rendu par la Cour de Bastia, le 7 décembre 1850
(Notre Recueil, tom. 1ᵉʳ, pag. 481), nous avons déduit quelques-unes des raisons qui
nous portent à approuver cette décision. *Junge*, dans le même sens, Nîmes, 1ᵉʳ mai 1854
(S. V. 54. 2. 485).

quittance donnée par Mathieu Arrighi, le 4 Février 1827, n'auraient
pour objet que d'affranchir personnellement ledit Pieraggi de la solidarité et de la contrainte par corps ;

Considérant que la Loi a déterminé elle-même les effets de la remise
ou quittance partielles de la dette solidaire, et qu'il ne peut dépendre
du débiteur qui a obtenu la remise, ou effectué le paiement partiel,
de faire revivre l'obligation, dans l'unique but de soumettre les autres
co-débiteurs solidaires au paiement de l'intégralité de la créance éteinte
en partie ; — Que les principes, en matière de solidarité, ne sauraient
justifier une telle prétention, et que c'est par conséquent, avec raison,
que les mariés Rossi repoussent une déclaration qui, sous aucun rapport, ne peut leur être opposée ;

Considérant, au surplus et surabondamment, que l'Arrêt par défaut
du 26 Août dernier, ayant réduit la créance d'Arrighi aux deux tiers de
la somme originaire, cette décision, définitive quant à lui, avait souverainement jugé et proscrit sa prétention à l'intégralité de la créance;
— Qu'il y a donc lieu de démettre, quant à ce, l'appelant principal de
son appel.

II. En ce qui concerne la prescription des intérêts moratoires :
Considérant d'abord que le premier Juge a commis une évidente
erreur de droit, en déclarant, d'office, les intérêts éteints par la prescription quinquennale ;

Considérant que toutes les prescriptions sont fondées sur des motifs
d'ordre et d'intérêt publics ; — Qu'il n'y a aucune distinction à établir,
à cet égard, entre la prescription quinquennale et les autres prescriptions ; — Qu'elles sont toutes comprises dans les prohibitions de l'Article
2223 du Code Napoléon ;

Considérant qu'on ne saurait admettre que le Juge puisse imposer
d'office la prescription au débiteur qui, par des scrupules hono-
rables, croirait ne pas devoir l'invoquer ; — Qu'ainsi, c'est par une
exacte application des principes les plus certains du droit, en cette
matière, que la Cour a déclaré, dans son arrêt de défaut, en date
du 26 Août dernier, que le Tribunal de première instance avait com-

mis un excès de pouvoir, en appliquant d'office la prescription quin-quennale ;

Mais considérant que la prescription pouvant être opposée en tout état de cause, et le silence des époux Rossi, en première instance, ne constituant point, dans l'espèce, un abandon de leur droit, il reste à examiner si la prescription quinquennale, invoquée devant la Cour, peut être appliquée aux intérêts des sommes dues en vertu d'une con-damnation judiciaire ;

Considérant que l'Article 2277 du Code Napoléon a soumis à cette prescription les intérêts des *sommes prêtées et généralement tout ce qui est payable par année ou à des termes périodiques plus courts;* — Que dans cette formule générale se trouvent compris tous les cas, toutes les hypothèses dans lesquels on rencontre une succession d'intérêts dus d'année en année, quel que soit le titre du créancier ; — Qu'il n'est pas permis de supposer que le législateur ait voulu exclure de cette dispo-sition générale les intérêts moratoires, que l'Ordonnance de 1629 y avait expressément soumis ;

Considérant que les mêmes motifs justifient l'application de la pres-cription de cinq ans aux intérêts des sommes prêtées et à ceux qui ré-sultent d'une condamnation judiciaire, condamnation qui, peut-être, n'a eu d'autre base qu'un contrat de prêt ;

Considérant qu'en établissant la prescription de cinq ans, l'Ordon-nance de 1629 eut pour but de prévenir la ruine du débiteur par l'accumulation des intérêts, et en même temps de punir le créancier de sa négligence à en réclamer le paiement ; — Que l'accumulation des intérêts ne serait pas moins ruineuse pour le débiteur condamné au paiement d'une somme productive d'intérêts, que pour celui qui ne serait obligé qu'en vertu d'un contrat de prêt conventionnel ; — Qu'il faut tenir comme constant, avec l'orateur du Gouvernement, que la ruine du débiteur étant admise comme motif d'abréger le temps de la prescription, on ne doit excepter aucun des cas auxquels ce motif est applicable ;

Considérant que les intérêts judiciaires se calculant et accroissant le capital de la condamnation d'année en année, il faut nécessairement en induire qu'ils sont régis par la prescription quinquennale, soit que l'on consulte les termes de la Loi, soit que l'on interroge son esprit pour éclairer les obscurités du texte ;

Considérant qu'il reste à préciser quels sont les intérêts prescrits, et quels sont, au contraire, ceux qui ont été mis à l'abri de la prescription ;

Considérant que la condamnation dont le sieur Arrighi poursuit le paiement est à la date du 17 Mai 1824 ; — Que ce Jugement n'a été signifié aux débiteurs, avec commandement de payer le montant de la condamnation en capital, intérêts et frais, que le 29 Juillet 1843 ; — Que, par cet acte interruptif de la prescription, le créancier n'a conservé que les intérêts des cinq années antérieures à cette date, tous les autres, en remontant jusqu'au 17 Mai 1824, étant éteints par la prescription ; — Que, postérieurement à cette signification, les mariés Rossi ont relevé appel du Jugement du 17 Mai 1824 ; — Que le créancier, de son côté, ayant successivement poursuivi le paiement de sa créance par la voie de diverses saisies-arrêts auxquelles les débiteurs ont formé opposition, les parties n'ont pas cessé d'être en instance jusqu'à ce jour ;

Considérant que les intérêts qui courent pendant l'instance ne pouvant être atteints par la prescription, il en résulte qu'Arrighi a droit aux intérêts des deux tiers du capital originairement dû, savoir, pour les cinq années antérieures au 29 Juillet 1843, et depuis cette date jusqu'à ce jour ;

Considérant qu'à ces intérêts doivent être ajoutés ceux qui avaient couru depuis la demande jusqu'au jugement du 17 Mai 1824, lesquels, réunis au capital, par l'effet même du jugement, n'étaient soumis qu'à la prescription trentenaire ;

Reçoit l'opposition des mariés Rossi à l'Arrêt de défaut du 26 Août 1857,

Et statuant sur icelle, ainsi que sur l'appel principal du sieur Arrighi,

Rétractant l'Arrêt de défaut et réformant quant à ce seulement,

Déclare que c'est mal à propos que le Tribunal de première instance a prononcé d'office la prescription des intérêts moratoires ;

Condamne les mariés Rossi à payer au sieur Arrighi, en capital et accessoires :

1° Les sommes formant l'objet de la condamnation prononcée par le Jugement du 17 Mai 1824 ; — 2° les intérêts de ces sommes à compter de la demande jusqu'à la date dudit Jugement ; — 3° les condamne, en outre, au paiement des intérêts de ces mêmes sommes depuis le 29 Juillet 1838 jusqu'à parfait paiement, sous la déduction des à-comptes reçus par le sieur Arrighi sur le capital à lui dû, tels qu'ils sont énoncés dans le Jugement attaqué, et dans l'Arrêt de défaut du 26 Août dernier, et sous déduction aussi des intérêts afférents à ces sommes partiellement payées à compter desdits paiements ;

Pour le surplus, maintient le Jugement attaqué ;

Démet les mariés Rossi de l'appel incident..........

Chambre Civile. — M. CALMÈTES, *Premier Président.*

MM. Fabiani,
de Gaffori, } *Avocats.*

DU 7 DÉCEMBRE 1857.

ARRÊT INTERLOCUTOIRE. — DISPOSITIF. — CHOSE JUGÉE.
ACTE ADMINISTRATIF. — CHOSE JUGÉE. — TRIBUNAUX.

L'Arrêt qui renvoie devant l'autorité administrative pour l'interprétation d'un acte produit, est purement interlocutoire; il ne peut, sous aucun rapport, être invoqué comme constituant la chose jugée, alors surtout que son dispositif ne renferme aucune décision sur le fond du litige (1).

Les Tribunaux sont tenus de suivre exactement l'interprétation faite par l'autorité compétente, quelque contestables que puissent être les principes de droit qui servent de base à cette interprétation, tant que l'Arrêté interprétatif n'a pas été annulé sur un recours légalement exercé (2).

(1-2) Nous avons rapporté, *suprà* à sa date, l'arrêt rendu par la Cour de Bastia, le 25 février 1857, et portant renvoi devant l'autorité administrative, à fins d'interprétation de l'acte de partage du 24 août 1828. Le Conseil de Préfecture du département de la Corse a rendu un arrêt ainsi conçu :

« Vu le mémoire en date du 22 juin dernier, par lequel le sieur Pierre-Félix Negroni, instituteur à Rutali, demande que, conformément à un arrêt de la Cour impériale de Bastia du 25 février dernier, intervenu entre lui et les héritiers de feu François Negroni, il soit expliqué à qui doit être attribué le lot n° 9 échu dans le partage des biens communaux de Rutali à Pierre Negroni, inscrit sur la liste des copartageants sous le n° 54; — Vu les pièces produites à l'appui dudit mémoire, et notamment une sentence de la justice de paix du canton de Murato du 4 janvier 1853, et un jugement du tribunal de première instance de l'arrondissement de Bastia, en date du 8 mars 1856; — Considérant qu'il est établi par les pièces du dossier de l'affaire, que le sieur Pierre Negroni, dont les héritiers légitimes contestent au réclamant les droits à la propriété du lot n° 9, est décédé le 16 octobre 1826, c'est-à-dire, antérieurement à l'ordonnance royale qui a autorisé le partage des biens communaux de Rutali, qui est du 21 novembre 1827, et au tirage au sort des lots qui n'a eu lieu que le 24 août 1828; — Que, par conséquent, ni le commissaire délégué pour effectuer le partage des biens communaux de Rutali, ni les autres personnes qui ont concouru, à tout autre titre, aux opérations, ne peuvent avoir eu l'intention de faire concourir au partage le sieur Pierre Negroni qui n'existait plus à cette époque; — Que, dans tous les cas, mention de son décès eût été faite au procès-verbal du tirage au sort, ainsi qu'on l'a fait pour d'autres copartageants, si on avait entendu que le lot n° 9 lui revenait; — Considérant que le

Negroni C. Negroni.

ARRÊT.

Après délibération en la Chambre du Conseil,

La Cour ; — sur les conclusions de M. de Montera, Substitut du Procureur Général,

Considérant que, quelque contestables que soient les principes de droit énoncés dans l'Arrêté du Conseil de Préfecture d'Ajaccio, du 8 Juillet 1857, il est certain qu'il résulte, en fait, de cet Arrêté que le lot n° 9, échu dans le partage au n° 54 de l'état des feux, a été attribué à Pierre-Félix Negroni, intimé ;

Considérant que l'Arrêté dont il s'agit n'a été l'objet d'aucun recours de la part de la partie de Cecconi ;

Considérant que l'Arrêt de la Cour, en date du 25 Février dernier, est

---

sieur Negroni, Pierre-Félix, formait à lui seul un feu à l'époque du partage, et que, dès lors, ses droits à un lot ne pouvaient lui être contestés, quoiqu'il fût mineur ; — Considérant qu'il résulte du procès-verbal du tirage au sort que les deux enfants légitimes du sieur Pierre Negroni ont reçu chacun un lot ; — Considérant enfin qu'il est suffisamment prouvé par les pièces justificatives fournies par le réclamant, que le sieur Pierre-Félix Negroni n'a jamais été connu que sous le prénom de Pierre ; — Arrête : Le lot n° 9 échu dans le partage des biens communaux de Rutali au n° 54 de l'état des feux a été attribué à Negroni , Pierre-Félix , instituteur à Rutali, figurant sur ledit état sous le simple prénom de Pierre.

» Fait et prononcé en Conseil de Préfecture, où étaient présents MM. Colonna-Bozzi, Galloni d'Istria et d'Hérisson , conseillers, à Ajaccio, le 8 juillet 1857. »

C'est sur la production de cet arrêté que la Cour de Bastia a été appelée à vider son interlocutoire du 25 février, dont les considérants sont basés sur des principes opposés à ceux qui ont été adoptés par le Conseil de Préfecture, et nous paraissent plus conformes au texte ainsi qu'à l'esprit de la loi. Voir les courtes observations dont nous avons accompagné l'arrêt du 25 février 1857 (*suprà* à cette date).

purement interlocutoire ; — Que son dispositif ne renferme aucune décision sur le fond du litige ; — Qu'on ne saurait l'invoquer, sous aucun rapport, comme constituant la chose jugée.

CONFIRME.

Chambre Civile. — M. CALMÈTES , *Premier Président.*

MM. CECCONI ,
OLLAGNIER , } *Avocats.*

DU 8 DÉCEMBRE 1857.

L'Article 1328 du Code Napoléon est limitatif et non démonstratif (1).
La date d'un acte privé ne peut être établie, à l'égard des tiers, que par l'un des trois modes ou circonstances qu'il indique (2).
Il ne peut être suppléé à ces moyens de preuve, même par celle de l'exécution de la convention (3).

Ortoli C. Casanova.

ARRÊT.

Après délibération en la Chambre du Conseil,

LA COUR ; — sur les conclusions conformes de M. DE MONTERA, Substitut du Procureur Général Impérial,

Considérant qu'il est aujourd'hui constant, en doctrine et en juris-

---

(1-2-3) Les deux dernières parties de ce sommaire ne sont que la conséquence du principe posé dans la première partie. Voir, dans le sens de l'arrêt que nous rapportons : Cass., 27 mai 1823 (S. 23. 1. 297 ; — D. A. 10. 681) ; — Bordeaux, 27 janvier 1829 (S. 29. 2. 292); — Angers, 18 février 1837 (S. V. 39. 2. 426) ; — Agen, 4 décembre 1841 (S. V. 43. 2. 135; — D. P. 43. 2. 98); — Lyon, 13 janvier 1849 (S. V. 49. 2. 108); — Grenoble, 26 avril 1849 (S. V. 50. 2. 274 ; — D. P. 51. 2. 23) ; — Cass., 5 février 1851 (S. V. 51. 1. 192 ; — D. P. 51. 1. 14); — Rouen, 24 mars 1852 (S. V. 52. 2. 535 ; — D. P. 53. 2. 143) ; — TOULLIER, tom. 8, nᵒˢ 242 et 243, lequel avait adopté l'opinion contraire, dans sa 1ʳᵉ édition; — ROLLAND DE VILLARGUES, Vᵒ *Acte sous seing privé*, nᵒ 56; — FAVARD DE LANGLADE, *eodem* Vᵒ, sect. 1ʳᵉ, § 4, nᵒ 7; — MARCADÉ, sur l'art. 1328, Code Nap. , nᵒ 4; — DURANTON, tom. 13, nᵒ 131.
En sens contraire : Paris, 11 janvier 1810 (S. 14. 2. 149 ; — D. A. 10. 680); — Grenoble, 10 juin 1825 (S. V. C. N. 8. 2. 86 ; — D. P. 25. 2. 192) ; — Bordeaux , 26 février 1826 (S. 26. 2. 257) ; — Rejet , 21 juillet 1830 (S. V. 31. 1. 30) ; — Riom, 24 juin 1842 (S. V. 42. 2. 67 ; — D. P. 42. 2. 65) ; — POTHIER, *Obligations*, nᵒ 715 ; — DELVINCOURT, tom. 2, p. 612.

CALMÈTES, T. V. 25...

prudence, que l'Article 1328 du Code Napoléon est limitatif et non indicatif ou démonstratif ; — Qu'il résulte de cet article que les actes sous signature privée n'acquièrent date certaine, à l'égard des tiers, que par l'un des trois modes qui s'y trouvent énoncés ; — Qu'il ne peut y être suppléé ni par la preuve de l'exécution, ni par un autre moyen de preuve ; — Qu'on ne saurait surtout établir la date d'un acte privé par la voie si périlleuse et si incertaine, en matière civile, de la preuve testimoniale ;

Considérant, d'ailleurs, que la cession privée portant la date du 10 Octobre 1856, enregistrée le 10 Avril 1857, postérieurement à la saisie-exécution pratiquée à la requête d'Ortoli sur les meubles, bois et charbons appartenant à Giudicelli, présente tous les caractères d'un acte simulé...........

A mis et met les appellations et ce dont est appel au néant,

Et procédant par nouveau jugé,

Déboute le sieur Casanova de son opposition à la saisie-exécution pratiquée par Paul Ortoli au préjudice de Giudicelli............

Chambre Civile. — M. CALMÈTES, *Premier Président.*

MM. TOMMASI,
BONELLI, } *Avocats.*

DU 23 DÉCEMBRE 1857.

INSCRIPTION DE FAUX. — PROCÉDURE. — TROIS PHASES. — POUVOIRS DES JUGES.

Les Tribunaux ne sont pas tenus de rendre trois jugements distincts correspondants aux trois phases de la procédure en inscription de faux; — ils peuvent statuer, suivant les circonstances, par un même jugement sur l'admission ou le rejet de l'inscription et des moyens de faux (1).

Franceschi C. Casablanca.

ARRÊT.

Après délibération en la Chambre du Conseil,

LA COUR; — sur les conclusions conformes de M. BERTRAND, Premier Avocat Général,

Considérant que, si la procédure en inscription de faux incident présente trois phases distinctes, qui sont marquées par trois jugements ayant chacun un objet spécial et déterminé par la loi, cette règle n'oblige pas impérieusement les Tribunaux à parcourir successivement et dans tous les cas ces trois périodes, en statuant sur l'admission de

---

(1) Voir Conf. : Colmar, 3 février 1831 (S. V. 31. 2. 342 ; — D. P. 32. 2. 24) ; — Rejet, 17 décembre 1835 (S. V. 37. 1. 68 ; — D. P. 36. 1. 283); — CHAUVEAU sur CARRÉ, Quest. 890. *Contrà* : Rennes, 4 mai 1812 (S. 13. 2. 101 ; — D. A. 8. 442) ; — *Idem*, 28 août 1814 cité par CHAUVEAU; *ubi suprà* ; — Riom, 24 juillet 1826 (S. 28. 2. 157; — D. P. 28. 1. 126) ; — Alger, 21 avril 1853 (S. V. 54. 2. 444 ; — D. P. 55. 2. 342). Il ne sera pas inutile peut-être de faire remarquer, qu'il est aujourd'hui constant en jurisprudence que les Juges ont un pouvoir discrétionnaire pour admettre ou rejeter l'inscription de faux, sans être obligés d'ordonner aucune vérification. Ce pouvoir ne doit-il pas exister à toutes les époques de la procédure? Nous serions portés à le penser.

l'inscription et des moyens de faux et sur le faux lui-même, par trois décisions rendues à des époques différentes ; — Qu'il leur est permis, dans des circonstances dont l'appréciation leur appartient, de prononcer cumulativement sur l'admission ou le rejet de l'inscription et des moyens de faux ; — Qu'il peut surtout en être ainsi, lorsque, comme dans l'espèce, l'inscription de faux a été précédée d'un double rapport d'experts, d'une enquête et d'une contre enquête, ayant pour objet de vérifier la fausseté ou la sincérité du testament attaqué ;

Considérant, sous un autre rapport, que la procédure qui s'accomplit entre la première et la seconde phase de l'instruction, a principalement pour objet le dépôt de la pièce arguée de faux, ou de la minute s'il en existe, et la rédaction d'un procès-verbal descriptif de la pièce déposée ;

Considérant que ces formalités ayant été remplies avant l'inscription de faux, l'intérêt de la bonne administration de la justice aussi bien que l'intérêt des parties commandent de franchir la première période, en statuant, par un même arrêt, sur l'admission de l'inscription et sur l'admission des moyens de faux ;

En ce qui concerne l'admission de l'inscription de faux.

Sur la fin de non-recevoir :

Considérant que, d'après les termes de l'Article 214 du Code de Procédure Civile, il est manifeste que les vérifications déjà faites, soit par la preuve testimoniale, soit par l'expertise, ne créent pas une fin de non-recevoir contre la demande en inscription de faux ;

Au fond :

Considérant que les parties de Campana soutiennent, par la voie de l'inscription de faux, que le testament sous signature privée portant la date du 1er Octobre 1849, attribué à la dame Casabianca née Franceschi, est l'œuvre du dol et de la fraude ;

Considérant qu'il n'est pas démontré, en l'état, que cette inscription de faux soit téméraire ou mal fondée ; — Que les faits résultant des enquêtes et des documents de la cause en autorisent, au contraire, l'admission ;

SUR LES MOYENS DE FAUX :

Considérant que, si tous les moyens de faux articulés dans les conclusions de Me Campana sont pertinents, il n'y a point une égale nécessité d'en ordonner la preuve; — Que plusieurs de ces moyens ont déjà été soumis à l'épreuve d'une enquête et de deux expertises, ou sont de nature à être appréciés par la Cour elle-même; — Qu'il serait superflu et frustratoire d'ouvrir, à leur égard, de nouvelles voies d'instruction;

AVANT DIRE DROIT sur le fond du litige, tous les droits et exceptions des parties demeurant réservés,

ADMET l'inscription de faux formée par les parties de Campana, le 23 Novembre 1857, contre le testament sous signature privée en date du 1er Octobre 1849, attribué à la dame Casabianca née Franceschi;

ORDONNE que ladite inscription de faux sera poursuivie devant M. le Conseiller Gregorj à ces fins commis;

DÉCLARE pertinents et admissibles les moyens de faux énoncés sous les nos 7, 8, 9, 16, 18, 20 des conclusions de Me Campana;

Chambre Civile. — M. CALMÈTES, *Premier Président.*

MM. TOMMASI,
LIMPERANI,
SAVELLI,
GAVINI, } *Avocats.*

ANNÉE 1858.

DU 4 JANVIER 1858.

LEGS D'OPTION. — COMPLÉMENT DE LA QUOTITÉ DISPONIBLE LÉGUÉE. — ATTRIBUTION. — TIRAGE. — CHOIX.

Le legs d'option n'est point inconciliable avec la législation qui nous régit, lorsqu'il a pour objet, non le choix ou l'élection du légataire, mais la portion du patrimoine du défunt destinée à remplir le légataire du montant de son legs (1).

L....... C. L........

ARRÊT.

Après délibération en la Chambre du Conseil,

La Cour ; — sur les conclusions de M. Bertrand, Premier Avocat Général,

Sur le premier grief de l'appel principal :

Considérant que si le legs d'option, dont il était fait un si fréquent

---

(1) La Cour de Rouen a décidé, le 25 février 1828 (S. 28. 2. 142; — D. P. 28. 2. 72), que l'ascendant qui lègue par préciput la quotité disponible à l'un de ses héritiers, avec le droit de choisir les biens dont ce préciput doit être composé, confère à cet héritier un avantage réel en sus de la portion disponible. Mais la Cour de Nîmes, par son arrêt du 13 décembre 1837 (S. V. 38. 2. 516 ; — D. P. 38. 2. 101), s'est prononcée en sens contraire, tout en reconnaissant qu'il appartient aux tribunaux d'examiner, si la manière dont ce droit est exercé ne porte aucun préjudice aux autres héritiers. On pourra remarquer que la Cour de Bastia, après avoir reconnu, en principe, la validité du legs d'option, lorsqu'il a pour objet de déterminer la portion du patrimoine du défunt destinée à remplir le légataire du montant de son legs, constate, en fait, que les réservataires n'ont aucun intérêt à se plaindre, et adopte ainsi la jurisprudence de la Cour de Nîmes. Voir, d'ailleurs, sur le legs d'option en général : Duranton, tom. 9, n°s 260 et 261 ; — Troplong, *Donat. et Test.*, tom. 4, n°s 1939 et suiv.

usage sous l'ancien droit, n'a pas été prévu et expressément autorisé
par la législation nouvelle, on n'en saurait conclure légitimement qu'il
est aujourd'hui proscrit, et que les Tribunaux sont tenus d'en prononcer
la nullité ;

Considérant que les dispositions de cette nature, qui avaient été réglées, sous le droit romain, par divers textes de lois, notamment par
la Loi 33, titre 5 du Digeste *De optione vel electione legata*, et par les
Institutes de Justinien, livre 2, titre 20, ne sont pas contraires à
l'esprit des lois nouvelles ;

Considérant que, si le pouvoir de tester est personnel et incessible,
il n'en résulte pas nécessairement que le testateur, après avoir institué
le légataire de la portion disponible, ne puisse lui léguer aussi le droit
de choisir, parmi les immeubles ou les autres biens de la succession,
ceux qui devront le remplir du montant du legs fait en sa faveur ;

Considérant que, sous l'ancienne jurisprudence, le testateur pouvait
même déférer à un tiers le choix de son héritier, soit en lui indiquant
plusieurs personnes entre lesquelles il pourrait choisir, soit en lui laissant, à cet égard, une liberté illimitée ;

Considérant que, si de semblables dispositions ne pourraient être aujourd'hui maintenues, comme étant inconciliables avec notre législation
testamentaire, on ne saurait du moins contester la validité d'un legs
d'option ayant pour objet, non la personne du légataire, mais la portion
du patrimoine qui doit être dévolue à ce dernier ;

Considérant que vainement dirait-on que, lorsque le testateur à légué
à l'un de ses enfants la portion disponible et le droit d'option, une telle
disposition renferme deux libéralités, et que la première ayant épuisé
le droit du testateur, la seconde constitue un avantage préjudiciable
aux réservataires et, par conséquent, prohibé par la loi ;

Considérant que cette objection n'offre rien de sérieux, puisque l'on
reconnaît que le testateur aurait pu disposer directement de l'immeuble
que le légataire lui-même a choisi, en vertu de l'option à lui léguée ;

Considérant que l'intérêt étant la mesure des actions, il est manifeste
que les réservataires ne sauraient se plaindre avec fondement, si les
experts nommés à ces fins restreignent, dans les limites de la quotité

disponible, la portion de biens indiquée par le légataire du droit d'option ;

Considérant qu'il en doit être particulièrement ainsi dans l'espèce soumise à l'appréciation de la Cour ; — Qu'en effet, il résulte du testament du 10 Juin 1837 que la dame L...... a légué à son fils B...... la part disponible s'élevant au quart de sa succession ; — Que la testatrice ajoute que cette quotité disponible sera prise principalement sur les terres dites *Migliarini* et, en cas d'insuffisance, sur ses autres biens au choix du légataire, *in altri miei beni, a beneplacito di esso B......*

Considérant que le legs d'option ne portant pas sur une quotité, mais sur la fraction indéterminée qui sera nécessaire pour compléter le legs du quart, une telle valeur n'est pas de nature à être déterminée par un tirage au sort entre les divers enfants de la dame L......, ainsi que le demandent les réservataires ; — Qu'elle ne pourrait être l'objet que d'un lotissement par attribution, après une opération d'experts qui en fixerait le montant ;

Considérant qu'une semblable attribution n'entre point dans les pouvoirs juridictionnels des Magistrats, et que l'option exercée sous leur contrôle sauvegardera pleinement les droits de tous les intéressés ; — Qu'ainsi, il y a lieu de confirmer, quant à ce, la décision des premiers Juges ;

CONFIRME.

Chambre Civile. — M. CALMÊTES *Premier Président.*

MM. LIMPERANI, ⎱ *Avocats.*
BONELLI, ⎰

DU 5 JANVIER 1858.

MARIAGE ANNULÉ. — BONNE FOI. — EFFETS CIVILS. — ABSENCE DE CONTRAT DE MARIAGE. — DOT. — RÉGIME. — DROIT ANCIEN. — STATUT CORSE. — RÉCEPTION PAR LE MARI DE SOMMES OU VALEURS PARAPHERNALES.

Le mariage annulé produit néanmoins les effets civils, lorsque les époux étaient de bonne foi [Article 201 du Code Napoléon] (1).

Dans une semblable hypothèse, la femme dont l'union est annulée se trouve placée dans la condition de l'épouse légitime, en ce qui concerne la restitution des biens qu'elle avait apportés en se mariant, ou qui lui étaient advenus pendant le mariage.

En l'absence d'un contrat de mariage, elle ne pouvait soutenir, sous l'ancien droit écrit, que son association conjugale était régie par les principes du régime dotal, et qu'il lui avait été constitué une dot (2).

Elle ne pouvait être admise à prouver, par témoins, la constitution d'une

---

(1) Conf. : Bastia, 2 avril 1849 (Notre Rec., tom. 3, à cette date). — Cette question a été longtemps controversée; mais la jurisprudence paraît se prononcer en définitive pour la solution de l'arrêt que nous rapportons, et reconnaître que la bonne foi exigée par l'art. 201 du Code Nap., peut résulter d'une erreur de droit aussi bien que d'une erreur de fait. — Voir Conf. : Rejet, 21 mai 1810 et Cass., 15 janvier 1816 (S. 10. 1. 324 et 16. 1. 81; — D. A. 8. 344. et 10. 112); — Paris, 18 décembre 1857 (S. V. 38. 2. 113; — D. P. 38. 2. 77); — Limoges, 25 août 1841 et 5 janvier 1842 (S. V. 42. 2. 484 et 485); — Metz, 7 févr. 1854 (S. V. 54. 2. 659 ; — D. P. 54. 2. 218); — Aix, 11 mars 1858 (S. V. 59. 2. 17) ; — Paris, 9 février 1860 (S. V. 60. 2. 65); — Marcadé, sur les art. 201 et 202, n°ˢ 1 et 2 : — Duvergier, sur Toullier, tom. 1ᵉʳ, n° 658, note *a*; — Demolombe, tom. 3, n° 357.

Contrà : Bourges, 17 mars 1830 (S. V. 30. 2. 174) ; — D. P. 30. 2. 215) ; — Colmar, 14 juin 1838 (S. V. 38. 2. 345 ; — D. P. 38. 2. 177) ; — Toullier, tom. 1ᵉʳ, n° 658, et tom. 2, n° 879 ; — Vazeille, *Du Mariage*, tom. 1ᵉʳ, n° 272 ; — Duranton, tom. 2, n° 351.

(2) Conf. : Bastia, 23 novembre 1851 (Notre Rec., tom. 1ᵉʳ, pag. 525), ainsi que la note dont cet arrêt est accompagné; — Anal., art. 1394 du Code Nap.

*dot et l'importance de cette constitution; — ses biens étaient exclusivement
paraphernaux (3).*

*Mais, si la constitution de la dot ne pouvait être justifiée par la preuve
orale, il n'en était pas de même des apports paraphernaux (4).*

*La femme pouvait être admise à administrer la preuve testimoniale de
la réception faite par le mari des sommes ou valeurs quelconques qu'il aurait reçues avant la dissolution du mariage, — sauf à examiner si la preuve
articulée était précise et relevante (5).*

Serra C. Olivieri.

ARRÊT.

Après délibération en la Chambre du Conseil,

LA COUR; — sur les conclusions conformes de M. BERTRAND, Premier
Avocat Général,

Considérant que le mariage religieux contracté par la dame Olivieri
et Thomas Serra, le 25 Juin 1797, a été déclaré nul par arrêt de la Cour
en date du 9 février 1857;

Considérant que, suivant les termes de l'article 201 du Code Napoléon, le mariage qui a été déclaré nul produit néanmoins les effets
civils, tant à l'égard des enfants que des époux eux-mêmes, s'il a été
contracté de bonne foi;

Considérant que la bonne foi des conjoints Serra et Olivieri n'est
point contestée; — Qu'il faut donc, pour apprécier les réclamations de
la dame Olivieri relatives au remboursement de sa prétendue constitution dotale, s'élevant à deux mille francs, rechercher qu'elle aurait
été la position de l'épouse légitime, si la dissolution du mariage avait

---

(3-4-5) Consulter les autorités indiquées dans la note ci-dessus; et voir par analogie les
art. 1415, 1540, 1541 du Code Nap., ainsi que TROPLONG, *Contrat de Mariage*, tom. 2, n° 815,
tom. 3, nos 1884 et 1980, lequel cite quelques arrêts et divers jurisconsultes tant anciens que
modernes.

eu lieu pour toute autre cause que la nullité de l'acte qui en attestait la célébration ;

Considérant d'abord, en fait, qu'il n'est pas même allégué que les conventions matrimoniales des époux Serra aient été constatées par écrit;

Considérant que l'absence d'un contrat de mariage est exclusive du régime dotal, *nam bona mulieris non sunt dotalia, si dotis constitutio nulla præcesserit;* — Qu'il en était ainsi sous l'empire du Statut qui régissait la Corse en 1797 ; — Que les chapitres 47 et 48 de ce Statut impliquent la nécessité d'un contrat de mariage ou instrument écrit, pour l'établissement du régime dotal et la constitution de la dot;

Considérant que tels étaient, d'ailleurs, les principes consacrés par la jurisprudence des pays de droit écrit;

Considérant qu'il n'était point dérogé à cette règle par les Statuts de Gênes, dont les termes généraux relatifs à l'admission de la preuve orale, ne pouvaient recevoir d'application dans les cas particuliers où un acte était nécessaire pour régler les conventions des parties ; — Que la seule raison enseigne que des conventions aussi importantes que les pactes destinés à régir l'avenir de la famille, ne pouvaient être réglées verbalement et se trouver ainsi livrées, en cas de contestation, aux incertitudes et aux périls d'une preuve, dont les éléments s'atténuent ou dépérissent de jour en jour, et qui, après un certain nombre d'années, peut même devenir impossible;

Considérant que les conventions civiles des époux Serra n'étant point attestées par un instrument écrit constitutif du régime dotal, il en résulte que leur association s'est trouvée soumise aux principes de la paraphernalité, suivant la loi romaine : *Paraphernalia sunt quæ dotis titulo non sunt obligata. L. 5, C. De pactis;* — Que, par conséquent, c'est en violation des règles les plus certaines du droit en cette matière, que le Tribunal de première instance a admis la dame Olivieri a prouver, par témoins, qu'il lui avait été constitué une dot de deux mille francs ;

Mais considérant que, si l'établissement de la dot ne peut être justifié par la preuve orale, il n'en est pas ainsi des apports paraphernaux de la femme mariée sans contrat;

Considérant que, si le mari a reçu des sommes ou valeurs mobilières quelconques appartenant à sa femme, comme il n'était pas au pouvoir de cette dernière de le contraindre à lui en fournir une reconnaissance écrite, le droit aussi bien que l'équité autorisent, dans ce cas, la preuve testimoniale de la réception faite par le mari des sommes ou valeurs mobilières apportées par sa femme, à l'époque du mariage, ou qui lui sont advenues dans le cours de l'union conjugale;

Considérant, toutefois, que cette preuve ne peut être ordonnée ou admise que si elle est précise et relevante;

Considérant que la preuve articulée par la dame Olivieri manque essentiellement de ces caractères; — Qu'elle ne fait point connaître, quant à la somme de deux mille francs, par qui, dans quelles circonstances, en quel lieu, ni en quelles valeurs ladite somme aurait été comptée au sieur Thomas Serra; et en ce qui concerne le mobilier, ni en quoi il consistait, ni quels en étaient l'état et la valeur;

Considérant, d'ailleurs, que les faits articulés remontent à une époque si lointaine, que tout concourt à donner la conviction que la mesure interlocutoire, sollicitée par la dame Olivieri, serait vaine dans ses résultats, et, par conséquent, purement frustratoire;

A mis et met au néant l'appellation et ce dont est appel,

Et procédant par nouveau jugé,

Déclare la dame Olivieri mal fondée dans sa demande en restitution de sa prétendue dot mobilière;

Déclare non relevante et frustratoire la preuve par elle articulée en première instance...............

Chambre Civile. — M. CALMÈTES *Premier Président.*

MM. Milanta,
Gavini,   } *Avocats*

DU 13 JANVIER 1858.

POSSESSION. — SAISINE. — PRIVILÉGE. — DEMANDE EN DÉLAISSEMENT.

Celui qui se trouve en possession annale d'un immeuble n'a pas à justifier de son droit de propriété, pour repousser l'action en délaissement formée par un tiers qui se prétend propriétaire (1).

La preuve du droit de propriété est essentiellement à la charge du demandeur au pétitoire, et, à défaut de justification de sa part, le possesseur est maintenu dans sa possession : — In pari causâ melior est causa possidentis (2).

Bonelli C. Bonelli.

ARRÊT.

Après délibération en la Chambre du Conseil,

LE COUR; — sur les conclusions de M. DE MONTERA, Substitut du Procureur Général Impérial,

Considérant que le sieur Jules-Mathieu Bonelli, appelant, est en possession du four en ruines et du terrain ou *site* objet du litige ; —

(1-2) Voir Conf. : Bastia, 20 décembre 1854 et 25 janvier 1858 (Notre Rec., tom. 4, pag. 97, et ci-après à pag. 217). — Selon nous, ces principes ne sauraient être contestés. Voir : DUNOD, *Des Prescript.*, Partie 1re, Chap. 4 *in fine*; — POTHIER, *Du Dom. de Propr.*, n° 307; — VAZEILLE, *Des Prescript.*, n° 38; — TROPLONG, *eod. verb.*, tom. 1er, n°s 225 et 229; — PROUDHON, *Domaine privé*, n° 485; — LASAGNI, Rapport à la Cour de Cass. (S. V. 42. 1. 346); — Rejet, 18 avril 1831 (S. V. 31. 1. 182); — *Idem*, 26 août 1839 (S. V. 39. 1. 920; — D. P. 39. 1. 332); — *Idem*, 8 février 1843 (S. V. 43. 1. 271; — D. P. 43. 1. 158); — Cass., 22 novembre 1847 (S. V. 48. 1. 24; — D. P. 47. 1. 378); — Rejet, 2 février 1857 (S. V. 57. 1. 650); — Cass., 10 janvier 1860 (S. V. 60. 1. 340; — D. P. 60. 1. 74). On pourrait cependant tirer quelques présomptions contraires de deux arrêts de Rejet, rendus les 31 juillet 1832 et 29 janvier 1840 (S. V. 32. 1. 783 — 40. 1. 957; — D. P. 32. 1. 363 — 40. 1. 320).

Que sa possession a été reconnue par sentence du Juge de Paix de Vezzani, en date du 31 Août 1852;

Considérant que cette décision, en consacrant la saisine de l'appelant, l'affranchit de toute justification de son droit de propriété sur l'immeuble qu'il détient; — Que les priviléges d'une telle position, qui se résumaient, sous le droit ancien, dans la maxime *Beati possidentes*, ne cessent de protéger le possesseur qu'en présence de la preuve contraire du droit de propriété rapportée par un tiers; — Que cette preuve est essentiellement à la charge du demandeur au pétitoire, poursuivant le désistement du fonds en litige;

Considérant que, dans la cause, il n'a pas été satisfait à l'obligation du demandeur à cet égard, ni par les enquêtes, ni par les titres produits;

Considérant que les enquêtes ne présentent, comme dans la plupart des contestations en matière civile, que des renseignements incertains et des assertions contradictoires sur la propriété du four et du *site* dont il s'agit au procès; — Que les actes produits ne donnent aucune indication suffisante touchant les prétentions des demandeurs sur ledit immeuble, ni sur l'indivision qui aurait existé entre l'appelant et les intimés en vertu d'un titre héréditaire; — Que, dans ces circonstances, il est du devoir des Tribunaux de faire prévaloir la possession, source primordiale de tout droit de propriété, suivant la règle *in pari causâ melior est causa possidentis;*..............

A MIS et MET au néant l'appellation et ce dont est appel,

Et PROCÉDANT par nouveau jugé,

DÉCLARE mal fondée la demande en partage formée contre Jules-Mathieu Bonelli, par exploit en date du 7 Mai 1855,

En DÉBOUTE, par suite, les parties de Corbara.............

Chambre Civile. — M. CALMÈTES, *Premier Président.*

MM. DE GAFFORJ, } *Avocats.*
GAVINI,   }

DU 18 JANVIER 1858.

FILIATION — ENFANT LÉGITIME. — POSSESSION D'ÉTAT.

La réunion de tous les faits caractéristiques de la possession d'état, énumérés dans l'Article 321 du Code Napoléon, n'est pas dans tous les cas indispensable (1).

Il est permis de suppléer à certains de ces faits par des circonstances équipollentes.

Gabrielli C. Scaglia.

ARRÊT.

Après délibération en la Chambre du Conseil,

La Cour; — sur les conclusions de M. Bertrand, Premier Avocat Général,

Considérant que la filiation des enfants légitimes se prouve, à défaut d'actes de l'état civil, par la possession d'état;

Considérant que, si le législateur a indiqué, dans l'Article 321 du Code Napoléon, les principaux faits qui constituent la possession d'état, il n'a nullement déclaré que la réunion de ces divers faits fût, dans tous les cas, indispensable; — Qu'il peut, dès lors, être suppléé, à certains de ces faits, par des circonstances non moins puissantes ou équivalentes;

---

(1) L'appréciation des faits tendant à établir la possession d'état d'enfant légitime rentre exclusivement dans le domaine des Juges du fond; et cette appréciation ne donne pas même ouverture à Cassation. Voir : Rejet, 8 janvier 1806 (S. 6. 1. 307 ; — D. A. 8. 569); — *Idem*, 25 août 1812 (S. 12. 1. 405; — D. A. 8. 588) ; — *Idem*, 19 mai 1830 (S. V. 30. 1. 217; — D. P. 30. 1. 249) ; — *Idem*, 6 août 1839 (S. V. 39. 1. 562 ; — D. P. 39. 1. 376) ; — Duranton, tom. 3, n° 132; — Marcadé, art. 321, n° 2; — Demolombe, tom. 3, n° 132; — Devilleneuve, Observations sur l'arrêt du 25 août 1812 (C. N. 4. 1. 177), et les auteurs qu'il cite.

Considérant qu'il est d'ores et déjà établi que Dorothée Rossi a toujours porté le nom de David Rossi, dont elle prétend être la fille; — Qu'elle a été constamment reconnue comme telle, soit dans la société, soit dans la famille; — Qu'elle s'est mariée sous le nom et comme fille légitime de David Rossi, en présence du frère de ce dernier, qui a pris, dans l'acte de mariage, la qualification d'oncle de la future épouse; — Que les déclarations écrites par David Rossi, en marge du projet de testament du 4 Août 1838, impliquent la légitimité de Dorothée, c'est-à-dire sa naissance postérieurement au mariage contracté par David Rossi en 1831;

Considérant que la déclaration contraire, contenue dans le testament de 1839, s'explique par les circonstances dans lesquelles David Rossi se trouvait alors placé, et que tout prouve qu'elle manque de sincérité;

Considérant que la possession d'état étant ainsi établie, il y aurait une grave imprudence à soumettre, sans nécessité, la légitimité de Dorothée Rossi aux chances aléatoires et périlleuses de la preuve testimoniale;

Considérant que, si la légitimité de l'appelante est justifiée, il n'en est pas de même de l'adultérinité des deux sœurs Filippina et Checchina Rossi; — Qu'on n'a ni produit, ni articulé aucune preuve à cet égard;

Considérant que David Rossi n'ayant qu'un enfant légitime, il pouvait disposer de la moitié de tout son patrimoine;

. . . .

RÉFORMANT, quant à ce, le jugement attaqué;

DIT que Dorothée Rossi, femme Gabrielli, est la fille légitime et l'unique enfant de David Rossi;

RÉDUIT, en conséquence, les libéralités faites par David Rossi dans son testament de 1839, en faveur de Filippina et Checchina Rossi, à la moitié de tous ses biens meubles et immeubles, l'autre moitié devant former la réserve légale de l'appelante..........

Chambre Civile. — M. CALMÈTES, *Premier Président.*

MM. MILANTA,   }
BONELLI,   } *Avocats.*

DU 19 JANVIER 1858.

CONTRAT DE MARIAGE. — PRÉSENCE DES ÉPOUX. — ANNULATION. — CONSTITUTION DE DOT. — RÉGIME. — ACTE PRIVÉ — ACTE UNILATÉRAL. — CESSION DE DROITS SUCCESSIFS.

Le contrat de mariage auquel n'ont point concouru les futurs époux est frappé de nullité, s'il n'a pas été valablement ratifié avant la célébration du mariage (1).

Si le frère de la future épouse lui a constitué en dot une somme déterminée, proportionnelle à sa part indivise dans les successions des auteurs communs, sous l'obligation contractée par le futur époux de s'interdire, pour l'avenir, toute réclamation ultérieure sur lesdites successions, cette convention présente tous les caractères d'une vente de droits successifs, et les engagements qui en résultent sont essentiellement bilatéraux et synallagmatiques.

La signature du futur époux n'a pu suffire à sa validité, car il n'avait point qualité pour représenter sa fiancée; — Elle n'a pu davantage être représentée par le frère constituant la dot et acquéreur des droits successifs appartenant à la future (2).

(1-2) Jurisprudence constante. Voici l'indication des arrêts les plus récents : Bastia, 17 mars 1840 et 29 avril 1850 (Notre Rec., tom. 2 et 3 à ces dates); — Grenoble, 7 juin 1851, et Nîmes, 6 août de la même année (S. V. 51. 2. 613; — D. P. 53. 2. 122); — Rejet, 11 juillet 1853 (S. V. 54. 1. 49; — D. P. 53. 1. 281)); — Nîmes, 30 août 1854 (S. V. 54. 2. 641; — D. P. 56. 2. 107); — Cass., 9 janvier 1855 (S. V. 55. 1. 125; — D. P. 55. 1. 28); — Toulouse, 2 juin 1857 (S. V. 57. 2. 513; — D. P. 58. 2. 34); — Montpellier, 24 décembre 1857 (S. V. 59. 2. 524); — Rejet, 6 avril 1858 (S. V. 59. 1. 17; — D. P. 58. 1. 224). *Sic* TROPLONG, *Contr. de Mariage*, tom. 1er, n° 194; — DEVILLENEUVE, observations sur les arrêts des 11 juillet 1853 et 30 avril 1854.

Istria C. Istria et Flamma.

ARRÊT.

Après délibération en la Chambre du Conseil,

La Cour ; — sur les conclusions de M. Bertrand , Premier Avocat Général ,

Considérant que le contrat de mariage est essentiellement un acte synallagmatique, consensuel qui exige, pour sa perfection et sa validité, la présence et le concours des deux parties contractantes ;

Considérant que la demoiselle Marie-Louise Istria n'a figuré , dans son contrat de mariage du 29 Janvier 1818 , ni par elle-même, ni par un mandataire régulièrement institué ;

Considérant que la nullité dudit contrat n'a pas été couverte par une ratification anténuptiale ; — Que, par suite, l'acte dont il s'agit demeure frappé de nullité, spécialement en ce qui concerne la constitution de la dot et la stipulation du régime dotal ;

Considérant qu'il reste à examiner si le contrat du 29 Janvier 1818, qui ne saurait valoir comme acte public, pourrait avoir quelque effet comme acte privé contenant une obligation simplement unilatérale ;

Considérant qu'aux termes de ce contrat, Joseph-Antoine Istria, frère de Marie-Louise Istria, stipulant pour sa sœur absente, mais sans se porter fort pour elle, lui constitue en dot une somme de sept mille deux cent quatre-vingt-dix francs, proportionnelle aux forces des successions paternelle et maternelle, dont le sieur Joseph-Antoine Istria était en possession ;

Considérant que Michel Istria, futur époux, déclare accepter cette constitution de dot, et s'engage à ne rien réclamer au-delà sur la part revenant à Marie-Louise Istria, future épouse, dans les successions encore indivises des auteurs communs ;

Considérant que cette stipulation présente tous les caractères d'une vente ou cession de droits successifs, moyennant un prix déterminé ; — Qu'elle renferme, par suite, des engagements synallagmatiques ou bilatéraux, et que c'est par une fausse entente du sens et de la portée de cette convention, que le Tribunal de Première Instance a décidé qu'elle liait uniquement Joseph-Antoine Istria, et que la signature de celui-ci avait suffi à sa régularité ;

Considérant, sous un autre rapport, que l'acte dont il s'agit, portant cession à forfait des droits successifs de la demoiselle Marie-Louise Istria, exigeait le concours et le consentement de cette dernière ;

Considérant que la demoiselle Marie-Louise Istria n'a été ni présente à l'acte, ni valablement représentée ;

Considérant qu'avant la célébration du mariage, le sieur Michel Istria ne pouvait être réputé le mandataire de sa future épouse ; — Que, même après le mariage, il n'aurait point eu qualité pour consentir valablement la vente des droits successifs de son épouse ;

Considérant que Marie-Louise n'avait pu, davantage, être représentée par Joseph-Antoine Istria, lequel était inhabile à figurer dans l'acte, à la fois, comme acquéreur et comme mandataire de la venderesse ;

Considérant qu'il n'est nullement justifié, d'ailleurs, que la demoiselle Istria ait ultérieurement ratifié la vente consentie sans sa participation ;

Considérant que le contrat du 29 Janvier 1818 n'étant valable ni comme acte public, ni comme acte privé, c'est le cas de réformer le jugement déféré à la censure de la Cour ;

. . . .

DISANT DROIT à l'appel et RÉFORMANT,

DÉCLARE nul et de nul effet, soit comme acte public, soit comme acte privé, le contrat de mariage du 29 Janvier 1818;

DÉBOUTE, par suite, l'intimé de sa demande introductive d'instance.

. . . .

Chambre Civile. — M. CALMÈTES, *Premier Président.*

MM. SAVELLI,
FARINOLE, } *Avocats.*
GAVINI,

DU 25 JANVIER 1858.

1° COPIES IRRÉGULIÈRES DE TITRES ANCIENS NON CONTESTÉES. — TITRES POSTÉRIEURS.
2° POSSESSION. — SAISINE. — PRIVILÉGE. — DEMANDE EN DÉLAISSEMENT.

1° Les copies irrégulières de titres anciens peuvent servir de base à une décision judiciaire, si la partie contre laquelle on les invoque n'en demande pas le rejet, en se fondant sur leur irrégularité.

Il peut être suppléé, d'ailleurs, à la production régulière de ces titres, par les énonciations qui se trouvent dans des actes d'une date postérieure, dont la régularité n'est pas contestée.

2° Celui qui se trouve en possession annale d'un immeuble n'a pas à justifier de son droit de propriété pour repousser l'action en délaissement formée par un tiers qui se prétend propriétaire (1).

La preuve du droit de propriété est essentiellement à la charge du demandeur au pétitoire, et, à défaut de justification de sa part, le possesseur est maintenu dans sa possession : — In pari causâ melior est causa possidentis (2).

La Commune de Fociechia C. la Commune d'Altiani.

ARRÊT.

Après délibération en la Chambre du Conseil,

La Cour; — sur les conclusions conformes de M. Bertrand, Premier Avocat Général,

Considérant que, si les copies des actes du 25 Février et du 29 Juin

---

(1-2) Voir Conf. : Bastia, 13 janvier 1858, *suprà* pag. 209, et les autorités indiquées dans la note.

1676 ne sont pas produites en forme régulière et probante, la Commune d'Altiani, intimée devant la Cour, n'en demande point, par ce motif, le rejet; — Qu'elle a déclaré, au contraire, les accepter, tout en soutenant qu'elles doivent être sans influence sur la solution du litige;

Considérant, d'ailleurs, que la teneur de ces actes se trouve rappelée dans des titres postérieurs, dont les énonciations peuvent suppléer à leur production régulière; — Qu'il faut donc apprécier quelle est leur valeur et leur importance dans le litige soumis à la Cour;

Considérant qu'il résulte de l'acte du 25 Février 1676, qu'une contestation s'étant engagée entre les Communes de Focicchia et d'Altiani au sujet de la propriété du bois ou tènement de *Cereo*, cette dernière Commune déféra le serment à celle de Focicchia; — Que ce serment devait être prêté par deux notables habitants de Focicchia, en présence des anciens de la Commune d'Altiani;

Considérant qu'il est justifié, par la sentence arbitrale du 29 Juin 1676, que le serment déféré a été prêté, sur la demande de la Commune de Focicchia, le 8 Mars de la même année, devant le notaire Leonardo Designori; — Que l'acte de prestation de ce serment a reçu l'homologation de l'autorité supérieure, le 27 du même mois de Mars; — Que, dès lors, la propriété de *Cereo* a été définitivement acquise à la Commune de Focicchia;

Considérant que vainement l'intimé allègue, pour combattre l'autorité qui s'attache au serment, que rien ne prouve qu'il ait été prêté dans les termes et avec les solennités nécessaires; — Qu'une telle objection trouve, en fait, une réponse péremptoire dans les énonciations de la sentence arbitrale de 1676, et, en droit, dans la maxime : *In antiquis omnia præsumuntur ritè et solemniter acta;*

Considérant que de nouvelles difficultés s'étant élevées entre Altiani et Focicchia, à raison du même bois de *Cerco* et autres propriétés appartenant aux deux Communes, il intervint un compromis, qui fut suivi de la sentence précitée du 29 Juin 1676; — Que cette sentence accorda à Altiani le délai d'un mois pour déclarer si elle voulait mettre en communauté ses bois et pacages avec ceux de Focicchia, faute de quoi, et ce délai passé, le bois de *Cereo* demeurerait la propriété exclusive de cette dernière commune, avec défenses à Altiani d'y rien prétendre, ou exercer un droit quelconque;

Considérant qu'Altiani, au lieu de faire la déclaration qui lui était imposée, releva appel de la sentence arbitrale;

Considérant qu'elle ne justifie point que, sur son appel, la sentence ait été réformée, ni même qu'aucune diligence eût été faite pour obtenir une décision du juge supérieur;

Considérant que la transaction de 1678 et les actes postérieurs qui l'ont confirmée n'ont pu porter aucune atteinte aux droits exclusifs de Focicchia sur *Cereo*; — Que la mise en commun des bois et pacages des deux Communes, stipulée dans cette transaction, n'est relative qu'à la jouissance;

Considérant que la jouissance de *Cereo* par les habitants d'Altiani, quelle qu'ait été sa durée, n'a pu se convertir en un droit de co-propriété, la commune de Focicchia n'ayant pas cessé, d'ailleurs, d'en être en possession et d'y exercer toutes les facultés qui dérivent du droit absolu de propriété; — Que, par suite, la jouissance d'Altiani a conservé le caractère de précarité qui lui était assigné par le titre dont elle procédait, aucune interversion n'en ayant modifié les conditions premières et la nature originaire; — Qu'à cette hypothèse s'applique la règle : *Melius est non habere titulum quam vitiosum ostendere;*

Considérant que les principes de l'équité se joignent, dans la cause, aux motifs, en fait et en droit, qui militent en faveur de l'appelante;

Considérant, en effet, que la Commune d'Altiani a rompu la loi du contrat de 1678; — Qu'elle a soustrait tous ses bois et pacages à la jouissance de la Commune de Focicchia; — Que, par conséquent, elle ne saurait invoquer les bénéfices de cet acte, tandis que la Commune de Focicchia serait dépouillée des avantages qu'il lui conférait;

Considérant, sous un autre rapport, que la Commune d'Altiani est demanderesse; — Qu'elle devait justifier du droit de co-propriété dont elle revendique l'exercice;

Considérant qu'elle n'a pas rapporté cette preuve, et que la Commune de Focicchia n'ayant pas cessé d'être en possession, il y aurait lieu, même en faisant abstraction des titres que celle-ci invoque, de la maintenir en possession, et de consacrer son droit de propriété suivant l'adage : *In pari causa melior est causa possidentis ;*

DISANT DROIT à l'appel,

Et RÉFORMANT quant à ce seulement,

DÉCLARE mal fondée la demande en partage du bois de *Cereo*, introduite par la Commune d'Altiani par exploit du 2 Février 1856 ;

DIT que le bois dont il s'agit est et demeurera la propriété exclusive de la Commune de Focicchia ;

Chambre Civile. — M. CALMÈTES, *Premier Président.*

MM. MORATI,
SAVELLI, } *Avocats.*

DU 27 JANVIER 1858.

BLANC-SEING. — TRANSACTION. — COMPROMIS. — VALIDITÉ. — MANDAT. —
RÉVOCATION. — SIGNIFICATION. — TIERS.

Aujourd'hui, comme sous l'ancienne jurisprudence, on peut transiger ou compromettre sur un différend, au moyen de blancs-seings remis par les parties à des mandataires ou à des arbitres de leur choix (1).

Si l'une des parties donne des instructions à son mandataire et révoque, plus tard, les pouvoirs résultant du blanc-seing, sans communiquer ces instructions à l'autre partie et sans lui notifier la révocation, la transaction qui intervient, dans ces circonstances, entre les deux mandataires, est valable, sauf le recours du mandant contre son mandataire, conformément à l'Article 2005 du Code Napoléon.

Dans le sens de cet Article, on doit considérer comme tiers toute personne qui traite avec le mandataire après la révocation de ses pouvoirs.

Multedo C. Oricelli.

ARRÊT.

Après délibération en la Chambre du Conseil,

La Cour ; — sur les conclusions conformes de M. Bertrand, Premier Avocat Général,

Considérant qu'il était généralement admis, sous l'ancienne jurisprudence, que l'on pouvait valablement compromettre ou transiger, au moyen de blancs-seings remis par les parties à des arbitres ou à des

---

(1) Voir Conf. : Bastia 18 novembre 1857, *suprà* à cette date, et la note 1ʳᵉ.

mandataires de leur choix; — Que ce mode de procéder n'est point proscrit par la nouvelle législation;

Considérant que l'on objecterait vainement contre la transaction intervenue sur un blanc-seing, qu'il est de l'essence de tout contrat que les parties connaissent l'engagement qu'elles s'imposent, et que, dans un tel acte, la convention a lieu sans le concours et la volonté des signataires des blancs-seings;

Considérant que la remise d'un blanc-seing, en vue d'une transaction, équivaut à un mandat, dont l'accomplissement est confié à la libre volonté du mandataire; — Que le consentement de ce dernier suffit à la perfection du contrat, suivant les règles ordinaires en matière de mandat;

Considérant que, dans l'espèce, les blancs-seings remis par le sieur Multedo au sieur Bona, et par le sieur Oricelli au sieur Alessandri, avaient pour objet de terminer, par une transaction, le différend porté devant le Juge de Paix de Vico, par citation en date du 9 Août 1856;

Considérant que la transaction arrêtée par Bona et par Alessandri, est censée l'œuvre des mandants eux-mêmes; — Que le sieur Multedo ne reproche pas à cette transaction d'avoir excédé les limites du différend qu'elle était destinée à éteindre; — Que, par suite, elle est revêtue d'un caractère d'irrévocabilité qui la met à l'abri de toute critique;

Considérant que le sieur Multedo, pour repousser la transaction dont il s'agit, soutient en vain que son mandataire ne se serait point conformé aux instructions qu'il lui avait données, et, d'autre part, qu'il l'aurait consentie après la révocation de ses pouvoirs;

Considérant que les instructions données par le sieur Multedo au sieur Bona étaient personnelles à celui-ci; — Qu'elles n'ont été ni signifiées ni communiquées, soit à Oricelli, soit à Alessandri, son représentant; — Que, par conséquent, si le sieur Bona a méconnu ou mis en oubli les recommandations de son mandant, cette circonstance, étrangère à Oricelli et à Alessandri, ne saurait avoir aucune influence sur le sort de la transaction; — Qu'il en est de même de la révocation des pouvoirs du sieur Bona intervenue le 3 Mars 1856, tandis que la transaction porte la date du 2 Mars de la même année;

Considérant que le législateur a sagement déterminé les formalités nécessaires pour assurer la révocation du mandat, et pour mettre le mandataire dans l'impossibilité d'abuser d'un pouvoir qui a pris fin; — Que les Articles 2004 et 2005 du Code Napoléon en contiennent l'énumération précise; — Que le mandant est tenu de signifier au mandataire la révocation de son mandat, d'en retirer le titre s'il consiste en un acte privé ou en brevet, et, enfin, de porter la révocation à la connaissance des tiers;

Considérant que, si les tiers traitent avec le mandataire dans l'ignorance de la révocation notifiée, les actes intervenus sont valables et doivent sortir à effet, sauf au mandant son recours contre le mandataire;

Considérant que, dans le sens de l'Article 2005 précité, toute personne qui traite avec le mandataire révoqué est un tiers par rapport au mandant;

Considérant que ces principes reçoivent leur application dans la cause actuelle, et en donnent la solution;

Considérant que le sieur Multedo, en notifiant la révocation de ses pouvoirs au sieur Bona, a laissé entre ses mains le blanc-seing qu'il lui avait confié; — Qu'il n'a signifié la révocation du mandat, ni à Oricelli, ni à Alessandri; — Que, par suite, ces derniers ont pu traiter avec Bona, dans les mains duquel ils voyaient le blanc-seing qui lui conférait des pouvoirs illimités, pour éteindre, par transaction, le différend existant entre les parties;

Considérant que la transaction porterait-elle une date postérieure à la révocation des pouvoirs du sieur Bona, qu'elle n'en serait pas moins valable vis-à-vis d'Oricelli, qui, dans l'ignorance de cette révocation, aurait traité avec le mandataire révoqué; — Que, par conséquent, il n'y a lieu de s'arrêter, ni à la demande en preuve, ni à l'inscription de faux ayant pour objet d'établir que la transaction est postérieure au 3 Mars 1856, et qu'elle a été antidatée par le sieur Bona;

Considérant, sous un autre rapport, que, si le sieur Multedo avait compris, dans sa demande originaire, la démolition des parcelles nos 288 et 326, ce chef de demande a été abandonné devant les pre-

miers Juges; — Que le sieur Multedo s'est borné à demander la déli-
mitation des n°s 288 et 289;

Considérant que la transaction du 2 Mars 1856 a fixé cette limite;
— Qu'il en résulte que le n° 289, appartenant au sieur Multedo, se
termine du côté du sud-est au rocher qui marque le point culminant
du *Col d'Ancona;*

Considérant que, quelles que soient la bonne foi et la loyauté apportées par le sieur Multedo dans le cours et dans tous les actes du litige,
cette loyauté et cette bonne foi, qui ne peuvent être révoquées en doute,
sont impuissantes pour assurer le succès d'un appel repoussé, à la fois,
par les faits constants au procès, et par les principes certains en droit
qui sont invoqués par le sieur Oricelli;

.   .   .   .

SANS AVOIR ÉGARD à la demande en preuve et à la demande en sursis,
Et icelles REJETANT comme irrecevables ou mal fondées,
A DÉMIS et DÉMET le sieur Multedo de son appel..........

Chambre Civile. — M. CALMÈTES, *Premier Président.*

MM. SAVELLI, ⎫
BONELLI,   ⎭ *Avocats.*

DU 4 FÉVRIER 1858.

BATEAUX A VAPEUR. — DROITS DE PILOTAGE. — AFFRANCHISSEMENT.

Les bateaux à vapeur de la Compagnie Valerj, quoique expédiés pour Bastia où ils s'arrêtent pour déposer le paquet de la poste, sont cependant destinés pour Livourne où ils transportent des voyageurs et des marchandises; — Ils font, par conséquent, une navigation régulière entre Marseille et les ports étrangers, et se trouvent dans le cas d'exemption prévu par l'Article 165 de l'Ordonnance du 19 Mars 1843 (1).

En supposant que ces bateaux ne fissent qu'un service limité entre Marseille et Bastia, ils seraient encore exemptés des droits de pilotage, puisque l'affranchissement accordé aux paquebots de construction française naviguant régulièrement entre les ports de Marseille ou de Bastia et les ports étrangers, doit être, à fortiori, étendu en faveur des bâtiments qui voyagent de port de France à port de France (2).

(1-2) La Cour de Bastia a décidé le contraire, par arrêt du 30 mars 1857 (*suprà* à cette date). On nous a communiqué des observations fort détaillées sur la question jugée par l'arrêt que nous rapportons; nous ne saurions les reproduire dans leur entier, à cause de leur trop grande étendue, mais nous nous ferons un devoir de les analyser aussi fidèlement que possible, parce qu'elles nous semblent de nature à faire impression sur tous les esprits.

La Compagnie Valerj a toujours soutenu qu'elle ne devait pas payer la taxe de pilotage. Elle a adressé à cet effet une pétition à Son Exc. M. le Ministre de la Marine, qui, par sa dépêche du 15 juillet 1856, répondit : « Que la prétention de MM. Valerj frères de ne point » payer les droits de pilotage, pour ceux de leurs bateaux à vapeur qui font une navigation » régulière entre Marseille et la Corse, ne s'appuyait sur aucune disposition du règlement » en vigueur, lequel n'exonère de ces droits que les bateaux à vapeur de construction » française faisant une navigation régulière entre Marseille *et les ports étrangers*; qu'il ne » pouvait donc accueillir la réclamation que MM. Valerj lui avaient adressée à ce sujet. » Cette décision fut notifiée à MM. Valerj qui refusèrent de s'y conformer, et leur refus donna lieu au procès jugé en dernier ressort, par l'arrêt sus visé du 30 mars 1857, en faveur du pilote Santelli. Persistant toujours dans son système, la Compagnie Valerj ne consentit pas à payer la taxe pour les bateaux qui n'avaient pas fait l'objet de la première contestation judiciaire; et assignée devant le tribunal de commerce de Bastia, elle fut con-

COUR IMPÉRIALE DE BASTIA.

Valerj C. Santelli.

ARRÊT.

Après délibération en la Chambre du Conseil,

LA COUR; — sur les conclusions conformes de M. DE MONTERA, Substitut du Procureur Général,

Considérant que les bateaux de la Compagnie Valerj, quoique expédiés pour Bastia, où ils s'arrêtent pour y déposer le paquet de la poste,

damnée par défaut le 22 juin 1857, et contradictoirement le 15 septembre de la même année, au paiement du pilotage réclamé contre elle. Par un premier arrêt, rendu par défaut le 4 janvier 1858, MM. les frères Valerj furent rejetés de leur appel; mais sur leur opposition est intervenu l'arrêt contradictoire dont nous nous occupons.

Il semblerait résulter, des termes employés par la Cour, que les paquebots se présentent devant Bastia, qu'ils y jettent leurs dépêches, et qu'ils continuent leur route pour Livourne. C'est une erreur : ces bateaux à vapeur font le service de courriers entre la France et la Corse, et prennent à Marseille des passagers et des marchandises pour cette île. C'est là la partie la plus importante de leurs opérations; c'est pour cela qu'ils ont été armés et qu'ils sont subventionnés. Le traité passé avec le Ministre des finances le prouve de la manière la plus irrécusable; et si on leur a accordé la faculté d'aller à Livourne, ce n'est qu'à des conditions très-restrictives, ainsi que le constatent les termes de l'article 49 de ce même traité, lequel est ainsi conçu : « Les paquebots ne pourront, sous aucun prétexte, être détournés de leur service par l'entrepreneur. Toutefois il sera permis à l'entrepreneur » d'expédier à Livourne *le troisième bateau* de 120 chevaux, pour assurer la communication » entre la Toscane, la Corse et la France. Cette autorisation est accordée sous la condition » que *les bateaux arrivant en Corse seront en bon état, et que ceux à destination de Marseille* » *auront pu effectuer leur départ.* Les voyages *exceptionnels* de Bastia pour Livourne devront » s'effectuer dans les 24 heures qui suivront l'arrivée du paquebot de Marseille en Corse ; » et le retour devra avoir lieu le lendemain au plus tard. Dans le cas d'une avarie simulta- » née opérée par le bateau envoyé à Livourne et par un de ceux devant repartir pour Mar- » seille, l'entrepreneur sera tenu de se procurer un paquebot de la force de 120 chevaux » pour opérer le transport des dépêches à Marseille. » Il n'est donc pas permis de dire que les bateaux à vapeur de la Compagnie Valerj font une navigation régulière entre Marseille et Livourne. Le service régulier se fait entre Marseille et Bastia *vice-versâ*; celui entre

sont cependant destinés pour Livourne, où ils transportent des voyageurs et des marchandises;—Qu'ils font donc une navigation régulière
entre Marseille et les ports étrangers de Livourne, et *vice-versâ*, et par
suite, ils se trouvent dans le cas d'exemption prévu par l'Article 165 de
l'Ordonnance du 19 Mars 1843;

Considérant qu'en supposant même que ces bâtiments fissent un
service limité entre Marseille et Bastia, ils n'en devraient pas moins
être exemptés des droits de pilotage, puisque l'exemption introduite
par l'Article 165 de l'Ordonnance précitée, en faveur des bâtiments de
construction française naviguant régulièrement entre Marseille et les
ports étrangers, doit à *fortiori* s'étendre en faveur des paquebots voya-
geant de port de France à port de France;

Considérant qu'il est de notoriété publique que les bateaux de la

---

Bastia et Livourne n'est qu'un service *exceptionnel*. La Cour l'a senti elle-même comme le
prouvent ses considérants sur la queston de droit, que nous allons examiner :

Le pilote réclame ses salaires lorsque les bateaux venant de Marseille entrent à Bastia,
et lorsqu'ils partent de ce port pour retourner à Marseille. Il ne les demande pas lorsqu'ils
partent de Bastia pour Livourne, ni à leur retour à Bastia. Pour les premiers, son droit est
écrit dans les art. 163 et 164 du règlement annexé à l'ordonnance du 19 mars 1843. Pour
les seconds, il ne va pas à bord parce que les bateaux sont dispensés du pilotage par l'art.
165 de ladite ordonnance, rendue applicable aux ports de Bastia et de Saint-Florent par
celle du 7 février 1848. Mais en admettant, par impossible, que l'on pût considérer les paquebots Valerj comme opérant un service régulier entre Marseille et Livourne, *en faisant
escale à Bastia*, il ne s'ensuivrait jamais que l'art. 165 dût les protéger et les exempter du
pilotage dans le port de Bastia. En effet l'art. 127 du règlement du 11 octobre 1836 avait
donné lieu à quelques équivoques; mais sur les instructions du 18 juin 1838, que le Ministre
adressa le 17 décembre suivant aux employés de l'inscription maritime, il fut modifié dans
ses termes, et il est devenu ensuite l'art. 165 du règlement du 19 mars 1843. Il est donc
évident aujourd'hui que, quoique placé parmi les dispositions générales par un oubli des
recommandations ministérielles, cet article ne peut pas régir les bateaux qui font une navigation régulière entre les ports français, et que l'exception doit être restreinte aux cas
pour lequel elle a été créée, c'est-à-dire, aux paquebots naviguant régulièrement entre Marseille et les ports étrangers. Jusqu'à présent tout le monde avait pensé que cette exemption
des droits de pilotage ne pouvait être invoquée que par les bateaux faisant une navigation
régulière entre Marseille et les ports étrangers, à leur entrée et à leur sortie du port de
Marseille. Nous avons vu les assemblées commerciales de Bastia demander, en juillet 1847
et en novembre 1849, que la dispense fût étendue aux bâtiments qui allaient d'un port
français à un autre port français; et nous savons que les Compagnies des messageries im-

susdite Compagnie ne paient aucun droit de pilotage, en entrant ou sortant du port de Marseille, et qu'il serait étrange que les mêmes bateaux fussent soumis à ces mêmes droits dans le port de Bastia, qu'une Ordonnance royale du 7 Février 1848 assimile à celui de Marseille, et qui, comme ce dernier port, fait partie du cinquième Arrondissement Maritime ; — Que c'est donc à tort que les premiers Juges ont soumis les bateaux de la Compagnie Valerj, qui font une navigation régulière, à un droit de pilotage en entrant à Bastia, venant de Marseille, et sortant de Bastia pour se rendre dans la même ville ;

En ce qui touche le capitaine Vanetti :

Considérant que le bateau qu'il commande ne fait pas un service régulier, et que, par suite, les principes ci-dessus posés ne sauraient lui être applicables ; qu'il y a lieu, quant à ce, de confirmer le jugement dont est appel ;

Ayant tel égard que de droit à l'opposition formée par les parties de

---

périales ont toujours payé, sans difficulté, le pilotage de leurs navires entrant souvent en relâche dans les ports de Bastia, de Saint-Florent et d'Ajaccio. La Cour de Bastia ne saurait donc affirmer avec raison que, si les bateaux à vapeur faisant une navigation régulière entre Marseille et les ports étrangers sont exempts des droits de pilotage, ils doivent l'être à *fortiori pour la navigation de port de France à port de France*. La Cour s'est encore appuyée sur cette considération qu'à Marseille les bateaux à vapeur de la Compagnie ne payent pas le pilotage. Le fait est exact ; mais cette dérogation à un règlement qu'il n'appartenait pas aux pilotes de modifier, n'aurait pas dû être tolérée. D'ailleurs les pilotes de Marseille trouvent une existence assurée dans le pilotage des nombreux navires à voiles qui y affluent. Il n'en est pas certainement de même à Bastia où les pilotes ne sauraient renoncer aux droits qui leur sont dus pour le pilotage des bateaux à vapeur, sans compromettre leurs moyens d'existence. Avant de terminer ces observations déjà trop longues peut-être, nous croyons devoir faire remarquer que, parmi les bateaux que l'arrêt de la Cour de Bastia a exonérés du pilotage, se trouvait compris le paquebot la *Louise* qui, dans aucun cas, ne pouvait jouir, à notre avis, du bénéfice de l'art. 165. En effet ce steamer a été construit en Angleterre, acheté et introduit en France en vertu du décret du 17 octobre 1855 ; et l'exemption n'a été établie par l'art. 165 précité qu'en faveur seulement des bateaux à vapeur *de construction française*.

Nous ajouterons, enfin, que la question ne présente plus le même intérêt, puisque un décret postérieur à l'arrêt que nous rapportons a exempté des droits de pilotage les bateaux à vapeur attachés aux ports du 5ᵐᵉ arrondissement maritime, et les a maintenus pour les quatre autres arrondissements.

Nicolini contre l'arrêt de congé défaut du 14 Janvier dernier, ainsi qu'à l'appel interjeté contre le jugement du Tribunal de Commerce de Bastia du 15 Septembre 1857,

MET au néant ledit arrêt, ainsi que le jugement précité du Tribunal de Commerce dans toutes ses parties, à l'exception toutefois de celle qui a trait à la somme de soixante-douze francs, soixante centimes, due pour droit de pilotage par le sieur Vanetti, capitaine du bateau le *Toga;*

CONFIRME lesdits jugement et arrêt quant à ce ;

ET quant aux autres condamnations, FAISANT ce que les premiers Juges auraient dû faire,

DÉBOUTE le sieur Santelli de sa demande.

Deuxième Chambre. — M. LEVIE, *f. f. de Président.*

MM. GAVINI,
MILANTA,   } *Avocats.*

DU 11 FÉVRIER 1858.

CONCORDAT. — RÉSOLUTION. — DIVIDENDE. — PAIEMENT. — ACTION DIRECTE. — FIN DE NON-RECEVOIR.

Le créancier concordataire, qui n'a pas été payé du dividende convenu, peut demander, contre le débiteur qui ne s'est point libéré, soit la résolution du traité (Art. 520 C. Comm.), soit le paiement du dividende (1).

Cette action doit être dirigée contre le débiteur, alors même que le jugement homologatif du concordat aurait confié à des liquidateurs l'administration de certains biens, pour en percevoir les revenus et les distribuer aux divers créanciers (2).

Santelli frères C. Bastiani.

Les frères Santelli, négociants, ayant cessé leurs paiements, avaient obtenu de leurs créanciers un concordat, d'après lequel ces derniers recevaient tout d'abord un dividende du 10 °|₀ ; un second dividende de pareille somme devait leur être compté dans un délai déterminé. Ce concordat fut homologué par le Tribunal de Commerce de Bastia, qui nomma toutefois deux liquidateurs pour administrer certains biens et veiller à la distribution du second dividende. — L'époque fixée pour cette distribution arriva, et plusieurs années s'écoulèrent ensuite, sans que le paiement du second dividende eût été effectué. — Fatigué d'attendre, Bastiani, qui était au nombre des créan-

---

(1-2) Ces solutions nous paraissent conformes aux principes de la matière. On ne saurait, en effet, contester que le concordat dûment homologué fait cesser l'état de faillite, rétablit le failli dans la plénitude de ses droits et actions, et lui confère la capacité nécessaire pour ester en justice, tant comme défendeur que comme demandeur. Voir les arrêts ci-après, rendus dans des espèces plus ou moins analogues : Paris, 10 février 1813 (S. 13. 2. 219 ; — D. A. 8. 164); — Rejet, 22 juillet 1825 (S. 26. 1. 301 ; — D. P. 25. 1. 223) ; — Bordeaux, 16 juillet 1840 (D. P. 41. 2. 2) ; — Rejet, 7 mars 1848 (S. V. 49. 1. 140 ; — D. P. 49. 1. 83) ; — Riom, 2 août 1855 (S. V. 55. 2. 666 ; — D. P. 54. 2. 99) ; — Poitiers, 2 mai 1854 (D. P. 55. 2. 113) ; — Cass., 14 avril 1856 (S. V. 56. 1. 492) ; — Agen, 3 janvier 1860 (S. V. 60. 2. 140). *Sic* PARDESSUS, *Droit Comm.*, n° 1246 ; — BÉDARRIDE, *Des faillites*, tom. 2, n° 616.

ciers concordataires, somma les frères Santelli de lui payer le dividende promis, leur déclarant qu'à défaut de paiement il se serait pourvu contre eux.

Cette sommation étant restée sans effet, Bastiani assigna les frères Santelli devant le Tribunal de Commerce, en résolution du concordat pour inexécution des conditions, ou tout au moins au paiement de son dividende.

Les frères Santelli répondirent à cette demande par une fin de non-recevoir, tirée de ce qu'en l'état du jugement homologatif qui avait nommé des liquidateurs, l'action devait être dirigée contre ces derniers et non pas contre eux.

Le Tribunal saisi de la contestation ne fit aucun cas de l'exception, et, passant outre, il condamna les défendeurs au paiement du dividende promis.

Appel de la part des frères Santelli.

On disait pour eux, que dans la position qui leur avait été faite par le Jugement d'homologation, ils n'avaient point qualité pour contredire ni acquiescer à la demande de Bastiani; que le Tribunal ayant jugé à propos de nommer des liquidateurs, c'était contre ces derniers, comme représentant la masse des créanciers et même les débiteurs, que l'action devait être dirigée.

On répondait pour l'intimé, que par l'effet du concordat, les frères Santelli étaient rentrés dans le libre exercice de leurs droits; que les liquidateurs avaient été nommés dans l'intérêt des créanciers et non pour représenter les débiteurs; que leur mission purement temporaire avait pris fin à l'expiration du délai pour le second dividende; qu'aux termes de l'Article 520 du Code de Commerce, s'il y avait lieu à demander, soit l'annulation, soit la résolution du concordat, c'était contre le failli lui-même qu'elle devait être poursuivie; que l'alternative posée du paiement du dividende ne changeait rien à la nature de l'action. — Ces moyens ont prévalu devant la Cour qui a écarté la fin de non-recevoir et confirmé, au fond, la décision des premiers Juges par l'arrêt suivant.

ARRÊT.

Après délibération en la Chambre du Conseil,

La Cour; — sur les conclusions conformes de M. de Casabianca, Avocat Général;

Sur le grief d'appel tiré de la non-recevabilité de l'action :

Attendu que la demande de Bastiani avait principalement pour objet la résolution du concordat intervenu entre les frères Santelli et leurs créanciers; — Qu'aux termes de l'Article 520 du Code de Commerce, cette action devait être dirigée, comme elle l'a été, contre les faillis concordataires, et non pas contre les syndics ou liquidateurs, dont les pouvoirs avaient cessé de droit, à partir du jour où le jugement d'homologation était passé en force de chose jugée; — Que, quand bien même la demande n'eût porté que sur le paiement du dividende échu et non encore acquitté, elle ne devait pas moins être formée contre les frères Santelli, qui, réintégrés dans le libre exercice de leurs droits, par leur admission au concordat, et devenus débiteurs à ce nouveau titre, avaient capacité pour ester en justice; — Que la circonstance particulière que des liquidateurs eussent été chargés d'administrer certains biens jusqu'à l'époque fixée pour le paiement d'un second dividende, serait sans influence dans la cause, puisque cette mesure, introduite uniquement dans l'intérêt des créanciers, n'affectait point la capacité légale rendue au failli, et que, d'autre part, la mission spéciale confiée aux liquidateurs avait cessé par l'expiration du terme dans lequel elle devait s'accomplir, et ce, bien avant l'émission de la demande en question; — Que c'est donc à bon droit et avec fondement que les premiers Juges ont passé outre, en écartant la fin de non-recevoir qui avait été présentée par les frères Santelli;

CONFIRME...........

2ᵐᵉ *Chambre Civile.* — M. DE MONTERA, *Conseiller, f. f. de Président.*

MM. CECCONI,
BONELLI, } *Avocats.*

DU 17 FÉVRIER 1858.

SAISIE-IMMOBILIÈRE. — SAISIE PLUS AMPLE. — CONVERSION. — FORME. — DÉLAI. — DROIT DE PROPRIÉTÉ. — POUVOIR DES TRIBUNAUX. — CONFIRMATION DU JUGEMENT. — FIXATION DU JOUR DE LA MISE A PRIX.

La demande en plus ample saisie, autorisée par le paragraphe final de l'Article 743 du Code de Procédure Civile, peut-elle être formée, soit dans le cas de conversion, soit lorsque la procédure d'expropriation forcée poursuit son cours régulier, jusqu'à la dépossession du débiteur saisi? [*Résolu implicitement*] (1).

La demande en plus ample saisie constitue un incident de la poursuite en expropriation forcée, et elle est régie, quant à sa forme, par l'Article 718 du Code précité (2).

La demande en plus ample saisie ayant pour résultat nécessaire une modification du cahier des charges, il en résulte qu'elle est irrecevable, si elle est formée postérieurement à la lecture et publication des conditions de l'enchère. [*Cod. Proc. Civ. Art.* 694] (3).

Le saisi est, d'ailleurs, tenu de justifier de son droit de propriété sur les immeubles dont il demande l'adjonction à la saisie.

Si le jugement qui fixait le jour de l'adjudication est confirmé, il appartient au Tribunal de fixer un nouveau jour, si, par suite de l'appel, la vente n'a pas pu avoir lieu à l'époque primitivement indiquée (4).

(1-2-3) Ces questions sont examinées par CHAUVEAU, Quest. 2445, lequel pense : 1° que la demande en plus ample saisie, bien loin de devoir être restreinte au cas de conversion, est autorisée, lors même que la procédure en expropriation a suivi son cours régulier; 2° que cette demande constitue un véritable incident et doit être introduite selon les prescriptions de l'art. 718; qu'elle peut être présentée jusqu'à l'adjudication, sauf aux tribunaux à user de leur pouvoir discrétionnaire pour l'admettre ou la rejeter.

(4) C'est une conséquence incontestable, selon nous, du principe que l'exécution d'un jugement confirmé en appel appartient au premier juge. Voir CHAUVEAU, Quest. 2349, et les arrêts qu'il cite en note.

Susini C. Susini.

ARRÊT.

Après délibération en la Chambre du Conseil,

La Cour; — sur les conclusions de M. Bertrand, Premier Avocat Général,

Considérant qu'en supposant que la demande en plus ample saisie, autorisée par le paragraphe final de l'Article 743 du Code de Procédure Civile, puisse être formée en dehors des cas où la poursuite en expropriation forcée est convertie en vente volontaire, il reste toujours à examiner si cette demande est affranchie de toute forme et de tout délai, et si le débiteur saisi peut la produire par de simples conclusions, à l'audience même où doit être fixé le jour de l'adjudication;

Considérant que l'Article 743 du Code précité ne contenant aucune disposition relative aux demandes de cette nature, et, d'autre part, l'Article 745 ne les ayant point soumises, comme les demandes en conversion, à la formalité d'une requête présentée au Tribunal, il en résulte qu'elles rentrent dans la classe des incidents sur saisie-immobilière, et qu'elles doivent être formées par un simple acte d'avoué à avoué contenant les moyens et les conclusions du demandeur, conformément à l'Article 718 du Code précité;

Considérant que, dans une semblable hypothèse, le contradicteur du saisi étant essentiellement le poursuivant, c'est à l'avoué de celui-ci que l'acte de conclusions doit être notifié;

Considérant qu'à l'appui de ses conclusions le débiteur saisi est tenu de justifier de son droit de propriété sur les immeubles dont il demande l'adjonction à la vente sur saisie;

Considérant que, dans l'espèce, Antoine-Marc de Susini n'a formé sa demande en plus ample saisie que par de simples conclusions à l'audience; — Que la communication qu'il a donnée de ses conclusions à son adversaire, dans l'intervalle qui s'est écoulé entre l'audience du 22 Décembre 1857 et celle du 26 même mois, n'a pu couvrir l'irrégularité résultant du défaut de notification de ces conclusions, suivant le vœu de l'Article 718 précité;

Considérant que le sieur Antoine-Marc de Susini n'a invoqué aucun titre justificatif de son droit de co-propriété indivise sur la *maisonnette* contiguë à la vigne saisie;

Considérant, en ce qui concerne la *Casa lunga*, que cette maison a été saisie sans en rien excepter ni réserver; — Que, par conséquent, la cave placée sous l'escalier a été comprise dans la saisie, ainsi que toutes les dépendances de ladite maison; — Que, sous ce premier rapport, la demande doit être déclarée, à la fois, irrecevable et mal fondée;

Considérant, d'ailleurs, que le paragraphe final de l'Article 743 n'impose pas au Juge l'obligation d'accueillir, dans tous les cas, la demande du débiteur, alors même que, régulièrement introduite en la forme, elle serait accompagnée des titres justificatifs des droits de propriété du saisi; — Qu'il lui appartient toujours d'examiner si elle n'a pas été formée tardivement, et dans l'unique but de retarder indéfiniment l'adjudication, en jetant la perturbation dans la procédure d'expropriation forcée;

Considérant que la demande en plus ample saisie a nécessairement pour résultat une modification du cahier des charges;

Considérant, en effet, que le cahier des charges doit contenir, à peine de nullité (Articles 690 et 715 du Code de Procédure Civile), la désignation des immeubles et une mise à prix de la part du poursuivant;

Considérant que l'adjonction de nouveaux immeubles à l'enchère exige une mention complémentaire de ces immeubles, et une modification dans la mise à prix originaire;

Considérant qu'aux termes de l'Article 694 aucune modification ne peut être introduite au cahier des charges postérieurement à sa lecture et publication, à l'exception de celles qui seraient la conséquence d'une demande en distraction;

Considérant que le cahier des charges a été lu et publié à l'audience du 20 Décembre 1857 ; — Que la demande en plus ample saisie n'a été formée que par les conclusions prises à l'audience du 26 Décembre 1857 ; — Que, dès lors, c'est le cas de la déclarer tardive et, à ce nouveau point de vue, irrecevable ; — Qu'il en doit être d'autant plus ainsi dans la cause soumise à l'appréciation de la Cour, que, par suite des incidents soulevés par Antoine-Marc de Susini, la procédure en saisie-immobilière contre lui commencée en 1848, n'a pu encore aboutir à la vente des immeubles saisis ;

Considérant qu'après avoir vainement demandé la nullité de la saisie, il poursuit aujourd'hui, à l'aide d'un nouvel incident, l'adjonction de deux autres immeubles à ceux compris dans ledit procès-verbal de saisie, tel qu'il a été modifié par l'arrêt du 4 Mai 1857 ;

Considérant que c'est pour éluder les prescriptions de cet arrêt, portant qu'il sera passé outre à la vente des objets saisis, que le sieur Antoine-Marc de Susini a formé sa demande en plus ample saisie, et en nomination d'experts pour fixer une nouvelle mise à prix ;

Considérant que cette double demande, dont le résultat serait d'obliger le poursuivant à recommencer, en quelque sorte, la procédure d'expropriation forcée, ne peut émaner que d'un débiteur de mauvaise foi, qui, en abusant des plus sages dispositions de la loi, s'efforce de paralyser les diligences d'un créancier poursuivant le paiement de ce qui lui est légitimement dû ;

Considérant qu'il est du devoir des Tribunaux de déjouer de semblables manœuvres, en assurant, par les voies légales, le triomphe du bon droit.

En ce qui concerne la fixation du jour de l'adjudication :

Considérant que l'appelant étant démis de son appel, l'exécution du jugement confirmé appartient au premier Juge ;

Considérant que, suivant l'Article 703 du Code de Procédure Civile, le Tribunal, après avoir fixé le jour de l'adjudication, peut en ordonner la remise à un autre jour, sur la demande du poursuivant, des créanciers inscrits ou de la partie saisie ; — Qu'il est, d'ailleurs, de l'intérêt de toutes les parties que cette fixation soit faite par le Tribunal de Première Instance de Sartene, Juge d'attribution ;

PAR CES MOTIFS et par ceux du jugement attaqué qui sont en harmonie avec le présent arrêt,

A DÉMIS et DÉMET Antoine-Marc de Susini de son appel ;

RENVOIE la cause et les parties devant le Tribunal de Première Instance de Sartene, lequel demeure chargé de fixer le jour de l'adjudication...........

Chambre Civile. — M. CALMÈTES, *Premier Président.*

MM. MILANTA,
OLLAGNIER,
        Avocats.

DU 3 MARS 1858.

1° *Les règles relatives à la composition des conseils de famille ne sont pas prescrites à peine de nullité.*

Si les intérêts du mineur n'ont point souffert des irrégularités signalées dans la composition du conseil de famille, les Tribunaux sont investis, à cet égard, d'un pouvoir discrétionnaire qui leur permet de maintenir la délibération dont la nullité est demandée (1).

Lorsqu'il s'élève des contestations, dans lesquelles les intérêts du mineur et ceux de son père sont en opposition, il y a lieu de nommer au mineur un tuteur ad hoc (2).

C'est au conseil de famille et non au tribunal qu'il appartient de nommer ce tuteur (3).

Si le tuteur a été désigné par le conseil de famille, une nomination surabondante faite par le Tribunal ne porte pas atteinte à la validité de la première.

---

(1) La jurisprudence reconnaît généralement que les tribunaux sont investis d'un pouvoir discrétionnaire pour annuler ou valider, selon les circonstances, les délibérations des conseils de famille, lors desquelles les règles relatives à la composition de ces conseils n'auraient pas été observées. Rejet, 10 août 1815 (S. 15. 1. 411 ; — D. A. 12. 717) ; — *Idem*, 30 avril 1834 (S. V. 34. 1. 444 ; — D. P. 34. 1. 340) ; — *Idem*, 3 avril 1838 (S. V. 38. 1. 368 ; — D. P. 38. 1. 163) ; — *Idem*, 3 mars et 1ᵉʳ avril 1856 (S. V. 56. 1. 408 et 591). On peut voir, cependant, en sens contraire : Montpellier, 12 mars 1833 (S. V. 34. 2. 42) ; — Cass., 19 août 1830 (S. V. 30. 1. 644 ; — D. P. 30. 1. 281).

(2-3) Il a été décidé par la Cour de Paris, le 11 mars 1843 (S. V. 44. 2. 153), qu'il y a lieu de procéder à la nomination d'un *subrogé tuteur ad hoc*, et non pas à celle d'un *tuteur ad hoc*, dans les cas où les intérêts du mineur et ceux du tuteur se trouvent en opposition. Voir anal. dans ce sens : Cass., 1ᵉʳ avril 1833 (S. V. 33. 1. 388). Mais il est évident, selon nous, qu'il appartient au conseil de famille de faire cette nomination, dans tous les cas. C'est, en effet, ce qui résulte des termes mêmes de l'art. 420 du Code Napoléon, et ce qui se pratique dans l'hypothèse prévue par l'art. 318 du même Code.

2° La vente d'un immeuble déterminé dépendant d'une succession indivise, consentie, avant le partage, par un seul cohéritier, est nulle comme constituant la vente de la chose d'autrui. [Cod. Nap. Art. 1599] (4).

Elle soumet le vendeur à la peine civile prononcée contre le stellionataire (Cod. Nap. Art. 2059).

Il doit en être surtout ainsi, lorsque la chose indivise est vendue comme appartenant en propre et exclusivement au vendeur, et sans indication de sa provenance.

L'action en nullité intentée par le vendeur est repoussée par la maxime du droit ancien : Qui doit garantie ne peut évincer, *— ou par l'adage :* Quem de evictione tenet actio eumdem agentem repellit exceptio.

Une telle vente ne saurait être validée par l'effet d'un partage ultérieur, qui attribuerait au vendeur, en totalité ou en partie, la propriété de la chose vendue.

On ne doit pas confondre la vente d'une quote-part dans une hoirie indivise, avec la vente d'un immeuble déterminé dépendant de cette succession.

3° La prescription est suspendue à l'égard de la femme, lorsque son action réfléchirait contre le mari, par suite de la garantie dont ce dernier est tenu vis-à-vis d'un tiers [Cod. Nap. Art. 2256] (5).

Casile, Vincileoni et Bastianesi C. Calzeroni.

ARRÊT.

Après délibération en la Chambre du Conseil,

LA COUR ; — sur les conclusions de M. BERTRAND, Premier Avocat Général,

SUR L'IRRÉGULARITÉ DE LA COMPOSITION DU CONSEIL DE FAMILLE :
Considérant que l'observation des règles relatives à la composition

---

(4) La Cour de Bastia persiste ici dans la jurisprudence qu'elle a adoptée par ses arrêts des 7 juin 1854 et 18 avril 1855 (Notre Rec., tom. 4, pag. 75 et 139). Voir, cependant, en sens contraire : Bastia, 30 mai 1831 (*Eodem*, tom. 1er, pag. 507) et la note placée sous l'arrêt précité du 18 avril.

(5) Voir anal. : Bastia, 6 mai 1856 (Notre Rec., tom. 4, pag. 279).

des conseils de famille n'est pas prescrite à peine de nullité (Article
407 du Code Napoléon); — Qu'il appartient aux Tribunaux de rechercher si les irrégularités signalées dans la constitution d'une assemblée
de famille sont le résultat du dol et de la fraude, et si elles ont eu pour
but de porter atteinte aux intérêts du mineur;

Considérant que, dans l'espèce soumise à l'appréciation de la Cour,
on n'allègue même pas que le conseil de famille, qui a nommé le sieur
Jean-Baptiste Calzeroni tuteur d'Archange Bastianesi, ait été constitué
dans une pensée hostile aux intérêts de ce dernier;

Considérant, d'ailleurs, et en fait, que les irrégularités invoquées ne
sont pas suffisamment justifiées, et que l'on ne saurait avoir aucun
égard à des allégations dénuées de preuves;

SUR L'ILLÉGALITÉ DE LA NOMINATION DU TUTEUR JEAN-BAPTISTE CALZE-
RONI :

Considérant que, si le législateur n'a point prévu le cas où un anta-
gonisme d'intérêts se produirait entre le père de famille et le fils placé
sous sa tutelle et son autorité, c'est parce que la loi ne règle que les
hypothèses qui se présentent le plus habituellement dans le cours ordinaire de la vie, et non celles qui ne forment qu'une exception à la
règle générale;

Mais considérant qu'à défaut d'une disposition précise, la seule raison
enseigne que, lorsque dans une instance il existe une opposition d'intérêts, comme dans la cause actuelle, entre le père et le fils mineur,
les droits et les intérêts du fils doivent être placés sous la sauvegarde
d'un tuteur *ad hoc*;

Considérant que la nomination de ce tuteur rentre essentiellement
dans les attributions générales des conseils de famille;

. Considérant que le sieur Jean-Baptiste Calzeroni a été investi des
fonctions de tuteur du mineur Archange Bastianesi, principalement
à l'effet de le représenter dans l'instance actuelle;

Considérant que, si la délibération du conseil de famille comprend
de plus amples pouvoirs que ceux qui étaient nécessaires au tuteur
nommé pour défendre les droits du mineur dans la succession de Félix

Bastianesi, cette généralité d'attributions ne saurait être opposée au tuteur agissant aux fins spéciales de sa nomination ;

Considérant, d'autre part, que, si le Tribunal de Première Instance a cru devoir ajouter, aux pouvoirs que le tuteur *ad hoc* tenait du conseil de famille, une désignation nouvelle émanant de son autorité, cette nomination surabondante, qui n'était réclamée par aucune des parties, est frappée de nullité et ne saurait vicier les pouvoirs conférés au sieur Jean-Baptiste Calzeroni par le conseil de famille régulièrement constitué ;

Au fond :

Considérant que les immeubles vendus par Séraphin Bastianesi a Casile et à Vincileoni provenaient de Martin Bastianesi ;

Considérant que cette origine, démontrée par toutes les circonstances de la cause, est particulièrement rendue manifeste par l'acte de partage de la succession dudit Martin Bastianesi, en date du 9 Janvier 1849 ;

Considérant que Séraphin Bastianesi figura dans cet acte comme représentant collectivement tous les cohéritiers de Félix Bastianesi, et que c'est à ce titre qu'il lui fut dévolu un lot comprenant les immeubles dont il s'agit au procès ;

Considérant qu'il n'est nullement justifié, par les documents de la cause, que les actes de vente du 23 Avril 1844 aient été imposés à Séraphin Bastianesi par les menaces et les violences du bandit François Bastianesi ; — Que la preuve articulée, à cet égard, devant la Cour, est conçue en termes vagues ; — Qu'elle ne précise aucun fait, aucune circonstance qui rendent vraisemblable la contrainte morale alléguée par les intimés ; — Que, par conséquent, les actes dont il s'agit ne sauraient être annulés comme n'étant point le résultat de la libre volonté du vendeur ;

Considérant qu'au moment où ces ventes furent consenties, Félix Bastianesi, légataire institué par son grand oncle Martin Bastianesi, en la moitié de tous ses biens, vivait encore ; — Que, par suite, Séraphin Bastianesi n'avait aucun droit sur les immeubles dont il s'agit ;

— D'où il résulte que les actes du 23 Avril 1844 sont nuls comme
contenant vente de la chose d'autrui ;

Considérant que vainement objecte-t-on que le décès de Félix, survenu le 29 Juin 1844, aurait ouvert un droit à Séraphin sur sa succession, et que, par l'effet du partage de cette succession, les immeubles
vendus pouvant tomber, en partie, dans son lot, les ventes devraient
être validées jusqu'à concurrence de la portion qui serait ainsi dévolue
au vendeur ;

Considérant qu'aucun partage n'a eu lieu jusqu'à ce jour ; — Qu'aucune instance n'est engagée pour y parvenir ; — Que la succession de
Félix Bastianesi est encore indivise, et que ce n'est point sur les éventualités d'un partage, dont les résultats sont incertains, que des actes,
nuls dans leur principe, pourraient être validés ;

Considérant que vainement encore a-t-on soutenu, de la part des
appelants, que les aliénations consenties par Séraphin Bastianesi constituent la vente de la chose commune ou indivise, et que les ventes de
cette nature ne sont point prohibées par la loi ou par la jurisprudence ;

Considérant qu'il résulte des faits qui viennent d'être rappelés, que
l'indivision n'existait, à l'époque des ventes, qu'entre les cohéritiers
de Martin Bastianesi, dont Séraphin ne faisait point partie ; — Qu'ainsi,
à son égard, les ventes par lui consenties présentaient essentiellement
les caractères de l'aliénation de la chose d'autrui, et non de la chose
commune ou indivise ;

Considérant qu'en examinant même la question à ce point de vue,
les prétentions de Vincileoni et Casile n'en devraient pas moins être
repoussées ;

Considérant, en effet, que la vente d'un ou de plusieurs immeubles
déterminés et dépendants d'une succession indivise, constitue l'aliénation de la chose d'autrui ; — Que le cohéritier vendeur dispose d'une
chose qui ne lui appartient pas encore et qui peut même ne jamais lui
appartenir ; — Qu'une telle vente, proscrite par la généralité des termes de l'Article 1599 du Code Napoléon, soumet le vendeur à des
dommages-intérêts, et le rend passible de la peine réservée au stellionataire ;

Considérant qu'un contrat infecté du vice de stellionat ne saurait être réhabilité et validé par les résultats ultérieurs d'un partage ou par la circonstance qu'à un titre quelconque le stellionataire deviendrait, en totalité ou en partie, propriétaire de la chose par lui aliénée à l'époque où elle ne lui appartenait pas encore ;

Considérant que, si le partage postérieur à l'aliénation a lieu à l'amiable, le sort de la vente, nulle à son origine, est abandonné à la volonté du vendeur et de ses cohéritiers ; — Qu'ils pourront, à leur gré, la valider ou l'annuler, en comprenant l'immeuble vendu dans le lot du vendeur, ou en l'attribuant à un autre cohéritier ;

Considérant que, quel que soit le mode du partage, l'immeuble vendu peut n'être dévolu au vendeur que pour une partie seulement ;

Considérant que la vente primitive, réduite à ces proportions, constitue une vente nouvelle que l'acheteur n'aurait peut-être pas acceptée à l'origine, et qui s'accomplit sans le concours de sa volonté, ce qui est contraire aux notions les plus élémentaires du droit ;

Considérant que les vices de la théorie qui valide la vente de la chose d'autrui par l'effet d'actes postérieurs au contrat, se démontrent par les difficultés mêmes qu'elle rencontre dans son application ; — Qu'en examinant les divers systèmes qui se sont produits en cette matière, on demeure frappé des contradictions qui existent dans l'opinion de leurs auteurs, sur les circonstances qui donnent effet à la vente, sur la question de savoir à laquelle des deux parties contractantes il appartient de demander l'exécution ou la nullité du contrat, sur les conséquences de la bonne foi du vendeur ou de l'acheteur, enfin sur l'influence que doit exercer, à l'égard de l'action en nullité, la tradition de la chose vendue ;

Considérant que les divergences qui se manifestent sur ces divers points, témoignent du peu de certitude d'une doctrine qui n'est pas moins contraire au texte de la loi, qu'à ses tendances morales et à son esprit ;

Considérant que les appelants Vincileoni et Casile se sont en vain efforcés d'établir une contrariété de décisions, dans les divers arrêts de la Cour intervenus en cette matière ;

Considérant que cette contrariété ne repose que sur de fausses apparences ; — Que les différences dans les solutions s'expliquent et se justifient par la diversité des espèces ; — Qu'on ne saurait, en effet, confondre la vente d'une quote-part, dans une succession indivise, avec l'aliénation d'un immeuble déterminé dépendant d'une succession qui n'est pas encore partagée, alors surtout que l'immeuble, dont l'origine n'est pas indiquée dans le contrat, est vendu comme étant la chose propre et exclusive du vendeur ;

Considérant que les appelants objectent, sans plus de fondement, que Séraphin Bastianesi aurait pu, par une convention expresse, vendre les immeubles dont il s'agit, sous la condition que la vente ne sortirait à effet que dans le cas où ces immeubles, qui appartenaient par indivis à Félix, deviendraient en tout ou en partie sa propriété ; — Qu'une telle vente, consentie par Séraphin en vue du décès de son fils, serait nulle comme contraire aux dispositions de la loi civile, qui, par des considérations de haute moralité, interdisent toute stipulation sur les successions futures ;

Considérant, sous un autre rapport, que Vincileoni et Casile invoquent, à l'appui de la validité des ventes, la qualité d'héritier apparent de Martin Bastianesi, qualité qu'ils attribuent au vendeur Séraphin, lequel, bien loin de l'accepter, la repousse et la répudie ;

Considérant que Martin Bastianesi est décédé à la survivance de plusieurs frères et sœurs, neveux et nièces, et que, par son testament du 2 Septembre 1843, il lègue la moitié de son hoirie à Félix Bastianesi, son petit-neveu, et l'autre moitié à divers autres parents, qui ont concouru au partage de 1849 ; — Que ce testament était notoirement connu dans la famille, et dans le lieu où la succession de Martin Bastianesi s'est ouverte ; — Que l'existence du testament et sa notoriété ne permettaient pas à Séraphin de prendre la qualité d'héritier apparent du testateur ;

Considérant, d'ailleurs, que dans les actes du 23 Avril 1844, Séraphin n'a point vendu les immeubles en litige, en qualité d'héritier apparent de Martin Bastianesi ; — Qu'ainsi, ce moyen, inconciliable avec les faits de la cause, ne saurait arrêter l'attention de la Cour ;

Sur la prescription :

Considérant que Vincileoni et Casile, dans l'hypothèse de la nullité des ventes, opposent à la demande des intimés une fin de non-recevoir fondée sur la prescription ;

Considérant que les deux ventes dont il s'agit ont été consenties le 23 Avril 1844 ; — Qu'à cette époque Félix Bastianesi, à qui les immeubles vendus appartenaient par indivis avec son frère Archange et sa sœur Ignacie, était mineur ; — Qu'il est décédé, en âge de minorité, le 29 Juin 1844 ; — Que la demande en délaissement a été introduite par exploit du 4 Décembre 1854, c'est-à-dire après les dix années requises pour opérer la prescription ;

Mais considérant qu'Archange est encore mineur ; — Qu'Ignacie n'est devenue majeure que le 2 Juin 1855 ; — Qu'ainsi, en ce qui les concerne, l'exception de prescription n'est nullement fondée ; — Qu'elle ne l'est pas davantage à l'égard de la dame Padovella, épouse de Séraphin Bastianesi ;

Considérant, en effet, que la dame Padovella ne pouvait, *constante matrimonio*, exercer une action qui aurait réfléchi sur Séraphin, son mari, garant des ventes par lui consenties ; — Qu'elle peut donc repousser la prescription par la maxime : *Contra non valentem agere non currit præscriptio ;*

Considérant, en ce qui touche Séraphin, que la question relative à la prescription est dominée par celle de la garantie ;

Considérant que Séraphin, ayant aliéné des immeubles qu'il savait n'être point sa propriété, est tenu de garantir les acquéreurs de tout trouble ou éviction ; — Que, par conséquent, si, depuis le contrat de vente, il est devenu propriétaire de tout ou partie des immeubles vendus, son action en nullité est repoussée par la maxime du droit ancien : Qui doit garantie ne peut évincer, — ou par l'adage : *Quem de evictione tenet actio eumdem agentem repellit exceptio ;*

Considérant que Séraphin Bastianesi ne peut, dans l'espèce, s'exonérer de la garantie en invoquant la contrainte morale qui aurait déterminé son consentement, ce moyen se confondant avec celui qui a déjà été apprécié relativement à la validité des ventes ;.............

SUR LES FRUITS :

Considérant que Vincileoni et Casile ayant joui de bonne foi, ne sauraient être condamnés à la restitution des fruits;

. . . .

SUR LA CONTRAINTE PAR CORPS :

Considérant qu'aux termes de l'Article 2059 du Code Napoléon, le stellionataire est soumis à la contrainte par corps;

. . . .

A MIS et MET l'appellation et ce dont est appel au néant;

Et PROCÉDANT par nouveau jugé,

FAISANT ce que le premier Juge aurait dû faire,

STATUANT sur les instances jointes, à raison de leur connexité,

SANS S'ARRÊTER au défaut de qualité de Jean-Baptiste Calzeroni, non plus qu'aux exceptions fondées sur la contrainte morale et sur la prescription,

SANS S'ARRÊTER davantage à la demande en preuve,

Et le tout REJETANT comme irrecevable ou mal fondé,

DISANT DROIT à la demande en nullité des ventes du 23 Avril 1844 formée par Archange, Ignacie et Padovella Bastianesi;

ANNULLE lesdites ventes, en ce qui concerne ces trois intimés;

CONDAMNE, par suite, Casile et Vincileoni à délaisser les trois quarts desdits immeubles;

Les AFFRANCHIT de la restitution des fruits, attendu leur bonne foi;

DÉCLARE non recevables les demandes en nullité et en délaissement formées par Séraphin Bastianesi;

Le CONDAMNE à pleinement garantir Casile et Vincileoni des suites de l'éviction;

DIT, en conséquence, que Séraphin Bastianesi est tenu, par toutes les voies de droit et par corps, de rembourser aux appelants Casile et Vincileoni les trois quarts des prix stipulés dans les actes de vente du 23 Avril 1844, et des loyaux coûts desdits contrats;

AUTORISE, toutefois, les acquéreurs à délaisser la totalité desdits immeubles, s'ils l'estiment convenable;

Et, pour ce cas, CONDAMNE Séraphin Bastianesi à rembourser aux appelants l'intégralité des prix de vente et des loyaux coûts;

DIT que Vincileoni et Casile seront tenus de notifier leur option, dans un mois à compter du présent arrêt.

. . . .

Chambre Civile. — M. CALMÈTES, *Premier Président.*

MM. GAVINI,
MILANTA, } *Avocats.*

DU 5 MARS 1858.

Il y a trouble punissable, d'après l'Article 261 du Code Pénal, dans le fait d'avoir interpellé à haute'voix un individu dans l'église, aussitôt après la célébration de l'Office Divin, mais avant que le prêtre officiant eût quitté l'autel, et pendant que les fidèles étaient encore réunis dans le temple (1).

.... Et cela quand bien même le trouble ainsi causé n'aurait pas eu directement pour but d'empêcher ou interrompre les exercices du culte, mais qu'il les aurait empêchés ou interrompus en effet (2).

Ministère Public C. Fericelli.

Un règlement du Conseil de Fabrique de la commune de Scolca avait soumis à la taxe les chaises ou bancs qui auraient été placés dans l'église. — Plusieurs membres de ce Conseil, notamment le Maire et le Curé, avaient admis une exception en faveur de l'instituteur communal lorsqu'il conduirait ses élèves à l'office divin. Tel n'était pas l'avis du sieur Fericelli, président des Marguillers....

Un jour, l'instituteur accompagna ses élèves à l'église, pour assister à la bénédiction du Saint-Sacrement, et prit place, comme d'habitude, sur une chaise. A peine la bénédiction avait été donnée, que le sieur Fericelli apostropha brusquement l'instituteur

---

(1) On pourrait tirer un argument contraire d'un arrêt de la Cour de Montpellier qui a décidé, le 19 mai 1851 (S. V. 51. 2. 380 ; — D. P. 52. 2. 189), que le scandale produit au moment où le prêtre allant dire la messe, mais étant encore dans la sacristie, se livre à la prière et à la méditation, ne peut être considéré comme trouble apporté à l'exercice du culte.

(2) L'intention criminelle n'est-elle pas une des trois conditions nécessaires pour constituer le délit prévu et puni par l'art. 261 du Code Pénal? L'affirmative résulte de l'arrêt indiqué dans la note précédente, ainsi que de celui, qui a été rendu par la Cour de Metz, le 21 décembre 1853 (S. V. 54. 2. 275 ; — D. P. 55. 2. 119), lequel porte, en outre, que l'art. 261 est applicable lors même que le trouble aurait été produit par un bruit fait à dessein en dehors de l'église.

en lui demandant à haute voix s'il avait payé la taxe. Le Curé descendait alors les marches de l'autel, et la plupart des fidèles étaient encore à leur place dans le recueillement de la prière. Le bruit qui s'ensuivit ne put être calmé que par l'intervention du Curé et du Maire.

Ces faits ayant été rapportés au Ministère Public, le sieur Fericelli fut cité en police correctionnelle, sous la prévention de trouble ayant empêché ou interrompu les exercices du culte.

Jugement du Tribunal de Bastia qui relaxe, par le motif que les faits reprochés au prévenu ne peuvent pas tomber sous l'application de l'Article 261 du Code Pénal, parce qu'il faut entendre, par exercices du culte, le fait actuel du prêtre procédant à l'une des cérémonies religieuses, telles que la célébration de la messe, le salut, la confession, etc.

Appel du Ministère Public. — Au soutien de cet appel on a dit : L'acte religieux pour lequel les fidèles s'étaient réunis n'était pas entièrement fini, puisque le prêtre officiant était, encore présent, et que les assistants n'avaient pas encore quitté leur place. — L'exercice du culte consiste non-seulement dans la célébration de l'office divin pris en lui-même; mais encore dans les pratiques qui précèdent ou suivent l'acte religieux. Il est d'usage, dans le culte catholique, de se recueillir un instant après cet acte, soit pour en méditer la grandeur, soit pour des actions de grâce. Troubler ce recueillement, c'est porter atteinte à la liberté du culte, et en empêcher l'exercice.

On a ajouté qu'il importait peu que l'auteur du trouble n'eût pas eu l'intention d'empêcher ou interrompre l'exercice du culte; qu'il devait suffire que le fait constitutif du trouble eût été volontaire, comme dans l'espèce, pour que l'empêchement ou l'interruption qui s'en est suivie dût être réprimée.

Ces considérations ont prévalu devant la Cour, qui a infirmé la décision des premiers Juges, et condamné Fericelli à seize francs d'amende.

ARRÊT.

Après délibération en la Chambre du Conseil,

La Cour; — sur les conclusions conformes de M. DE MONTERA, Substitut du Procureur Général,

Attendu qu'il est constant au procès, que le soir du 20 Mars 1857, dans l'église de Scolca, au moment où, après avoir donné la bénédiction du Saint-Sacrement, le prêtre descendait de l'autel, et pendant que les fidèles se tenaient agenouillés dans le silence et le recueillement de la prière, le prévenu Fericelli s'est permis tout-à-coup d'éle-

ver la voix, pour demander au Curé lui-même, si la chaise de l'instituteur de la commune avait payé la rétribution fixée par le Conseil de
Fabrique; qu'il a menacé de jeter cette chaise hors de l'église, et qu'il
est résulté de tout cela, au sein de l'église même, des discussions et
un grand désordre qui n'ont pu être que difficilement apaisés;

Attendu que ces faits tombent sous l'application de l'article 261 du
Code Pénal, et que c'est à tort que les premiers Juges ont pensé le
contraire;

Attendu, néanmoins, que les circonstances dans lesquelles Fericelli
a agi sont atténuantes; — Qu'il était Président de la Fabrique, et qu'en
cette qualité, il a pu croire qu'il avait plus de droits qu'un autre, et
qu'il n'offensait pas peut-être la sainteté du lieu et de la cérémonie,
puisqu'il s'agissait, dans ses paroles, des intérêts de l'église;

Faisant droit à l'appel du Ministère Public;

Annulle le jugement attaqué :

Émendant, et faisant ce qui aurait dû être fait,

Déclare Fericelli coupable, avec circonstances atténuantes, d'avoir,
le soir du 20 Mars 1857, dans l'église de Scolca, interrompu l'exercice
du culte religieux;

Pour réparation de quoi, et par application des articles 261 et 463
du Code Pénal, etc.

Condamne ledit Fericelli à seize francs d'amende.

Chambre Correctionnelle. — M. CASALE, *Président.*

M. Ollagnier, *Avocat.*

DU 5 MARS 1858.

PAPIER TIMBRÉ. — USAGE FRAUDULEUX.

Dans le fait d'avoir détourné des feuilles de papier timbré destinées à l'affiche des publications de mariage, en y substituant un autre papier sur lequel on avait collé frauduleusement les empreintes du timbre légal, il n'y a ni délit ni contravention (1).

Le Ministère Public C. Mattei et Giovansili.

Deux individus de Peri avaient remis au Maire de cette commune des feuilles de papier timbré, pour la publication des bans de leur mariage. Au lieu d'employer ce papier, le Maire, ou son secrétaire, coucha l'extrait de l'acte de publication sur une feuille de papier ordinaire, réduite aux dimensions du papier légal, et portant les deux empreintes de ce papier, lesquelles avaient été collées, après avoir été découpées

---

(1) La loi du 13 brumaire an VII a bien édicté une amende contre ceux qui contreviendraient à ses dispositions sur le timbre; mais elle n'a pas prévu le cas où, sans contrefaire les timbres de l'État, quelqu'un aurait imaginé de découper les empreintes légales d'un papier timbré qui aurait déjà servi, et de les appliquer à un papier ordinaire, pour simuler le papier légal. C'est donc en dehors de cette loi qu'il faut chercher la répression d'un fait de cette nature. — L'art. 401 du Code Pénal punit tous les vols non qualifiés, les larcins et filouteries. Si le législateur a entendu, par là, réprimer tout bénéfice illicite effectué par ruse ou autrement, le fait dont il s'agit pourrait tomber sous l'application de cet article. Mais toute soustraction suppose un préjudice direct, et la personne qui avait fourni le papier n'en a point souffert. Si on rapprochait le fait de l'art. 408, on y verrait de prime abord un abus de confiance. En effet, le maire, ou le secrétaire, avait détourné à son profit le papier timbré qui lui avait été remis pour un usage déterminé; mais cet article ne punit le détournement qu'autant qu'il aurait été fait *au préjudice du propriétaire*, et, encore une fois, celui qui avait fourni le papier n'a éprouvé aucun préjudice. C'est ce qui explique les décisions qui ont prononcé l'acquittement des prévenus.

Toutefois, on ne peut se dissimuler que le fait était d'une immoralité telle à mériter une répression. Si le silence de la loi ne l'a pas permis, du moins faudrait-il qu'une disposition nouvelle vînt l'atteindre, comme on l'a fait pour l'emploi des timbres-poste qui ont déjà servi.

d'une autre feuille qui avait servi. Il était évident que le Maire, ou le secrétaire de la Mairie, n'avait usé d'une pareille fraude que pour bénéficier du papier qui lui avait été remis.

Le fait ayant été constaté par procès-verbal, le secrétaire qui avait écrit les extraits et le Maire qui les avait signés, furent traduits devant le Tribunal Correctionnel d'Ajaccio comme prévenus de filouterie. — Ce tribunal les relaxa des poursuites, non-seulement parce que leur culpabilité ne lui avait pas paru suffisamment établie; mais encore, et principalement, parce que le fait ne tombait pas sous l'application de l'Article 401 du Code pénal. — Ce jugement ayant été frappé d'appel, le Ministère Public en a demandé l'infirmation, comme non fondé ni en fait ni en droit.

En fait, il apparaissait, des documents et des circonstances de la cause, que la fraude signalée ne pouvait avoir été commise que par les inculpés, lesquels avaient écrit et signé les actes incriminés.

En droit, la substitution frauduleuse du papier pour en faire un bénéfice illicite n'était autre qu'un larcin ou une filouterie.

La Cour n'a pas accueilli ce système.

ARRÊT.

Après délibération en la Chambre du Conseil,

La Cour ; — sur les conclusions contraires de M. DE MONTERA, Substitut du Procureur Général,

Attendu que, si blâmable qu'il soit en lui-même, le fait reproché aux prévenus Mattei et Giovansilj ne tombe cependant sous l'application d'aucune disposition du Code Pénal ;

Confirme.

Chambre Correctionnelle, — M. CASALE, *Président.*

M. Ollagnier, *Avocat.*

DU 24 MARS 1858.

RÉCUSATION. — MOTIF UNIQUE. — TRIBUNAL ENTIER. — SUSPICION LÉGITIME. — COMPÉTENCE. — JUGES INTÉRESSÉS. SOCIÉTÉ. — ACTIONS. — ATTRIBUTION DE JURIDICTION.

Le Juge récusé ne peut statuer sur sa propre récusation (1).

Si la récusation, fondée sur une cause unique, s'applique à tous les membres d'un Tribunal, l'appréciation du mérite de cette récusation collective appartient à la juridiction immédiatement supérieure (2).

Les Juges d'un Tribunal, actionnaires d'une société commerciale, ne peuvent statuer sur une demande dirigée par la société contre son ancien gérant (3).

Les statuts d'une société commerciale pourraient-ils valablement attribuer juridiction à un Tribunal de Commerce sur les différends entre la société et les actionnaires, alors même que tous les membres de ce Tribunal feraient partie de la société et auraient, par conséquent, un intérêt direct dans la cause? (4)

Une telle convention, si elle avait été faite, mettrait-elle obstacle à la récusation des Juges intéressés dans le différend qui leur serait soumis? (5).

(1-2-3) Les trois questions ci-dessus sont examinées et résolues, conformément à l'arrêt que nous rapportons, par CARRÉ et CHAUVEAU, sous les nᵒˢ 1337, 1353, 1358, 1364 et 1399. Aux nombreuses autorités indiquées par ces auteurs, à l'appui de leur opinion, on peut ajouter un arrêt rendu par la Cour de Bourges, le 27 janvier 1851 (S. V. 52. 2. 8 ; — D. P. 51. 2. 192), lequel décide que le juge récusé ne peut statuer sur sa récusation, et qu'il appartient à la Cour d'apprécier le mérite d'une récusation qui embrasse tous les membres d'un tribunal.

(4-5) Il eût été bien difficile de retenir, en fait, que les parties avaient voulu, dans les statuts de leur société, attribuer juridiction à des juges qui auraient été intéressés dans les contestations. Mais en admettant ce point de fait, on pourrait se demander si la renonciation préalable au droit de récusation n'est pas obligatoire ; et l'on devrait peut-être tirer cette conclusion de ce principe certain, que la faculté de récuser est une faveur accordée aux parties et qu'elles sont libres de ne pas en user. En effet, l'art. 382 du Code de Procédure Civile déclare que celui qui voudra récuser devra le faire avant le commencement des plaidoiries ; et l'on sait que la jurisprudence reconnaît : 1º que le délai fixé par la loi est

Zevaco C. Borelli.

ARRÊT.

Après délibération en la Chambre du Conseil,

La Cour; — sur les conclusions de M. Bertrand, Premier Avocat Général,

Considérant qu'il est constant, en droit, que le Juge récusé ne peut statuer sur sa propre récusation; — Que, par conséquent, lorsque tous les membres d'un Tribunal sont récusés et que la récusation est fondée sur un motif unique, le Tribunal tout entier se trouve dans l'impossibilité de connaître de la récusation proposée;

Considérant, sous un autre rapport, que la récusation de tous les membres d'un Tribunal équivaut à une demande en renvoi pour cause de suspicion légitime, qui ne peut être soumise qu'à la juridiction immédiatement supérieure;

Considérant que le sieur Zevaco ayant compris dans une même récusation tous les membres du Tribunal de Commerce d'Ajaccio, le Tribunal tout entier était frappé d'incapacité pour statuer sur le mérite de cette récusation collective et unique;

Considérant, d'autre part, qu'il est constant, en fait, que tous les

---

fatal; 2° que la partie qui n'a pas présenté ses moyens en temps utile est présumée avoir renoncé au droit de récusation; 3° que le concours d'un juge récusable ne rend pas nul le jugement rendu, s'il n'a pas déclaré les causes de récusation qu'il savait exister en sa personne, ou s'il n'a pas été récusé. Voir : Carré et Chauveau, Quest. 1392, 1393 *ter* et 1394, ainsi que les arrêts et les auteurs qu'ils citent. *Junge*, Rejet, 20 avril 1841 (S. V. 41. 1. 646; — D. P. 41. 1. 215); — *Idem*, 11 décembre 1850 (S. V. 51. 1. 356; — D. P. 51. 1. 301); — *Idem*, 2 avril 1854 (S. V. 55. 1. 117, — D. P. 54. 1. 272). Cependant, nous pensons avec Chauveau, Quest. 1392 *in fine*, que le principe, d'après lequel nul ne peut être juge et partie, intéresse le droit naturel aussi bien que l'ordre public, et que nulle fin de non-recevoir ne peut prévaloir contre ce principe.

membres du Tribunal de Commerce d'Ajaccio font partie de la société
des transports maritimes, connue sous le nom de *Société Ajaccienne;*
— Qu'ils ne pouvaient, dès lors, statuer sur une instance dirigée par
cette société contre le sieur Zevaco, son ancien gérant;

Considérant que les statuts de la société n'autorisent pas les membres de ce Tribunal à juger dans leur propre cause; — Que l'Article
21 des statuts publics de cette société ne saurait avoir une telle portée;

Considérant qu'on y lit, en effet, « Que toutes les contestations entre
» la société et les actionnaires seront jugées par le Tribunal de Com-
» merce d'Ajaccio, sans que les parties puissent se prévaloir d'une
» exception d'incompétence *ratione personæ*, ni en appel, ni en Cas-
» sation; » — Que l'incapacité du Juge, pour statuer sur une cause dans
laquelle il a un intérêt direct et personnel, ne constitue pas une incompétence *ratione personæ;* — Qu'on ne doit pas, d'ailleurs, admettre facilement l'existence d'une convention qui violerait ce principe de
morale publique, suivant lequel nul ne peut être, à la fois, Juge et
partie dans une même instance;

Considérant que, dans le cas d'annulation du jugement émané du
Tribunal d'Ajaccio, l'appelant et l'intimé demandent à la Cour l'indication d'un autre Tribunal;...........

A mis et met l'appellation et ce dont est appel au néant,

Et disant droit, quant à ce, à la demande des deux parties,

Renvoie la cause principale devant le Tribunal de Corte, jugeant
commercialement...........

Chambre Civile. — M. CALMÈTES, *Premier Président.*

MM. Gavini,
Milanta, } *Avocats.*

DU 12 AVRIL 1858.

FEMME MARIÉE. — ACTION ALIMENTAIRE. — MARI. — AUTORISATION. —
ABSENCE DU MARI. — ARRÉRAGES.

En supposant que l'Article 861 du Code de Procédure civile soit appli-
cable lorsque la femme se trouve dans la nécessité de diriger une action en
justice contre son mari pour en obtenir des aliments, les dispositions de cet
article n'étant pas prescrites à peine de nullité, les Tribunaux ont le pou-
voir de déclarer, suivant les circonstances, que la femme a pu exercer
directement son action, sans requérir l'autorisation maritale suivant les
formes déterminées par cet article (1).

(1) Nous sommes portés à penser que le principe édicté par l'art. 215 du Code Napoléon doit s'appliquer à tous les cas qui n'ont pas été formellement exceptés par la loi; et que, par suite, la femme qui veut demander des aliments à son mari ne peut ester en justice, sans avoir été autorisée. Il nous semble qu'il ne saurait en être autrement, dès qu'il est certain que le législateur n'a pas dispensé de l'autorisation les demandes que la femme dirige contre son mari, et que la jurisprudence exige cette autorisation même pour le cas où il s'agit de la nullité du mariage. Voir en effet : Cass., 21 janvier 1845 (S. V. 45. 1. 366 ; — D. P. 45. 1. 97) ; — Rejet, 10 février 1851 (S. V. 51. 1. 202 ; — D. P. 51. 1. 43) ; — *Idem*, 4 novembre 1857 (S. V. 58. 1. 720). Nous devons cependant faire remarquer que la Cour de Cassation s'est prononcée en sens contraire le 30 août 1824 (S. 24. 1. 366; — D. A. 10. 106) ; et que MERLIN, *Rép.*, V° *Mariage*, section 6, § 2, a adopté la première opinion, tandis que CUBAIN, *Droits des femmes*, n° 103, soutient la seconde. — En présence des termes formels de l'art. 225 du Code précité, il nous serait difficile d'admettre que les tribunaux ont le droit de repousser l'exception soulevée par le mari et fondée sur le défaut d'autorisation; mais comme il peut être urgent que la femme obtienne des aliments, nous reconnaissons volontiers, avec CHAUVEAU, Quest. 2025 *bis*, qu'on pourrait suivre, dans notre hypothèse, la marche plus rapide tracée par l'art. 863 du Code de Procédure civile, au lieu de remplir les formalités des art. 861 et 862, en s'appuyant sur les dispositions de l'art. 222 du Code Napoléon. — Voir anal. dans ce sens : Agen, 31 juillet 1806 (S. 7. 2. 790; — D. A. 10. 147) ; — Rejet, 15 mars 1837 (S. V. 37. 1. 547) ; — D. P. 37. 1. 152) ; — TOULLIER, tom. 2, pag. 14; — DURANTON, tom. 2, n° 506.

    Contrà : Colmar, 31 juillet 1810 (S. 11. 2. 206 ; — D. A. 10. 129) ; — MARCADÉ, sur l'art. 222.

    Ces courtes observations ne tendent qu'à faire remarquer qu'il ne faut pas étendre, au

S'il est vrai que la femme ne peut demander une pension alimentaire à son mari, lorsqu'elle abandonne le domicile conjugal avec ou sans l'assentiment de ce dernier, il n'en saurait être ainsi lorsque le mari s'éloigne du domicile commun en privant sa femme de toutes ressources (2).

S'il est prouvé que la femme n'a pas de revenus personnels, les arrérages de la pension qu'elle réclame peuvent lui être accordés, depuis que le mari l'a délaissée dans le domicile conjugal, en la privant de tous moyens d'existence (3).

Les arrérages lui sont alloués, dans ce cas, pour l'acquittement des dettes qu'elle a contractées.

Potentini C. Potentini.

ARRÊT.

Après délibération en la Chambre du Conseil,

LA COUR; — sur les conclusions de M. DE MONTERA, Substitut du Procureur Général,

SUR LA PREMIÈRE FIN DE NON-RECEVOIR :

Considérant qu'en supposant que l'Article 861 du Code de Procédure

---

delà de ses véritables limites, la portée de l'arrêt que nous recueillons; car, nous croyons, comme la Cour de Bastia, que la femme Potentini a valablement été autorisée par la justice, postérieurement à l'introduction de sa demande, et en présence du mari qui, en excipant de la non autorisation, refusait virtuellement d'autoriser sa femme à ester en jugement. *Conf.* : Cass., 21 novembre 1832, 17 janvier 1838 et 11 août 1840 (S. V. 33. 1. 401 ; — 38. 1. 658 ; — 40. 1. 858 ; — D. P. 33. 1. 97 ; — 38. 1. 658 ; — 40. 1. 274) ; — Bordeaux, 11 août 1851 (S. V. 51. 2. 757 ; — D. P. 52. 2. 63) ; — DURANTON, tom. 2, n° 464 ; — SOUQUET, *Des Temps légaux*, tab. 34, col. 5, n° 8 ; — CARRÉ et CHAUVEAU, Quest. 2911, 2912 et 2912 *bis*.

(2-3) Voir en ce sens, mais dans des espèces plus ou moins analogues : Rejet, 12 janvier 1808 (S. 8. 1. 145 ; — D. A. 10. 123) ; — Montpellier, 23 décembre 1830 (S. V. 31. 2. 331 ; — D. P. 32. 2. 2) ; — Rejet, 28 décembre 1830 (S. V. 31. 1. 11 ; — D. P. 31. 1. 28) ; — Douai, 2 juin 1832 (S. V. 33. 2. 215 ; — D. P. 33. 2. 132) ; — Bordeaux, 3 février 1853 (S. V. 33. 2. 260 ; — D. P. 54. 2. 10).

Civile soit applicable dans le cas où la femme se trouve dans la nécessité d'exercer une action en justice contre son mari pour en obtenir
des aliments, l'inobservation des dispositions de cet Article n'entraîne
pas nécessairement la nullité des poursuites, et ne crée pas une fin de
non-recevoir insurmontable contre l'action de la femme; — Qu'il appartient aux Tribunaux de décider, d'après les circonstances de la
cause, si les poursuites de la femme contre le mari sont nulles, ou si
la demande est, en l'état, non recevable;

Considérant qu'il est constant, en fait, que le sieur Potentini avait
délaissé sa femme dans le domicile conjugal, à Barbaggio, pour se
rendre en Amérique, sans lui laisser aucun moyen d'existence; — Que
l'éloignement du mari, qui l'empêchait de comparaître à bref délai à
la chambre du conseil, et l'urgence de la cause, légitimaient suffisamment l'assignation donnée directement par la dame Potentini à son
mari à fins d'aliments;

Considérant que le Tribunal, en appréciant cette demande, était
appelé à statuer aussi sur l'autorisation réclamée par la dame Potentini;

Considérant que les questions relatives aux aliments et à l'autorisation étaient essentiellement liées et connexes;

Considérant que la demande en aliments étant reconnue fondée,
l'autorisation d'ester en justice ne pouvait être refusée à la dame Potentini.

SUR LA DEUXIÈME FIN DE NON-RECEVOIR :

Considérant que, s'il est vrai que la femme ne peut demander une
pension alimentaire à son mari, lorsqu'elle abandonne le domicile
conjugal avec ou sans l'assentiment de ce dernier, il n'en saurait
être ainsi lorsque le mari s'éloigne du domicile commun en privant sa
femme de toute ressource.

AU FOND :

Considérant que le Tribunal a fait une sage appréciation des besoins
de la dame Potentini et de la position de fortune du mari, en fixant la
pension alimentaire à trente-six francs par mois;

SUR LES ARRÉRAGES :

Considérant que la dame Potentini n'avait point de ressources personnelles ; — Qu'elle n'a pu pourvoir à son alimentation qu'en contractant des obligations qu'elle devra acquitter ;

. . . .

AUTORISE, en tant que de besoin, la dame Potentini à ester en cause d'appel,

Quoi FAISANT,

SANS S'ARRÊTER aux fins de non-recevoir,

Et icelles REJETANT comme irrecevables ou mal fondées,

A DÉMIS et DÉMET l'appelant de son appel ;............

Chambre Civile. — M. CALMÈTES, *Premier Président.*

MM. CECCONI,
SAVELLI, } *Avocats.*

DU 14 AVRIL 1858.

1° ACTE PUBLIC. — DISPOSITIONS UNILATÉRALES. — SIGNATURE DE LA PARTIE QUI REÇOIT.
   OU S'OBLIGE.

2° SPOLIATION. — SUCCESSION. — DÉCÈS. — DROITS DIVERS.

1° Lorsqu'un acte authentique ne renferme que des dispositions unilaté-
rales, il suffit à sa perfection que la partie qui reçoit, ou s'oblige, y appose
sa signature.

Il n'est pas nécessaire à la perfection de l'acte que l'autre partie ait
pareillement signé.

2° L'enlèvement de meubles ou valeurs appartenant à l'auteur commun,
constitue une spoliation dans le sens de l'Article 792 du Code Napoléon,
s'il a lieu avant le décès, mais à une époque rapprochée de l'ouverture de
la succession, et dans le but de frauder les autres cohéritiers (1).

Les dispositions de l'Article 792 précité embrassent, sans doute, tous les
droits du spoliateur, mais sous la condition qu'ils résidaient sur sa tête au
moment même du divertissement (2).

---

(1) Voir *Conf.* : Paris, 14 janvier 1851 (S. V. 31. 2. 210 ; — D. P. 31. 2. 53) ; — Rejet, 5
avril 1852 et 10 décembre 1835 (S. V. 32. 1. 528 et 36. 1. 327 ; — D. P. 32. 1. 160 et 36. 1.
30) ; — Riom, 10 avril 1851 (S. V. 51. 2. 565 ; — D. P. 52. 2. 196) ; — POUJOL, art. 792,
n° 2 ; — BELOST-JOLIMONT, sur CHABOT, art. 792, observ. 1re ; — RODIÈRE et PONT, *Contr. de*
Mariage, tom. 1er n° 841 et la note 3 ; — TROPLONG, *eodem,* tom. 3, nos 1684, 1687, 1689.
   Contrà : Riom, 13 février 1844 (S. V. 44. 2. 633).
   (2) La jurisprudence et la doctrine s'accordent pour décider que la privation de sa part
dans les objets divertis ou recélés, encourue par l'héritier aux termes de l'art. 792 du Code
Napoléon, et par l'époux commun en biens, d'après l'art. 1477 du même Code, s'applique
non-seulement à la portion afférente à la qualité d'héritier ou d'époux commun, mais en-
core à celle que l'on aurait pu réclamer à tout autre titre. Voir : Bordeaux, 16 juin 1840
(S. V. 40. 2. 502 ; — D. P. 41. 2. 26) ; — Rejet, 1er décembre 1841 (S. V. 41. 1. 801 ; —
D. P. 42. 1. 36) ; — Paris, 24 juin 1843 (S. V. 43. 2. 331 ; — D. P. 43. 2. 201) ; — Rejet,
4 décembre 1844 (S. V. 45. 1. 191 ; — D. P. 45. 1. 45) ; — TOULLIER , tom. 13 , n° 214 ; —
RODIÈRE et PONT, *ubi suprà,* n° 842 ; — TROPLONG, *loc. cit.,* n° 1692.
   Contrà : Colmar, 29 mai 1823 (S. 23. 2. 331 ; — D. A. 5. 617); — Poitiers, 30 novembre
1850 (S. V. 32. 2. 580 ; — D. P. 32. 2. 69).

Simonetti C. Riffaccioli.

ARRÊT.

Après délibération en la Chambre du Conseil,

La Cour; — sur les conclusions conformes de M. DE MONTERA, Substitut du Procureur Général,

SUR LE PREMIER GRIEF DES APPELS RESPECTIFS :

Considérant que le sieur Simonetti n'a nullement établi que la somme de deux mille deux cent soixante francs, portée dans l'acte authentique du 2 Juin 1837, n'est pas sincère; — Que rien ne prouve que les sommes reçues par Pascal Riffaccioli des débiteurs de son père s'élèvent à plus de quatre mille francs;

Considérant que l'acte dont il s'agit ne contenant que des dispositions unilatérales, la signature de Pascal Riffaccioli n'était pas nécessaire à sa perfection;

Considérant que la somme de deux mille deux cent soixante francs fut remise peu de temps avant sa mort par Don-Pierre Riffaccioli, à sa belle fille; — Que cette remise constitue un don manuel sujet à rapport, et non le divertissement d'une valeur dans le sens de l'Article 792 du Code Napoléon;

Considérant que Pascal Riffaccioli, légataire de la quotité disponible de son père, ne peut invoquer l'Article 849 du Code Napoléon, pour retenir, à titre de préciput, du chef de sa femme, la somme de deux mille deux cent soixante francs; — Qu'il y a lieu, par suite, de démettre, quant à ce, des appels respectifs.

SUR LE DEUXIÈME GRIEF DES DEUX APPELS :

Considérant que le Tribunal de première instance a fixé la quantité d'huile divertie à mille trois cent quatre-vingt-cinq kilogrammes;

Considérant qu'il n'est nullement prouvé que ces divertissements fussent ou supérieurs ou moindres; — Que Pascal Riffaccioli ne justifie pas que cette huile fût la propriété de sa femme;

Considérant qu'il n'est pas établi avec précision que ces détournements aient eu lieu avant le décès de l'auteur commun; — Que les présomptions résultant des faits de la cause doivent faire admettre qu'ils ont été postérieurs;

Considérant, d'ailleurs, qu'auraient-ils précédé le décès de Don-Pierre Riffaccioli, ils n'en constitueraient pas moins une spoliation de la succession, leur enlèvement de la maison paternelle ayant été effectué peu de temps avant la mort du père commun des parties, et dans le but de frauder les droits des autres cohéritiers.

SUR LE GRIEF DE L'APPEL PRINCIPAL RELATIF A S^{to} FEDELE :

Considérant que cet immeuble a été légué, par préciput et hors part, à Pascal Riffaccioli; — Que l'aliénation de cet immeuble faite par le légataire, plusieurs années après le décès de l'auteur commun, même avec dissimulation d'une partie du prix dans l'acte de vente, ne constitue pas un divertissement, puisque *S^{to} Fedele* sera réuni fictivement à la masse successorale, suivant la valeur qui lui sera donnée par les experts, en ayant égard à toutes les circonstances qui peuvent ajouter à sa valeur intrinsèque;..........

SUR L'ATTRIBUTION DES OBJETS DIVERTIS :

Considérant que, si les dispositions de l'Article 792 embrassent tous les droits qui appartiennent au spoliateur, ce n'est que dans le cas où ces divers droits résident sur sa tête au moment du divertissement, circonstance qui ne se vérifie pas dans l'espèce du procès;

CONFIRME.

Chambre Civile. — M. CALMÈTES, *Premier Président.*

MM. PODESTA,
DE GAFFORJ, } *Avocats.*

DU 30 AVRIL 1858.

MAÎTRES. — OUVRIERS. — DOMMAGE. — RESPONSABILITÉ.

Celui qui fait travailler des ouvriers, pour son compte et sous la surveil-
lance de ses agents, est responsable du dommage causé par ces ouvriers,
pendant qu'ils étaient employés, soit à la coupe ou à la carbonisation du
bois, soit au transport du charbon. [*Cod. Nap., Art. 1384, et Cod. Forest.,*
Art. 206] (1).

Il doit en être ainsi lors même que le maître soutiendrait, qu'ayant traité
à prix fait avec les charbonniers (1 fr. 90 cent. par quintal métrique de
charbon), ces derniers ne sont, à son égard, que des entrepreneurs, si dans
les conventions intervenues on trouve les caractères d'un simple louage de
gens de travail qui s'engagent au service d'autrui (2).

De la Rochette C. la Commune de Conca.

ARRÊT.

Après délibération en la Chambre du Conseil,

LA COUR ; — sur les conclusions de M. DE CASABIANCA, Avocat Général,

EN CE QUI TOUCHE LA RESPONSABILITÉ CIVILE MISE A LA CHARGE DE DE LA
ROCHETTE :

Attendu qu'en matière de délits et de quasi-délits, on est respon-

---

(1-2) Voir *Conf.* : Cass., 28 juin 1841 (S. V. 41. 1. 476 ; — D. P. 41. 1. 271) ; — Paris, 27
septembre 1843 (D. P. 44. 2. 26) ; — *Idem*, 15 avril 1847 (S. V. 47. 2. 283 ; — D. P. 47.
4. 423) analogie. — On pourrait tirer un argument contraire d'un arrêt de rejet, rendu par
la Cour de Cassation, le 25 mars 1824 (S. V. C. N. 7. 1. 422 ; — D. P. 31. 1. 263) ; mais
nous sommes d'autant plus portés à approuver la décision ci-dessus qu'il s'agissait, dans
l'espèce, d'un incendie allumé dans un bois dont l'exploitation avait été acquise par celui
qui faisait travailler les ouvriers ; et qu'en matière de délits forestiers la responsabilité
des maîtres, pour le fait de leurs domestiques, est indéfinie et ne peut pas même être mo-
difiée par les principes du Code Napoléon. Cass., 13 janvier 1814 (S. 14. 1. 190 ; — D. A.
10. 801) ; — Rejet, 9 janvier 1845 (S. V. 45. 1. 548 ; — D. P. 45. 1. 86) ; — Cass., 11 mai
1849 (S. V. 49. 1. 669 ; — D. P. 49. 1. 179).

sable non-seulement du dommage que l'on cause par son propre fait;
mais encore de celui qui est causé par le fait des personnes dont on
doit répondre ; — Qu'aux termes des Articles 1384 du Code Napoléon
et 206 du Code Forestier, combinés, cette responsabilité atteint les
maîtres et les commettants pour les faits de leurs domestiques et pré-
posés, dans les fonctions auxquelles ils les ont employés ;

Attendu, en fait, que De la Rochette avait fait venir d'Italie plusieurs
ouvriers, pour faire du charbon destiné à alimenter l'usine métallurgi-
que de Toga confiée à sa direction; — Qu'il envoya ces ouvriers et les
distribua par escouades dans un bois particulier dont il avait acquis
l'exploitation, en employant les uns à la coupe et à la carbonisation,
les autres au transport du charbon; — Que tous ces ouvriers travaillaient exclusivement pour son compte, et sous la surveillance de ses
agents;

Attendu que, d'après l'inculpation, l'incendie dont est procès pro-
viendrait du fait, soit des ouvriers charbonniers qui auraient livré au
transport du charbon non encore éteint, soit des muletiers qui auraient
jeté et laissé en forêt du charbon allumé ; — Que ces faits s'étant produits pendant que les ouvriers susdits remplissaient les fonctions auxquelles ils étaient employés, nul doute que De la Rochette, leur com-
mettant, ne doive en répondre ;

Attendu que, pour se soustraire à cette responsabilité, De la Rochette
a fait soutenir qu'ayant traité à prix fait, spécialement avec les charbonniers, ces derniers ne seraient, à son égard, que des entrepreneurs ;

Attendu qu'à bien considérer les conventions verbales passées entre
De la Rochette et les ouvriers charbonniers, conventions qui auraient
consisté, ainsi qu'il a été allégué, dans la stipulation d'un prix arrêté à
l'avance, mais calculé sur la production (un franc quatre-vingt centimes
par quintal métrique de charbon), on y trouve les caractères d'un
simple louage de gens de travail qui s'engagent au service d'autrui,
plutôt que ceux d'une entreprise proprement dite; — Qu'en effet, c'est
par les soins et même aux frais de De la Rochette que ces ouvriers sont
venus d'Italie; c'est aussi De la Rochette qui leur a distribué l'ouvrage,

livré le bois à carboniser et pourvu à leur approvisionnement; c'est pour son compte seulement, et non pour d'autres, qu'ils devaient travailler, pendant tout le temps de l'exploitation, pour lequel ils s'étaient engagés; c'est encore sous sa direction, c'est-à-dire sous la surveillance de ses agents, qu'ils devaient effectuer les travaux; — Qu'en raison de ces circonstances particulières, les charbonniers, ainsi employés, doivent être regardés comme des ouvriers travaillant à la tâche, et non comme des entrepreneurs;

Attendu, au surplus, que l'incendie dont il s'agit serait autant le fait des charbonniers que celui des muletiers qui, de l'aveu même de De la Rochette, travaillaient à la journée; — Que, dès lors, la responsabilité de ce dernier reste la même, et c'est à bon droit qu'elle a été retenue par les premiers Juges.

AU FOND :

SUR LE PREMIER MOYEN TIRÉ DE CE QU'IL NE SERAIT PAS SUFFISAMMENT PROUVÉ QUE MARC BERTOJ ET CONSORTS SOIENT LES AUTEURS DE L'INCENDIE ;

Attendu que cette culpabilité a été déjà reconnue et déclarée par un jugement qui, faute d'opposition et d'appel, de la part des prévenus, a acquis, à leur égard, l'autorité et la force de la chose jugée;

Attendu, d'ailleurs, qu'il résulte de l'instruction et des autres pièces du procès, que Bertoj et consorts avaient emballé du charbon qui n'était pas bien éteint, et que ce charbon s'étant allumé dans le transport, avait été laissé en forêt sans avoir pris les précautions nécessaires pour l'éteindre; — Qu'il en résulte aussi que c'est de là, comme d'un foyer, qu'est parti l'incendie qui a dévasté la forêt communale de *Vittoli*.

SUR LE DEUXIÈME MOYEN TIRÉ DE CE QUE LE FEU QUI A PRODUIT L'INCENDIE ÉTAIT A UNE DISTANCE DE PLUS DE CENT MÈTRES DE LA FORÊT COMMUNALE :

Attendu qu'il s'agit, dans l'espèce, non pas d'un feu allumé, mais bien d'un feu porté et laissé sans précaution suffisante, pour lequel la distance n'est pas à considérer; — Qu'au surplus, ce feu a été laissé à proximité de matières combustibles, telles que bois, bruyères et makis, lesquels une fois embrasés ont communiqué l'incendie à la forêt voisine; — Qu'ainsi, le fait tombe, dans tous les cas, sous l'application de l'Article 458 du Code Pénal.

SUR LE TROISIÈME MOYEN TIRÉ DE CE QUE L'INCENDIE AURAIT ÉTÉ LE RÉSULTAT D'UN CAS FORTUIT OU D'UNE FORCE MAJEURE :

Attendu que rien ne dit au procès que le charbon ait pris feu de lui-même, ni que le jour où les ouvriers de De la Rochette l'ont porté et laissé allumé, l'état de l'atmosphère fût tel à rendre impossible l'extinction du feu ; — Que c'était déjà une grave imprudence, de leur part, que de faire voyager en forêt du charbon non éteint, et de l'y laisser en état de combustion ; — Que, si le vent survenu depuis a augmenté l'intensité du feu et l'a poussé jusqu'à la forêt voisine, cette circonstance accidentelle n'est point de nature à ôter au fait, qui sert de base aux poursuites, son caractère délictueux.

ADOPTANT, au surplus, les motifs qui ont déterminé les premiers Juges,

DÉBOUTE De la Rochette de son appel ;

CONFIRME le jugement attaqué,

Et ORDONNE qu'il sera exécuté selon sa forme et teneur.

Chambre des Appels de Police Correctionnelle. — M. CARBUCCIA, *Conseiller, f. f. de Président.*

MM. MILANTA,   }
          BONELLI,   } *Avocats.*

DU 7 MAI 1858.

PORT D'ARMES — USAGE EXTÉRIEUR. — DÉTENTION.

La loi du 10 Juin 1853 a eu en vue de réprimer et de punir, en Corse, le port extérieur de toutes armes quelconques, mais non la simple détention de ces armes (1).

En conséquence, celui qui, de l'intérieur de son habitation, tire un coup d'arme à feu sur des hirondelles causant du dommage à ses ruches placées dans un jardin qui est à côté de l'habitation, ne commet pas le délit prévu et puni par la loi précitée (2).

Le Ministère Public C. Giannetti.

ARRÊT.

Après délibération en la Chambre du Conseil,

LA COUR ; — sur les conclusions contraires de M. DE MONTERA, Substitut du Procureur Général,

Attendu qu'en faisant feu, ou de sa maison, ou de celle de son beau-frère, ou du presbytère de la Commune, sur des hirondelles qui causaient journellement de graves dommages à une quantité de ruches à miel qu'il éduque et qu'il cultive, dans un jardin, tout à côté de sa maison, Giannetti, soit que son arme fût chargée à petits plombs, soit

---

(1-2) Voir Conf. : Bastia, 18 novembre 1859 (*Infrà* à cette date), ainsi que les arrêts imprimés à la suite, et par lesquels la Cour de Cassation a rejeté les pourvois dirigés soit contre la décision que nous rapportons ici, soit contre celle que nous venons d'indiquer.

Contrà : Bastia, 24 juillet 1857 (*Suprà* à cette date) et l'arrêt de la Cour de Cassation cité en note.

qu'elle le fût seulement, comme il le prétend, à poudre, ne s'est pas rendu coupable du délit de port d'armes, prévu et puni par la loi du 10 Juin 1853; — Qu'il n'a fait, en cela, qu'user du droit que la loi accorde à tout propriétaire, celui de défendre et de protéger sa propriété; et que l'eût-il fait, même pour son seul amusement, il n'y aurait point là de délit du port d'armes; — Qu'aucune loi, en effet, ne défend de troubler le repos des airs, et qu'on n'est pas ici dans un cas de tapage nocturne; — Que la loi du 10 Juin 1853, ne s'occupe que du fait matériel de port d'armes en dehors de l'intention bonne ou mauvaise, qu'elle ne cherche point, qu'elle ne veut point rechercher; — Que l'usage qui peut en être fait ne la regarde pas dès qu'il est connu; — Que c'est le cas alors de rechercher si cet usage, qui n'est plus un accident possible, caché, dans l'avenir, mais qui est devenu lui-même un fait consommé, présent, constitue ou ne constitue pas un action criminelle, prévue et définie par la loi générale, et de lui appliquer, s'il y a lieu, cette loi; mais que toute autre recherche doit être absolument interdite, car l'usage de l'arme, d'un côté, et le port de l'arme, de l'autre, sont deux choses distinctes, comme le meurtre est distinct du poignard (arme prohibée) qui a servi à le consommer; et la loi du 10 Juin 1853, encore une fois, ne s'occupe que du fait de port d'arme en lui-même, exclusivement à tout autre événement et à tout autre considération; — Que ce que cette loi, en effet, a voulu empêcher et prévenir ce n'est pas un usage quelconque des armes, c'est leur mauvais usage; ce qu'elle a voulu empêcher et prévenir, c'est le retour de cette funeste habitude des armes, qui présentait partout, à tout moment, en Corse, l'image de la guerre, et qui devenait aussi à tout moment, l'occasion de collisions et de luttes sanglantes où se consumaient tant de nobles, de généreuses facultés, et où périssait l'avenir du pays;

Attendu que, s'il est heureux de reconnaître que ces dangers ont disparu avec la loi du 10 Juin 1853, il faut craindre aussi, de quelque bonnes intentions que l'on soit animé, d'exagérer la portée de cette loi; — Que cette loi ne défend, ne punit que le port extérieur des armes, et que jamais dans aucune langue, dans aucun pays, la détention d'une

arme dans sa propre maison, n'a pu être confondue avec le port extérieur de cette arme ; — Que cette distinction, qui est dans la nature
des choses, se trouve aussi dans les dispositions formelles de la loi ; —
Que la loi ne punit, en fait de détention, que la détention des armes
de guerre, et que ce n'est pas pour un fait de détention d'armes de
guerre que Giannetti est poursuivi ;

FAISANT DROIT à l'appel de Giannetti,
ANNULLE le jugement attaqué ;
DIT que les faits imputés à ce prévenu ne constituent pas le délit de
port d'armes, prévu et puni par la loi du 10 Juin 1853 ;
Le RENVOIE, en conséquence, des fins de la plainte.

Chambre des Appels de Police Correctionnelle. — M. CASALE, *Président.*
M. DE MONTERA, *Conseiller Rapporteur.*

M. BONELLI, *Avocat.*

Pourvoi en Cassation de la part du Ministère Public.

ARRÊT.

Après délibération en la Chambre du Conseil,

LA COUR ; — sur les conclusions de M. GUYHO, Avocat Général,

Attendu que la loi du 10 Juin 1853 n'a pas eu en vue de réprimer
et punir, en Corse, la détention, mais bien le port extérieur de toutes
armes quelconques ;

Attendu que ce but unique de la loi, déterminé par son titre et révélé par l'exposé de ses motifs, résulte clairement d'ailleurs de la disposition formelle de son Article 5 ;

Attendu, en effet, que si, d'après cet article, le gouvernement peut seulement, par mesure de sûreté publique, opérer accidentellement, en Corse, le désarmement de certaines communes, ce droit, par ce qu'il a d'exceptionnel, témoigne manifestement que cette loi n'a pas entendu priver la généralité de ses habitants de la faculté d'y tenir des armes (autres que celle de guerre); — d'où la conséquence qu'en l'absence de toute restriction légale à cet égard, ils rentrent pleinement, quant à la détention des armes, sous le régime du droit commun, et ne sont soumis qu'à ses seules prescriptions;

Attendu qu'il est constaté, en fait, par l'arrêt attaqué, que Giannetti a, de l'intérieur de son habitation, située à Verdese, arrondissement de Corte, tiré dans un jardin, lui appartenant, sur des hirondelles, causant du dommage à ses ruches; — Que cet acte, qui, aux yeux de la loi pénale ordinaire, n'implique par lui-même qu'un fait non délictueux de détention ou d'usage d'une arme, ne présente point les caractères du délit de port d'armes, tel qu'il est prévu et puni par la loi du 10 Juin 1853; — Que, dès lors, loin de violer ladite loi, l'arrêt attaqué en a fait une saine application;

REJETTE.

Du 23 Juillet 1858. — *Chambre Criminelle.* — M. VAISSE, *Président;* — M. ZANGIACOMI, *Rapporteur;* — M. COSTA, *Avocat.*

DU 10 MAI 1858.

PARTAGE VERBAL. — EFFETS.

PARTAGE ENTRE UN TUTEUR ET UN MINEUR DEVENU MAJEUR. — EFFETS.

PRESCRIPTION.

Le partage verbal n'est pas reconnu par la loi. — En le supposant établi, il ne constitue qu'un partage purement provisionnel (1).

Quand le patrimoine à partager appartient à un mineur et à son père tuteur, le partage intervenu entre eux, après la majorité, sans avoir été précédé de la reddition d'un compte détaillé et de la remise des pièces justificatives, est nul en vertu de l'Article 472 du Code Napoléon (2).

Par suite, la propriété des biens échus à une mineure, en vertu dudit partage, ne peut être considérée comme s'étant consolidée sur sa tête, et la constitution en dot des mêmes biens, faite par ladite mineure devenue majeure, ne saurait empêcher l'action en partage.

---

(1) Voir Conf. : Bastia, 29 novembre 1830, 9 janvier 1833, 10 mai 1838 (Notre Recueil, tom. 1er et 2, à ces dates, 2 février 1857 *suprà*, page 35). On trouvera, dans les notes placées sous les arrêts précités du 29 novembre 1830 et 2 février 1857, l'indication des autorités *pour* ou *contre* l'opinion dans laquelle la Cour de Bastia persiste, par l'arrêt que nous recueillons.

(2) Voir anal. : Bastia, 11 mai 1824 (Notre Rec., tom. 1er, pag. 67), et la note dont cet arrêt est accompagné. Nous avons soutenu, dans cette note, que la nullité prononcée par l'art. 472 du Code Napoléon ne s'applique qu'aux traités ayant pour objet direct ou indirect l'administration tutélaire; et nous pouvons ajouter aux autorités que nous avons indiquées en faveur de notre opinion : Caen, 10 mars 1857 (S. V. 58. 2. 413) ; — DEMANTE, *Cours analyt.*, tom. 2, n° 236 *bis*; — DEMOLOMBE, tom. 8, n°s 58 et suiv. On pourrait donc douter de la parfaite légalité du principe général énoncé dans le sommaire ci-dessus. Mais comme l'arrêt que nous rapportons a retenu, en fait, que le pacte de famille dont il s'agissait au procès avait eu pour résultat d'affranchir le tuteur de tout ou partie des obligations qui lui étaient imposées par la loi relativement à son administration tutélaire, on devrait reconnaître que la conséquence que la Cour de Bastia a tirée de cette constatation est juridique. Cependant la Cour de Caen, dans son arrêt précité du 10 mars 1857, a décidé que l'art. 472 ne peut être étendu au règlement de droits indivis appartenant au mineur et au tuteur dans une communauté ou succession.

La nullité ci-dessus, bien qu'introduite en faveur de la mineure, peut néanmoins être invoquée par les héritiers.

On ne peut valablement invoquer la prescription, alors que l'on est dans l'impuissance d'indiquer son point de départ.

Ricciardi C. Casabianca.

ARRÊT.

Après délibération en la Chambre du Conseil,

LA COUR ; — sur les conclusions de M. DE CASABIANCA, Avocat Général,

SUR LE GRIEF DE L'APPEL INCIDENT RELATIF A LA NULLITÉ DU PARTAGE DES SUCCESSIONS DE LA DAME MARIE-CATHERINE, ÉPOUSE RICCIARDI, ET DE SES TROIS FILLES DÉCÉDÉES APRÈS ELLE :

Considérant que l'acte de partage dont il s'agit au procès n'est point produit ; — Que l'on ne fait connaître ni ses éléments ni ses conditions essentielles ; — Que tout démontre que, si les successions de Catherine Ricciardi et de ses trois filles ont été partagées avant le contrat de mariage du 23 Avril 1853, ce partage a été purement verbal et qu'aucun écrit n'en a constaté l'existence ;

Considérant, en droit, que, d'après l'Article 816 du Code Napoléon, l'action en partage est admise, alors même que l'un des cohéritiers aurait joui séparément d'un ou plusieurs immeubles de la succession, s'il n'y a eu un acte de partage ou une possession équivalente à titre ; — Que, suivant l'Article 819 du même Code, si tous les cohéritiers sont majeurs, le partage peut être fait dans la forme et par tel acte que les parties intéressées jugent convenable ;

Considérant qu'il résulte de ces textes explicites, que le partage verbal n'est point reconnu par la loi ; — Que la convention de partage doit être constatée par un acte écrit, ou, en d'autres termes, que l'écriture est de l'essence des partages;

Considérant que cette interprétation de la loi se justifie par les paroles de l'orateur du Tribunat présentant le titre des successions au Corps législatif; — Que d'après cet orateur « il n'y a jamais partage par » le seul fait; il faut toujours un acte qui le règle, à moins que la pos- » session séparée qu'on aurait eue ne se transforme en titre par la pres- » cription; »

Considérant, d'ailleurs, que la nature seule de la convention de partage suffit pour prouver la nécessité d'un instrument écrit;

Considérant, en effet, que le partage d'une succession présente une série d'opérations dont l'existence et l'objet ne peuvent résulter, avec certitude et précision, que d'un acte écrit; — Qu'on ne saurait comprendre que la loi eût autorisé la preuve orale pour établir la consistance active et passive d'une succession; la valeur des meubles et des immeubles qui la composent; les comptes des fruits ou intérêts que les cohéritiers se doivent respectivement; les rapports en nature ou en moins prenant; la composition et les retours des lots; les stipulations diverses relatives aux récompenses ou indemnités pour améliorations et dégradations des immeubles à partager; la constitution des servitudes dont les co-partageants peuvent reconnaître la nécessité pour l'exploitation ou la jouissance de leurs lots respectifs, etc., etc.; — Que ces opérations multiples ne peuvent tomber dans le domaine de la preuve orale, la moins certaine et la plus périlleuse des voies d'instruction admises par la loi civile; — Que, dès lors, le partage verbal invoqué par le sieur Ricciardi serait, par sa nature même, purement provisionnel et ne pourrait faire obstacle à la demande en partage;

Considérant, sous un autre rapport, que le partage dont il s'agit, en le supposant établi, serait frappé de nullité par les dispositions irritantes de l'Article 472 du Code Napoléon, même en donnant à cet article la portée la plus restreinte;

Considérant que, d'après les énonciations du traité du 23 Avril 1853, dans lequel le partage antérieur se trouve désigné sous la qualification de *pacte de famille*, ce partage aurait eu pour effet de régler définitivement les droits de la dame Casabianca sur les successions de sa mère et de ses trois sœurs;

Considérant que le sieur Ricciardi, père et tuteur de la dame Casabianca, ayant eu pendant plusieurs années l'administration du patrimoine à partager, le compte de tutelle devait embrasser la perception des fruits ou intérêts de ces diverses successions;

Considérant que le partage ou pacte de famille ayant réglé les droits respectifs de la mineure et du tuteur sur ces successions, jusqu'alors indivises, le sieur Casabianca s'est trouvé, par là même, affranchi de tout ou partie des obligations qui lui étaient imposées par la loi relativement à son administration tutélaire;

Considérant que les pactes intervenus dans ces conditions, n'ayant été précédés ni de la reddition d'un compte, ni de la remise des pièces justificatives, il en résulte invinciblement que l'acte qui les constaterait serait infecté d'une nullité radicale pour inobservation des dispositions de l'Article 472 précité.

SUR LE GRIEF DE L'APPEL INCIDENT RELATIF A LA NULLITÉ DU TRAITÉ DU 23 AVRIL 1853 :

Considérant que la dame Casabianca s'étant constitué en dot, comme lui appartenant exclusivement, des immeubles dont elle n'était en possession qu'en vertu d'un partage purement provisionnel et dont la Cour déclare, à un autre point de vue, la nullité, la clause de la constitution de dot ne peut avoir eu pour effet de consolider sur la tête de la future épouse la propriété desdits immeubles, ni faire obstacle à la demande en partage de l'hoirie indivise dont ces mêmes immeubles forment une dépendance.

SUR L'IRRECEVABILITÉ DE LA DEMANDE EN NULLITÉ OU RESCISION DU PARTAGE VERBAL ET DU TRAITÉ DU 23 AVRIL 1853 :

Considérant que, s'il est reconnu en doctrine et en jurisprudence que la nullité résultant de l'inobservation de l'Article 472 du Code Napoléon est relative et personnelle au mineur, ce n'est que respectivement à la position et aux droits du tuteur que cette solution est admise; — Qu'on ne saurait en induire qu'il s'agit ici d'un droit inhérent à la personne du mineur et intransmissible à ses héritiers; — Que, par conséquent, l'exception opposée par le sieur Ricciardi au sieur Casabianca, agissant en qualité de légataire universel de la dame son épouse, est mal fondée et doit être rejetée.

SUR LA PRESCRIPTION DE L'ACTION EN NULLITÉ OU EN RESCISION DU PARTAGE ET DU TRAITÉ DU 23 AVRIL 1853 :

Considérant que l'existence de ce partage étant, en fait, incertaine et sa date inconnue, le sieur Ricciardi ne saurait invoquer la prescription décennale, puisqu'il est dans l'impuissance d'indiquer son point de départ;

Considérant, en ce qui concerne le traité, que sa date seule suffit pour repousser l'exception fondée sur la prescription; — Qu'ainsi, et par ces divers motifs, c'est le cas de déclarer nuls et de nul effet le partage verbal et le traité qui en a été la conséquence, et d'ordonner le partage des quatre successions dont il s'agit au procès;

. . . .

DISANT DROIT aux appels respectifs,

Et RÉFORMANT quant à ce seulement,

DÉCLARE purement provisionnel et, surabondamment, nul et de nul effet le partage verbal invoqué par le sieur Ricciardi;

DÉCLARE pareillement nul et de nul effet le traité du 23 Avril 1853 dans la disposition par laquelle la dame Casabianca se constitue en dot, comme étant sa propriété exclusive, divers immeubles dépendants des successions de sa mère et de ses trois sœurs prédécédées;

En conséquence, et sans s'ARRÊTER aux exceptions opposées par le sieur Ricciardi à la demande en partage formée par le sieur Casabianca,

Et icelles REJETANT comme mal fondées,

DIT qu'il sera procédé, aux formes de droit, au partage des successions de la dame Biaggini, épouse du sieur Ricciardi, appelant principal, de la dame Marie-Catherine, épouse du sieur Casabianca, intimé, et des demoiselles Camille, Marie-Dominique et Julie Ricciardi décédées après leur mère et avant la dame Casabianca.

. . . .

Chambre Civile. — M. CALMÈTES, *Premier Président.*

MM. SAVELLI,
GRAZIANI, } *Avocats.*

DU 29 JUIN 1858.

ASSIGNATION. — LANGUE FRANÇAISE. — NULLITÉ.

Les exploits des huissiers qui ont été investis de leurs fonctions posté-
rieurement au décret du 19 Ventôse an XIII, doivent être rédigés en langue
française, à peine de nullité (1).

Malaspina C. Giorgi.

ARRÊT.

Après délibération en la Chambre du Conseil,

La Cour; — sur les conclusions de M. Bertrand, Premier Avocat
Général,

Sur l'exception de nullité tirée de l'inobservation des formalités
prescrites par les Articles 61 et 64 du Code de Procédure Civile, et
du défaut de citation en conciliation :

Attendu que les appelants ne font pas connaitre quelles sont celles

---

(1) Par son arrêt en date du 16 février 1833 (S. V. 33. 1. 318), la chambre criminelle de
la Cour de Cassation a annulé, dans l'intérêt de la loi, un jugement rendu par le tribunal
de simple police du canton de Pietra, parce qu'il avait été rédigé en langue italienne. Le
pourvoi dirigé contre la décision que nous rapportons a été rejeté le 4 août 1859; et l'on
trouvera ci-après les motifs sur lesquels ce rejet est fondé. Nous croyons devoir faire remarquer que la Cour de Bastia n'a pas persisté dans cette jurisprudence, lorsqu'il aurait
fallu appliquer la nullité dont il s'agit aux testaments authentiques rédigés en langue italienne; et nous nous empressons de transcrire ici le jugement que la Cour a confirmé par
adoption des motifs.
Le Tribunal, « Attendu que l'acte de dernière volonté susvisé est régulier en la forme;
» — Qu'il est rédigé en langue française, moins la dictée, qui a été écrite en italien, langue
» dont le testateur s'est servi pour manifester sa volonté; — Qu'en effet, l'article 972 du

des formalités prescrites par les Articles ci-dessus visés qui n'auraient pas été observées dans l'acte d'ajournement, et qu'il n'apparaît pas, d'après les termes dudit acte, qu'aucune d'elles ait été omise ou violée;

Attendu qu'aux termes de l'Article 49, § 6 du même Code, les demandes formées contre plus de deux parties, encore qu'elles aient le même intérêt, sont dispensées du préliminaire de conciliation;

Attendu que la demande intentée contre Jean-Baptiste-Abel Malaspina par l'acte d'ajournement du 17 Avril 1833, n'est qu'une conséquence et la suite de celle déjà introduite dans le mois de Décembre précédent, à l'effet d'arriver au partage de la succession de feu l'Abbé Malaspina; — Qu'ainsi, cette demande ne peut être considérée comme principale introductive d'instance et comme devant être, par conséquent, soumise au préliminaire de la conciliation; — D'où il suit, que c'est à bon droit que le Jugement attaqué ne s'est point arrêté à cette double exception.

SUR LA NULLITÉ DE CETTE MÊME DEMANDE, OU SOIT DE L'ACTE QUI LA CON-TIENT, TIRÉE DE CE QUE CET ACTE SERAIT RÉDIGÉ ET ÉCRIT EN ITALIEN :

Attendu qu'il était de principe et de règle, sous l'empire de l'ancien droit français, que tous les actes émanés de l'autorité publique, en France, et des officiers participant à un titre quelconque à son action, devaient être écrits en langue française, et que ceux de ces actes écrits en toute autre langue étaient déclarés sans valeur;

» Code Napoléon veut que les dispositions testamentaires soient écrites telles qu'elles ont » été dictées;

» Attendu qu'aucune disposition de loi ne prescrit aux notaires de s'ériger en traduc- » teurs des dispositions et de la pensée du testateur; — Que, si, en matière de testament, » tout est de rigueur, c'est une raison de plus pour que le juge se renferme dans les limites » que le législateur a posées; — Qu'au surplus, il ne faut pas perdre de vue que la grande » pensée qui a présidé à la rédaction des Codes français avait un caractère d'universalité » incompatible avec la restriction de laquelle on voudrait déduire la nullité du testament » d'Antoine Vincenti;

» REJETTE la défenderesse de l'exception de nullité proposée contre le testament susdit; » Et ORDONNE qu'il sera exécuté selon sa forme et teneur. »

Tribunal de Bastia, 25 mars 1859.

Attendu que les Lois diverses rendues en cette matière sous l'ancienne Monarchie française, loin d'avoir été abolies par celles des Gouvernements qui lui succédèrent après la Révolution de 1789, ont été, au contraire, confirmées par celles-ci, sinon dans leurs termes, au moins dans leur esprit et dans leur but; — Qu'en effet, une première Loi du 2 Thermidor an II décida, d'une manière générale et absolue, « qu'à partir de sa publication nul acte public ne pourrait être écrit » qu'en langue française dans quelque partie que ce fût du territoire » de la République; » — Que, pour assurer l'exécution de cette prohibition, cette même Loi prononça une peine corporelle et la destitution contre tout fonctionnaire et officier public qui y contreviendrait; — Qu'un Arrêté du Gouvernement, à la date du 24 Prairial an II, appliqua la prohibition dont il vient d'être parlé aux actes publics dans les départements de la ci-devant Belgique, dans ceux de la rive gauche du Rhin et dans ceux formés de l'ancien royaume du Piémont, tous nouvellement réunis à la France ;

Attendu qu'en présence de ces documents législatifs, il faut tenir pour certain que l'intention, la pensée, la volonté des Gouvernements divers de qui ils émanent sont que les actes publics en France doivent être écrits en langue française pour avoir force et vigueur, et pouvoir sortir à effet; — Qu'à la vérité, un Décret Impérial du 19 Ventôse an XIII suspendit momentanément dans l'île de Corse l'exécution de l'Arrêté du 24 Prairial, limitant toutefois cette surséance aux notaires, Juges de paix, greffiers et officiers de la dite île qui étaient alors en exercice; d'où il faut conclure que les dispositions de ce Décret ne peuvent être appliquées aux Magistrats, fonctionnaires et officiers entrés en fonctions postérieurement à sa promulgation;

Attendu, en fait, qu'il n'est pas contesté que l'huissier Giudicelli, signataire de l'acte d'ajournement du 17 Avril 1833, objet du litige, n'a été investi des fonctions d'huissier et n'est entré en exercice d'icelles qu'en l'année 1829, et que, dès lors, il ne peut être rangé dans la catégorie des personnes désignées dans le Décret du 19 Ventôse susmentionné;

Attendu que c'est sans fondement que l'on soutient, pour établir la validité de l'acte du 17 Avril, que, s'il est vrai que la Loi et l'Arrêté susvisés veulent impérieusement qu'à partir de leur promulgation tous les actes publics en France soient écrits en langue française, ils ne prononcent cependant pas la nullité de ceux qui le seraient en une autre langue ;

Attendu qu'on ne comprendrait pas, car il y aurait là contradiction flagrante, que le législateur, après avoir imposé aux officiers publics l'obligation formelle d'écrire en langue française les actes émanés d'eux, eût cependant conservé force et vigueur à ceux de ces actes écrits dans une toute autre langue, en d'autres termes qu'il eût voulu que ces derniers pussent produire les mêmes effets que s'ils eussent été écrits en la langue officielle, et conformément aux prescriptions de la Loi ;

Attendu qu'une pareille interprétation de la Loi serait contraire non-seulement à son esprit, mais encore au but que cette même loi se proposait d'atteindre, à savoir, de rendre général et obligatoire, pour tous les actes publics en France, l'usage de la langue française, et de faire ainsi cesser les graves inconvénients, les nombreux abus résultant de l'emploi pour leur rédaction des langues diverses usitées soit dans la France elle-même, soit dans les pays qui avaient été réunis à elle ;

Attendu, à un autre point de vue, qu'il n'est pas plus exact de dire que toutes les nullités étant de droit étroit, aucun exploit ou acte de procédure ne pourra, aux termes de l'Article 1030 du Code de Procédure, être déclaré nul, si la nullité n'en est pas formellement prononcée par la Loi ; — Qu'en effet, les nullités dont parle cet Article ne sont que celles résultant du défaut ou du non accomplissement d'une formalité prescrite par la Loi ; mais qu'il faut distinguer entre ces sortes de nullités et celles qui ressortent de l'essence même de l'acte qui les contient, lorsqu'elles trouvent leur raison d'être dans la substance de l'acte qu'elles entachent d'un vice radical et qu'elles frappent d'une impuissance absolue ;

Attendu que ces dernières nullités, de leur nature substantielles, n'ont pas besoin d'être prononcées par la Loi, et qu'il est du devoir des Tribunaux de les proclamer quand elles entachent et vicient un acte quelconque soumis à leur appréciation, car la première condition, pour qu'un acte soit valable, c'est qu'il puisse se soutenir par lui-même ;

Attendu qu'un acte d'huissier écrit en une langue autre que la langue française, seule officielle en France, est infecté d'un vice originairement radical, et que ne pouvant se soutenir par lui-même, il est censé ne pas exister, puisqu'il manque de la condition la plus essentielle à son existence, et que n'étant pas écrit en langue française, il peut n'être pas compris de ceux qui ont à l'apprécier, ni même peut-être de ceux à la connaissance de qui il est cependant destiné à porter les faits qu'il constate et qui lui ont donné naissance ;

Attendu qu'un acte de cette nature ne saurait produire aucun effet d'après la maxime : *Quod ab initio nullum est, nullum producere potest effectum, nec tractu temporis convalescere;*

Attendu, enfin, que l'arrêt de la Cour de Cassation du 16 Février 1833 invoqué par les appelants dans leurs conclusions en appel, décide que « la dérogation temporaire apportée, relativement à la Corse, » par le Décret du 19 Ventôse an XIII, à l'Arrêté du Gouvernement » du 24 Prairial an II, ne peut plus s'opposer à ce que ledit Arrêté » reçoive aujourd'hui sa pleine et entière exécution dans ce Département, *d'autant que sa disposition est de droit public;* » — Qu'il suit de là, que la nullité qui entache l'acte du 17 Avril 1833 participe de ce caractère, et que, dès lors, il y a obligation, par la justice, de la prononcer ;

FAISANT DROIT à l'appel émis par les frères et sœur Malaspina envers le jugement du Tribunal de première instance de Calvi, en date du 3 Décembre 1833,

SANS S'ARRÊTER à l'exception de nullité tirée de l'inobservation des formalités prescrites par les Articles 61 et 64 du Code de Procédure, et du défaut de citation préalable en conciliation, laquelle est rejetée comme mal fondée,

ANNULLE le Jugement attaqué,

Et par nouveau jugé, FAISANT ce qui aurait dû être fait,

DÉCLARE nul et de nul effet, comme étant écrit en langue italienne, l'acte d'ajournement du 17 Avril 1833, émané de l'huissier Giudicelli et de lui signé ;

ANNULLE aussi, en tant que de besoin pourrait être, tous les actes de procédure qui en auraient été la suite et la conséquence.........

Chambre Civile. — M. ANDRAU MORAL, *Conseiller Doyen*, f. f. de Président.

MM. GRAZIANI, } *Avocats.*
BONELLI, }

Pourvoi en Cassation pour excès de pouvoirs.

Violation de l'Article 1er du Code Napoléon, et du principe *Lex non obligat nisi promulgata* ;

Violation de la loi du 2 Thermidor an II ;

Fausse application et violation des arrêtés des 24 Prairial an XI et 19 Ventôse an XIII ;

Violation des Articles 61 et 1030 du Code de Procédure Civile, en ce que l'arrêt attaqué a annulé un exploit d'ajournement, en Corse, parce qu'il était rédigé en langue italienne, bien que, d'une part, l'Ordonnance de 1539, portant que les actes publics en France fussent rédigés en français, n'eût jamais été publiée en Corse, après son annexion à la France ; — Que, d'autre part, le décret du 2 Thermidor an II et l'arrêté du 24 Prairial an XI, qui ont reproduit la même règle, n'attachent pas à son inobservation la peine de la nullité ; — Et qu'enfin, il s'agisse non d'une nullité d'ordre public, mais d'une simple nullité de procédure tombant sur l'application de l'Article 1030 du Code de Procédure Civile.

ARRÊT.

Après délibération en la Chambre du Conseil,

La Cour; — sur les conclusions conformes de M. Blanche, Avocat Général,

Sur le moyen dans ses trois branches :

Attendu que, depuis l'Ordonnance du Roi François Ier, d'Août 1539, il a toujours été de règle, en France, que les actes publics ne peuvent être rédigés qu'en français ; — Que cette règle, plusieurs fois rappelée, tant avant 1789 que depuis, et successivement appliquée aux nouvelles acquisitions de territoire, l'a été notamment dans notre nouveau droit, par le Décret du 2 Thermidor an II et l'Arrêté du 24 Prairial an XI ; — Que, si l'exécution du premier de ces actes législatifs a été suspendue (Décret du 16 Fructidor an II) pendant un temps, le second en a remis les dispositions en vigueur, et que, si lui-même a éprouvé un sursis (Décret du 19 Ventôse an XIII) dans son exécution, en ce qui concerne l'île de Corse, ce sursis a été limité aux actes des officiers publics alors en fonctions ; — Qu'en dehors de cette exception, inapplicable à l'espèce, la règle subsiste, et qu'elle n'a rien perdu de son caractère et de sa valeur ;

Attendu qu'à cet égard, il n'y a aucune distinction à faire entre la Corse et les autres portions du territoire français ; — Que, s'il est vrai que l'Ordonnance de 1539, et plusieurs de celles qui ont suivi, sont antérieures à l'annexion de la Corse à la France, il en est autrement des autres actes législatifs qui ont maintenu constamment cette prescription, et notamment l'Arrêté du 24 Prairial an XI, inséré au bulletin des lois ; d'autant que c'est précisément sur les réclamations de la Corse ou de ses représentants que cet Arrêté a reçu les modifications partielles et temporaires dont il vient d'être parlé ;

Attendu, quant au caractère de la règle et à sa sanction, que, s'il est vrai que la peine de la nullité expressément portée dans divers Édits et Arrêts du Conseil, tels que l'Édit du mois de Décembre 1683, enregistré le 4 Janvier 1684 au Parlement de Flandres, et l'Arrêt du Conseil du 30 Janvier 1685 pour la province d'Alsace, ne se trouve pas de même écrite dans l'Ordonnance d'Août 1539, et si elle n'a pas été non plus répétée dans l'Arrêté du 24 Prairial an XI, cette peine ici est une sanction nécessaire de la règle, et s'attache d'elle-même à l'infraction; — Qu'en effet, il ne s'agit pas d'une de ces formes secondaires et de ces nullités de procédure auxquelles s'applique l'Article 1030 du Code de Procédure Civile; mais d'un principe essentiel et de droit public qui importe, à un haut degré, à la bonne administration de la justice, et garantit l'unité de la langue nationale;

Rejette.

Du 4 Août 1859. — *Ch. Req.* — MM. NICIAS-GAILLARD, *Président;* — De Belleyme, *Rapporteur;* — Béchard, *Avocat.*

DU 28 JUILLET 1858.

1° QUESTION D'ÉTAT. — AUDIENCE SOLENNELLE — ACTE DE NAISSANCE ATTAQUÉ COMME FAUX. — CHOSE JUGÉE. — DOMMAGES-INTÉRÊTS. — EXCEPTIONS REPOUSSÉES.
2° INADMISSIBILITÉ DE L'ACTION CIVILE EN FAUX PRINCIPAL ET D'UNE INSTANCE PRÉPARATOIRE AUX FINS ULTÉRIEURES D'UNE REQUÊTE CIVILE. — TITRE ET POSSESSION D'ÉTAT.

1° *Les incertitudes et les variations d'un système servent puissamment à en démontrer la faiblesse et le peu de fondement.*

Quand une donation a été annulée par des décisions passées en force de chose jugée pour cause de survenance d'enfant, si, plus tard, en demandant à prouver que l'enfant a été supposé, on veut, soit pour se procurer un moyen de requête civile, soit pour obtenir des dommages-intérêts, infirmer son acte de naissance, sa filiation légitime est attaquée de front; — Par suite, son état civil se trouve engagé dans le litige, et la cause présente à juger principalement et essentiellement une question d'état (1).

Il en est ainsi surtout alors que l'enfant a une possession d'état conforme à son acte de naissance.

Lorsqu'un arrêt a ordonné que le procès, où les questions ci-dessus doivent s'agiter, sera jugé toutes Chambres réunies, le fait de ne pas demander le renvoi de la cause à l'audience ordinaire de la première Chambre,

---

(1) La compétence en cette matière est subordonnée au point de savoir, si la question d'état fait l'objet de l'action principale, ou si elle n'a été soulevée qu'incidemment. Dans le premier cas, on applique les dispositions de l'art. 22 du décret du 30 mars 1808 ; dans le second cas, on suit la marche ordinaire. Cette distinction essentielle a été faite par une jurisprudence générale et constante. Voir entre autres arrêts : Rejet, 20 juillet 1846 et 19 avril 1847 (S. V. 47. 1. 74 et 562 ; — D. P. 46. 1. 353 ; — 47. 1. 128) ; — *Idem*, 3 février 1851 (S. V. 51. 1. 225 ; — D. P. 51. 1. 116) ; — *Idem*, 9 janvier 1854 (S. V. 54. 1. 689 ; — D. P. 54. 1. 185) ; — *Idem*, 19 mars 1856 (S. V. 56. 1. 685) ; — *Idem*, 10 mars 1858 (S. V. 58. 1. 529 ; — D. P. 58. 1. 313) ; — Cass, 16 mars 1859 (S. V. 59. 1, 309 ; — D. P. 59. 1. 158). Par conséquent, dès que la Cour de Bastia retenait, en fait, que la cause présentait à juger principalement et essentiellement une question d'état, le renvoi à l'audience ordinaire ne pouvait pas être ordonné, lors même qu'il aurait été demandé en temps utile.

implique reconnaissance que le procès présente à résoudre une question d'état.

Tous les moyens et exceptions qui peuvent être invoqués pour repousser *une demande, sont définitivement écartés par le Jugement qui admet les prétentions des demandeurs, alors même que le défendeur aurait négligé de les proposer.*

Quand des donations sont révoquées, pour cause de survenance d'enfant, par des décisions passées en force de chose jugée, on ne saurait admettre, sans porter une grave atteinte à l'irrévocabilité des décisions judiciaires, que, par une action nouvelle en dommages-intérêts, on puisse obtenir l'équivalent des biens faisant l'objet des donations révoquées.

2° L'action en faux principal, par-devant les juridictions civiles, n'entre nullement dans le système de notre procédure (2).

Le Code de Procédure Civile n'admet pas non plus que l'on puisse engager une instance préparatoire de l'instance ultérieure en requête civile; — Par suite, la nécessité de se créer un moyen d'ouverture à ce recours extraordinaire ne saurait légitimer une action en faux principal (3).

Quand la filiation légitime d'un enfant est établie par une possession d'état conforme à son acte de naissance, l'inscription de faux est repoussée par le principe formulé dans l'Article 322 du Code Napoléon (4).

(2-3) La jurisprudence et la plupart des auteurs paraissent s'accorder à reconnaître, que l'inscription de faux civil ne peut avoir lieu qu'incidemment à une instance toujours pendante devant les tribunaux; et que, si l'instance dans laquelle la pièce prétendue fausse a été produite est terminée par un jugement passé en force de chose jugée, cette pièce ne peut plus être attaquée par l'inscription de faux. Voir en effet : Colmar, 17 mai 1816 (S. 17. 2. 366; — D. A. 8. 430); — Agen, 8 décembre 1836 (S. V. 40. 1. 295; — D. P. 40. 1. 186); — Rejet, 8 décembre 1840 (S. V. 40. 1. 940 ; — D. P. 41. 1. 26); — Cass., 25 juin 1845 (S. V. 45. 1. 742 ; — D. P. 45. 1. 325); — Pigeau, *Proc. Civ.*, tom. 1er, pag. 336 ; — Favard de Langlade, *Rép.*, V° *Faux incident*, § 2, n° 3; — Merlin, *Rép.*, V° *Inscr. de faux*, n° 7 *bis*; — Carré et Chauveau, Quest. 863. — Cependant la Cour de Bordeaux a décidé, le 30 août 1841 (S. V. 41. 2. 147 ; — D. P. 42. 2. 62), que l'inscription de faux peut être formée au civil par voie principale; et cette opinion, en faveur de laquelle on pourrait invoquer deux arrêts rendus par la Cour de Cassation les 21 avril 1840 et 25 avril 1854, qui l'admettent du moins implicitement et virtuellement (S. V. 40. 1. 295; — 56. 1. 311; — D. P. 40. 1. 186), est soutenue par Carré, Quest. 864; — Rodière, tom. 2, pag. 201; — Bonnier, *Des Preuves*, n° 493.

(4) Cette solution ne nous paraît pas trop conforme à ce qu'enseigne Troplong, *Donat. et Test.*, tom. 3, n° 1383; et à ce qui a été jugé par la Cour de Bordeaux, le 8 juillet 1847 (S. V. 48. 2. 727 ; — D. P. 48. 2. 41).

La possession d'état d'enfant légitime est suffisamment caractérisée, lors-
que la filiation légitime est établie : 1° par l'acte de naissance ; 2° par l'acte
de baptême ; 3° par des jugement et arrêt, qui, en se basant sur cet acte
de naissance, ont révoqué des donations ; 4° par l'exécution donnée à ces
décisions ; 5° par la qualité d'enfant légitime, notoirement conservée pen-
dant dix ans ; 6° par la qualification d'enfant légitime renfermée dans
l'acte de décès.

Casanova C. Giudicelli.

ARRÊT.

Après délibération en la Chambre du Conseil ,

La Cour ; — sur les conclusions de M. Sigaudy, Procureur Général
Impérial,

Considérant, en fait, qu'une instance fut engagée le 15 Mai 1846
par Jacques-Alphonse Rossi contre Félicien Giudicelli, en nullité de
l'acte de donation du 26 Novembre 1841 et de l'acte de vente du
1er Décembre suivant ; — Qu'au cours de cette instance, l'officier de
l'état civil de Pioggiola constata, sur la déclaration de Jacques-Alphonse
Rossi, que le 19 Novembre 1846 la dame Marie-Agathe Casanova,
épouse du déclarant, avait donné le jour à un enfant du sexe féminin
qui reçut les prénoms de Laure-Marie ;

Considérant que l'acte de naissance de cet enfant ayant été signifié
à l'avoué de Félicien Giudicelli, il intervint, à la date du 27 Août 1849,
un jugement qui annula, pour cause de survenance d'enfant, la donation du 26 Novembre 1841 et la vente du 1er Décembre, laquelle fut
reconnue constituer une donation déguisée ;

Considérant que ce jugement, confirmé sur l'appel, ayant été dûment signifié, une transaction eut lieu entre Jacques-Alphonse Rossi
et Félicien Giudicelli, pour régler les difficultés que présentait l'exécution desdits jugement et arrêt ;

Considérant que la demoiselle Marie-Laure, dont la filiation légitime avait été ainsi reconnue par Félicien Giudicelli et par les jugement et arrêt qui annulaient les donations de 1841, décéda le 15 Avril 1856, en possession de son état de fille légitime des conjoints Rossi et Casanova, légitimité qui ne fut l'objet d'aucun soupçon tant que ladite Laure-Marie a vécu ;

Considérant que c'est uniquement par l'exploit du 8 Août 1856, introductif de l'instance actuelle, que Félicien Giudicelli éleva sa contestation sur l'état de Laure-Marie par une action principale, dont il importe de constater le caractère et le but.

Considérant que, dans cet exploit, le sieur Félicien Giudicelli expose que Laure-Marie, enfant naturel de la fille Saladini, avait été inscrite faussement sur les registres de l'état civil comme née du mariage de Jacques-Alphonse et de Marie-Agathe Rossi ; — Que, par conséquent, le Tribunal de Calvi et la Cour Impériale de Bastia, en annulant la donation et la vente de 1841, avaient statué sur une pièce fausse, ce qui donnait ouverture à requête civile contre lesdits jugement et arrêt ; — Qu'à l'effet de constater la réalité du moyen de requête civile, Giudicelli concluait à être admis à prouver la fausseté de l'acte de naissance, même par la voie de l'inscription de faux, et, en outre, à la condamnation des conjoints Jacques-Alphonse Rossi en dix mille francs de dommages-intérêts ;

Considérant que, devant le Tribunal de première instance, le sieur Giudicelli, pressentant le rejet de sa demande en inscription de faux, formée uniquement pour se créer une ouverture à requête civile, conclut à ce que l'acte constatant l'état civil de Laure-Marie fût déclaré d'ores et déjà faux dans sa substance, et à ce que les conjoints Jacques-Alphonse Rossi fussent condamnés à lui payer, à titre de dommages-intérêts, la somme de quinze mille francs, valeur des immeubles objet de la donation simulée du 1er Décembre 1841 ; — Qu'il articulait subsidiairement des faits tendant à établir la fausseté de l'acte de naissance, et, pour le cas où la demande en preuve ne serait pas accueillie, le sieur Giudicelli reproduisait sa demande en inscription de faux, sans indiquer dans quel but il poursuivait ainsi la preuve de la fausseté de l'acte constatant la filiation légitime de Marie-Laure Rossi ;

Considérant que, devant la Cour, Giudicelli conclut principalement à ce que l'acte de naissance de Laure-Marie soit déclaré faux dans sa substance; et, par voie de conséquence, à ce que Marie-Agathe, veuve du sieur Rossi et sa légataire universelle, soit condamnée à quinze mille francs de dommages-intérêts; — Que subsidiairement Giudicelli demande que le chef du jugement qui ordonne l'enquête soit maintenu, et, dans le cas où la Cour penserait qu'il n'y a point lieu à enquête, il conclut à l'admission de son inscription de faux, en présentant comme moyens de faux les mêmes faits dont la preuve aurait été déclarée inadmissible sur le second chef de ses conclusions;

Considérant que, devant la Cour comme en première instance, Giudicelli ne précise pas dans quel but il poursuit, par la voie de l'inscription de faux, la preuve de la fausseté de l'acte de naissance de Laure-Marie; — Qu'il se borne à déclarer que le jugement qui proclamerait la fausseté de l'acte servirait de base à *une autre action;* réserve qui trahit l'arrière-pensée de revenir, par la voie de la requête civile, contre les jugement et arrêt qui ont annulé les donations de 1841, pour survenance d'enfant;

Considérant que les incertitudes et les variations du système qui vient d'être exposé, suffisent pour en révéler la faiblesse et le peu de fondement;

Considérant que ce système, soit qu'il tende ostensiblement à des réparations civiles, soit qu'il ait pour but de créer un moyen de requête civile, attaque de front l'acte constatant la filiation légitime de Laure-Marie Rossi, pour en faire déclarer la fausseté substantielle; — Que, par conséquent, l'état civil de Laure-Marie est bien réellement engagé dans le litige, et la cause présente à juger principalement et essentiellement une question d'état; — Que Giudicelli le reconnaît lui-même implicitement, puisqu'il n'en demande pas le renvoi à l'audience ordinaire de la première Chambre de la Cour;

Considérant que la position respective des parties étant ainsi connue, il reste à apprécier le mérite de la demande en dommages-intérêts formée par Giudicelli, et l'admissibilité de son inscription de faux contre l'acte de naissance de Laure-Marie Rossi.

En ce qui concerne les dommages-intérêts :

Considérant que cette demande aurait incontestablement pour résultat, si elle était accueillie, de paralyser les effets de la chose jugée dans l'instance en révocation des donations pour cause de survenance d'enfant ;

Considérant qu'à la date de ces décisions, près de quatre années s'étaient écoulées depuis la naissance de Laure-Marie ; — Que, par suite, le sieur Giudicelli aurait pu se prévaloir alors des exceptions qu'il présente aujourd'hui contre l'acte de l'état civil du 19 Novembre 1846 ;

Considérant qu'il est de principe que tous les moyens et exceptions qui peuvent être invoqués, pour repousser une demande, sont définitivement écartés par le jugement qui admet les prétentions du demandeur, alors même que le défendeur aurait négligé de les proposer ;

Considérant que les jugement et arrêt qui ont déclaré les donations révoquées pour survenance d'enfant, ayant ainsi acquis l'autorité de la chose jugée, on ne saurait admettre que, par une action nouvelle en dommages-intérêts, le sieur Giudicelli puisse obtenir l'équivalent des biens faisant l'objet des donations révoquées ; — Qu'une semblable jurisprudence porterait la plus grave atteinte au principe si salutaire de l'irrévocabilité des décisions judiciaires qui ont acquis l'autorité de la chose jugée.

En ce qui concerne la demande en inscription de faux :

Considérant que cette demande est doublement irrecevable ;

Considérant, en effet, que le Code de Procédure Civile n'a reconnu et réglé que l'inscription de faux formée incidemment à une instance civile ; — Qu'il n'a ni prévu, ni autorisé l'action en faux principal, en dehors de toute instance engagée devant la juridiction civile ordinaire ;

Considérant que, si le législateur qui a tracé, avec une si prévoyante sollicitude, la procédure du faux incident civil, avait voulu admettre l'action civile en faux principal, on ne saurait révoquer en doute qu'il n'eût réglementé, avec le même soin, l'exercice de cette action ; — Que son silence, à cet égard, suffit pour prouver que l'action en faux principal n'entre pas dans le système de notre procédure civile ;

Considérant, d'ailleurs, que l'action en faux principal ne serait point légitimée, dans l'espèce, par la nécessité de créer un moyen de requête civile, l'Article 480, n° 9 du Code de Procédure n'autorisant pas la partie à engager ainsi une instance préparatoire de l'instance ultérieure en requête civile;

Considérant que la demande en inscription de faux devrait encore être repoussée en raison même du but qu'elle poursuit, et des conséquences qu'elle entraînerait;

Considérant que l'état civil des personnes est le fondement de la famille et la base de tout ordre social; — Que la filiation des enfants légitimes se prouve par les actes de naissance inscrits sur les registres de l'état civil; — Qu'à défaut de titre, la possession d'état d'enfant légitime y supplée et constitue une preuve suffisante de la filiation;

Considérant que nul ne peut réclamer un état contraire à celui que lui donnent son acte de naissance et la possession conforme à ce titre; — Que, réciproquement, nul ne peut contester l'état de celui qui a une possession conforme à son acte de naissance;

Considérant que la légitimité de Laure-Marie est protégée par son acte de naissance et par une possession d'état conforme à ce titre; — Que sa possession d'état réunit tous les caractères déterminés par la loi; — Que la filiation de Marie-Laure a été reconnue par les jugement et arrêt qui, sur le fondement de sa naissance, ont révoqué les donations de 1841; — Qu'ainsi, la demande en inscription de faux implique essentiellement une question d'état; — Qu'elle a pour objet de faire déclarer faux, dans sa substance, l'acte de naissance de Laure-Marie, et que, dès lors, elle se trouve péremptoirement repoussée par le grand principe édicté par l'Article 322 du Code Napoléon, dans l'intérêt de la fixité de l'état civil et de la sécurité des familles; — Que, par conséquent, c'est le cas, en rejetant l'appel incident de Giudicelli, de dire droit à l'appel principal des parties de Savelli et Ollagnier;..........

DISANT DROIT à l'appel principal,
MET au néant la disposition du jugement attaqué qui autorisait Giu-

dicelli à établir par la voie de la preuve testimoniale la fausseté de l'acte de naissance de Laure-Marie Rossi ;

Déclare les demandes de Giudicelli irrecevables et mal fondées ;

Le Démet, par suite de son appel incident ;

. . . .

Audience solennelle. — Chambres assemblées. — M. CALMÈTES, *Premier Président.*

MM. Savelli,
Ollagnier,
Milanta,   } *Avocats.*
Castelli,
de Gafforj,

Pourvoi en Cassation de la part de Giudicelli.

ARRÊT.

La Cour ; — sur les conclusions de M. Blanche, Avocat Général,

Sur le premier moyen tiré de la violation de l'Article 22 du décret du 30 Mars 1808 :

Attendu qu'aux termes de cet article les contestations sur l'état civil des citoyens doivent être portées aux audiences solennelles des Cours Impériales ; — Que cette règle ne fléchit que lorsque la question d'état ne fait pas l'objet d'une contestation principale, et ne se présente qu'incidemment et à titre d'exception ;

Attendu que, dans l'espèce, l'état de Laure-Marie Rossi était l'objet principal et dominant de la contestation, et que, dès lors, c'est à bon droit que la Cour Impériale de Bastia y a statué en audience solennelle.

Sur les deux branches du second moyen tirées de la fausse application, soit de l'Article 1351, soit de l'Article 322 du Code Napoléon :

Attendu que, sur le fondement de la naissance de Laure-Marie, fille
légitime de Jacques-Alphonse Rossi et de Marie-Agathe Casanova sa
femme, un premier arrêt de la Cour Impériale de Bastia du 6 Février
1850 avait annulé une donation précédemment faite par ledit Rossi à
Félicien Giudicelli ;

Attendu que, par son exploit introductif de l'instance sur laquelle il
a été statué par l'arrêt attaqué, comme par ses conclusions devant le
Tribunal Civil et en appel, ledit Félicien Giudicelli demandait que l'acte
de naissance de Laure-Marie fût déclaré faux dans sa substance, et que,
par voie de conséquence, il lui fût alloué une somme de quinze mille
francs de dommages intérêts, représentative de la valeur des biens compris dans la donation annulée ;

Attendu que, dans cet état, la demande tendait, au principal, à ce
qu'il fût dit, contrairement à ce qui avait été précédemment jugé par
l'arrêt du 6 Février 1850, qu'un enfant légitime n'était pas né du mariage des conjoints Rossi ;

Attendu que le pourvoi objecte en vain qu'il ne s'agit pas, dans le
procès actuel, de l'état civil de Laure-Marie, mais seulement du préjudice causé au demandeur par le crime de faux dont les mariés Rossi
se seraient rendus coupables ;

Attendu que cette imputation de faux ne constitue en réalité qu'un
moyen nouveau de contester la filiation légitime de Laure-Marie, et de
ramener à effet, par cette voie détournée, la donation annulée par l'arrêt
de 1850 ; — Que ce moyen aurait dû être présenté lors du premier
litige, et que, pour ne l'avoir présenté, il est aujourd'hui non recevable ;

Attendu, dès lors, que c'est avec raison que l'arrêt attaqué a écarté
la demande de Giudicelli par l'exception de la chose jugée, et que
l'admission de cette fin de non-recevoir rendant inutile l'examen de
celle tirée de l'Article 322 du Code Napoléon, il y a lieu de rejeter le
moyen dans son ensemble.

Sur le troisième moyen tiré de la violation de l'article 480, n° 9 du Code de Procédure Civile, et de la fausse application des Articles 214 et suivants du même Code :

Attendu qu'il résulte, de la combinaison des Articles 214 et 250 du Code de Procédure Civile et de l'Article 1319 du Code Napoléon, que l'instance en faux principal n'est admise que devant la juridiction criminelle, et qu'en matière civile l'inscription de faux n'est autorisée que par voie d'incident et au profit de celui qui prétend qu'une pièce signifiée, communiquée et produite dans le cours d'une procédure, est fausse ou falsifiée ;

Attendu qu'il n'est pas exact de prétendre que l'Article 480, n° 9 du Code de Procédure Civile, en ouvrant la voie de la requête civile, lorsqu'il a été jugé sur pièces reconnues ou déclarées fausses depuis le jugement, a nécessairement, quoiqu'implicitement, admis l'instance civile en faux principal ;

Attendu, en effet, qu'il n'y a aucune incompatibilité entre la voie de recours ouverte par l'article précité et la règle qui attribue limitativement à la juridiction criminelle la connaissance du faux principal, en ne laissant que le faux incident dans les attributions du Juge civil ;

— Que cette règle, au contraire, est indispensable pour maintenir la stabilité des jugements, et conserver à la requête civile son caractère de recours extraordinaire, en l'empêchant de devenir un moyen banal d'attaquer de nouveau, sous prétexte de faux, des actes déclarés valables par des décisions souveraines ;

Attendu que le pourvoi n'est pas mieux fondé à soutenir que la demande principale tendait à obtenir une somme de dommages-intérêts, et que l'articulation de faux n'était produite qu'à titre d'incident et pour faire prévaloir le chef principal des conclusions ; qu'ainsi la condition exigée par l'Article 214 était remplie ;

Attendu qu'une demande incidente est celle qui surgit à l'occasion et dans le cours d'une instance pour s'y joindre, en suspendre la marche ou modifier la solution, ou même l'écarter entièrement ; mais qu'on ne saurait reconnaître ce caractère aux divers chefs d'une demande dont la réunion constitue l'instance principale, quand même quelques-uns d'entre eux ne seraient qu'accessoires, alternatifs, ou subsidiaires les uns aux autres;

Attendu, d'ailleurs, qu'il vient d'être jugé, par ce qui précède, que la demande avait pour objet principal de faire déclarer faux l'acte de naissance de Laure-Marie Rossi; — Qu'ainsi, c'est par une saine appréciation des principes et des faits que l'arrêt attaqué a déclaré non-recevable l'inscription de faux proposée par le demandeur;

REJETTE.

Du 13 Février 1860. — *Ch. Req.* — M. NICIAS-GAILLARD, *Président;* — M. SOUEF, *Rapp.;* — M. RENDU, *Avocat.*

DU 2 AOUT 1858.

SERVITUDES CONTINUES, DISCONTINUES — SIGNE APPARENT ENTRE DEUX FONDS. — ALIÉNATION. — DÉFAUT DE STIPULATION. — MAINTIEN DE LA SERVITUDE.

L'Article 694 du Code Napoléon s'applique aussi bien aux servitudes discontinues qu'aux servitudes continues; spécialement à un droit de passage rendu apparent par une porte qui ne pouvait avoir que cette destination (1).

Cet Article reçoit encore son application, soit dans le cas où le signe apparent existe entre deux héritages dont l'un est aliéné, soit entre les deux parties d'un même héritage dont une seule partie a cessé d'appartenir au même propriétaire, par suite de la vente qu'il en a consentie (2).

Cacciaguerra C. Italiani.

ARRÊT.

Après délibération en la Chambre du Conseil,

LA COUR; — sur les conclusions de M. BERTRAND, Premier Avocat Général,

SUR L'APPEL PRINCIPAL :

Considérant, en fait, que par acte du 25 Août 1854, enregistré,

---

(1) Voir Conf. : Bastia, 6 juin 1855 et 17 décembre 1856 (Notre Rec., tom. 4, pag. 159 et 339). Aux autorités que nous avons indiquées dans la note dont est accompagné le premier de ces arrêts, on peut ajouter, dans le sens de la décision ci-dessus : Cass., 17 novembre 1847 (S. V. 48. 1. 51 ; — D. P. 47. 1. 377); — *Idem*, 30 novembre 1853 (S. V. 54. 1. 679; — D. P. 54. 1. 17); et l'on pourra consulter utilement sur la question : MARCADÉ, art. 694, nᵒˢ 1, 2, 3, ainsi que les observations de DEVILLENEUVE sur l'arrêt précité du 30 novembre 1853, si l'on veut avoir une idée précise des différents systèmes auxquels a donné lieu l'interprétation de l'art. 694 du Code Napoléon.

(2) Conf. : Rejet, 26 avril 1857 et 24 février 1840 (S. V. 37. 1. 96; — 40. 1. 97 ; — D. P. 37. 1, 385; — 40. 1. 101); — Cass., 17 novembre 1847 *(ubi suprà)*. Voir aussi la fin du rapport de M. TROPLONG, lors de l'arrêt du 24 février 1840 déjà cité.

Dominique Cacciaguerra a vendu à Italiani 1° une salle et deux chambres à coucher dans une maison isolée, située à Casaglione, — 2° une cave faisant partie de la même maison ;

Considérant qu'il est constant qu'antérieurement à la vente et pendant de longues années, Dominique Cacciaguerra se rendait à sa cave de l'intérieur de la maison, en passant par une porte pratiquée dans le corridor du premier étage; — Que la porte extérieure de la cave ne pouvait même être ouverte que de l'intérieur;

Considérant que l'acte du 25 Août 1854 a transmis la cave à Italiani *avec tous ses droits, appartenances et dépendances;*

Considérant que, par un second acte du 1ᵉʳ Mai 1855, enregistré, Dominique Cacciaguerra a vendu à son fils François une chambre située au premier étage de la même maison, franche et libre de toute charge, avec l'entrée par le corridor prémentionné ; — Que François Cacciaguerra soutient que le corridor a été compris dans la vente ;

Mais considérant que les sieurs Dominique Cacciaguerra et Italiani contestent cette prétention, qui ne paraît pas, en effet, suffisamment justifiée ;

Considérant que, les faits de la cause étant ainsi précisés, il s'agit principalement de savoir si Italiani a acquis le droit de parvenir à sa cave en passant par le corridor du premier étage;

Considérant que le contrat intervenu entre Dominique Cacciaguerra et Italiani doit être interprété suivant la règle édictée dans l'Article 694 du Code Napoléon, lequel comprend dans la généralité de ses termes aussi bien les servitudes discontinues que les servitudes continues;

Considérant que cet Article reçoit son application, soit dans le cas de deux héritages dont l'un est aliéné, soit lorsqu'un seul héritage est aliéné en partie seulement; — Que dans l'une et l'autre hypothèse, s'il existe un signe apparent de servitude entre les deux héritages ou les deux parties du même héritage, en l'absence de toute stipulation relative à la servitude, elle continuera d'exister en faveur ou au préjudice de l'immeuble aliéné;

Considérant que la disposition de cet Article a pour fondement la volonté tacite des parties contractantes, qui, en ne stipulant pas la suppression de la servitude, manifestent, par cela même, l'intention de la maintenir ;

Considérant que cette solution n'est, sous un autre rapport, que l'application de l'Article 1614 du Code Napoléon, spécial au contrat de vente ; — Que, suivant cet Article, la chose vendue doit être livrée dans l'état où elle se trouve au moment de la vente ;

Considérant qu'il est constant qu'au moment de la vente et depuis plus de trente ans avant cette époque, Dominique Cacciaguerra descendait dans sa cave en passant par une baie ou porte ouvrant sur le corridor ; — Que, s'il avait entendu supprimer cette porte et contraindre l'acheteur à ne s'introduire dans la cave qu'en sortant de la maison, il aurait dû s'en expliquer d'une manière expresse ; — Que peut-être cette condition onéreuse n'eût pas été acceptée par Italiani ;

Considérant, enfin, que postérieurement au contrat du 24 Août 1854, Italiani, acquéreur, a librement usé du corridor et de la porte intérieure qui conduit à la cave ; — Que cette exécution donnée à la vente est la plus sûre règle d'interprétation de l'intention des parties contractantes...........

CONFIRME.

Chambre Civile. — M. CALMÈTES, *Premier Président.*

MM. BONELLI,
MILANTA,   } *Avocats.*
CHERSIA,

DU 2 AOUT 1858.

JUGEMENT PRÉPARATOIRE , — INTERLOCUTOIRE. — CARACTÈRES. —
DESCENTE SUR LES LIEUX.

Le Jugement préparatoire a pour objet principal de régulariser la procédure ou la cause, sans qu'il apparaisse que le Juge a subordonné sa décision à la mesure ordonnée.

La descente sur les lieux est, en général, une mesure purement préparatoire; — Mais, suivant les circonstances, le jugement qui l'ordonne peut revêtir le caractère du jugement interlocutoire. — La cause en offrait un exemple (1).

Communes de Frasseto et Quasquara, et l'État, C. Casablanch et Consorts.

ARRÊT.

Après délibération en la Chambre du Conseil,

LA COUR; — sur les conclusions de M. SIGAUDY, Procureur Général Impérial,

SUR LA FIN DE NON-RECEVOIR :

Considérant que le législateur n'a point déterminé, d'une manière

---

(1) Le pourvoi en Cassation dont l'arrêt ici recueilli avait été frappé, a été rejeté par la Chambre des Requêtes de la Cour de Cassation, le 20 décembre 1859, sous la présidence de M. NICIAS-GAILLARD, au rapport de M. NACHET, et sur les conclusions conformes de M. l'avocat général BLANCHE. Sur les caractères constitutifs des jugements préparatoires et interlocutoires, voir la discussion approfondie à laquelle se sont livrés CARRÉ et CHAUVEAU, Quest. 1616. On trouvera, dans ces auteurs, les véritables principes de la matière et l'indication d'un grand nombre de décisions judiciaires qui en font l'application.

spéciale, le caractère des divers jugements qui peuvent intervenir dans le cours d'une instance ; — Qu'il s'est borné à tracer des règles générales dont les Magistrats sont tenus de faire l'application à chaque espèce en particulier, en s'attachant moins à la dénomination de la mesure ordonnée, qu'à son but et à l'intention du Juge en l'ordonnant;

Considérant que le jugement préparatoire a essentiellement pour objet de régulariser la cause, de régler la procédure, de mettre en présence toutes les parties intéressées, ou de réunir tous les documents nécessaires pour la solution des difficultés qui constituent le fond du litige ; — Qu'il est également de l'essence de ces jugements qu'ils ne trahissent point l'influence qu'ils sont destinés à exercer sur le sort de l'instance;

Considérant que le jugement, qui présenterait ce dernier caractère, deviendrait, par cela même, interlocutoire, quelle que fût l'opération ou la mesure prescrite par le Magistrat;

Considérant que si, en général, la descente sur les lieux est purement préparatoire, particulièrement lorsqu'elle est ordonnée ou d'office ou sans contradiction au début de l'instance, il n'en saurait être ainsi lorsqu'elle intervient après une expertise, et qu'elle a pour but précis et déterminé de contrôler cette opération, et de décider si le rapport d'experts doit être ou non homologué;

Considérant que, dans l'espèce, et lors du jugement attaqué, les Communes concluaient, au fond, « à ce que le rapport des experts fût » entériné, en adjugeant aux particuliers les parcelles marquées en » jaune sur le plan général, aux Communes les parcelles blanches et » vertes et les parcelles du tableau *A* deuxième partie »;

Considérant que ces conclusions comprenaient tout le litige et en dirimaient radicalement le fond ;

Considérant que les particuliers, parties de M° Lusinchi, dans l'instance d'appel, concluaient à ce qu'il fût, avant dire droit sur le fond, ordonné qu'il serait « fait accès des lieux par un des membres du Tri- » bunal, à l'effet de vérifier si le jugement du 30 Janvier 1827, qui » avait ordonné l'expertise, avait été bien et valablement appliqué par » les experts, sauf à être statué ensuite ce qu'il appartiendra »;

Considérant que le Tribunal accueillit ces conclusions et ordonna, avant dire droit, « qu'une descente serait faite sur les lieux en litige, à » l'effet de vérifier si le jugement de 1827 avait été bien appliqué par » les experts »;

Considérant qu'il est manifeste que, dans la pensée du Juge, l'opération prescrite préjugeait les principales difficultés du procès et notamment l'homologation du rapport des experts; — Que le dispositif du jugement exprime, de la manière la moins équivoque, que le rapport des experts servira de base à la solution du fond, si le Magistrat nommé rapporte que les experts se sont exactement conformés à la lettre et à l'esprit du jugement qui avait déterminé l'objet de l'opération qui leur était confiée; — Que, par conséquent, le jugement attaqué est de sa nature même interlocutoire, et que la fin de non-recevoir doit être rejetée comme mal fondée;

. . . .

SANS S'ARRÊTER à la fin de non-recevoir opposée à l'appel des Communes,

Et icelle REJETANT comme mal fondée...........

Chambre Civile. — M. CALMÈTES, *Premier Président.*

MM. MILANTA,
DE GAFFORJ, } *Avocats.*
SAVELLI,
GAVINI,

DU 10 AOUT 1858.

DEGRÉS DE JURIDICTION. — SAISIE FORAINE. — MAINLEVÉE. — DOMMAGES-INTÉRÊTS.

Les Tribunaux de Première Instance statuent en dernier ressort sur les dommages-intérêts réclamés reconventionnellement et accessoirement à une demande principale, lorsque ces dommages-intérêts sont exclusivement fondés sur cette demande elle-même (Art. 2, Loi du 11 Avril 1838); — Mais il ne saurait en être ainsi dans le cas où la demande en dommages-intérêts, bien que se rattachant indirectement à la demande originaire, présente elle-même un caractère principal et la domine en quelque sorte (1).

Spécialement, la demande reconventionnelle en paiement, à titre de dommages-intérêts, d'une somme supérieure à mille cinq cents francs, fondée sur le préjudice causé au saisi par une saisie foraine pratiquée pour une somme inférieure à mille cinq cents francs, ne peut être jugée qu'en premier ressort par le Tribunal, devant lequel la demande en mainlevée a été portée (2).

Aullé C. Casile.

ARRÊT.

Après délibération en la Chambre du Conseil,

La Cour; — sur les conclusions conformes de M. Bertrand, Premier Avocat Général,

Sur la fin de non-recevoir :

Attendu que, si l'Article 2 de la Loi du 11 Avril 1838 impose aux

---

(1-2) Le pourvoi contre cet arrêt a été admis par la chambre des requêtes de la Cour de Cassation, le 29 décembre 1859, sous la présidence de M. Nicias-Gaillard, au rapport de M. Poultier, et sur les conclusions contraires de M. de Peyramont, plaidant Me Pougnet, avocat. Voir d'ailleurs Bastia, 10 mars 1828 et 13 août 1855 (Notre Rec., tom. 1er pag. 341 et tom. 4, pag. 175), ainsi que les notes qui accompagnent ces arrêts. Nous ne connaissons pas les motifs qui ont déterminé l'admission du pourvoi en Cassation ; mais nous croyons devoir faire remarquer que, dans l'espèce, la demande en dommages-intérêts du saisi avait été précédée de la demande en validité prescrite par l'art. 824 du Code de Procédure civile ; et que, par suite, on pourrait conclure qu'elle ne constituait qu'une défense à la demande en validité, à laquelle elle était subordonnée comme l'accessoire au principal.

Tribunaux de Première Instance l'obligation de statuer en dernier ressort sur les dommages-intérêts demandés reconventionnellement et accessoirement à une demande principale, c'est à la condition expresse que ces dommages-intérêts seront exclusivement fondés sur cette demande elle-même ; — Mais qu'il ne saurait en être ainsi dans le cas où la demande en dommages-intérêts, bien que se rattachant indirectement à la demande originaire, présente elle-même un caractère principal et la domine en quelque sorte ;

Attendu que, si la Loi susvisée n'a pas voulu permettre qu'on pût arbitrairement se soustraire à la règle qu'elle a tracée, d'être jugé en dernier ressort, lorsque la demande principale n'excède pas quinze cents francs en matière personnelle et mobilière, en élevant l'objet du litige à une valeur supérieure par une demande en dommages-intérêts, elle a cependant fait exception à cette règle lorsqu'une demande de cette dernière nature est faite dans un but sérieux, et qu'elle forme par elle-même une demande séparée et en quelque sorte indépendante de l'autre ;

Attendu que, dans l'espèce, Joseph Aullè, dans les conclusions par lui prises devant les premiers Juges et devant la Cour, après avoir demandé la mainlevée de la saisie à laquelle il a été procédé à son encontre, à la requête des mariés Casile, demande de plus la condamnation de ces derniers en une somme de deux mille francs, à titre de réparation, pour le préjudice par lui souffert dans ses intérêts et dans sa réputation de commerçant par l'effet de ladite saisie ; — Qu'ainsi, il y a là deux demandes distinctes, et que les premiers Juges n'ont pu y statuer qu'en premier ressort ;

.   .   .   .

REJETTE la fin de non-recevoir.

Chambre Civile. — M. ANDRAU MORAL, *Conseiller Doyen,*
f. f. de Président.

M. BONELLI, *Avocat.*

DU 24 NOVEMBRE 1858.

SAISINE. — LÉGATAIRE UNIVERSEL. — EXÉCUTEURS TESTAMENTAÍRES.

La saisine appartient à l'héritier légitime. — Quand il existe un héritier réservataire, la volonté du testateur ne peut, même en instituant un légataire universel, lui enlever cette saisine légale (1).

Un testament ne pourrait non plus attribuer cette saisine aux exécuteurs testamentaires, même temporairement, d'une manière préjudiciable aux intérêts de l'héritier réservataire (2).

Par suite, en présence de cet héritier, un légataire universel n'a pas le droit de demander la remise en ses mains, ou en celles de l'exécuteur testamentaire, des papiers d'une succession (3).

Campana C. Erani.

ARRÊT.

Après délibération en la Chambre du Conseil,

LA COUR ; — sur les conclusions de M. MASSIN, Premier Avocat Général,

EN CE QUI CONCERNE LES PAPIERS TROUVÉS DANS LE DOMICILE DU SIEUR ANDRÉ CAMPANA :

Considérant qu'aux termes de l'Article 724 du Code Napoléon, l'hé-

---

(1) Voir dans ce sens : Bruxelles, 2 décembre 1830 (S. V. 31. 2. 63 ; — D. P. 33. 2. 199); MERLIN, *Répert.*, Vº *Testament*, sect. 3, p. 783 ; — TOULLIER, tom. 5, nº 494 ; — GRENIER, *Donat. et Test.*, tom. 1er, nº 299; — DURANTON, tom. 9, nº 191 ; — MARCADÉ, sur l'art. 1014; — TROPLONG, *Donat. et Test.*, tom. 4, nº 1792.

(2-3) La Cour de Bastia retient en fait que le testament ne conférait pas la saisine aux exécuteurs testamentaires ; dès lors la conséquence qu'elle en a tirée nous semble à l'abri

CALMÈTES, T. V.

40

ritier légitime est investi, de plein droit, des biens, droits et actions du défunt; — Que cette saisine s'opère, dès l'instant du décès, par la seule force de la loi, suivant l'énergique maxime de l'ancien droit français : *le mort saisit le vif;*

Considérant que la volonté du testateur serait même impuissante pour dépouiller l'héritier de la saisine légale;

Considérant que l'institution d'un légataire universel ne pourrait produire un tel effet, puisqu'aux termes de l'Article 1004 du Code Napoléon, le légataire universel est tenu de demander la délivrance à l'héritier légitime;

Considérant que, par application de ces principes, la dame veuve Campana, en sa qualité de réservataire, a été saisie de plein droit, dès le décès de son fils, des biens meubles et immeubles, droits et actions de ce dernier;

Considérant que les intimés l'ont eux-mêmes reconnu, puisqu'ils lui ont demandé la délivrance des legs universels d'André Campana en faveur des mineurs Erani;

Considérant qu'il n'a pas encore été statué sur cette demande;

Considérant que le testament d'André Campana, en date du 6 Août 1858, ne confère la saisine ni aux exécuteurs testamentaires, ni à Me Savelli; — Qu'il n'aurait pu, d'ailleurs, la leur attribuer même temporairement (Article 1026 du Code Napoléon), d'une manière préjudiciable aux intérêts de la mère réservataire; — Que, par conséquent, la disposition du testament relative à la remise des papiers du défunt à Me Savelli, avocat, ne saurait sortir à effet;............

DISANT DROIT à l'appel de la dame veuve Campana,

---

de la critique. Mais nous n'adopterions pas, avec la même confiance, le principe général que le testateur n'a pas le droit de donner aux exécuteurs testamentaires la saisine des papiers de la succession, lors même que cette mesure serait préjudiciable aux intérêts des héritiers légitimes. Le texte de l'art. 1026 du Code Napoléon ne nous semble pas comporter cette restriction à la généralité de ses termes. Voir TROPLONG, *ubi suprà*, n°s 1998, 2001, 2002; — DURANTON, tom. 9, n°s 396 et 401; — GRENIER, *eodem*, n°s 350, 331 et 338.

Réformant quant à ce seulement,

Dit que, la saisine de tous les papiers dépendants de la succession d'André Campana appartient à ladite dame veuve Campana, sa mère, en qualité de réservataire;

Ordonne, par suite, que tous les papiers dont il s'agit, sans aucune distinction, seront remis à M⁰ Gaudin, notaire, en l'étude duquel ils pourront être consultés par toutes les parties intéressées;

Chambre Civile. — M. CALMÈTES, *Premier Président.*

MM. Cecconi,
Savelli, } *Avocats.*

DU 1er DÉCEMBRE 1858.

Les associés commanditaires, faisant partie du conseil de surveillance, engagent leur responsabilité solidaire envers les tiers, et deviennent passibles de toutes les dettes sociales, lorsqu'ils s'immiscent dans l'administration des affaires de la société, par des actes patents nécessairement connus du public; — Par exemple lorsqu'ils s'attribuent la nomination de tous les employés de l'entreprise, la vérification des pièces comptables et l'approbation de chaque mandat délivré par le gérant avant le paiement qui doit en être opéré par le caissier; lorsqu'ils réduisent, enfin, le gérant au rôle de simple commis, et qu'ils exercent eux-mêmes toutes les fonctions de la gérance [Articles 27 et 28 du Code de Commerce] (1).

---

(1) L'application des principes posés par les art. 27 et 28 du Code de Commerce a donné lieu fort souvent à des questions délicates et même épineuses ; mais nous croyons ne pas nous tromper en affirmant, qu'il serait bien difficile, pour ne pas dire impossible, de décider dans quel sens la jurisprudence s'est définitivement prononcée, parce que les arrêts ont toujours été déterminés par les circonstances particulières de l'affaire que les juges ont le pouvoir d'apprécier souverainement, et qu'ils ne doivent, par suite, être considérés que comme des arrêts d'espèce. Il nous semble cependant que l'on peut conclure, d'après la jurisprudence et la doctrine, que l'immixtion dans les sociétés en commandite doit être tolérée, si les actes auxquels les commanditaires ont pris part se renferment dans l'intérieur de la société et restent entièrement étrangers aux tiers qui traitent avec le gérant; mais qu'il faut décider autrement et prononcer la solidarité des commanditaires, lorsque leurs actes sont patents, nécessairement connus du public qui pourrait être induit à compter sur leur solvabilité ou à suivre leur foi, et s'ils sont de nature à restreindre ou entraver l'action du gérant. La Cour de Paris a rendu, le 26 mars 1840 (S. V. 40. 2. 250 ; — D. P. 40. 2. 188), un arrêt qui a une assez grande analogie avec celui que nous rapportons. On peut consulter d'ailleurs, sur la différence à faire entre les actes de surveillance et de gestion, et entre autres autorités : Cass., 13 novembre 1843 (S. V. 44. 1. 847; — D. P. 44. 1. 420); — Paris, 4 janvier 1844 (S. V. 44. 2. 71 ; — D. P. 44. 2. 177) ; — Rejet, 23 mars et 25 juin 1846 (S. V; 46. 1. 770 et 775 ; — D. P. 46. 1. 308 et 312) ; — Rejet, 15 mars 1847 (S. V. 47. 1. 353. — D. P. 47. 1. 155) ; — *Idem*, Ch. civ., 17 janvier 1855 (S. V. 55. 1. 90 ; — D. P. 55. 1.

Arène C. Piccioni et Consorts.

ARRÊT.

Après délibération en la Chambre du Conseil,

La Cour; — sur les conclusions de M. Massin, Premier Avocat Général,

Considérant qu'il est de l'essence même des sociétés en commandite que le gérant seul agisse et administre; — Que les fonctions du conseil de surveillance consistent, au contraire, à contrôler les actes du gérant, à surveiller son administration, pour en arrêter les écarts et les signaler à l'assemblée générale des actionnaires;

Considérant que le droit et le devoir de surveiller les actes du gérant qui administre, impliquent, pour le conseil de surveillance, l'interdiction d'administrer;

Considérant que cette prohibition, qui résulte de la nature même des choses, est textuellement imposée aux associés commanditaires par l'Article 27 du Code de Commerce;

Considérant que, quelles que soient les critiques dont les Articles 27 et 28 du Code précité ont été l'objet, sous l'influence d'un esprit de réaction contre les abus de la gérance, la sagesse du législateur a maintenu leurs dispositions, et repoussé l'extension illimitée et l'irresponsabilité des pouvoirs des conseils de surveillance;

---

260) ; — Rejet, 29 juin 1858 et Cass., 29 mai 1859 (S. V. 59. 1. 483 et 918; — D. P. 58. 1. 455). — Pardessus, *Droit comm.*, tom. 4, nᵒˢ 1030 et suiv.; — Delangle, *Sociétés Comm.*, tom. 1ᵉʳ, nᵒ 389; — Troplong, *Des Sociétés*, tom. 1ᵉʳ, nᵒˢ 424 et suiv.; — Devilleneuve, Observations sur les arrêts ci-dessus visés des 4 janvier 1844 et 15 mars 1847 (*loco citato*), ainsi que la note du même jurisconsulte sous un arrêt de la Cour de Paris du 23 juillet 1828 (C. N. 9. 2. 127). Dalloz, *Jur. gén.*, 2ᵉ édit., Vᵒ *Sociétés*. — Nous ferons remarquer que le pourvoi dirigé contre l'arrêt par nous recueilli a été rejeté.

Considérant que la plus large interprétation de l'Article 27 du Code de Commerce ne saurait justifier les actes reprochés aux intimés ;

Considérant que le Conseil de surveillance de la société en commandite pour la construction de l'usine à gaz de Bastia, ne s'est pas borné à aider les gérants de ses conseils, — à approuver des opérations consommées ou des mesures à prendre dans des circonstances exceptionnelles, — à interdire au gérant l'exécution d'entreprises périlleuses ou compromettantes pour les intérêts sociaux , — à fixer le chiffre du budget dont le gérant aurait le libre emploi, hypothèses dans lesquelles la jurisprudence ou la doctrine ont reconnu que les conseils de surveillance n'auraient pas franchi la limite de leurs pouvoirs ;

Considérant que, dans l'espèce soumise à l'appréciation de la Cour, il est manifeste que le conseil de surveillance a usurpé la gérance, en disposant, en maître absolu, des fonds de la société et de la direction de l'entreprise ;

Considérant, en effet, que, dès les premiers actes du sieur Dubois d'Hault, premier gérant de la société, le conseil de surveillance conçut la pensée d'annihiler le gérant et de s'emparer de l'administration ; — Que cette pensée ne tarda point à être réalisée, ainsi que cela résulte du registre des délibérations et de tous les faits de la cause ;

Considérant que le Conseil de surveillance ayant été nommé le 28 Juin 1855, on le voit, dès le 18 Août de la même année, réduire le gérant à l'impuissance, en le privant de tout pouvoir propre et de toute action indépendante ; — Que, par cette déclaration, le Conseil décide que le caissier ne paiera les mandats du gérant, qu'après la vérification des pièces comptables par un membre du Conseil et l'approbation de son vice-président, le commandant Mattci ; — Que, par cette mesure, le gérant se trouvait obligé, afin d'assurer le paiement de ses mandats et de dégager sa responsabilité personnelle, d'obtenir, à l'avance, l'approbation du Conseil pour toutes ses opérations, quelle que fût leur modicité ou leur importance ; — Que, par cela même, la gérance ne reposa plus que nominativement sur le sieur Dubois d'Hault, le Conseil s'étant attribué tous les pouvoirs pour les exercer, sans contrôle, sous sa propre responsabilité ;

Considérant que, par une délibération postérieure, le Conseil avait réduit à la somme dérisoire de deux cents francs le budget dont le gérant pourrait disposer, à la charge toutefois de rendre compte et de justifier de l'emploi de ce capital; — Qu'il s'était même fait accorder, par l'assemblée générale des actionnaires, le pouvoir de nommer tous les employés nécessaires à l'administration de l'usine;

Considérant que, par la délibération du 6 Janvier 1856, il désigna le sieur Zarri, expert, pour procéder au métré des travaux en maçonnerie exécutés par l'entrepreneur Bertin;

Considérant que ces délibérations n'étaient pas des actes latents, renfermés dans l'intimité du Conseil;

Considérant que lorsque M° Gaudin, notaire, caissier de la Compagnie, crut devoir faire fixer le chiffre de ses honoraires, ce fut au Conseil de surveillance qu'il soumit sa demande, et que, par sa délibération en date du 16 Janvier 1856, le Conseil lui alloua une somme de mille cinq cents francs; — Que cette même délibération attribua au sieur Bertin, en actions de la société, une somme de cinq mille huit cent quatre-vingt-quatre francs, représentant la valeur des travaux par lui effectués à l'usine;

Considérant que les nominations des commis et des employés de toute sorte, nécessaires à l'entreprise, étaient aussi des actes d'administration patents et ostensibles, qui mettaient nécessairement les membres du Conseil en contact avec le public;

Considérant que l'immixtion du Conseil dans l'administration n'est pas moins manifeste après la retraite du sieur Dubois d'Hault; — Que le sieur Berla, qui succéda au premier gérant, n'offre pas même les apparences d'un gérant sérieux; — Qu'il n'était qu'un simple commis ou un agent rétribué aux appointements de trois mille francs et aux ordres du Conseil; — Que tous les pouvoirs furent concentrés, dès cette époque, dans le Conseil de surveillance, qui administra la société, sans même constater ses résolutions dans le registre des délibérations; — Que, cependant, les travaux continuèrent à l'usine après la nomination du sieur Berla; — Qu'il fut pourvu à la dépense occasionnée par ces travaux avec les fonds provenant de l'emprunt du 10 Décembre

1856; — Que ces fonds, s'élevant en totalité à quarante-cinq mille francs, ne furent versés dans la caisse sociale que jusqu'à concurrence de vingt-deux mille francs, le surplus ayant été remis directement à Berla, pour pourvoir aux éventualités de la situation et aux besoins du service ;

Considérant que tous ces faits constituent, au premier chef, des actes d'immixtion et engagent la responsabilité des intimés qui y ont pris part comme membres du Conseil de surveillance ;

Considérant que, si le sieur Valerj s'est retiré dudit Conseil, sa démission est postérieure à l'exécution des travaux dont le sieur Arène réclame le paiement ;

Considérant, surabondamment, que les sieurs Piccioni, Gavini, Valerj et Santoni, en concourant à la délibération de l'assemblée des actionnaires du 10 Août 1856, par laquelle la direction générale des affaires sociales et la nomination des divers commis ou employés furent attribuées au Conseil de surveillance, les intimés, qui étaient les principaux membres de ce Conseil, abdiquèrent leur qualité de simples commanditaires pour revêtir celle de directeurs gérants de l'entreprise ;

.   .   .   .

DISANT DROIT à l'opposition du sieur Arène envers l'arrêt par défaut en date du 4 Août 1858, et à l'appel par lui relevé contre le jugement du Tribunal de Commerce de Bastia du 21 Mai dernier,

RÉTRACTE ledit arrêt;

MET au néant le jugement attaqué,

Et, PROCÉDANT par nouveau jugé,

CONDAMNE solidairement les intimés à payer au sieur Arène (Marius), partie de Lusinchi, le montant des condamnations prononcées contre le gérant de la société, par l'arrêt de la Cour du 3 Juin 1857 ;

.   .   .   .

Chambre Civile. — M. CALMÈTES, *Premier Président.*

MM. CECCONI, ⎱ *Avocats.*
BONELLI, ⎰

DU 14 DÉCEMBRE 1858.

FABRIQUES D'ÉGLISE. — BIENS RESTITUÉS. — ENVOI EN POSSESSION. — PRESCRIPTION.

*Les Fabriques d'église ne sont réellement investies des biens à elles resti-
tués par l'Arrêté du 7 Thermidor an XI, qu'après en avoir obtenu l'envoi
en possession du gouvernement. [Avis du Conseil d'État du 30 Avril 1807;
Décret du 30 Décembre 1809, Article 36; Ordonnance du 28 Mars 1820,
Articles 1 et 2] (1).*

*Et cet envoi en possession, comme condition du droit de la Fabrique, est
indispensable pour défendre à une action en revendication, aussi bien que
pour intenter une telle action (2).*

*Mais les Fabriques ont pu, indépendamment de tout envoi en possession,
acquérir par la prescription la propriété des biens litigieux, de même que
tout autre possesseur. [Code Napoléon, Article 2262] (3).*

*En ce cas, si la prescription est invoquée comme s'étant accomplie au
préjudice d'une commune, la Fabrique doit mettre en cause cette Commune,
qui seule aurait qualité pour répondre à l'exception (4).*

Giannorsi et consorts C. **la Fabrique de San Damiano.**

ARRÊT.

Après délibération en la Chambre du Conseil,

LA COUR; — sur les conclusions de M. MASSIN, Premier Avocat
Général,

Considérant que l'Arrêté du 7 Thermidor an XI n'a pas investi, de

---

(1) Voir Conf. : Bastia, 28 novembre 1827 et 18 avril 1855, ainsi que les notes (Notre
Recueil, tom. 1er, p. 325 et tom. 4, p. 143).

(2-3-4) M. Rigo, curé de Saint-Jean à Bastia, a rapporté l'arrêt ci-dessus, dans le *Mémoire à consulter sur les procès intentés par les conseils de fabrique,* par lui publié en

plein droit, les Fabriques des églises de la propriété des biens, dont elles avaient été dépossédées par la Loi du 13 Brumaire an II ;

Considérant que leur réintégration dans les biens restitués est subordonnée à l'envoi en possession prescrit par l'avis du Conseil d'État
du 30 Avril 1807, et par les Articles 36 du Décret du 30 Décembre
1809, 1 et 2 de l'Ordonnance du 28 Mars 1820 ;

Considérant qu'il résulte, de ces diverses dispositions, que l'Arrêté
d'envoi en possession est le titre essentiel, et le fondement du droit de
propriété des Fabriques des églises à l'égard des biens dont la restitution a été ordonnée en leur faveur ;

Considérant que le législateur, en prescrivant cette formalité préalable, ne s'est point préoccupé des instances auxquelles les biens dont
il s'agit pourraient donner lieu dans la suite ; — Que l'envoi en possession, fondé sur des motifs d'ordre et d'intérêt publics, est, dans
tous les cas, également nécessaire ; — Que les Fabriques des églises
sont tenues de justifier de son existence, soit qu'elles intentent, soit
qu'elles repoussent une action en revendication des biens qui furent
autrefois leur propriété ;

Considérant, dès lors, que le défaut d'envoi en possession constitue
une fin de non-valoir insurmontable contre l'action ou l'exception des
Fabriques relatives à ces biens ;

Considérant que c'est sans aucun fondement que le Tribunal de première instance énonce, dans les motifs de sa décision, que soumettre
les Fabriques défenderesses à produire l'Arrêté d'envoi en possession,
ce serait les frapper d'incapacité pour prescrire ;

Considérant qu'il y a lieu de distinguer, en cette matière, deux
hypothèses différentes, que le jugement attaqué a confondues ;

Considérant que, si les Fabriques fondent leur droit sur l'Arrêté du 7

1840, lorsqu'il était vicaire général honoraire d'Ajaccio, et l'a accompagné d'observations
assez développées qu'on lira avec intérêt. Quel que soit le mérite de ces observations,
nous sentons le besoin de déclarer que nous n'adoptons pas entièrement la doctrine qui
pourrait résulter de leur ensemble, surtout en ce qui concerne la critique de la jurisprudence constante des tribunaux.

Thermidor an XI, elles sont incontestablement tenues de justifier de l'Arrêté d'envoi en possession ;

Considérant que, si elles se bornent, au contraire, à exciper de la prescription trentenaire, l'envoi en possession ne saurait évidemment être exigé, quelle que soit leur position dans l'instance ;

Considérant, en effet, que la prescription est indépendante de tout titre ; — Qu'elle a pour objet de le suppléer, et qu'elle en tient lieu, si l'exception est justifiée ;

Considérant que c'est uniquement parce que la Fabrique de San Damiano, intimée, est dépourvue de tout titre, qu'elle retranche son droit de propriété derrière la prescription ;

Mais considérant, à cet égard, qu'elle allègue vainement que les biens en litige étaient, en 1789, la propriété de la commune de San Damiano ; — Qu'elle ne justifie point et ne demande pas même à faire preuve de la prescription acquisitive ; — Qu'elle n'articule aucun fait précis de possession ;

Considérant qu'il résulte, au contraire, des poursuites dirigées en 1843 et en 1857 par les appelants, devant le Tribunal de simple police, contre divers habitants de San Damiano, à raison de dommages par eux commis sur lesdits biens, que la Fabrique n'était pas en possession ;

Considérant que la même preuve s'induit encore de la nature de la demande soumise à l'appréciation de la Cour ; — Que les sieurs Giannorsi et Toussaint Grimaldi, appelants, n'exercent pas une action en délaissement ; — Qu'ils ont demandé, dans leurs conclusions en première instance et devant la Cour, que la Fabrique de San Damiano soit déclarée irrecevable et mal fondée dans ses prétentions, et qu'il lui soit fait défenses de troubler, à l'avenir, les appelants dans la propriété et possession des terrains en litige ;

Considérant, d'ailleurs, que dans le système même de la Fabrique, la prescription s'étant accomplie au préjudice de la commune, les sieurs Giannorsi et Toussaint Grimaldi ne seraient pas les contradicteurs légitimes d'une telle prétention, et que la commune aurait seule qualité pour y répondre ;

A mis et met au néant les appellations et ce dont est appel,

Et procédant par nouveau jugé,

Déclare la Fabrique de San Damiano non recevable à invoquer le bénéfice des dispositions de l'Arrêté du 7 Thermidor an XI, l'État n'ayant pas ordonné qu'elle serait remise en possession des biens immeubles qui sont l'objet du litige;

La déclare pareillement non recevable, et, surabondamment, mal fondée dans son exception relative à la prescription trentenaire;

Lui fait, en conséquence, expresses inhibitions et défenses de troubler à l'avenir les appelants principaux dans la propriété et jouissance des biens qui forment l'objet des deux ventes administratives du 1er Frimaire an XI.

Chambre Civile. — M. CALMÈTES, *Premier Président.*

MM. Bonelli, }
    Graziani, } *Avocats.*

DU 15 DÉCEMBRE 1858.

*En supposant que le corps d'une lettre de change ait été rempli posté-
rieurement au bon et à la signature donnés en blanc, cette circonstance ne
saurait la dépouiller du caractère qui lui appartient légalement, alors que
la remise du bon en blanc a été le résultat d'une convention expresse ou
tacite par laquelle on s'est soumis volontairement à la contrainte par
corps* (1).

---

(1) Conf. : Riom, 22 juillet 1817 (S. V. C. N. 5. 2. 309) ; — Agen, 16 mai 1853 (S. V.
53. 2. 274 ; — D. P. 54. 2. 182).

Contrà : Montpellier, 3 janvier 1857 (S. V. 58. 2. 165) ; — Agen , 1er février 1860 (S. V.
60. 2. 77).

Nous devons avouer que la solution ci-dessus nous semble contraire à la jurisprudence qui, aux termes de l'art. 112 du Code de Commerce, déclare simples promesses les
lettres de change contenant supposition des lieux dans lesquels elles sont payables;
ainsi qu'aux dispositions de l'art. 2063 du Code Napoléon, qui prohibe formellement à
tous Français de se soumettre à la contrainte par corps hors les cas déterminés par la
loi. *Sic*, DALLOZ, note sous l'arrêt précité d'Agen.

Voici comment DEVILLENEUVE combat l'arrêt rendu par la Cour d'Agen, le 16 mai 1853
(S. V., *ubi suprà*) :

« Nous ne saurions, du moins en théorie générale, nous ranger à ces solutions, qui
» semblent reposer sur cette idée que , pour créer une lettre de change, il suffit de le vou-
» loir, c'est-à-dire d'apposer sa signature sur un effet en blanc, ou même déjà rempli de la
» formule d'une lettre de change. Or, c'est là une erreur. Pour faire une lettre de change ,
» il ne suffit pas de la volonté des parties contractantes ou du consentement du souscrip-
» teur : il faut de plus un fait de *change*, c'est-à-dire une *remise d'argent* d'une place sur
» une autre place : sans cela, il ne peut pas y avoir de lettre de change. Lors donc qu'une
» personne remet à une autre, pour lui servir de titre ou de garantie, un billet signé en
» blanc, même avec l'entente convenue que le preneur du billet pourra le remplir dans la
» forme d'une lettre de change, il ne s'ensuit pas du tout que ce preneur ait le droit ou le
» pouvoir d'en faire ainsi une lettre de change véritable, s'il n'y a au fond de l'opération
» une remise véritable d'argent de place en place. La loi veut en effet que, pour consti-
» tuer une lettre de change, la lettre soit « tirée d'un lieu sur un autre » (Cod. Comm., art.
» 110), c'est-à-dire que la remise de place sur place soit *réelle* et non pas *simulée*; et c'est
» comme sanction de cette volonté que l'art. 112 ajoute aussitôt : « Sont réputées simples
» promesses toutes lettres de change contenant *supposition*, soit de nom, soit de qualité,

*L'absence de provision à l'échéance entre les mains du tiré n'affecte pas
la validité de la traite, et ne la fait pas dégénérer en simple promesse.*

» soit de domicile, soit des lieux d'où elles sont tirées, ou dans lesquels elles sont paya-
» bles. » — « Lors même qu'une traite exprimerait qu'elle est lettre de change et qu'elle en
» porterait les autres caractères, dit, avec la généralité des auteurs, M. Nouguier, dans son
» *Traité des lettres de change*, tom. 1, n° 74, pag. 108 (2ᵉ édit.), s'il n'y avait remise de
» place en place il n'y aurait pas lettre et contrat de change, encore que, par simulation,
» on eût faussement supposé que la remise a eu lieu...... Ainsi, pour former une lettre de
» change, il faut que le change soit *réel et effectif*, c'est-à-dire que la lettre soit tirée d'une
» place pour être payée dans une autre. » V. encore le même auteur, au n° 201, pag. 197;
» au n° 205, pag. 200, et au n° 208, pag. 202. — Ce même principe, on le trouve exprimé
» dans une circulaire du grand-juge, ministre de la justice, du 31 oct. 1808 (S. 9. 2. 13),
» où on lit : « Si la remise de place en place avait été supposée lors de l'émission de la
» lettre.... les parties intéressées pourraient sans doute lui contester les effets de la lettre
» de change, puisque la traite n'en aurait eu que le caractère apparent, et devrait être ré-
» putée simple promesse, aux termes de l'art. 112 du Code. Mais on ne doit pas présumer
» facilement cette supposition frauduleuse, lorsque personne ne réclame. »
    » Nous savons bien que, dans l'usage et malgré l'intention manifeste de la loi, un grand
» nombre de lettres de change, simulant une remise d'argent de place en place qui n'existe
» pas, se font ainsi au moyen de signatures ou acceptations données en blanc. Mais, si de
» pareils effets obtiennent la force de lettres de change, c'est que le plus ordinairement
» personne ne réclame; c'est que, faits entre négociants, personne n'a intérêt à récla-
» mer; c'est que, dans le plus grand nombre des cas, lorsqu'il s'agit de non-négociants,
» le signataire serait dans l'impossibilité de prouver la supposition de lieu; c'est que cette
» preuve ne pourrait d'ailleurs être utilement faite contre les tiers porteurs de bonne
» foi, etc.... Mais toujours est-il qu'il n'en reste pas moins vrai, qu'en principe, une si-
» gnature donnée en blanc, quelle qu'ait pu être l'entente des parties, ne saurait à elle
» seule servir à créer une lettre de change; si, de fait, il n'y a réellement remise d'argent
» de place en place, si l'énonciation de cette remise, écrite après coup, n'est que simulée,
» et surtout si cette simulation est avouée devant les juges ou reconnue par eux, comme
» cela paraissait avoir lieu dans l'espèce ci-dessus.
    » C'est donc, à notre avis, énoncer une doctrine inexacte et dangereuse, que de dire,
» pour maintenir à un tel blanc seing le caractère et les effets d'une lettre de change, que,
» dans notre pays, les prêts d'espèces s'opèrent habituellement par la délivrance de lettres
» de change; que, dans l'espèce, le souscripteur savait que le preneur pouvait revêtir ce
» blanc seing de la forme d'une lettre de change; que ce mode d'emprunt est en usage, est
» avantageux à l'emprunteur, etc.... C'est là favoriser un abus; c'est, en d'autres termes,
» admettre en principe la possibilité de créer une lettre de change sans remise de place en
» place, ou en simulant cette remise lorsqu'elle n'existe pas; c'est admettre qu'au moyen
» d'une lettre de change ainsi simulée, une personne étrangère au commerce, qui a besoin
» de contracter un emprunt, peut se soumettre à la juridiction commerciale et à la con-
» trainte par corps; c'est, en un mot, sous tous les rapports, sanctionner une forme d'en-
» gagement commercial que la loi réprouve. »

Ciavaldini C. Fiamma.

ARRÊT.

Après délibération en la Chambre du Conseil,

La Cour ; — sur les conclusions de M. Massin, Premier Avocat Général,

Considérant que la lettre de change, dont le sieur Fiamma poursuit le paiement, est régulière en la forme ;

Considérant qu'en supposant que le corps de la traite ait été rempli postérieurement au bon et à la signature donnés en blanc par le sieur Ciavaldini, cette circonstance ne saurait la dépouiller du caractère qui lui appartient légalement ;

Considérant, en effet, que la remise par le sieur Ciavaldini d'un bon en blanc de la somme de mille soixante francs a été, de sa part, le résultat d'une convention par laquelle il s'est volontairement soumis à la contrainte par corps ;

Considérant que c'est manifestement pour obtenir de lui cette garantie, que les sieurs Damei exigèrent une obligation en cette forme ;

Considérant que le sieur Ciavaldini n'exerçant point de profession commerciale, et la *remise d'argent de place en place étant la condition essentielle de la validité de sa soumission à la contrainte personnelle*, on ne saurait révoquer sérieusement en doute que *cette convention n'ait été expressément ou implicitement stipulée*, entre le sieur Ciavaldini et les sieurs Damei, au moment de la souscription du bon en blanc ;

Considérant que, si la traite ne fut pas remplie à la date du 1er Janvier 1854, ce fut par la volonté commune des parties et conformément, d'ailleurs, à l'usage constant d'un grand nombre de places de commerce ; — Qu'on ne comprendrait pas que ce qui aurait pu être légitimement fait au moment même de la délivrance du bon du sieur Ciavaldini, n'ait pu être valablement accompli plus tard, en exécution de la convention des parties;

Considérant que l'appelant conteste vainement aujourd'hui la réalité de cette convention; — Que son système de défense n'a pour but que d'éluder ou d'ajourner indéfiniment le paiement d'une somme légitimement due, en s'affranchissant de la contrainte par corps, conséquence nécessaire d'une lettre de change volontairement souscrite;

Considérant que les principes édictés par l'Article 2063 du Code Napoléon ne peuvent être invoqués dans la cause, s'agissant d'un écrit qui réunit tous les caractères de la lettre de change;

Considérant que l'absence de provision à l'échéance entre les mains du tiré n'affecte pas la validité de la traite, et ne la fait pas dégénérer en simple promesse;

Considérant que cet effet a été porté au compte courant ouvert par les frères Damei au sieur Ciavaldini, sous la qualification de lettre de change, sans que celui-ci ait réclamé contre une telle énonciation; — Que son silence, à cet égard, *implique l'existence antérieure d'une convention de change* entre le sieur Ciavaldini et les sieurs Damei;

Considérant qu'il n'est pas contesté que le sieur Fiamma ne soit le porteur sérieux et le légitime propriétaire de la lettre de change dont il s'agit;

Considérant que la preuve articulée est repoussée par des faits constants au procès, et serait purement frustratoire;

CONFIRME.

Chambre Civile. — M. CALMÈTES, *Premier Président.*

MM. AJACCIO, ⎫ *Avocats.*
MILANTA, ⎭

ANNÉE 1859.

DU 3 JANVIER 1859.

PORTION DISPONIBLE. — ENFANT RENONÇANT. — EFFETS DE LA RENONCIATION.

Dans toute succession, la quotité disponible est réglée d'après le nombre des enfants existants au jour du décès du père de famille, sans que la renonciation ultérieure de l'un des enfants puisse y apporter aucun changement (1).

De Petriconi C. De Petriconi.

ARRÊT.

Après délibération en la Chambre du Conseil,

LA COUR ; — sur les conclusions de M. MASSIN, Premier Avocat Général,

EN CE QUI CONCERNE LA PORTION DISPONIBLE :

Considérant qu'aux termes de l'Article 913 du Code Napoléon, la quotité disponible est déterminée par le nombre des enfants que le testateur laisse à son décès ;

Considérant que la faculté que la Loi attribue au père de famille de disposer d'une partie de son patrimoine à titre précipuaire ne peut recevoir aucune extension par un fait postérieur à son décès ; — Qu'à ce moment l'étendue de sa libéralité est fixée d'une manière irrévocable, et les droits qui en résultent définitivement acquis ; — Qu'on ne saurait admettre que la renonciation de l'un des enfants à la succession

---

(1) Voir, dans ce sens : Bastia, 21 février 1854 et la note dont cet arrêt est accompagné (Notre Recueil, tom. 4, p. 1re).

qui s'est ouverte à son profit, pût avoir un effet rétroactif et donner au pouvoir de disposer une portée qu'il n'avait pas, lorsque le testateur consignait dans son testament l'expression de sa volonté dernière ;

Considérant que la dame Salistella Piana est décédée à la survivance de trois enfants Balthazar, Gaspard et Flaminie de Petriconi ;

Considérant, surabondamment, qu'il n'est pas même suffisamment établi que Flaminie ait renoncé à la succession maternelle ; — Que, par conséquent, c'est avec juste raison que le Tribunal de première instance a décidé que la quotité disponible devait être fixée au quart de l'hoirie et non au tiers, ainsi que le soutenaient les dames de Petriconi ;

. . . .

CONFIRME.

Chambre Civile. — M. CALMÈTES, *Premier Président.*

MM. GAVINI,
MILANTA, } *Avocats.*

DU 12 JANVIER 1859.

1° EXCEPTIONS. — DEMANDEUR. — DÉFENDEUR. — JUGEMENT AU FOND. — FIN DE NON-RECEVOIR.

2° BÉNÉFICE DE DISCUSSION. — TIERS-DÉTENTEUR. — CAUTION. — SAISIE-IMMOBILIÈRE. — PREMIÈRES POURSUITES. — SOMMATION DE PAYER OU DE DÉLAISSER.

1° *Tous les moyens et exceptions qui pouvaient être opposés, par le demandeur ou le défendeur, sont définitivement repoussés par le Jugement ou l'Arrêt qui statuent sur le fond du droit, alors même que quelques-uns de ces moyens ou exceptions n'auraient pas été invoqués* (1).

2° *Le bénéfice de discussion accordé au tiers-détenteur est soumis aux mêmes règles que celui conféré à la caution par l'Article 2022 du Code Napoléon; — Ils doivent l'un et l'autre être proposés avant toutes poursuites* (2).

La sommation de payer ou de délaisser constitue la première poursuite à l'égard du tiers-détenteur (3).

---

(1) Voir *suprà*, à sa date, l'arrêt rendu dans ce sens par la Cour de Bastia, le 28 juillet 1858, et confirmé par la Cour de Cassation le 13 février 1860; comme aussi, mais dans des espèces plus ou moins analogues : Colmar, 17 juillet 1816 (S. 17. 2. 409) ; — Rejet, 16 juillet 1817 (S. 18. 1. 133; — D. A. 2. 491); — *Idem*, 3 février 1818 (S. 19. 1. 160; — D. A. 2. 511 ; — *Idem*, 14 janvier 1839 (S. V. 39. 1. 119; — D. P. 39. 1. 83). *Sic*, TOULLIER , tom. 10, n°s 61 et suiv.; — DURANTON, tom. 13, n° 480; — BONNIER, *Des preuves*, n° 690.

(2-3) Il résulte, du texte même de l'art. 2170 du Code Napoléon, que le droit de requérir la discussion préalable, accordé au tiers-détenteur, doit être exercé *selon la forme réglée au titre du cautionnement*; et que, par conséquent, les dispositions de l'art. 2022 du même Code sont applicables au tiers-détenteur, comme à la caution. Il est donc incontestable que le tiers détenteur, qui veut se prévaloir du bénéfice de discussion, est tenu de le requérir sur les premières poursuites dirigées contre lui, sous peine de déchéance. La doctrine et la jurisprudence ont même décidé que cette exception ne peut être proposée pour la première fois, ni en cause d'appel, ni après l'apposition des placards de la saisie-immobilière pratiquée sur le tiers-détenteur, ou lorsque les biens saisis ont été vendus et qu'il ne s'agit plus que de la collocation des créanciers sur le prix de la vente. Voir : Rejet, 27 janvier 1835 (S. V. 35. 1. 774; — D. P. 35. 1. 123); — Toulouse, 30 avril 1836 (S. V. 37. 2. 23 ; — D. P. 37. 2. 117); — Bordeaux, 6 décembre 1839 (S. V. 40. 2. 208 ; — D. P.

Antonini C. Giudicelli et Savelli.

ARRÊT.

Après délibération en la Chambre du Conseil,

La Cour ; — sur les conclusions de M. Massin, Premier Avocat Général,

Sur l'exception de prescription relative a l'immeuble Vignaccia :

Considérant que, sur la demande en distraction de l'immeuble *Vignaccia* compris dans la saisie pratiquée par les père et fils Antonini, il est intervenu un Arrêt à la date du 14 Janvier 1857, qui rejette ladite demande en distraction, et déclare que *Vignaccia* n'a jamais cessé d'appartenir à Félix Giudicelli, débiteur saisi, et à ses héritiers ;

Considérant que cette décision a écarté définitivement les prétentions de Nicolas Savelli, demandeur en distraction, à la propriété de cet immeuble ;

Considérant qu'il est de principe que tous les moyens et exceptions qui pouvaient être opposés, par le demandeur ou le défendeur, sont définitivement repoussés par le Jugement ou l'Arrêt qui statuent sur le fond du droit, alors même que quelques-uns de ces moyens ou exceptions n'auraient pas été invoqués ; — Qu'on ne saurait admettre, en effet, que la partie qui aurait pu se prévaloir de plusieurs moyens, puisse les proposer séparément, dans des instances distinctes, pour y faire dire droit par des Jugements successifs ;

Considérant, d'ailleurs, que l'Arrêt de 1857 déclare que *Vignaccia* a toujours appartenu à Félix Giudicelli et à ses représentants, et qu'il

---

40. 2. 131) ; — Bourges, 31 décembre 1830 et 6 décembre 1839 (S. V. 31. 2. 265; — 40. 2. 311 ; — D. P. 31. 2. 122) ; — Duranton, tom. 18, n° 334 ; — Troplong, *Cautionnement*, n°ˢ 251 et suiv. Quant à la question de savoir quel est l'acte qui doit être regardé comme constituant les premières poursuites, on peut consulter, dans le sens de l'arrêt ci-dessus : Troplong, *Des Hypothèques*, tom. 3, n° 801; et en sens contraire : Persil sur l'art. 2170, n°ˢ 8 et 9; et Rolland de Villargues, V° *Discussion*, n° 21.

sera passé outre à la vente dudit bien ; — Que cette décision constitue
la chose jugée sur le droit de propriété réclamé par Savelli ;

Considérant, sous un autre rapport, qu'une disposition spéciale du
même Arrêt rejette l'exception de prescription comme tardivement proposée dans l'instance d'appel ;

Considérant que cette disposition oppose un obstacle insurmontable
à ce que le moyen fondé sur la prescription soit ultérieurement reproduit sur la reprise des poursuites en exécution dudit arrêt ;

Considérant que la reproduction successive d'une même exception
serait essentiellement contraire à la pensée du législateur, qui a voulu
imprimer une marche rapide à la procédure d'expropriation forcée, et
frapper de déchéance les saisis qui invoqueraient tardivement les
moyens relatifs, soit à la forme, soit au fond ;

Considérant que, si l'exception de prescription repoussée en appel
comme tardive pouvait être de nouveau proposée en première instance, il en résulterait, si elle était admise, une double décision contradictoire, l'une ordonnant que l'immeuble serait compris dans la vente
et l'autre qu'il en serait distrait ; — Qu'une semblable conséquence
suffirait à elle seule pour faire repousser la reproduction d'un moyen
déjà déclaré irrecevable par la Cour ;

Considérant que la réserve accordée au sieur Nicolas Savelli, en ce
qui concerne les améliorations des immeubles *Vignaccia* et *Scarpello*,
est exclusive du droit de propriété qu'il revendique.

SUR LE DROIT DE PRÉFÉRENCE RÉCLAMÉ PAR NICOLAS SAVELLI :

Considérant que la prétention relative au droit de préférence constitue une question de priorité dans la collocation des créances, et ne
peut venir utilement que dans l'ordre.

SUR LE GRIEF DES DEUX APPELS RELATIF AU BÉNÉFICE DE DISCUSSION ADMIS
PAR LE JUGEMENT ATTAQUÉ :

Considérant que le bénéfice de discussion à l'égard du tiers-détenteur est soumis aux mêmes règles que celui accordé à la caution ;

Considérant qu'il résulte de l'Article 2022 du Code Napoléon, que cette exception doit être proposée sur les premières poursuites;

Considérant que la sommation de payer ou de délaisser constitue essentiellement la première poursuite à l'égard du tiers-détenteur;

Considérant que le sieur Nicolas Savelli n'a invoqué le bénéfice de discussion que postérieurement à la saisie des immeubles par lui détenus, et après avoir opposé divers moyens et exceptions relatifs au fond du litige; — Que le silence qu'il a gardé sur les premières poursuites doit être interprété comme une renonciation à se prévaloir ultérieurement du bénéfice de discussion;

Considérant, sous un autre rapport, que le bénéfice de discussion suppose, de la part de celui qui l'invoque, le droit de propriété des immeubles saisis sur sa tête;

Considérant qu'étant établi que Nicolas Savelli n'a aucun droit de propriété sur *Scarpello*, son exception serait, au fond, péremptoirement repoussée à ce second point de vue;

. . . .

STATUANT sur les instances jointes à raison de leur connexité, sans s'arrêter à la preuve demandée,

Et icelle REJETANT comme inutile et frustratoire,

DISANT DROIT aux appels des parties de Savelli et de Gavini,

Et RÉFORMANT quant à ce seulement,

DÉCLARE non recevable l'exception de prescription opposée par Nicolas Savelli relativement à *Vignaccia;*

DÉCLARE pareillement irrecevable et surabondamment mal fondée l'exception relative au bénéfice de discussion invoquée par ledit Nicolas Savelli;

DIT qu'il sera passé outre à la vente de *Vignaccia*, *Scarpello* et de tous les autres immeubles saisis, sous la réserve des droits qui peuvent résulter, pour les frères Giudicelli, du Jugement du 15 Mai 1857, les droits et exceptions contraires demeurant également réservés..........

Chambre Civile. — M. CALMÈTES, *Premier Président.*

MM. SAVELLI, ⎫
GAVINI, ⎬ *Avocats.*
MILANTA, ⎭

DU 12 JANVIER 1859.

ASCENDANT. — RÉSERVE. — USUFRUIT. — LEGS UNIVERSEL.
— DISPOSITION GÉNÉRALE.

L'ascendant ne peut être privé de l'usufruit de sa réserve légale que lorsque le disposant en a manifesté, d'une manière non équivoque, la volonté; — l'Article 1094 du Code Napoléon exige, à cet effet, une disposition spéciale.

La clause d'un testament par laquelle l'un des époux institue son conjoint pour son légataire universel, n'exprime pas suffisamment la volonté de comprendre, dans l'institution ou le legs, l'usufruit de la réserve attribuée par la loi à l'ascendant du testateur (1).

---

(1) Il ne faudrait pas conclure de cette décision, qu'il est absolument indispensable que ·l'intention de priver l'ascendant de l'usufruit de sa réserve légale soit *formellement* exprimée. Il suffit, en effet, comme le reconnaît d'ailleurs la Cour de Bastia, que cette intention soit certaine et résulte nécessairement de la disposition qu'il s'agit d'interpréter. Voir dans ce sens : Rejet, 24 avril 1854 (S. V. 54. 1. 430 ; — D. P. 55. 1. 526). Il a même été jugé que l'appréciation des juges du fond, à ce sujet, est souveraine et ne peut donner ouverture à Cassation. Rejet, 18 novembre 1840 (S. V. 41. 1. 90 ; — D. P. 41. 1. 17) ; — *Idem*, 30 juin 1842 (S. V. 43. 1. 539 ; — D. P. 43. 1. 196) ; — *Idem*, 3 avril 1843 (S. V. 43. 1. 289 ; — D. P. 43. 1. 210). Nous croyons donc pouvoir affirmer que tout se réduit, dans notre hypothèse, à une question d'interprétation. Quoi qu'il en soit, la Cour d'Agen s'est tour-à-tour prononcée pour et contre l'arrêt que nous rapportons, les 28 novembre et 11 décembre 1827 (S. 28. 2. 99 — 29. 2. 74 ; — D. P. 28. 2. 91. — 30. 1. 145). Nous croyons devoir ajouter que la Cour de Cassation, dans les arrêts susvisés des 30 juin 1842 et 3 avril 1843, a décidé que l'usufruit de la réserve de l'ascendant est compris dans la disposition *de la pleine propriété et jouissance des biens laissés au décès*; ainsi que dans *la donation de tous les biens meubles et immeubles existant au jour du décès*.

Tommasi et consorts C. Casabianca.

ARRÊT.

Après délibération en la Chambre du Conseil,

La Cour; — sur les conclusions de M. Massin, Premier Avocat Général,

. . . .

Sur l'appel incident :

Considérant que l'Article 1094 du Code Napoléon autorise l'époux, qui n'a ni enfants ni descendants, à disposer en faveur de l'autre époux de tout ce dont il pourrait disposer en faveur d'un étranger, et, en outre, de l'usufruit de la totalité de la portion dont la loi prohibe la disposition au préjudice des héritiers;

Considérant que la volonté d'épuiser la double faculté de disposer, résultant de l'article précité, implique la nécessité d'une double disposition, ou tout au moins d'une disposition générale, qui révèle, sans équivoque, l'intention de donner à la fois la portion du patrimoine qui pouvait être attribuée à un étranger, et l'usufruit de la part réservée à l'ascendant;

Considérant que la volonté de comprendre cet usufruit dans la libéralité ne saurait résulter d'une disposition qui investit l'époux survivant du titre d'héritier universel; — Qu'une semblable disposition embrasse, sans doute, tout ce qui pouvait être donné à un étranger, mais qu'elle ne porte point atteinte à la réserve légale dont l'usufruit n'est pas donné, en outre, à l'héritier institué;

Considérant que la dame Casabianca, en instituant son mari pour son héritier universel par cette laconique formule : « *Instituisco per mio » erede universale il sig. Stefano Casabianca mio marito,* » n'a pas suffisamment manifesté la volonté de réduire la réserve légale de la dame Falcucci, sa mère, à une propriété stérile entre ses mains, et, par cela même, sans utilité et sans valeur;

. . . .

CONFIRME.

Chambre Civile. — M. CALMÈTES, *Premier Président.*

MM. SAVELLI,
LIMPERANI,
GAVINI,
BONELLI,   } *Avocats.*

DU 24 JANVIER 1859.

OFFRES LABIALES. — SAISIE. — ADJUDICATION.

*Les offres faites verbalement à l'audience par le débiteur saisi ne sau-
raient mettre obstacle à l'adjudication* (1).

*Ces offres ne peuvent produire un tel effet, que lorsqu'elles sont faites
conformément aux Articles 687 du Code de Procédure Civile et 1258 du
Code Napoléon* (2).

Poggi C. **Orsini.**

ARRÊT.

Après délibération en la Chambre du Conseil,

La Cour; — sur les conclusions de M. Massin, Premier Avocat
Général,

Considérant que les offres du débiteur saisi ne peuvent mettre obstacle à l'adjudication que tout autant qu'elles ont lieu dans les formes
déterminées par l'Article 687 du Code de Procédure Civile, ou par les
Articles 1258 et suivants du Code Napoléon;

Considérant, dès lors, que les offres faites, à deniers découverts, à
l'audience, par le sieur Poggi, étaient irrégulières et inefficaces;

(1-2) Conf. : Rejet, 18 février 1840 (S. V. 40. 1. 557; — D. P. 40. 1. 136). Il a été cependant décidé, en matière ordinaire, c'est-à-dire lorsqu'il s'agit d'arrêter une simple demande
en paiement d'une somme et non de mettre obstacle à l'adjudication sur saisie immobilière, que des offres faites verbalement à la barre du Tribunal sont valables, quoiqu'elles
n'aient pas été faites conformément aux dispositions des art. 1257 et suiv. du Code Napoléon. Rejet, 2 juillet 1855 (D. P. 55. 1. 398); — *Idem*, 27 juin 1849 (S. V. 49. 1. 694; — D. P.
49. 1. 166). Chauveau sur Carré, Quest. 2785 *bis*, soutient cette opinion.

Considérant, d'ailleurs, qu'il n'est pas justifié que la somme de quatre cent quatre-vingt-un francs, constituait une offre suffisante;

Considérant que les questions relatives aux droits de Santamaria, et aux compensations qui peuvent lui être opposées, ne pourront venir utilement que dans l'ordre ; ....

SANS S'ARRÊTER à la fin de non-recevoir invoquée par Orsini, A DÉMIS et DÉMET l'appelant de son appel............

Chambre Civile. — M. CALMÈTES, *Premier Président.*

MM. Nasica,
Orsini,   } *Avocats.*

DU 2 FÉVRIER 1859.

Le fonds inférieur est affranchi de l'obligation de recevoir les eaux provenant du fonds supérieur, lorsque des ouvrages pratiqués depuis plus de trente ans avant l'instance ont mis obstacle à l'écoulement des eaux.

La libération a lieu alors même que l'ouvrage aurait été pratiqué sur le fonds servant (1).

L'Article 640 du Code Napoléon et les prohibitions qu'il édicte ne s'appliquent que lorsqu'il s'agit d'eaux pluviales, ou de celles d'une source coulant naturellement et sans que la main de l'homme y ait contribué (2);

Mais il n'en est pas ainsi, lorsqu'il y a lieu de repousser l'invasion d'eaux débordées d'un torrent ou d'une rivière; — *La règle établie par la Loi 19, Liv. 39, Tit. 3, ff.* De aqua et aquæ pluviæ arcendæ, *a conservé toute sa force sous l'empire du Code Napoléon* (3).

---

(1) Si toutes les servitudes ne peuvent pas être acquises par la prescription, elles peuvent toutes être perdues par ce moyen (art. 706 Cod. Nap.). Mais on a agité la question de savoir si l'*acte contraire* dont parle l'art. 707 du même Code doit être nécessairement fait par le propriétaire du fonds servant ; et, contrairement à l'avis de PARDESSUS, n° 508, la plupart des auteurs se sont prononcés pour la négative. Voir en effet : MALEVILLE, tom. 2, pag. 186 ; — TOULLIER, tom. 3, n° 692 ; — DURANTON, tom. 5, n° 685 ; — VAZEILLE, *De la Prescription*, n° 413 ; — MARCADÉ, sur les art. 706 et 707, n° 1er. Il nous semble, dès lors, incontestable que la prescription peut et doit commencer à partir du jour où un ouvrage s'opposant à l'exercice de la servitude a été pratiqué sur le fonds servant, et non pas seulement lorsqu'il l'a été sur le fonds dominant. Voir: BRODY, *Des Servitudes*, art. 707, pag. 200.

(2-3) Voir dans ce sens : Aix, 19 mai 1813 (S. 14. 2. 9) ; — DAVIEL, *Des Cours d'eau*, tom. 1er, n° 386 et tom. 2, n°s 697 et 698 ; — BRODY, *ubi suprà*, art. 640, pag. 13 et 14, qui invoque l'autorité de DURANTON et de PARDESSUS.

CALMÈTRES, T. V.   44

Peraldi C. la veuve Dubois.

ARRÊT.

Après délibération en la Chambre du Conseil,

La Cour; — sur les conclusions de M. Massin, Premier Avocat Général,

En ce qui concerne la servitude réclamée par la dame veuve Dubois :
Considérant que, par sentence du Juge de paix d'Ajaccio, en date du 7 Septembre 1837, le sieur Jean-Gualbert Peraldi a été maintenu en possession du mur qui clôt sa propriété de la *Canova* du côté du nord, et la sépare des terres de *Corzitello* appartenant à la dame Dubois, intimée; — Que cette même sentence a ordonné la suppression des ouvertures que la dame Dubois avait pratiquées dans ledit mur, pour faciliter l'écoulement des eaux provenant de son fonds et les introduire dans l'enclos du sieur Peraldi;

Considérant que les droits et la position des parties ayant été ainsi réglés dans l'instance au possessoire, il s'agit aujourd'hui de rechercher si la dame Dubois, demanderesse au pétitoire, a rapporté la preuve que le sieur Peraldi soit tenu, à un titre quelconque, de recevoir les eaux dérivant du fonds de *Corzitello;*

Considérant qu'il résulte, du plan des experts rapproché des autres documents de la cause, que les propriétés de l'appelant et de l'intimée ont une double pente, l'une du nord au sud, l'autre de l'ouest à l'est;

Considérant que, si dans les temps anciens les eaux provenant de *Corzitello* s'écoulaient principalement sur la *Canova*, cet état de choses a été modifié par l'établissement entre la *Canova* et *Corzitello* d'une *Stretta* ou fossé d'écoulement qui, en partant du point *F* à l'ouest du plan, se dirige du côté de l'est pour se jeter dans la rivière de la *Gravona* au point *P*; — Que l'existence de ce fossé et sa destination suffi-

sent, indépendamment de toute opération de nivellement, pour indiquer la déclivité du terrain de l'ouest à l'est;

Considérant qu'il est également justifié que la *Stretta* existe depuis
plus de trente et quarante ans avant l'instance; — Que, par conséquent,
le fonds de la *Canova* a été affranchi, par la prescription, de la servitude relative à l'écoulement des eaux provenant de *Corzitello;*

Considérant que la libération de la servitude a lieu, en cette matière,
quel que soit l'auteur de l'acte contraire à son exercice; — Qu'il n'y a
pas davantage à rechercher si l'ouvrage, duquel résulte la modification à
l'état primitif, a été pratiqué sur le fonds dominant ou sur le fonds servant;

Considérant que, pour devenir le principe d'un droit nouveau et
servir de fondement à la prescription libératoire, il suffit que l'ouvrage
exécuté paralyse l'exercice de la servitude, en mettant obstacle à l'introduction des eaux sur le fonds qui les recevait originairement;

Considérant que le fonds de la *Canova* se trouvant ainsi affranchi de
l'obligation de recevoir les eaux de *Corzitello*, le sieur Peraldi a pu incontestablement construire sur son fonds un mur de clôture le long de
la *Stretta;* — Que vainement le jugement attaqué a dénié ce droit au
sieur Peraldi, en se fondant sur l'Article 640 du Code Napoléon;

Considérant, en effet, que les dispositions de cet Article, qui interdisent au propriétaire inférieur d'élever des ouvrages qui mettent obstacle à l'écoulement des eaux, ne s'appliquent qu'à l'écoulement des
eaux pluviales ou à celles qui proviendraient d'une source coulant naturellement, sans que la main de l'homme ait contribué à l'amener à
la surface du sol;

Considérant que cette prohibition est complètement étrangère aux
eaux provenant des débordements des fleuves, rivières ou torrents;
— Qu'il ne s'agit plus, dans cette dernière hypothèse, du cours nor-
mal et régulier des eaux que le fonds inférieur est naturellement tenu
de recevoir, mais d'un cas exceptionnel qui amène une grave perturbation dans le régime des eaux, et constitue un danger commun dont
chaque propriétaire a le droit de se garantir, alors même que ses
moyens de défense, utiles pour lui, seraient nuisibles à ses voisins;

— Que ces principes trouvent leur source dans la législation romaine qui refusait l'action *aquæ pluviæ arcendæ*, non-seulement contre le propriétaire qui, pour se garantir des eaux d'un fleuve ou d'un torrent, élevait des ouvrages préjudiciables à son voisin, mais encore envers celui qui, par les ouvrages exécutés sur son fonds, sans opposition de son voisin, avait rendu le cours des eaux pluviales nuisibles à ce dernier : *Si patiente vicino opus faciam, ex quo ei aqua pluvia noceat, non teneri me actione aquæ pluviæ arcendæ* (Loi 19, Liv. 39, Tit. 3, ff. *De aqua et aquæ pluviæ arcendæ*);

Considérant que le sieur Peraldi a construit le mur dont il s'agit depuis environ dix-huit années, sans que la dame Dubois se soit opposée à cette construction, ou qu'elle ait fait entendre aucune réclamation jusqu'au mois de Septembre 1857;

Considérant, d'un autre côté, que la *Stretta* ou fossé d'écoulement, dont la largeur moyenne est d'un mètre soixante et dix centimètres et de cinq mètres dans la partie la plus rapprochée de la rivière de la *Gravona*, est plus que suffisante pour recevoir les eaux pluviales et celles provenant des petites inondations; — Qu'il suffit, dès lors, pour sauvegarder les intérêts de la dame Dubois, que la *Stretta* soit dégagée des sables qui l'obstruent en partie, et s'opposent au libre cours des eaux provenant de *Corzitello*;

A MIS et MET l'appellation et ce dont est appel au néant,

Et PROCÉDANT par nouveau jugé,

FAISANT ce que le Tribunal de Première Instance aurait dû faire,

DÉCLARE le fonds de la *Canova* appartenant au sieur Peraldi affranchi de l'obligation de recevoir les eaux qui découlent naturellement du fonds *Corzitello;*

MAINTIENT ledit sieur Peraldi en la possession du mur qui clôt sa propriété du côté nord;

L'AUTORISE à fermer les ouvertures qui auraient été pratiquées dans ledit mur, par la dame Dubois, en vertu du jugement déféré à la Cour;

FAIT DÉFENSES à l'intimée de pratiquer à l'avenir aucune nouvelle ouverture dans le mur dont il s'agit;..........

DÉCLARE que le curage de la *Stretta* aura lieu à frais communs, et par moitié, toutes les fois que cette opération sera nécessaire...........

Chambre Civile. — M. CALMÈTES, *Premier Président.*

MM. DE GAFFORJ, ⎫
  MILANTA, ⎬ *Avocats.*
  GAVINI, ⎭

DU 7 FÉVRIER 1859.

COMPÉTENCE. — TRIBUNAL DE COMMERCE — COMMERÇANT. — ACTION. — COMMIS.

Les commerçants sont justiciables des Tribunaux de Commerce, à raison des engagements par eux contractés envers les commis qu'ils emploient dans leur trafic ou dans l'exercice de leur industrie; — Spécialement *envers les commis chargés de la tenue de leurs registres ou écritures* (1).

----

(1) Cette question est vivement controversée; mais il nous semble que la jurisprudence et la doctrine tendent à se prononcer plutôt pour l'opinion que consacre l'arrêt ci-dessus, et qui nous paraît la plus conforme à l'esprit de la loi. Voici l'indication des principales autorités sur lesquelles on peut appuyer les deux systèmes que l'interprétation de l'art. 634 du Code de Commerce a fait naître. Dans le sens de la compétence commerciale : Rejet, 5 janvier 1828 (S. 28. 1. 189 ; — D. P. 28. 1. 302) ; — Paris, 11 mars 1834 (S. V. 34. 2. 532; — D. P. 34. 2. 202) ; — Rejet, 15 décembre 1835 (S. V. 36. 1. 533 ; — D. P. 36. 1. 67) ; — Bordeaux, 4 août 1840 et 10 janvier 1843 (S. V. 41. 2. 14 — 43. 2. 192; — D. P. 41. 2. 67) ; — Paris, 13 juillet 1844 (S. V. 45. 2. 165) ; — Bordeaux, 17 juillet 1846 (S. V. 48. 2. 451 ; — D. P. 48. 2. 167) ; — PARDESSUS, *Droit Commercial*, n°ˢ 38 et 1346; — DELVINCOURT, *Inst. Comm.*, tom. 2, p. 306 ; — HORSON, Quest. , n° 204 ; — ORILLARD, *Comp. des Trib. de Comm.*, n° 479 ; — NOUGUIER, *Trib. de Comm.*, tom. 2, pag. 79 et suiv. — En sens contraire : Rouen, 19 janvier 1813 (S. 14. 2. 35; — D. A. 3. 331.) ; — Metz, 21 avril 1818 (S. 19. 2. 81 ; — D. A. 3. 332) ; — Nancy, 9 juin 1826 (S. 27. 2. 149 ; — D. P. 27. 2. 41); — Aix, 23 janvier 1830 (S. 30. 2. 85 ; — D. P. 33. 2. 133); — Poitiers, 27 janvier 1830 (S. 30. 2. 238; — D. P. 30. 2. 261); — Nîmes, 28 juin 1839 (S. V. 39. 2. 322 ; — D. P. 39. 2. 243); — FAVARD DE LANGLADE, Vᵉ *Trib. de Comm.*, section 2, § 1ᵉʳ, n° 9; — VINCENS, *Législ. Commerc.*, tom. 1ᵉʳ, p. 41 ; — CARRÉ, *Comp.*, art. 587, tom. 2, p. 612; — DESPREAUX, *Comp. des Trib. de Comm.*, n° 415 et suiv. — Nous croyons devoir citer ici deux arrêts rendus par la Cour de Cassation, les 22 février et 10 août 1859 (S. V. 59. 1. 321 — 60. 1. 456), parce qu'ils supposent nécessairement, en principe, que les Tribunaux de Commerce peuvent être saisis des demandes formées par les commis contre leurs patrons. Ils décident, en effet , conformément à une jurisprudence antérieure assez constante, que les commis ont un droit d'option entre les Tribunaux de Commerce et la juridiction ordinaire.

Follacci C. Genova.

ARRÊT.

Après délibération en la Chambre du Conseil,

LA COUR ; — sur les conclusions de M. MASSIN , Premier Avocat Général ,

Considérant , en fait, que le sieur Follacci exerce incontestablement la profession de commerçant, puisqu'il prend lui-même, dans ses conclusions, la qualité d'entrepreneur de travaux publics ;

Considérant que les entreprises de Follacci l'obligeaient à tenir des registres et des écritures, pour le règlement de sa comptabilité commerciale ; — Que , par suite , l'engagement qu'il a contracté envers Genova, chargé de la tenue de ses livres et de sa correspondance , était essentiellement lié au fait de son trafic et de son industrie ;

Considérant qu'aux termes de l'Article 631 du Code de Commerce, les négociants sont justiciables des Tribunaux Consulaires pour tous les engagements relatifs à leur commerce ;

Considérant que , dans l'espèce, on ne saurait légitimement repousser la compétence du Tribunal de Commerce, en invoquant l'Article 634 du Code précité ; — Que les dispositions de cet article étaient nécessaires pour soumettre à la juridiction commerciale les commis non négociants, qui ne font pas acte de commerce en louant leurs services à un commerçant ; — Mais qu'elles ne devaient point régler l'attribution de compétence en ce qui concerne les commerçants, le législateur ayant déjà prévu cette hypothèse dans l'Article 631 précité ;

Considérant que la loi du 25 Mai 1838 n'a pas entendu modifier ces principes en matière de compétence ;

Considérant que les travaux préparatoires de cette loi et la discussion qui l'a précédée démontrent, en effet, que le § 3 de l'Article 5 de cette loi, n'est relatif qu'aux contestations civiles entre les maîtres et leurs ouvriers ou serviteurs ;

CONFIRME.

Chambre Civile. — M. CALMÈTES, *Premier Président.*

MM. GAVINI,
  MILANTA, } *Avocats.*

DU 11 FÉVRIER 1859.

1° JONCTION, — DISJONCTION D'INSTANCES. — DISPOSITION D'OFFICE.
2° JONCTION DU DÉFAUT. — MISE EN CAUSE. — TIERS. — DISPOSITION D'OFFICE. —
APPELÉ EN GARANTIE.

1° Il appartient aux Tribunaux d'ordonner, même d'office, la jonction ou la disjonction des instances portées simultanément devant eux, et qui sont l'objet des conclusions prises par les parties à l'audience.

2° Il n'y a point lieu à jonction de défaut à l'égard du tiers non comparant et dont la mise en cause avait été ordonnée d'office par le Juge; — l'Article 153 du Code de Procédure Civile ne s'applique point à une telle hypothèse (1).

La jonction du défaut n'est pas même nécessaire, lorsque le défendeur a appelé en cause un garant qui ne comparaît pas (2).

L'Arrêt qui interviendrait, par défaut, contre le tiers non comparant dont la mise en cause a été ordonnée d'office par la Cour, ne serait pas susceptible d'opposition, si la décision avait été rendue sur l'appel d'une Ordonnance émanée du Juge des référés. — L'Article 809 du Code de Procédure Civile s'applique aux deux degrés de juridiction (3).

(1-2) Les deux solutions ci-dessus ont beaucoup d'analogie entre elles, et dépendent du principe, certain selon nous, que l'art. 153 du Code de Procédure Civile n'est applicable que dans le cas où le jugement à intervenir serait susceptible d'être attaqué par la voie de l'opposition. La première a été adoptée par la Cour de Bourges, dans son arrêt du 13 décembre 1851 (S. V. 53. 2. 150 ; — D. P. 52. 2. 193). Sur la seconde, il y a controverse ; mais la jurisprudence et la doctrine viennent plutôt à l'appui du système consacré par l'arrêt que nous rapportons, et qui nous semble conforme au véritable esprit de la loi.

Voir Conf. : Poitiers, 30 juin 1835 (S. V. 35. 2. 555; — D. P. 35. 2. 130); — Amiens, 18 avril 1836 (cité par CHAUVEAU, *infrà*) ; — TOULOUSE, 10 août 1842 (S. V. 47. 2. 645 ; — D. P. 52. 2. 192) ; — Colmar, 21 décembre 1856 (S. V. 57. 2. 763) ; — LEPAGE, p. 165 ; — THOMINE-DESMAZURES, tom. 1er nos 179 et 218 ; — CARRÉ et CHAUVEAU, Quest. 621 *sexto*; — BIOCHE, V° *Jugement par défaut*, n° 47. — *Contrà* : Poitiers, 4 mars 1828 (S. 28. 2. 138; — D. P. 33. 2. 130); — Limoges, 16 février 1842 (S. V. 42. 2. 461 ; —D. P. 52. 2. 191); — Lyon, 14 mai 1851 (S. V. 51. 2. 400; — D. P. 52. 2. 192).

(3) Dans ce sens : Bordeaux, 24 juin 1833 (S. V. 33. 2. 551 ; — D. P. 34. 2. 49) ; — Or-

Arène C. Valerj et consorts.

ARRÊT.

Après délibération en la Chambre du Conseil,

La Cour ; — sur les conclusions de M. Massin, Premier Avocat Général,

I. Sur la jonction des instances d'appel :

Considérant qu'il appartient aux Tribunaux d'ordonner, même d'office, dans l'intérêt de la bonne administration de la justice, la jonction ou la disjonction des instances portées devant eux ;

Considérant que les deux appels, dont la jonction est demandée par le sieur Arène, ne sont pas relatifs à une même décision ; — Que l'appel de l'ordonnance du 8 Janvier a déjà été plaidé et conclu ; — Qu'il a même été rendu par la Cour un Avant dire droit, à son audience du 26 Janvier dernier ; — Que l'appel de l'ordonnance du 19 Janvier a été relevé postérieurement à cet Arrêt ; — Que le sieur Valerj, intimé dans la première cause, n'est ni appelant ni intimé dans la seconde ; — Que les appelants dans la seconde instance ne sont ni appelants ni intimés dans la première ; — Qu'ils n'y figurent que comme appelés en cause, en exécution de l'Arrêt précité ;

Considérant que le sieur Valerj n'a pas adhéré à la demande en jonction ; — Que les parties de Corbara n'y ont acquiescé que sauf à disjoindre ultérieurement s'il y avait lieu ;

---

léans, 9 juin 1847 (S. V. 47. 2. 646 ; — D. P. 47. 2. 156) ; — Angers, 1er septembre 1851 (S. V. 52. 2. 63 ; — D. P. 52. 5. 358). En sens contraire : Bruxelles, 7 août 1807 (S. 8. 2. 47) ; — Limoges, 16 février 1842 *(ubi suprà)*; — Merlin, *Rép.*, V° *Opposition*, § 3, art. 1er, n° 8 ; — Thomine-Desmazures, tom. 2, n° 947 ; — Biocue, V° *Référé*, n° 515 ; — Carré et Chauveau, Quest. 2772 ; — Berriat Saint-Prix, p. 424 ; — De Belleyme, *Ordonn. sur-référés*, tom. 2, p. 59 ; — Boitard, sur l'art. 809, tom. 2, p. 476.

Considérant que, dans ces circonstances, il est du devoir de la Cour de prévenir les inconvénients et la confusion qui résulteraient de la mesure sollicitée.

II. Sur la non-comparution de Lingénieur, Sanguinetti et Rosi :

Considérant que l'Article 153 du Code de Procédure Civile n'est applicable que dans le cas où de deux ou plusieurs parties assignées par le demandeur, les unes comparaissent, et les autres font défaut ;

Considérant qu'il n'en saurait être de même losque le demandeur et le défendeur sont présents, et que le Juge, soit pour sauvegarder des droits qui pourraient être compromis, soit pour l'instruction du litige, a ordonné, d'office, la mise en cause de tiers présumés intéressés ; — Que, dans une semblable hypothèse, ou bien les tiers appelés en cause comparaissent, ou bien ils ne se présentent point ; — Que, dans l'un et l'autre cas, la Cour, qui ne saurait être liée par son Avant faire droit, peut incontestablement statuer sur le fond du litige en l'état où il se trouve, après avoir entendu dans leurs conclusions les tiers qui comparaissent, et en induisant telles conséquences qu'il appartient de l'absence des défaillants ;

Considérant que la jonction du Défaut n'est pas même nécessaire lorsque le défendeur a appelé en cause un garant qui ne comparaît pas ; — Qu'à plus forte raison cette règle doit-elle être suivie lorsque, comme dans l'espèce, l'appel en cause des tiers ne procède ni du demandeur ni du défendeur, mais uniquement de l'autorité du Juge prononçant d'office ;

Considérant que le principe qui prohibe l'opposition envers les Ordonnances de référé rendues par défaut (Article 809 du Code de Procédure Civile), est aussi bien applicable au second degré qu'au premier degré de juridiction ; — Que, par suite, l'Arrêt à intervenir n'étant pas susceptible d'opposition de la part de Lingénieur, Sanguinetti et Rosi, la jonction du Défaut doit être rejetée en ce qui les concerne ;

Statuant d'office, en tant que de besoin,

1° Déclare qu'il n'y a lieu d'ordonner la jonction des deux instances d'appel ;

2° Rejette la demande du sieur Valerj relative à la jonction du Défaut ;

3° Ordonne qu'il sera passé outre et successivement au jugement des appels relevés envers les Ordonnances des 19 Janvier 1859 et 8 du même mois ;............

Chambre Civile. — M. CALMÈTES, *Premier Président.*

MM. Cecconi,
Gavini,   } *Avocats.*
Savelli,

DU 12 FÉVRIER 1859.

1° SAISIE-ARRÊT. — POUVOIR RÉSERVÉ DU PRÉSIDENT DU TRIBUNAL — DEMANDE EN
VALIDITÉ. — DOMMAGES-INTÉRÊTS.

2° PERMISSION DE SAISIR. — NATURE DE LA CRÉANCE. — DOMMAGES-INTÉRÊTS.

1° L'Ordonnance du Président du Tribunal de Première Instance, qui accorde la permission de saisir-arrêter, sauf à lui en référer, en cas de difficulté, n'est pas susceptible d'appel (1).

La réserve du référé n'est interdite par aucun texte de loi; — Elle est généralement admise dans la pratique, et présente d'incontestables avantages (2).

La demande en validité, tant que le Tribunal n'a pas statué sur icelle, ne peut faire obstacle à l'exercice du pouvoir réservé (3).

La seconde Ordonnance du Président, rendue en vertu du pouvoir réservé, participe de la nature de la première Ordonnance; — Elle est souveraine et inattaquable par la voie de l'appel (4).

(1-2-3-4) Ces divers points sont controversés en jurisprudence et en doctrine. Sur la question de savoir si, en autorisant une saisie-arrêt, le Président peut se réserver de statuer sur les réclamations de la partie saisie, nous citerons pour l'affirmative : Paris, 22 décembre 1857 (S. V. 58. 2. 118 ; — D. P. 58. 2. 211) ; — Bordeaux, 19 mars 1855 (S. V. 55. 2. 405); — Paris, 15 mars 1856 (S. V. 56. 2. 204); — DE BELLEYME, *Ordonn. sur requêtes et sur référés*, tom. 1er, p. 196; — Observations de GILBERT sur l'arrêt de la Cour de Lyon, ci-après visé, en date du 26 avril 1856. — Pour la négative : Paris, 25 mars 1853 (S. V. 55. 2. 407 ; — D. P. 57. 2. 187) ; — Montpellier, 7 avril 1854 (S. V. 55. 2. 294; — D. P. 55. 2. 293) ; — Lyon, 26 avril 1856 (S. V. 56. 2. 465)) — ROGER , *Des saisies-arrêt*, n° 506 ; — BIOCHE et GOUJET, V° *Saisie-arrêt*, n° 136 ; — CHAUVEAU sur CARRÉ, Quest. 2757 *bis*. Sur la recevabilité de l'appel tant contre l'Ordonnance qui accorde la permission de saisir sous réserve, que contre celle qui statue ensuite en vertu de cette même réserve, nous indiquerons, dans le sens de l'arrêt ci-dessus, dont le système est plus généralement adopté : Paris, 16 décembre 1843 (S. V. 44. 2. 114 ; — D. P. 52. 5. 25) ; — Rouen, 9 août 1851 (S. V. 52. 2. 283 ; — D. P. 52. 2. 25) ; — Paris, 21 janvier 1852 (S. V. 52. 2. 464; — D. P. 52. 5. 25) ; — *Idem*, 8 avril 1853 (S. V. 53. 2. 181 ; — D. P. 54. 2. 90) ; — Montpellier, 7 avril 1854 *(ubi suprà)*; — Paris, 15 mars 1856 déjà cité.

En sens contraire : Rouen, 2 février 1841 (S. V. 41. 2. 261; — D. P. 52. 5. 26) ; — Lyon, 29 juin 1857 (S. V. 58. 2. 209). Nous croyons devoir faire remarquer que la demande en validité ne saurait faire obstacle à l'exercice de pouvoir réservé, dès que l'on admet que le Président a la faculté de se réserver le référé; et c'est ce qu'a décidé la Cour de Paris, par son arrêt susvisé du 15 mars 1856. On peut consulter sur le caractère, en général, des

Le Juge du référé ne peut accorder des dommages-intérêts à l'une des parties, car la condamnation aurait un caractère d'irrévocabilité incompatible avec la nature du pouvoir qu'exerce le Juge du référé.

2° *A défaut de titre, la saisie-arrêt ne peut être autorisée que pour une créance certaine, actuelle et exigible; — L'autorisation ne peut être accordée pour une prétendue créance résultant de dommages-intérêts, qui, n'étant pas même l'objet d'une instance engagée, ne sont ni certains, ni liquides, ni exigibles* (5).

Guitton et consorts C. Arène.

ARRÊT.

Après délibération en la Chambre du Conseil,

La Cour; — sur les conclusions de M. Massin, Premier Avocat Général,

I. Sur la recevabilité de l'appel principal relevé envers l'Ordonnance du 19 Janvier 1859 :

Considérant que, par ses Ordonnances des 21 et 29 Décembre der-

---

Ordonnances rendues par le Président sur requête, les observations de Devilleneuve jointes à un arrêt de Paris, en date du 8 décembre 1852 (S. V. 53. 2. 177), ainsi que la note dont nous avons accompagné un arrêt rendu par la Cour de Bastia, le 10 janvier 1849, dans le cas prévu par l'art. 1008 du Code Napoléon, et conforme à un autre arrêt de la même Cour en date du 22 mars 1854 (Notre Recueil, tom. 3 et 4 à ces dates).

(5) Le principe sur lequel est basé l'arrêt que nous rapportons est consacré par un si grand nombre de décisions judiciaires que l'on peut, aujourd'hui, le regarder comme incontestable. Voir, en effet, entre autres autorités : Bourges, 17 mars 1826 (S. 26. 2. 302) ; — Paris, 27 février 1828 (S. 28. 2. 209) ; — Douai, 4 mars 1833 (S. V. 33. 2. 558) ; — Bordeaux, 24 mai 1837 (S. V. 38. 2. 381) ; — Rejet, 10 décembre 1839 (S. V. 40. 1. 57 ; — D. p. 40. 1. 74) ; — Lyon, 3 juin 1841 (S. V. 41. 2. 632 ; — D. P. 42. 2. 103) ; — Bordeaux, 13 août 1846 (S. V. 47. 2. 461) ; — Caen, 4 mai 1847 (S. V. 47. 2. 461 ; — D. P. 47. 4. 430) ; — Nîmes, 18 juin 1850 (S. V. 50. 2. 413 ; — D. P. 50. 2. 158) ; — Douai, 5 mai 1853 (S. V. 54. 2. 161) ; — Paris, 25 février 1854 (S. V. 54. 2. 334 ; — D. P. 55. 2. 67) ; — Pigeau, tom. 2, p. 44, 150 et 151 ; — Boitard, tom. 2, n° 555 ; — Bioche, V° *Saisie-arrêt*, n° 14 et suiv. ; — Roger, *De la saisie-arrêt*, n° 94 et suiv., 100 et suiv. ; — Carré et Chauveau, Quest. 1926.

nier, le Président du Tribunal de Bastia n'accorda aux sieurs Guitton et Andreani l'autorisation de saisir-arrêter que conditionnellement et à titre provisoire, c'est-à-dire sauf à lui en référer en cas de difficulté;

Considérant que cette Ordonnance, émanant du pouvoir discrétionnaire du Président, était insusceptible d'appel; — Qu'elle a, d'ailleurs, été acceptée par les sieurs Guitton et Andreani, qui, en procédant à des saisies-arrêts sans autres titres que les Ordonnances d'autorisation, se sont soumis à la condition qui leur était imposée; — Qu'ils ne sauraient donc être admis aujourd'hui à critiquer cette Ordonnance, ni la réserve qu'elle renferme en faveur du Magistrat de qui elle émane;

Considérant, d'ailleurs, que la restriction apportée par le Président à l'autorisation accordée, est généralement admise dans la pratique de tous les Tribunaux de l'Empire; — Que cette adhésion unanime suffit, à elle seule, pour démontrer que la réserve dont il s'agit n'est pas de nature à apporter, dans le titre de la saisie-arrêt, la grave perturbation qui a été signalée; — Qu'elle présente, au contraire, soit pour les créanciers, soit pour les débiteurs, des avantages qui ne peuvent être contestés;

Considérant que la demande en validité ne porte devant le Tribunal que l'appréciation d'une saisie faite sous les conditions de l'Ordonnance qui l'autorisait; — Que cette demande ne peut donc faire obstacle à l'exercice du pouvoir réservé, tant que la saisie conserve son caractère provisoire, c'est-à-dire tant que la validité n'en a pas été prononcée par le Tribunal;

Considérant que la seconde Ordonnance du Président, rendue en vertu des pouvoirs réservés, participe de la nature de la première Ordonnance;

Considérant que la juridiction gracieuse du Président ne peut perdre son caractère propre, par l'unique motif que le Magistrat en aurait différé l'exercice;

Considérant que la raison résiste à admettre que la première Ordonnance, rendue sur la demande d'une seule partie, sans examen contradictoire de la légitimité de sa prétention, soit souveraine et irrévocable, tandis que la seconde Ordonnance, émanant de la religion mieux informée du Président, serait, au contraire, soumise à la voie de l'appel ;

Considérant que les adversaires du système de la souveraineté du pouvoir du Président, statuant en vertu du pouvoir réservé, se fondent principalement sur le caractère litigieux du débat contradictoire sur lequel il prononce ; — Qu'ils reconnaissent, toutefois, que, si le saisissant et le saisi se bornent à de simples observations, l'Ordonnance sera définitive et inattaquable ;

Mais que si, au contraire, leurs prétentions se sont manifestées sous la forme de conclusions, la sentence du juge du référé constitue alors un véritable jugement soumis à l'appel ;

Considérant qu'une semblable théorie ne saurait être admise, puisqu'elle subordonne la nature du pouvoir juridictionnel du Magistrat au caprice ou à la volonté des parties ;

Considérant que le pouvoir du Juge est déterminé par la loi elle-même, et que le langage des parties qui comparaissent devant lui ne peut ni le transformer, ni en altérer l'essence ;

Considérant, dès lors, que la réserve, sous le bénéfice de laquelle l'autorisation de saisir-arrêter a été accordée, est parfaitement légale ; — Que l'Ordonnance, compétemment rendue en vertu du pouvoir réservé, s'identifie avec la première dont elle est le complément, et qu'il y a lieu de décider que l'une et l'autre sont souveraines et inattaquables.

II. Au fond :

Considérant qu'en prescindant de la fin de non-recevoir, et s'il fallait examiner, au fond, le mérite de l'appel principal relevé envers la seconde Ordonnance, cet appel devrait être déclaré mal fondé ;

Considérant que l'Ordonnance du 8 Janvier 1859, ne faisait nullement obstacle à l'exercice du pouvoir réservé par les Ordonnances portant autorisation de saisir ;

Considérant, en effet, que l'objection ne présenterait un caractère sérieux que si cette Ordonnance avait son principe dans le pouvoir dont l'exercice avait été réservé, et si elle était intervenue en présence des saisissants ;

Mais considérant que telle n'a pas été la position du Juge des référés, le 8 Janvier 1859; — Que le sieur Arène n'a eu pour contradicteur, devant ce Magistrat, que le sieur Valerj, tiers saisi; — Qu'il n'a pas invoqué l'Ordonnance qui autorisait le Magistrat à rétracter la permission d'opérer la saisie; — Que le sieur Arène concluait au démis de l'opposition du sieur Valerj, en se réservant de se pourvoir en mainlevée des saisies dont il n'avait encore aucune connaissance; — Que, par conséquent, en maintenant provisoirement l'opposition du sieur Valerj et en ordonnant la consignation des sommes saisies, le Président n'a pas épuisé son pouvoir réservé, et qu'il a pu en faire un légitime usage, lorsque le sieur Arène, débiteur saisi, a introduit devant lui un nouveau référé contradictoirement avec les saisissants, pour obtenir la mainlevée des saisies, c'est-à-dire, la rétraction de l'autorisation de saisir;

Considérant, sous un autre rapport, que le Président, en rapportant, le 19 Janvier, l'autorisation qu'il avait accordée, a sagement usé du pouvoir discrétionnaire que la Loi lui accorde en cette matière;

Considérant qu'il est de principe qu'à défaut de titre la saisie-arrêt ne peut être autorisée que pour une créance certaine, actuelle et exigible;

Considérant que cette autorisation ne peut être accordée pour une créance résultant de dommages-intérêts auxquels le saisissant prétend avoir droit; mais qui, n'étant pas même encore l'objet d'une instance, ne sont ni liquides, ni certains, ni exigibles;

Considérant qu'en appréciant les diverses saisies-arrêts à un point de vue général, elles paraissent avoir été pratiquées, sous une même inspiration, dans l'unique but de paralyser une condamnation, dont la justice ne peut être contestée devant la Cour;

Considérant que les prétentions des père et fils Guitton et d'Andreani ne présentent, en l'état, aucun caractère sérieux, et que la permission de saisir-arrêter, sur le fondement de pareilles créances, ne pouvait être maintenue.

III. Sur l'appel incident :

Considérant que le caractère d'irrévocabilité de l'Ordonnance du 19

Janvier, crée une fin de non-recevoir, qui s'applique aussi bien à l'appel principal qu'à l'appel incident.

III. En ce qui concerne la demande en dommages-intérêts, formée par le sieur Arène contre les créanciers saisissants :

Considérant que le principe que les Ordonnances de référé ne statuent qu'au provisoire et ne nuisent en rien au principal, s'applique aussi bien au second degré qu'au premier degré de juridiction;

Considérant que, si la Cour allouait à Arène les dommages-intérêts qu'il réclame, cette décision aurait un caractère d'irrévocabilité incompatible avec la nature du pouvoir juridictionnel dont la Cour est investie dans l'instance actuelle;............

1° Rejette, comme irrecevable, l'appel principal des sieurs Guitton et Andreani ;

2° Surabondamment, Déclare ledit appel mal fondé;

3° Ordonne, de plus fort, au sieur Valerj de vider ses mains en celles du sieur Marius Arène, jusqu'à concurrence des sommes qui font l'objet des commandements à lui signifiés le 29 Décembre 1858 et le 7 Janvier 1859, sous l'obligation, pour le sieur Arène, de donner caution, aux formes de droit, pour la garantie des créances éventuelles de Guitton père et fils et d'Andreani, dont le montant a été provisoirement fixé par les Ordonnances portant autorisation de saisir;

4° Déclare pareillement irrecevable l'appel incident de Marius Arène, le Rejette par suite;

5° Dit n'y avoir lieu de statuer, dans l'instance actuelle, sur la demande en dommages-intérêts formée par Arène;

Lui donne, quant à ce, acte de ses réserves subsidiaires,

Les droits et exceptions contraires demeurant aussi réservés;.........

Chambre Civile. — M. CALMÈTES, Premier Président.

MM. Savelli, }
Cecconi, } *Avocats.*

DU 12 FÉVRIER 1859.

SAISIE-ARRÊT. — POUVOIR RÉSERVÉ DU PRÉSIDENT DU TRIBUNAL. —
INDISPONIBILITÉ DES SOMMES SAISIES.

L'Ordonnance du Président qui, en vertu du pouvoir réservé, rapporte l'autorisation de saisir-arrêter, anéantit les saisies dans leur principe, ainsi que tous les actes qui les ont suivies (1).

La saisie-arrêt ne frappe d'indisponibilité les sommes qui en sont l'objet que jusqu'à concurrence des causes de la saisie (2).

Arène C. **Valerj et consorts.**

ARRÊT.

Après délibération en la Chambre du Conseil,

La Cour ; — sur les conclusions de M. Massin, Premier Avocat Général,

Sur l'appel relevé envers l'Ordonnance du 8 Janvier :
Considérant que, pour apprécier si l'Ordonnance dont il s'agit doit

---

(1) Voir l'arrêt qui précède et la note dont il est accompagné, pour ce qui concerne le droit du Président de rapporter, par une Ordonnance postérieure, l'autorisation de saisir-arrêter, dans le cas où il s'est expressément réservé ce pouvoir. Quant aux effets produits par la seconde Ordonnance, il nous semble difficile, pour ne pas dire impossible, de ne pas reconnaître que la saisie et tous les actes dont elle a été suivie doivent tomber avec l'autorisation qui avait été d'abord donnée. S'il pouvait en être autrement on admettrait des effets sans cause, une saisie pratiquée sans titre aucun et sans permission de justice.

(2) Cette question est controversée, mais la jurisprudence nous semble, avec raison, se fixer définitivement dans ce sens. Voir surtout : Rejet, 26 février 1834 (S. V. 35. 1. 122;

être maintenue ou réformée, la Cour ne saurait faire abstraction des faits ultérieurement accomplis ;

Considérant que, postérieurement à cette Ordonnance, et à la date du 19 du même mois de Janvier, le Président du Tribunal, après avoir entendu contradictoirement les sieurs Guitton père et fils et Andreani, saisissants, et, d'autre part, le sieur Arène, débiteur saisi, a rapporté l'autorisation de saisir-arrêter accordée par ses Ordonnances des 21 et 29 Décembre dernier ;

Considérant que cette Ordonnance, compétemment et souverainement rendue, anéantit les saisies dans leur principe, ainsi que tous les actes qui les ont suivies ; — Qu'ainsi, à ce premier point de vue, il y a lieu de réformer l'Ordonnance du 8 Janvier, en ce qui touche les sieurs Guitton et Andreani, créanciers saisissants ;

Considérant que lesdits Guitton et Andreani reconnaissent eux-mêmes qu'ils n'ont aucun intérêt dans le litige, et que la réformation de l'Ordonnance du 8 Janvier, quel qu'en soit le résultat, ne saurait les atteindre ;

En ce qui concerne les autres saisissants appelés en cause :

Considérant que l'Ordonnance du 8 Janvier a frappé d'indisponibilité, dans l'intérêt de tous les saisissants, la totalité des sommes détenues par le sieur Valerj ;

Considérant que Mauget, Rosi, Sanguinetti et Lingénieur n'ont pas figuré devant le premier degré de juridiction, lors de l'Ordonnance du

---

— D. P. 54. 1. 177) ; — *Idem*, 18 juillet 1843 (S. V. 43. 1. 908) ; — D. P. 43. 1. 456); — Nîmes, 10 janvier 1854 (S. V. 54. 2. 111 ; — D. P. 54. 2. 228) ; — Orléans, 11 mai 1859 (S. V. 59. 2. 534). Différents systèmes se sont élevés sur le point de savoir quels sont les effets de la saisie-arrêt par rapport à la disponibilité des sommes dues par le tiers saisi. On pourra s'en faire une idée exacte si l'on consulte : CHAUVEAU sur CARRÉ, Quest. 1952 ; — Les observations qui précèdent, dans le Recueil général de SIREY, un arrêt de la Cour de Bourges, du 3 février 1856, conforme à celui que nous rapportons (S. V. 57. 2. 5) ; — La monographie publiée par MOURLON, dans la *Revue du droit français*, vol. de 1848, p. 161 ; — et celle qui est rapportée par la *Revue critique de jurisprudence*, année 1855, page 113.

19 Janvier; — Que, par conséquent, cette Ordonnance ne saurait leur être opposée ;

Considérant que les saisies par eux pratiquées se trouvent protégées par les Ordonnances qui les ont autorisées, et qu'elles doivent produire leur effet jusqu'à ce que, sur le référé d'Arène, le Président, en vertu des pouvoirs qu'il s'est réservés, ait rapporté l'autorisation de saisir-arrêter, si la légitimité de cette mesure est justifiée ; — Qu'ainsi, en réformant l'Ordonnance du 8 Janvier relativement aux sieurs Guitton et Andreani, il y a lieu de la maintenir, en l'état, en ce qui concerne les autres saisissants ;

Mais considérant qu'il est de principe que la saisie-arrêt ne frappe d'indisponibilité les sommes détenues par le tiers saisi, que jusqu'à concurrence des causes de la saisie ; — Qu'il serait aussi contraire à la raison qu'à la justice de rendre indisponible, entre les mains du tiers saisi, la totalité des sommes qu'il pourrait devoir au débiteur saisi, quelle que fût, d'une part, l'importance de ces sommes, et, de l'autre, la modicité des causes de la saisie ;

Considérant que ce système, qui blesse à la fois l'intérêt privé et l'intérêt public, n'a pour base aucun texte de loi, et qu'il y a lieu, par conséquent, de réformer, quant à ce, l'Ordonnance attaquée ;

. . . .

Disant droit à l'appel du sieur Arène,

Et réformant quant à ce seulement,

Met au néant les dispositions de l'Ordonnance du 8 Janvier dernier relatives aux saisies-arrêts des sieurs Guitton et Andreani ;

Maintient ladite Ordonnance, en ce qui concerne la somme de quatre mille six cents francs, montant des saisies-arrêts des sieurs Mauget, Rosi, Sanguinetti et Lingénieur ;

Annulle, pour le surplus, l'opposition du sieur Valerj aux commandements à lui signifiés par le sieur Arène ;

Ordonne que, sauf la somme de quatre mille six cents francs, qui devra être déposée à la caisse des dépôts et consignations, le sieur

Valerj versera, entre les mains du sieur Arène, le restant des sommes par lui détenues au préjudice de l'appelant;

Dit qu'à défaut de paiement, il sera passé outre aux fins desdits commandements.

. . . .

Chambre Civile. — M. CALMÈTES *Premier Président.*

MM. Cecconi,
    Gavini,   *Avocats.*
    Savelli,

DU 18 FÉVRIER 1859.

CITOYENS CHARGÉS D'UN MINISTÈRE PUBLIC. — EXPERTS. — POUSSÉE PAR IMPOSITION
DES MAINS. — VOIES DE FAIT.

Des experts commis par un Tribunal pour procéder à l'évaluation d'immeubles dépendants d'une succession, exercent un ministère de service public : — Par suite, les violences dont ils sont l'objet sont punissables des peines portées par l'Article 230 du Code Pénal.

L'acte de pousser un expert, en lui imposant les mains pour l'empêcher d'opérer, constitue la voie de fait caractérisée par les Articles 228 et 230 du Code Pénal (1).

Ministère Public C. Renucci.

Les circonstances de fait dans lesquelles sont intervenues les solutions portées aux sommaires ci-dessus, se relèvent suffisamment du jugement suivant du Tribunal Correctionnel d'Ajaccio, en date du 31 Décembre 1858 :

« Attendu qu'il résulte des débats que, dans une instance, pendante au Civil, entre,
» d'une part, les nommés Paoletti, et de l'autre, le prévenu Renucci, le Tribunal
» Civil avait ordonné l'expertise des biens dépendants d'une succession à partager
» entre les parties ; — Que les experts nommés s'étant transportés sur les lieux pour
» procéder à leurs opérations, ils auraient trouvé un empêchement dans le prévenu,
» lorsqu'il s'est agi d'évaluer le bien dénommé *Benzolani* ; — Qu'une première fois les
» experts se seraient retirés sur la défense verbale du prévenu ; mais qu'ensuite étant
» revenus sur les lieux afin de continuer leurs opérations, et voulant, à cet effet, s'in-
» troduire dans l'enclos déjà dénommé, ils en ont été repoussés par des voies de fait,
» à savoir, en portant la main à la poitrine de l'expert Teodori et en le repoussant,
» pendant que celui-ci s'introduisait dans l'enclos ;
» Attendu que le prévenu, dans sa défense, n'a point dénié ces faits ; mais qu'il a

---

(1) Conf. : Tribunal de Mantes, 21 octobre 1836 (DALLOZ, *Rép.*, 2e édit. V° *Fonctionnaires publics*, n° 152) ; — Anal. Cass., 29 juillet et 8 décembre 1826 (S. 28. 1. 67 ; — D. P. 27. 1. 357).

» soutenu qu'il était en droit de repousser les experts, parce qu'ils voulaient opérer
» dans une propriété qui ne dépendait qu'en partie de la masse de la succession qu'il
» s'agissait d'évaluer, puisque les pâturages lui appartenaient exclusivement comme
» les ayant acquis ;

» Attendu qu'alors même que cela serait vrai, le prévenu ne pouvait pas, pour cela,
» empêcher les experts d'opérer, et qu'il devait se borner à faire consigner ses ob-
» servations dans le procès-verbal, sauf à statuer après ce qu'au cas aurait appartenu,
» ou bien même à en faire l'objet d'un incident ;

» Attendu qu'en agissant différemment, et en repoussant avec violence et voies de
» fait des citoyens chargés d'un ministère de service public, le prévenu a contrevenu
» aux dispositions de l'Article 230 du Code Pénal ;

» Attendu, cependant, que les circonstances paraissent atténuantes, et qu'il y a lieu
» de tempérer les rigueurs de l'article précité par les dispositions de l'Article 463 du
» Code Pénal ;

» LE TRIBUNAL a déclaré et déclare ledit prévenu atteint et convaincu d'avoir, les 12
» Juin et 8 Septembre 1858, résisté avec violence et voies de fait envers des citoyens
» chargés d'un ministère de service public, pendant qu'ils exerçaient leur ministère,
» et ce, dans des circonstances atténuantes.

» Pour réparation de quoi, et conformément aux Articles 230 et 463 du Code
» Pénal, etc. ;

» A condamné et condamne ledit Renucci à six jours de prison, etc. »

Le Ministère Public et le sieur Renucci ont relevé appel de ce jugement.

Dans l'intérêt du prévenu, on a soutenu que le jugement attaqué lui inférait grief,
1° En ce que ni la loi (notamment la loi du 25 Mars 1822, qui, désignant nommément les divers individus auxquels, en raison de leur coopération à une mission de
justice — tels que les jurés et les témoins —, elle entend assurer une protection plus
efficace, omet de parler des experts), ni la jurisprudence, ni la doctrine, n'ayant investi
les experts du caractère de représentants, à un titre quelconque, de l'autorité publique,
la peine spéciale portée par l'Article 230 contre ceux qui se rendent coupables de
violences envers les personnes considérées comme engagées, à quelque degré que
ce soit dans les affaires publiques, ne pouvait les protéger. — Ce caractère ne doit
pas non plus être reconnu aux experts, en considérant que, si, dans l'accomplissement de leur mission, ils commettent un délit ou un crime, la peine qu'ils en-
courent n'emprunte aucune aggravation à leur prétendue qualité de citoyens chargés d'un ministère de service public. — En outre, le mandat des experts est l'effet
d'une délégation toute privée. Suivant leur volonté ou leur convenance, ils peuvent
le refuser, l'accepter, et même s'en démettre. Tous les jours, dans la vie ordinaire, on voit procéder à des expertises sans que les Tribunaux interviennent, soit
pour la nomination des experts, soit pour ordonner une semblable mesure. Dans ce
cas, admettrait-on les experts à invoquer l'Article 228 du Code Pénal? — A tous ces
points de vue, l'exactitude de l'analogie d'où l'on pourrait prétendre déduire l'assimi-
lation des experts aux jurés et aux témoins, dont le ministère est forcé, est fort con-

testable. D'ailleurs , les garanties des lois , de même que leurs dispositions pénales ,
ne doivent pas être étendues des cas qu'elles expriment à d'autres cas qu'elles n'expriment pas. — Ce principe, auquel la Cour de Cassation ramène toujours les décisions
des Tribunaux qui s'en écartent , a été méconnu , dans l'espèce , par le Tribunal Correctionnel d'Ajaccio.

2° En ce que , à supposer même que les experts dussent être réputés agir dans un
caractère public, le Tribunal n'a pu infliger au sieur Renucci la peine portée par
l'Article 230 qu'à l'aide d'une extension dont l'acte incriminé n'était point susceptible,
en présence du sens précis et déterminé que le législateur a fixé aux violences qu'il a
voulu prévenir, en édictant l'Article 228. Cet article, en effet , prévoit seulement l'action de *frapper ;* et l'Article 230, qui s'y réfère , maintient expressément au mot *violences* , dont il se sert, la même acception. Or l'action reprochée au sieur Renucci est
une simple *poussée* , un fait de violence *isolé* , c'est-à-dire qui ne cause nulle douleur
et ne laisse aucune trace , prévu et puni par l'Article 605 du Code de Brumaire an IV.
— Le Tribunal a donc franchi les limites dans lesquelles la loi a circonscrit la pénalité qu'elle attache à la nature de l'action du sieur Renucci.

ARRÊT.

Après délibération en la Chambre du Conseil ,

La Cour ; — sur les conclusions conformes de M. de Montéra , Substitut du Procureur Général Impérial ,

Attendu que les faits déclarés constants par les premiers Juges, à la
charge du prévenu Renucci résultent de la procédure ; — Qu'il en résulte même que, pour empêcher l'expert Teodori de remplir sa mission,
il lui a donné deux violentes poussées, ce qui rentre évidemment dans
les conditions exigées par les Articles 228 et 230 du Code Pénal ;

Attendu que rien, dans la cause, n'autorisait les premiers Juges à
admettre en faveur du prévenu des circonstances atténuantes ;

Sans s'arrêter à l'appel du prévenu ;
Et faisant droit à celui interjeté par le Procureur Impérial d'Ajaccio ;

MAINTIENT le jugement attaqué, au chef qui déclare Renucci coupable des faits qui lui étaient imputés;

Le RÉFORME au chef qui admet en sa faveur des circonstances atténuantes;

ÉLÈVE l'emprisonnement à un mois..........

Chambre Correctionnelle. — M. STEFANINI, *Président;* — M. POLI, *Cons. Rapp.* — M. GAVINI, *Av. Déf.*

DU 22 FÉVRIER 1859.

OPPOSITION. — DÉLAI. — FRANCHISE. — HUITAINE. — JOUR FÉRIÉ.

D'après l'Article 157 du Code de Procédure Civile, l'opposition à un jugement par défaut doit être signifiée dans la huitaine de la signification à avoué (1).

Ce délai ne peut recevoir aucune extension, soit par application de l'Article 1033 du Code de Procédure Civile, soit parce que le dernier jour de la huitaine serait un jour férié (2).

Dionisi C. Dionisi.

ARRÊT.

Après délibération en la Chambre du Conseil,

LA COUR ; — sur les conclusions de M. MASSIN, Premier Avocat Général,

Considérant que la règle générale posée dans l'Article 1033 du Code de Procédure Civile, relativement à la franchise des délais des actes si-

---

(1-2) La première solution ci-dessus résulte des termes mêmes de l'art. 157; et la jurisprudence est d'accord avec la doctrine pour décider que la huitaine dans laquelle l'opposition doit être signifiée n'est pas franche. Quand à la seconde elle nous paraît conforme à l'opinion la plus généralement adoptée. Voir en effet entre autres autorités : Rejet, 21 Nivôse an IX (S. 1. 1. 390 ; — D. A. 9. 725) ; — *Idem*, 5 février 1811 (S. 11. 1. 134; — D. A. 9. 726) ; — *Idem*, 6 juillet 1812 (S. 12. 1. 366 ; — D. A. 9. 726) ; — Bordeaux, 18 avril 1828 (S. 28. 2. 283 ; — D. P. 28. 2. 120) ; — Cass., 26 mai 1830 (S. V. 30. 1. 225 ; — D. P. 30. 1. 254) ; — Nancy, 18 janvier 1833 (S. V. 34. 2. 410; — D. P. 34. 2. 118); — MERLIN, Quest. V° *Opp. aux jug. par défaut*, § 8, et *Rép.* V° *Délai*, section 1ʳᵉ, § 3 ; — FAVARD DE LANGLADE, V° *Opp. aux jug.*, § 2 ; — BERRIAT, p. 308 et 447 ; — TROPLONG, *Des Hypothèques*, tom. 2, n° 816 ; — CARRÉ et CHAUVEAU, Quest. 651 *bis*, 652, et 3410 ; — SOUQUET, *Des Temps légaux*, nᵒˢ 36 troisièmement, et 189 de l'introduction.

gnifiés à personne ou à domicile, n'est pas applicable au cas prévu par l'Article 157 du même Code ;

Considérant qu'aux termes de cet article, l'opposition à un jugement par défaut, rendu contre une partie ayant avoué, doit être formée dans la huitaine de la signification à avoué ;

Considérant qu'aucune circonstance n'autorise à dépasser cette limite ; — Qu'il résulte de ce principe, que, si le dernier jour du délai fixé par la loi est un jour férié, la partie a à s'imputer de n'avoir pas signifié son opposition dans les sept premiers jours de la huitaine ; — Que, par conséquent, c'est avec juste raison que le jugement attaqué a rejeté, comme irrecevable, l'opposition des parties de Lusinchi ;

CONFIRME.

Chambre Civile. — M. CALMÈTES, *Premier Président.*

MM. NASICA,
GENTILE,
} *Avocats.*

DU 28 FÉVRIER 1859.

INCENDIE. — ASSURANCE FAITE PAR LE PRENEUR. — PROPRIÉTAIRE. — INDEMNITÉ. — FAUTE. — IMPRUDENCE. — RESPONSABILITÉ. — PERTE DE L'IMMEUBLE LOUÉ — CAS FORTUIT. — RÉSILIATION DU BAIL.

Si le preneur a compris, dans son contrat d'assurance, la valeur de l'immeuble loué, et qu'en cas de destruction de l'immeuble par suite d'un incendie, il reçoive de la Compagnie d'assurance une indemnité représentant, à la fois, l'immeuble et le mobilier qui le garnissait, le bailleur est fondé à réclamer la part de l'indemnité représentant la valeur de la chose louée.

Le preneur, pour s'affranchir de la responsabilité que fait peser sur lui l'Article 1733 du Code Napoléon, n'est pas tenu d'indiquer et d'établir la cause de l'incendie; — Il lui suffit de prouver que le sinistre n'est imputable ni à sa faute, ni à sa négligence, ni à son imprudence (1).

S'il est justifié que l'incendie n'a pas eu lieu par le fait ou par la faute du preneur, et qu'aucune cause ne puisse être assignée au sinistre, il en résulte nécessairement qu'il a été le résultat d'un cas fortuit, et le preneur est autorisé à demander la résiliation du bail, aux termes de l'Article 1722 du Code Napoléon.

---

(1) C'est l'opinion qui semble définitivement prévaloir dans la jurisprudence et parmi les auteurs. Voir Conf. : Turin, 8 août 1809 (S. 11. 2. 114; — D. A. 9. 476); — Rejet, 11 fév. 1854 (S. V. 54. 1. 115); — Paris, 18 avril 1856 (S. V. 57. 2. 70; — D. P. 36. 2. 161); — Rouen, 16 janvier 1845 (S. V. 45. 2. 473; — D. P. 45. 2. 172); — Grenoble, 30 novembre 1852 (S. V. 54. 1. 677; — D. P. 54. 1. 57). Le pourvoi contre cet arrêt a été rejeté par la Cour de Cassation, le 14 novembre 1853. — Metz, 28 juillet et 21 décembre 1854 (S. V. 55. 2. 121.; — D. P. 55. 2. 197); — Rejet, 20 avril 1859 (S. V. 59. 1. 495); — TROPLONG, Du Louage, tom. 2, n° 582; — DUVERGIER, eodem, tom. 1er, n° 425; — PROUDHON, De l'Usufruit, n° 1552. — En sens contraire : TOULLIER, tom. 11, n° 161; — MARCADÉ, sur l'art. 1733, n° 1er; — ZACHARIÆ, tom. 3, § 367, note 9 par AUBRY et RAU.

Bastiani C. Dominici.

ARRÊT.

Après délibération en la Chambre du Conseil,

La Cour; — sur les conclusions de M. Massin, Premier Avocat Général,

I. Considérant que le Tribunal de Première Instance n'a pas condamné les frères Dominici à faire compte à Bastiani de la valeur originaire du hangar, objet du bail du 1ᵉʳ Novembre 1855, en vertu du principe de responsabilité édicté dans l'Article 1733 du Code Napoléon;

Considérant que le jugement admet, au contraire, l'irresponsabilité du preneur, et reconnaît que l'incendie a eu lieu par cas fortuit;

Considérant que la condamnation prononcée contre les frères Dominici a pour base cette règle d'éternelle justice, suivant laquelle nul ne peut s'enrichir au préjudice d'autrui;

Considérant que les frères Dominici ayant reçu, de la Compagnie du Phénix, une somme représentant la valeur d'un immeuble qui n'était pas leur propriété, devaient nécessairement être condamnés à en opérer la remise au sieur Bastiani, propriétaire légitime du hangar incendié, suivant la valeur primitive de cet immeuble;

II. Considérant que, sur l'appel, le sieur Bastiani invoque contre les intimés l'Article 1733 précité, et demande à être indemnisé de tout le préjudice que l'incendie lui a occasionné;

Considérant que l'Article 1733 établit une présomption légale de faute ou d'imprudence contre le preneur;

Considérant, toutefois, que le preneur n'est pas tenu, pour s'affranchir de la responsabilité que cet article lui impose, de prouver d'une manière directe et précise la cause de l'incendie; — Qu'il lui suffit d'établir qu'aucune faute, aucune imprudence ne lui sont imputables;

Considérant que cette justification peut être faite, soit par la preuve orale, soit par la preuve présomptive;

Or, considérant qu'il existe, en l'état, dans l'instance, des présomptions graves, précises et concordantes que l'incendie n'a eu pour cause ni la faute, ni la négligence, ni l'imprudence des intimés;

III. Considérant que le preneur qui demande la résiliation du bail, en vertu de l'Article 1722, est tenu, en sa qualité de demandeur, de justifier sa demande;

Considérant que la circonstance que l'immeuble loué a péri par cas fortuit, est l'une des conditions essentielles de la résiliation du bail;

Considérant que cette preuve, à la charge du demandeur, est implicitement acquise au procès, puisqu'il est reconnu que l'incendie n'est pas imputable aux intimés;

IV. Considérant que le but principal ou la cause impulsive du bail était l'exploitation de la filature de soie établie dans le hangar incendié;

Considérant que l'incendie ayant détruit la partie de la chose louée essentielle à cette industrie, c'est avec raison que le Tribunal a prononcé la résiliation intégrale du bail;

. . . .

CONFIRME.

Chambre Civile. — M. CALMÈTES, *Premier Président.*

MM. CECCONI, }
BONELLI, } *Avocats.*

DU 11 AVRIL 1859.

1° VENTE. — INDÉTERMINATION DE LA CHOSE VENDUE. — EXPERTISE. — DÉCÈS DU VENDEUR. — NULLITÉ.

2° VENTE. — NATURE DU CONTRAT. — ÉCRIT PRIVÉ. — DOUBLE ÉCRIT.

3° DONATIONS DÉGUISÉES. — ÉPOUX. — LIBÉRALITÉS INDIRECTES. — NULLITÉ. — RETRANCHEMENT.

1° *Lorsque, dans le contrat de vente, le vendeur cède une portion d'immeubles à prélever sur son patrimoine, au choix de l'acquéreur, desquels immeubles la valeur devait être fixée par des experts qui ne sont pas nommés dans le contrat, la vente est nulle si le vendeur décède sans que l'acquéreur ait fait le choix qui lui était dévolu par l'acte de cession* (1).

2° *La vente étant un contrat consensuel, commutatif et synallagmatique, sa validité est subordonnée à l'accomplissement de la formalité prescrite par l'Article 1325 du Code Napoléon; — Et l'acte est nul s'il n'a pas été fait en autant d'originaux qu'il y a de parties contractantes.*

3° *Les donations déguisées faites par un époux à son conjoint, dans le but de porter frauduleusement atteinte aux droits des réservataires, sont* nulles *et non pas seulement* réductibles (2).

Les libéralités indirectes, mais non infectées de déguisement, sont seules soumises à l'action en retranchement des réservataires. [*Code Napoléon, Art.* 1099] (3).

---

(1) Cette décision nous semble bien rigoureuse; nous avons, en effet, de la peine à croire que, dans le cas où il s'agit d'une dation en paiement, on doive nécessairement déclarer nulle la vente consentie, par cela seul que les experts, qui sont chargés de déterminer quelle est la portion des immeubles cédés qui est nécessaire pour parfaire la somme due, n'ont pas été désignés dans le contrat, ou que l'acquéreur n'a pas fait, pendant sa vie, le choix à lui dévolu par l'acte de cession. Nous sommes portés à penser que cette dernière condition pourrait être valablement accomplie par les héritiers du créancier acquéreur; et, quant au défaut de désignation des experts, on peut voir l'arrêt rendu par la Cour de Bastia le 19 mai 1825, ainsi que les autorités indiquées dans la note 2 qui l'accompagne (Notre Recueil, tom. 1er, pag. 133).

(2-3) Il a été décidé que les donations déguisées ou faites à personnes interposées, dans le cas de l'art. 1099 du Code Napoléon, ne sont pas frappées d'une nullité absolue; et que

Mariotti C. Mariotti.

ARRÊT.

Après délibération en la Chambre du Conseil,

La Cour; — sur les conclusions de M. de Montera , Substitut du Procureur Général Impérial ,

En ce qui concerne l'acte du 20 Mars 1847 :

Considérant que cet acte renferme une cession d'immeubles consentie par le sieur Philippe Mariotti à la dame Sinforosa, son épouse, en paiement de la somme de quatre mille francs, appartenant, est-il dit, à cette dernière, et provenant de ses biens paraphernaux ;

Considérant qu'une semblable convention rentre dans les prévisions de l'Article 1595 du Code Napoléon , et que sa validité est subordonnée à la sincérité de la créance représentant le prix des immeubles cédés ou vendus à la dame Sinforosa Mariotti ;

Considérant, en fait, que rien ne justifie et ne rend même vraisemblable qu'après deux années de mariage, la dame Sinforosa ait pu remettre à son mari une somme de quatre mille francs, provenant des

---

seulement elles sont réductibles à la portion disponible, de même que les donations indirectes. Voir : Bourges, 9 mars 1836 (S. V. 36. 2. 343) ; — Paris, 21 juin 1837 (S. V. 37. 2. 322 ; — D. P. 37. 2. 167); — Duranton, tom. 9, n° 831 ; — Poujol, sur l'art. 1099, n° 5; — Devilleneuve, observations sur les arrêts ci-après du 11 novembre 1834 et 29 mai 1838. Cependant nous préférons la solution ci-dessus qui nous semble prévaloir dans la doctrine et dans la jurisprudence. Voir : Rejet, 30 novembre 1831 (S. V. 32. 1. 134) ; — Toulouse, 13 mai 1835 (S. V. 35. 2. 392; — D. P. 35. 2. 126); — Cass., 11 novembre 1834 (S. V. 34. 1. 769 ; — D. P. 35. 1. 18); — Rejet, 29 mai 1838 (S. V. 38. 1. 481 ; — D. P. 38. 1. 225); — Caen, 6 janvier 1845 (S. V. 45. 2. 393 ; — D. P. 45. 2. 115) ; — Caen, 30 avril 1853 (S. V. 53. 2. 699 ; — D. P. 54. 2. 257) ; — Cass., 2 mai 1855 (S. V. 56. 1. 177 ; — D. P. 55. 1. 193) ; — Toullier , tom. 5, n° 901 ; — Grenier , *Donat. et Test.*, n° 691 ; — Marcadé , sur l'art. 1099, n°s 1er, et 2e ; — Troplong, *Donat. et Test.* tom. 4, n° 2742 et 2743.

économies qu'elle aurait réalisées sur le revenu de ses biens paraphernaux ; — Que tout démontre que la reconnaissance faite par Philippe Mariotti, à cet égard, n'est pas sincère ; — Que, par conséquent, la cession ou vente dont il s'agit n'a pas de cause légitime, et se trouve frappée de nullité par les dispositions de l'Article 1595 précité ;

Considérant que la vente du 20 Mars 1847 serait encore nulle, abstraction faite de la qualité des parties contractantes, soit parce qu'elle a eu lieu sans prix, soit parce que le contrat ne détermine pas la chose vendue ;

Considérant que l'absence ou le défaut de prix résulte de la simulation de la créance qui devait former la contre-valeur des immeubles cédés ou vendus à la dame Mariotti ;

Considérant que l'indétermination de la chose vendue n'est pas moins évidente ; — Que, d'après les termes du contrat, le sieur Mariotti cède à son épouse une portion d'immeubles à prélever sur son patrimoine, suivant sa convenance ou à son choix, desquels immeubles la valeur devait être fixée par des experts, qui ne sont pas désignés dans le contrat ;

Considérant que le sieur Mariotti est décédé sans que sa femme eût fait le choix qui lui était dévolu par l'acte de cession ; — Qu'ainsi, il n'a jamais existé, entre le cédant et le cessionnaire, de consentement ou de convention sur la chose cédée ou vendue ;

Considérant, sous un autre rapport, que la vente est un contrat consensuel, commutatif et synallagmatique ; — Que, par conséquent, lorsque la convention de vente est constatée par un acte sous seing privé, sa validité est subordonnée à l'accomplissement de la formalité prescrite par l'Article 1325 du Code Napoléon ;

Or, considérant qu'il résulte de la teneur de l'acte du 20 Mars 1847, que les parties ne se sont point conformées à la théorie des doubles ;

Considérant que ce vice n'a pas été couvert par l'exécution ; — Qu'ainsi, en prescindant même des autres moyens de nullité, l'acte de 1847 serait encore nul à ce nouveau point de vue ;

Considérant, enfin, que la convention intervenue entre les époux Mariotti est encore infectée du vice radical prévu par la disposition finale de l'Article 1099 du Code Napoléon ;

Considérant que, suivant cette disposition, toute donation déguisée faite par l'un des époux à son conjoint, est déclarée nulle ;

Considérant que le déguisement de la libéralité s'induit d'une manière certaine, dans l'espèce, de la simulation du prix ;

Considérant qu'on ne saurait admettre que la donation déguisée sous les formes d'un contrat à titre onéreux soit uniquement soumise à l'action en retranchement ;

Considérant que l'article précité renferme deux dispositions qui ne doivent pas être confondues ; — Que la première se rapporte aux *libéralités indirectes*, — la seconde aux *donations déguisées* dans le but de porter frauduleusement atteinte aux droits des réservataires ou à ceux des créanciers ;

Considérant que la première disposition n'affecte ni la substance, ni la validité de la donation ; — Qu'elle se borne à la ramener dans les limites qu'elle n'aurait pas dû franchir, en ouvrant aux réservataires l'action en réduction ; — Qu'il est manifeste qu'en prévoyant, par une disposition spéciale, les donations déguisées, le législateur a voulu les soumettre à d'autres règles que les libéralités simplement indirectes et pures de tout déguisement ;

Considérant que la réduction et la nullité diffèrent essentiellement ; — Que la déclaration de nullité entraîne l'anéantissement intégral de l'acte ou de la convention, tandis que l'action en réduction implique, au contraire, sa validité et son maintien ;

Considérant qu'on ne peut admettre que la disposition finale de l'Article 1099 soit surabondante et inutile ; et tel serait, en effet, son caractère si les donations déguisées, déclarées nulles par le § 2, étaient cependant régies par le § 1er et simplement réductibles ;

Considérant que la libéralité déguisée dont il s'agit ayant eu pour but de porter atteinte, soit à la réserve légale de la dame veuve Mariotti, mère du sieur Philippe Mariotti, soit aux droits qui appartenaient à cette dernière et au sieur César Mariotti, en leur qualité de créanciers du donateur, l'action en nullité de la donation du 20 Mars 1847 est, à la fois, recevable et fondée.

En ce qui concerne l'immeuble *Branche* :

Considérant que la vente du 18 Mai 1852 est empreinte du même caractère que la donation de 1847 ; — Qu'elle a été inspirée par la même pensée de fraude et de spoliation, et doit, par conséquent, subir le même sort ;

Mais considérant qu'il résulte des énonciations de l'acte privé du 17 Janvier 1852, lequel sera enregistré avant ou avec le présent arrêt, que le sieur Philippe Mariotti aurait reçu une somme de mille quarante-six francs, soixante-cinq centimes, faisant partie des deniers dotaux de la dame Sinforosa, son épouse ;

Considérant que, si, dans les circonstances particulières de la cause, cette énonciation ne justifie pas suffisamment la sincérité de la créance dotale de la dame Sinforosa, il y a lieu, toutefois, de réserver à l'intimée tous les droits qui peuvent lui appartenir pour en rapporter la preuve ultérieure, ainsi et comme elle avisera ;............

Sans s'arrêter aux demandes en preuve articulées par la dame Sinforosa Mariotti, non plus qu'à ses conclusions principales ou subsidiaires,

Et icelles rejetant comme irrecevables et mal fondées ;

Disant droit, au contraire, à l'appel principal de la dame veuve Mariotti et du sieur César Mariotti,

Et réformant quant à ce seulement,

1° Déclare nul et de nul effet l'acte de donation déguisée sous la forme d'un contrat à titre onéreux, portant la date du 20 Mars 1847 ;

2° Déclare nul et de nul effet, comme pareillement entaché de dol et de fraude, l'acte du 18 Mai 1852 ;

Dit, en conséquence, qu'aucun prélèvement ne doit être effectué par la dame Sinforosa Mariotti sur l'hoirie de feu Philippe Mariotti, son mari ;

Dit, en outre, que la dame Sinforosa n'a aucun droit à revendiquer sur la partie de l'immeuble *Branche*, objet de la vente du 18 Mai 1852 ;

Réserve à la dame Sinforosa Mariotti tous les droits qui peuvent lui compéter, pour établir que le sieur Philippe Mariotti avait reçu une somme de mille quarante-six francs, soixante-cinq centimes, faisant partie de la constitution dotale de ladite dame ;

. . . .

Chambre Civile. — M. CALMÈTES, *Premier Président.*

MM. MILANTA,   ⎫
           POLI,   ⎬ *Avocats.*
                           ⎭

DU 12 AVRIL 1859.

RENVOI. — PARENTÉ. — CONCLUSIONS. — TARDIVITÉ.

La demande en renvoi, fondée sur l'Article 369 du Code de Procédure Civile, doit être formée avant la position des qualités. [Cod. Proc. Civ. Art. 169 et 343] (1).

Pieraggi C. Benedetti.

ARRÊT.

Après délibération en la Chambre du Conseil,

LA COUR; — sur les conclusions conformes de M. DE CASABIANCA, Avocat Général,

Considérant, en droit, que, d'après l'Article 169 du Code de Procédure Civile, la demande en renvoi d'un Tribunal à un autre doit être formée préalablement à toutes autres exceptions ou défenses;

Considérant que, suivant l'Article 369 du même Code, le renvoi à un autre Tribunal pour cause de parenté ou alliance doit être demandé avant le commencement de la plaidoirie; — Qu'aux termes de l'Article 343, la plaidoirie est réputée commencée, lorsque les conclusions ont été contradictoirement prises à l'audience;

Considérant qu'il est constant, en fait, que toutes les parties en cause ont contradictoirement conclu, à l'audience du 15 Décembre 1858; — Que la demande en renvoi n'a été formée au greffe de la Cour

---

(1) Voir Conf. : Cass., 2 juillet 1845 (S. V. 45. 1. 487; — D. P. 45. 1. 328). On peut consulter sur cette question CARRÉ et CHAUVEAU, Quest. 613 *bis*, Commentaire de l'art. 343 et note 1re sous l'art. 382.

que le 21 Février dernier; — Qu'ainsi, cette demande est tardive et irrecevable;

Considérant, d'ailleurs et surabondamment, qu'il résulte des documents de la cause que la parenté invoquée par le sieur Pieraggi n'existe point ou a cessé d'exister;

Considérant que, suivant les prescriptions impératives de l'Article 374 du Code de Procédure Civile, celui qui succombe sur sa demande en renvoi doit être condamné à une amende qui ne peut être moindre de cinquante francs, sans préjudice des dommages intérêts, s'il y a lieu;

Considérant que la demande en dommages-intérêts formée par les parties de Mᵉ Nicolini n'est pas justifiée;............

Déclare la demande en renvoi formée par le sieur Pieraggi, le 21 Février dernier, tardive et irrecevable;

Surabondamment, la déclare mal fondée;

Dit n'y avoir lieu d'accorder aucuns dommages-intérêts;

Et, vu les dispositions de l'Article 374 du Code de Procédure Civile,

Condamne le sieur Pieraggi à cinquante francs d'amende et à tous les dépens de l'incident.

Chambre Civile. — M. CALMÈTES, *Premier Président.*

MM. Bonelli, ⎫
Milanta, ⎭ *Avocats.*

DU 7 MAI 1859.

1° *La Municipalité de Bonifacio étant organisée en 1802, et les registres constatant les naissances, les mariages et les décès pour les années 1800, 1801, 1802 et 1803 existant dans cette Commune, il ne saurait être suppléé à l'acte civil du mariage par le certificat d'un Curé attestant, après plusieurs années, l'union religieuse des prétendus époux dans le courant de l'année 1802.*

2° *Lorsque l'acte constatant la naissance d'un enfant énonce qu'il est né de deux personnes non mariées, et qu'en réalité l'acte de mariage n'existe pas, les descendants de cet enfant ne peuvent être admis à faire preuve de sa légitimité; — Ils réclameraient pour leur auteur un état contraire à son titre de naissance, demande formellement interdite par l'Article 322 du Code Napoléon.*

3° *Les naissances, les mariages et les décès sont légalement constatés, en Espagne, par les Curés des paroisses* (1).

---

(1) Cette vérité résulte notamment des arrêts ci-après : Cass., 16 juin 1829 (S. 29. 1. 261 ; — D. P. 29. 1. 272); — Bordeaux, 10 août 1831 (S. V. 32. 2. 105; — D. P. 31. 2. 257); — Rejet, 9 novembre 1846 (S. V. 47. 1. 55; — D. P. 46. 1. 357).

4° *La nullité du mariage résultant du défaut de consentement des père et mère des futurs époux, n'est pas absolue; — elle ne peut être invoquée que par les parents dont le consentement n'a pas été requis ou obtenu. — Leur mort met fin, d'ailleurs, à toute action en nullité, lorsque les époux ont vécu, jusqu'à leur décès, en possession paisible et publique de leur état* (2).

La législation espagnole n'a rien de contraire à ces principes.

5° *L'Article 170 du Code Napoléon a eu pour but principal de prévenir les mariages clandestins;*

Mais lorsqu'il s'agit d'un mariage contracté de bonne foi par un Français, en pays étranger, et que cette union a été suivie d'une possession d'état constante d'époux légitimes, jusqu'à la mort des époux, le défaut de publications ne peut être invoqué comme une cause de nullité du mariage (3).

6° *La légitimation par le mariage subséquent était admise par le Droit Romain et le Droit Canonique, et aucun texte de ces deux législations n'exigeait que les enfants nés avant le mariage fussent inscrits ou mentionnés dans l'acte de mariage lui-même* (4).

---

(2) Les dispositions des art. 182 et 183 du Code Napoléon sont trop formelles, selon nous, pour permettre le doute sur cette question. Voir d'ailleurs : TOULLIER, tom. 1er, n° 613 ; — VAZEILLE, *Du Mariage*, tom. 1er, n° 267 ; — DURANTON, tom. 2, nos 289 et 290 ; — MARCADÉ, sur l'art. 182, nos 1er et 2.

(3) Après avoir été longtemps controversée, cette solution semble prévaloir définitivement en jurisprudence ; et l'on reconnaît généralement, aujourd'hui, que le défaut de publications préalables en France n'annulle le mariage contracté en pays étranger que dans le cas où cette formalité a été omise à dessein et avec intention d'éluder les dispositions de la loi française. Voir dans ce sens : Grenoble, 30 mars 1844 (S. V. 44. 2. 655 ; — D. P. 45. 2. 37) ; — Bordeaux, 14 mars 1850 (S. V. 52. 2. 561 ; — D. P. 53. 2. 178) ; — Paris, 9 juillet 1853 (S. V. 53. 2. 401 ; — D. P. 53. 2. 180); — Rejet, 28 mars 1854 (S. V. 54. 1. 295 ; — D. P. 54. 1. 201) ; — Nîmes, 23 février 1858 et Paris, 11 juin de la même année, ainsi que la note 1re qui accompagne ces arrêts dans le Recueil de SIREY (S. V. 58. 2. 385) ; — Pau, 24 mars 1859 (S. V. 59. 2. 519) ; — TOULLIER, tom. 1er, n° 578 ; — DURANTON, tom. 3, nos 237 et 238 ; — VAZEILLE, *Du Mariage*, tom. 1er, n° 258 ; — MERLIN, *Rép.*, V° *Bans de Mariage*, n° 2, et Questions V° *Public. de Mariage*, § 1er ; — VALETTE, sur PROUDHON, tom. 1er, pag. 412 ; — DEMOLOMBE, tom. 3, nos 222 et 223.

(4) Il est constant, même sous l'empire du Code Napoléon, que la légitimation par mariage subséquent, lorsqu'il existe une reconnaissance antérieure, s'opère de plein droit et indépendamment de la volonté des père et mère et de l'enfant. Voir : DELVINCOURT, tom. 1er, p. 218 ; — DURANTON, tom. 3, nos 178 et 179 ; — VALETTE, sur PROUDHON, tom. 2, p. 167 ; — MARCADÉ, sur l'art. 331, n° 1er ; — DEMOLOMBE, tom. 5, n° 565. Il ne saurait

7° *L'envoi en possession provisoire des biens d'un absent ne donne à celui qui l'a obtenu qu'une jouissance précaire, qui ne peut servir de fondement à la prescription trentenaire* (5); — *A ce cas s'applique la maxime :* Melius est non habere titulum, quam vitiosum ostendere.

8° *La transaction qui n'est pas translative d'un droit de propriété, ne peut servir de fondement à la prescription de dix et vingt ans* (6).

L'Article 2261 du Code Napoléon suppose l'existence d'un titre d'acquisition translatif d'un droit de propriété.

Veuve Castano C. Monaco.

ARRÊT.

Après délibération en la Chambre du Conseil,

LA COUR ; — sur les conclusions conformes de M. DE CASABIANCA, Avocat Général,

I. SUR LA FILIATION LÉGITIME DE LA DAME CATHERINE MONACO :

Considérant que les héritiers de la dame Monaco, intimés, incidemment appelants, ne représentent pas l'acte de célébration du mariage de Catherine Mamberti, leur grand'mère, devant l'officier de l'état civil ;

Considérant qu'en 1802, date de ce prétendu mariage, la Municipalité était organisée à Bonifacio ; — Que les registres constatant les naissances, les mariages et les décès, pendant les années 1800, 1801, 1802 et 1803, existent dans cette Commune ;

Considérant que le certificat délivré par le Curé Pascal Piemontese,

---

donc en être autrement sous la législation antérieure, qui n'exigeait pas même une reconnaissance préalable de l'enfant naturel, comme l'ont décidé : Rejet, 7 juillet 1812 (S. V. C. N. 7. 1. 492 ; — D. A. 8. 606) ; — Bordeaux, 20 mars 1830 (S. 30. 2. 208) ; — Dijon, 30 juillet 1840 (D. P. 41. 2. 164).

(5-6) Voir, à la suite, l'arrêt de la Cour de Cassation qui rejette le pourvoi dirigé contre la décision que nous rapportons.

le 21 Décembre 1815, attestant qu'en 1801 ou 1802 il aurait marié, suivant les rites de l'Église, Jacques Luccioni, fils de Michel, et Marie-Catherine Mamberti, fille de Jacques, ne saurait établir la réalité du mariage religieux; — Que ce certificat mérite d'autant moins de confiance, que le Curé actuel de Bonifacio a déclaré, dans un certificat versé au procès, que, depuis 1575, les registres des baptêmes, mariages et décès ont été régulièrement tenus dans sa paroisse; — Qu'on y trouve notamment le registre dé 1802, époque à laquelle l'abbé Piemontese occupait la cure de Bonifacio, et que ce registre ne renferme point l'acte de mariage de Jacques Luccioni et de Marie-Catherine Mamberti ;

Considérant, à la vérité, que l'acte de la célébration religieuse du mariage de Catherine Mamberti avec Vincent Comiti, la qualifie de veuve de Jacques Luccioni;

Mais considérant que cet acte, qui porte la date du 28 Août 1813, ne saurait exercer aucune influence dans la cause;

Considérant, en effet, que l'acte civil de ce mariage donne à Marie-Catherine Mamberti la qualification de fille majeure, et non de veuve;

Considérant, en outre, que l'acte de naissance de Marie-Catherine, épouse Monaco, dressé par l'officier de l'état civil de Bonifacio, constate qu'elle est née le 7 Vendémiaire an XI, et qu'elle est fille naturelle de Jacques Luccioni et de Marie-Catherine Mamberti, *non maritati;*

Considérant que les représentants de Marie-Catherine Monaco, en demandant que leur mère soit déclarée fille légitime de Jacques Luccioni, réclament un état contraire à celui que lui donne son titre de naissance, demande formellement interdite par l'Article 322 du Code Napoléon ;

Considérant, d'un autre côté, que les intimés invoquent, en vain, l'Article 197 du même Code, puisque cet article suppose une possession d'état d'enfant légitime non contredite par l'acte de naissance; — Que, dans l'espèce, la mère de la dame Monaco n'a jamais été en possession d'état d'épouse légitime de Jacques Luccioni; Et que la dame Monaco elle-même n'a jamais eu la possession d'état de fille légitime dudit Jacques Luccioni.

II. Sur la filiation légitime de Catherine Luccioni veuve Castano :

Considérant que la veuve Castano produit son acte de naissance, à la date du 22 Avril 1809, constatant qu'elle est fille légitime de Jacques Luccioni, natif de Bonifacio, et de Bernarde-Marie de Los Dolores Lopez, mariés à Algésiras; — Qu'elle présente, en outre, l'acte de célébration religieuse du mariage de ses père et mère à Algésiras, royaume d'Espagne, du 7 Novembre 1809;

Considérant que, suivant cet acte, le mariage dont il s'agit a été célébré par le prêtre Joseph Moreno, autorisé par le Curé d'Algésiras, après trois publications faites à des jours de fête successifs, selon les prescriptions de la dernière pragmatique royale;

Considérant que les actes de décès des père et mère de la dame Castano rappellent aussi leur union légitime; — Que l'acte de décès de Michel Luccioni, fils de Jacques et de Maria Los Dolores Lopez, survenu le 10 Mars 1852, énonce pareillement que les père et mère du défunt étaient unis en légitime mariage; — Qu'il résulte, de ces divers actes et de tous les documents de la cause, que les époux Luccioni ont vécu dans la possession d'état constante d'époux légitimes; — Que la veuve Castano, appelante, a toujours été également en possession d'état de fille légitime de Jacques Luccioni et de Maria Los Dolores Lopez;

Considérant que, ces faits établis, il s'agit de savoir :

1° Si le mariage de Jacques Luccioni et de la demoiselle Los Dolores Lopez est valablement constaté par l'acte de célébration religieuse de ce mariage, à la date du 7 Novembre 1809;

2° Si sa nullité ne résulterait pas du défaut de mention, dans cet acte, du consentement de Michel Luccioni, père du futur époux, et de Françoise Cordero, mère de la future, lesquels vivaient encore en 1809;

3° Si cet acte ne serait pas frappé de nullité pour défaut de publications en France, conformément à l'Article 170 du Code Napoléon;

4° Enfin, si l'acte de mariage étant reconnu valable, il a pu avoir pour effet de légitimer la veuve Castano née avant le mariage, et dont le nom n'est pas même rappelé dans ledit acte.

Sur la première question :

Considérant que l'institution de l'état civil n'existait pas en 1809, et n'existe pas encore dans le royaume d'Espagne ; — Que les naissances, les mariages et les décès y sont légalement constatés par les Curés des paroisses.

Sur la deuxième question :

Considérant que la nullité résultant du défaut de consentement n'est pas absolue ; — Que les parents dont on a méconnu l'autorité, et l'époux auquel le consentement était nécessaire, peuvent seuls s'en prévaloir ; — Qu'après leur mort, toute action à cet égard est définitivement éteinte ; — Qu'elle ne peut même être exercée, ni par l'ascendant, ni par l'époux, lorsque le mariage a été approuvé par l'ascendant dont le consentement n'avait pas été requis, ou que les époux ont vécu, comme dans l'espèce, en possession paisible et publique de leur état, jusqu'à leur mort ; — Qu'il n'est nullement établi, par les représentants de la dame Monaco, que la législation espagnole renferme aucune disposition contraire à ces principes.

Sur la troisième question :

Considérant que la violation ou l'inobservation des formalités prescrites par l'Article 170 du Code Napoléon, a donné lieu à trois systèmes différents ; — Que, suivant le premier système, qui ne compte aujourd'hui que de rares partisans, le mariage contracté en pays étranger, en violation de l'Article 170 précité, doit être, dans tous les cas, déclaré valable ; — Que, d'après le second système, le mariage célébré à l'étranger contrairement aux règles tracées dans l'Article 170 et dans le Chapitre 1er du Code Napoléon, est radicalement nul, sans qu'aucune circonstance puisse faire fléchir la rigueur de ce principe ;

Considérant que ces deux systèmes sont trop absolus et pourraient autoriser de graves abus, ou entraîner de regrettables conséquences ;

Considérant qu'une troisième opinion, plus conforme à l'esprit de la loi, a admis un tempérament au relâchement et à la rigueur de ces théories contradictoires ; — Que le but du législateur a principalement été, en prescrivant les publications en France des mariages des Français à l'étranger, de prévenir les unions clandestines célébrées en fraude de la loi française;

Mais considérant que lorsqu'il s'agit du mariage contracté de bonne foi par un Français domicilié et établi, depuis plusieurs années, en pays étranger, sans esprit de retour en France, — que ce mariage a été suivi de la possession d'état jusqu'à la mort des époux, survenue longtemps après leur union, — que les enfants nés de ce mariage ont toujours vécu en paisible jouissance de la possession d'état d'enfants légitimes, — que les deux époux et leurs ascendants sont également décédés, — l'on ne comprendrait pas quel intérêt pourrait commander l'annulation d'un tel mariage, qui, d'ailleurs, à raison de l'évidente bonne foi des deux conjoints, devrait toujours être maintenu, quant à ses effets civils, en faveur des enfants qui en seraient provenus;

Considérant que l'intérêt étant la mesure des actions, la demande en nullité des héritiers de la dame Monaco doit être évidemment repoussée, puisque la nullité du mariage étant prononcée, il n'en produirait pas moins tous ses effets, relativement à la personne de la dame Castano et aux biens délaissés par son père.

SUR LA QUATRIÈME QUESTION :

Considérant que vainement a-t-on objecté que la veuve Castano était née avant le mariage de ses père et mère, et que son nom et sa naissance n'étant pas mentionnés dans l'acte de mariage, la légitimation par le mariage subséquent ne s'est pas accomplie en sa faveur;

Considérant, en effet, que le Droit Écrit et le Droit Canonique, qui régissaient en 1809 et qui régissent encore aujourd'hui le royaume d'Espagne, admettent l'un et l'autre la légitimation par le mariage subséquent; — Que ce mode de légitimation introduit par les Empereurs Constantin et Zénon, sous certaines restrictions, fut étendu et généralisé par l'Empereur Justinien; — Que, d'après la législation de Justinien, tous les enfants naturels, *naturales liberi*, pouvaient être légitimés par le mariage subséquent, pourvu qu'à l'époque de la conception le mariage entre le père et la mère ne fût défendu par aucune loi, — Qu'il fût dressé un acte de constitution de dot, ou un acte de mariage (*nuptiales tabulæ*), — Et que les enfants ratifiassent la légitimation ;

Considérant que ces diverses conditions se trouvent réunies dans le mariage des époux Luccioni, et dans la légitimation qui en a été la conséquence ;

Considérant que le Droit Canonique, puisant ses inspirations à des sources plus élevées, se montra plus large encore que le Droit Romain, en ce qui concerne la légitimation par le mariage subséquent ; — Que la célèbre décrétale du Pape Alexandre III, Chapitre 6, au titre *qui filii sunt legitimi*, formula en ces termes la règle générale, qui devint la loi de la matière : *Tanta enim est vis sacramenti* (ou *matrimonii*) *ut qui antea sunt geniti, post contractum matrimonium habeantur legitimi ;*

Considérant qu'aucun texte du Droit Romain, ni du Droit Canonique, n'exigeait que les enfants naturels nés avant le mariage fussent inscrits ou mentionnés dans l'acte de mariage lui-même ; — Qu'ainsi, les demandes en nullité du mariage de Jacques Luccioni avec Dolores Lopez, et de la légitimation de Marie-Catherine Luccioni, veuve Castano, doivent être repoussées, à la fois, comme irrecevables et mal fondées.

III. Sur l'exception de prescription invoquée par les représentants de la dame Monaco et admise par le Tribunal :

Considérant qu'il est constant que Jacques Luccioni s'éloigna de son domicile en 1806, pour se rendre en Espagne, où il fixa son domicile dans la ville d'Algésiras ; — Que la succession de son père Michel Luccioni s'ouvrit, en 1815, à Bonifacio ; — Que le 8 Septembre 1816, le Conseil Municipal de cette dernière Commune, obéissant aux ordres du général Willot, gouverneur général de la Corse, nomma un administrateur chargé de gérer les biens composant la succession de Michel Luccioni, père de Jacques Luccioni absent et présumé mort, à la charge de rendre compte de son administration au Conseil Municipal tous les mois, et de servir à Marie-Catherine Luccioni, de Bonifacio, une pension mensuelle de la somme de vingt francs ;

Considérant que le sieur Vincent Comiti, nommé administrateur, déclara accepter cette mission, et prit possession des biens dont la gérance lui était confiée;

Considérant que cette mesure, dont le caractère anormal s'explique par les circonstances exceptionnelles dans lesquelles la Corse se trouvait alors placée, équivalait à l'envoi en possession provisoire des biens formant la part de Jacques Luccioni dans la succession de son père; — Que cette part fut déterminée par l'acte de partage du 13 Février 1819;

Considérant que, nonobstant les énonciations du contrat de mariage de 1824, par lequel la demoiselle Marie-Catherine, se disant fille légitime de Jacques Luccioni, se constitua en dot les biens dévolus à ce dernier, dans le partage de 1819, il demeure manifestement établi que Vincent Comiti s'est maintenu dans la jouissance et l'administration des biens dont il s'agit, jusqu'à l'époque de la transaction intervenue le 27 Mars 1837 entre Marie-Catherine, épouse Monaco, et les frères et sœurs de Jacques Luccioni;

Considérant qu'il n'est pas contesté que Jacques Luccioni est décédé en 1832;

Considérant qu'il ne résulte d'aucun document de la cause que la pension mensuelle de vingt francs ait été perçue par Marie-Catherine, soit avant, soit après son mariage avec le sieur Monaco; — Que, par conséquent, Marie-Catherine n'a point eu, par elle-même, la jouissance et la possession civile des biens dont Vincent Comiti était administrateur;

Considérant qu'alors même qu'elle rapporterait la preuve du paiement de la pension, sa jouissance et sa possession seraient inefficaces pour prescrire, puisqu'elles auraient pour principe l'envoi en possession provisoire, qui constitue essentiellement un titre précaire; — Qu'à cette hypothèse s'applique la règle de droit *Melius est non habere titulum quam vitiosum ostendere;*

Considérant que la possession de Vincent Comiti, administrateur à charge de rendre compte, était essentiellement précaire et ne saurait être invoquée, avec fondement, par les héritiers de la dame Marie-Catherine

Monaco ; — Que , par suite , soit avant 1832 , époque du décès de Jacques Luccioni, soit postérieurement et pendant toute la durée de la gérance de Vincent Comiti , la prescription trentenaire n'a pas couru ; Considérant qu'il est expressément énoncé, dans la transaction du 27 Mars 1837, que l'administration de Comiti n'a pris fin qu'à cette date; — Que c'est uniquement à compter de cette transaction, et en vertu des stipulations qu'elle renferme, que Marie-Catherine a pris possession des biens en litige, et que la prescription de trente ans aurait commencé à courir utilement en sa faveur;

Mais considérant que l'instance en revendication des biens dont il s'agit ayant été engagée le 7 Août 1857, il en résulte que la prescription n'est pas acquise, et que l'exception proposée par les représentants de la dame Monaco doit être repoussée.

IV. EN CE QUI CONCERNE LA PRESCRIPTION DE DIX ET VINGT ANS :

Considérant que, d'après l'Article 2265 du Code Napoléon , la prescription décennale suppose un titre d'acquisition, c'est-à-dire un acte translatif de propriété ;

Considérant que tel n'est point, dans la cause, le caractère de la transaction de 1837 ; — Que cet acte constate un prétendu droit préexistant; mais qu'il ne confère aucun droit nouveau à la dame Monaco ;

Considérant que, par cette transaction , les frères et sœurs de Jacques Luccioni, trompés par de fausses apparences , ou guidés par des motifs qui ne sont point énoncés dans l'acte, reconnaissent la légitimité, jusque-là contestée, de Marie-Catherine Monaco, et mettent cette dernière en possession des biens dépendants de l'hoirie de son père supposé, lesquels étaient au pouvoir de Comiti depuis le 8 Septembre 1816; — Que, par conséquent, la transaction ne constitue pas un juste titre, dans le sens de l'Article 2265 précité , et que l'exception fondée sur la prescription de vingt ans doit être également rejetée;

. . . .

A DÉMIS et DÉMET les parties de Lusinchi de leur appel incident......

Et DISANT, au contraire, DROIT à l'appel principal de la veuve Castano,

RÉFORMANT quant à ce,

REJETTE comme mal fondées les exceptions relatives à la prescription trentenaire et à la prescription de vingt ans;

CONDAMNE, en conséquence, le sieur Simon Monaco, ès-qualités qu'il agit, et autres litisconsorts représentés par Me Lusinchi, à délaisser en faveur de la dame Castano tous les biens meubles et immeubles composant l'hoirie de feu Jacques Luccioni, et notamment ceux qui sont indiqués dans l'exploit introductif d'instance et dans les conclusions prises devant la Cour, sous les numéros 1, 2, 3 et 4;

Chambre Civile. — M. CALMÈTES, *Premier Président.*

MM. LIMPERANI, } *Avocats.*
MILANTA, }

Pourvoi en Cassation de la part des consorts Monaco.

ARRÊT.

LA COUR; — sur les conclusions de M. DE PEYRAMONT, Avocat Général,

SUR LE MOYEN UNIQUE TIRÉ DE LA VIOLATION DES ARTICLES 2262 ET 2265 DU CODE NAPOLÉON :

Sur la première branche relative à la prescription de trente ans :

Attendu qu'il est reconnu, en fait, par l'arrêt attaqué, que Marie-Catherine, femme Monaco, n'a point eu par elle-même la jouissance et la possession des biens formant la part de Jacques Luccioni dans la succession de Michel Luccioni, son père;

Attendu que si Comiti, administrateur commis pour gérer ces biens,

les a possédés jusqu'en 1837, cette gestion n'a pas eu lieu dans l'intérêt de la femme Monaco, mais bien au profit de Jacques Luccioni,
absent, ou de ses héritiers légitimes ; — Qu'ainsi, la possession de cet
administrateur, à charge de rendre compte tous les six mois au Conseil
Municipal, était essentiellement précaire, et qu'en décidant qu'elle n'a-
vait pu servir de base à la prescription de trente ans invoquée par les
héritiers de Marie-Catherine Monaco, la Cour impériale de Bastia, loin
d'avoir violé l'Article 2262 du Code Napoléon, en a fait une juste application ;

En ce qui touche la prescription de vingt ans : — Attendu que, sans
doute, l'arrêt attaqué reconnaît la bonne foi de la femme Monaco, et que,
par suite, il l'affranchit de la restitution des fruits perçus avant la demande ;

Mais attendu qu'aux termes de l'Article 2265 du Code Napoléon, la
bonne foi ne suffit pas pour fonder la prescription de dix et vingt ans ;
— Qu'il faut de plus un juste titre, c'est-à-dire un titre ayant pour but de
transporter la propriété d'une manière certaine et incontestable ; — Que
tel n'est pas le caractère de la transaction du 27 Mars 1837 ; — Qu'en
effet, cet acte n'a transféré aucun droit nouveau à la femme Monaco ;
— Que les héritiers Luccioni la considérant comme fille légitime de
Jacques Luccioni quoiqu'elle lui fût complétement étrangère, avaient,
dès 1816, consenti, en sa faveur, une pension mensuelle et provisoire
de vingt francs, sur les revenus de la succession ; — Que, toujours sous
l'empire de la même erreur, ils l'ont mise en possession par la transaction de 1837, de la part des biens de Jacques dans la succession de
son père qui, jusque-là, avaient été administrés par Comiti ; — Qu'en
cet état, c'est avec raison que l'arrêt attaqué a décidé que cette transaction ne constituait pas un juste titre, dans le sens de l'Article 2265
du Code Napoléon, et que la prescription de vingt ans devait être
rejetée ;

REJETTE.

Du 3 Avril 1860. — *Ch. Req.* — M. NICIAS-GAILLARD, *Président ;*
— M. PÉCOURT, *Rapp. ;* — M. MOUTARD-MARTIN, *Avocat.*

DU 1ᵉʳ JUIN 1859.

D'après l'ancien droit public qui régissait la Corse, les grandes masses de forêts appartenaient à la Chambre ou au Domaine (1).

Les champs, bois, herbages, pâturages jouis en commun et à l'égard desquels nul ne pouvait invoquer un titre de propriété, étaient légalement présumés appartenir au Domaine. — Cette jouissance commune n'était que le résultat d'une concession essentiellement précaire consentie par la République.

D'après le Chapitre 34 du Statut Corse, la prescription n'était jamais admise contre la Chambre (2).

Le Gouvernement Français a succédé à tous les droits qui appartenaient à la République de Gênes avant 1729.

Les faits de possession antérieurs à 1729 constituaient un abus; — Ceux postérieurs à cette époque n'étaient que des actes d'invasion et d'usurpation, ainsi que le constate la déclaration des États de la Corse du 30 Juillet 1771.

Des actes de cette nature ne pouvaient devenir le fondement d'un droit quelconque pour les Communes ou les particuliers.

(1-2) Voir Conf. : Bastia, 31 mai 1841 et 8 juillet 1857 (Notre Recueil, tom. 2, et ci-dessus, à ces dates).

**Guerrini et consorts C. les Communes de Noceta et Rospigliani
et l'État.**

ARRÊT.

Après délibération en la Chambre du Conseil,

La Cour; — sur les conclusions conformes de M. de Montera, Substitut du Procureur Général Impérial,

Considérant que, d'après les principes du droit public qui régissait
la Corse sous la domination génoise, les grandes masses forestières de
l'Ile appartenaient au domaine de l'État ou à la *Chambre;*

Considérant que la domanialité des bois et forêts a été reconnue et
consacrée, soit par divers actes de la République Génoise, soit par les
édits des rois de France, soit enfin par plusieurs arrêts émanés de
cette Cour;

Considérant que, suivant le Chapitre 39 du Statut Corse, la présomption de domanialité s'étendait aux champs, bois, buissons, herbages,
et pâturages, objet d'une jouissance commune, et à l'égard desquels
ni les particuliers, ni les communes ne pouvaient invoquer un titre
de propriété; — Que les appelants reconnaissent eux-mêmes que la
République, en concédant à ses sujets immédiats cette jouissance
commune, n'avait pas abdiqué son droit de propriété; — Que cette
concession, empreinte de précarité, était toujours révocable et avait
souvent été révoquée;

Considérant qu'une semblable possession ne pouvait devenir la base
d'une prescription acquisitive;

Considérant d'ailleurs, que, d'après le Chapitre 34 du Statut précité, la prescription n'était jamais admise contre le domaine; — Qu'on
y lit, en effet, cette déclaration expresse et générale : *Dichiarando che
in qualsivoglia caso, non abbia luogo prescrizione contro la Camera;*

Considérant que le Gouvernement Français a succédé à tous les droits qui appartenaient à la République de Gênes avant la révolution de 1729 ; — Que les faits de possession antérieurs à cette date sur les bois et forêts, ou sur toute autre propriété domaniale, constituaient un abus de la part des Communes ou des particuliers, et non l'exercice d'un droit ;

Considérant que la possession et la jouissance postérieures à 1729 étaient suspectes d'*invasion* et d'*usurpation*, si elles n'étaient accompagnées d'un titre légitime, suivant la déclaration des États de la Corse du 30 Juillet 1771 ;

Considérant que la domanialité de la forêt de *Rospa* a été reconnue dès les temps les plus anciens, et qu'elle n'est pas sérieusement contestée dans l'instance actuelle ; — Qu'il est également établi que les cantons en litige sont compris dans le périmètre de ladite forêt ;

Considérant qu'après avoir rappelé ces principes et ces faits certains, il reste à examiner si les appelants ont justifié, par des titres légitimes, leur droit de propriété sur les terrains dont ils revendiquent l'attribution exclusive ;

Considérant, d'abord, que l'acte de vente de 1667 et l'acte de partage de 1683 sont sans corrélation avec le testament de Laurent Guerrini, qui sert de base au système des appelants ; — Qu'il n'est en aucune façon établi que les sieurs Vitali, Guerrini et Battesti soient les représentants, à un titre quelconque, des parties qui figurent dans les deux actes dont il s'agit ;

Considérant que le testament du 3 Octobre 1762 ne constitue pas un titre de propriété opposable à l'État ; — Qu'il n'est ni prouvé, ni même allégué, que le notaire Laurent Guerrini eût obtenu une concession de la République de Gênes, pour les divers Cantons de la forêt de *Rospa*, dont il disposait par voie testamentaire ;

Considérant, cependant, que les appelants réclament plus de quatre cents hectares de vieille fûtaie, dans laquelle on trouve des arbres âgés de trois et quatre cents ans ; — Qu'une propriété aussi importante ne pouvait être détachée du domaine public que par un acte émané du Gouvernement lui-même ; — Que des faits de possession ou de jouissance exercés par des particuliers ne sauraient avoir cette puissance, ni entraîner un semblable résultat;

Considérant, d'ailleurs et surabondamment, que les appelants n'articulent, soit de leur part, soit du chef de leurs auteurs, aucun fait précis de possession; — Qu'il est, au contraire, établi par les documents du procès que depuis 1778 au moins, jusqu'à l'époque actuelle, l'État a exercé constamment des actes de surveillance et d'administration sur les terrains contestés; — Que, d'un autre côté, par la transaction de 1851, l'État a fait la plus large concession aux Communes de Vezzani, de Rospigliani et de Noceta; — Que les bases de cette transaction n'ont été arrêtées qu'après avoir entendu les *habitants de ces Communes, dans l'expression de leurs vœux et de leurs besoins;* — Que les Conseils Municipaux ont donné leur adhésion à la transaction proposée par l'État, en s'engageant à la faire respecter par les tiers intéressés, dont ils avaient à l'avance obtenu l'assentiment;

Considérant qu'en présence des faits qui viennent d'être rappelés, il est manifeste que l'État a valablement cédé aux Communes de Rospigliani et de Noceta les Cantons forestiers énoncés dans la transaction de 1851, et que les appelants sont, à la fois, irrecevables et mal fondés dans leurs prétentions, soit envers les Communes, soit envers l'État ;..............

CONFIRME.

Chambre Civile. — M. CALMÈTES, *Premier Président.*

MM. ESTELA, GAVINI, } *Avocats.*

DU 1er JUIN 1839.

DÉLAI. — DOMICILE *ad lites*. — ASSIGNATION A PERSONNE. — DÉLAI DES DISTANCES.

Lorsqu'une partie dont le procès a duré plusieurs années devant un Tribunal et une Cour siégeant dans la même ville, établit, dans cette localité, une sorte de domicile ad lites, *et y réside pendant toute la durée de l'instance, le délai des assignations qui lui sont données à* personne, *dans ce domicile, ne doit pas être nécessairement augmenté en raison de la distance qui existe entre son domicile d'origine et le lieu de la comparution.*

Estela C. Estela.

ARRÊT.

Après délibération en la Chambre du Conseil,

La Cour; — sur les conclusions conformes de M. DE MONTERA, Substitut du Procureur Général Impérial,

Sur le premier moyen de nullité :

Considérant que le sieur Aurèle Estela est né à Luri; — Qu'il n'a point perdu son domicile d'origine, soit en se rendant à Paris dans le but d'y compléter son éducation inachevée, soit en demandant son inscription au tableau de l'Ordre des Avocats, à l'effet d'y accomplir son stage au Barreau de Paris ; — Que, par conséquent, c'est avec juste raison que l'acte d'appel énonce qu'Aurèle Estela est domicilié à Luri ;

Considérant que l'inexactitude du préambule de l'exploit relativement à la *demeure*, se trouve rectifiée à la fin de l'acte, où il est dit que le sieur Aurèle Estela demeure à Bastia ; — Qu'il est constant, en effet, que depuis le commencement des diverses instances qu'il a suivies devant le Tribunal de Bastia et devant la Cour, le sieur Aurèle Estela a presque constamment résidé dans cette ville ; — Qu'il a établi à Bastia une sorte de domicile *ad lites*, qui justifie pleinement les énonciations finales de l'acte d'appel.

SUR LE SECOND MOYEN DE NULLITÉ :

Considérant que les Articles 61 , 456 et 1033 du Code de Procédure Civile accordent à l'intimé un double délai pour comparaître en justice, — le délai ordinaire des ajournements, et l'augmentation à raison de la distance ; — Que ces deux délais sont également nécessaires, et que l'exploit doit en renfermer la suffisante mention ;

Mais considérant que la Loi n'a point prescrit de formule sacramentelle pour la mention du double délai imparti à l'intimé ou au défendeur ;

Considérant que les termes de l'exploit du 15 Avril 1859 renferment implicitement la mention du délai légal ;

Considérant , d'ailleurs et surabondamment , que , dans l'espèce , l'augmentation à raison de la distance n'était pas nécessaire ; — Qu'en effet, le sieur Aurèle Estela ayant établi, depuis environ trois ans, sa résidence ou son domicile *ad lites* à Bastia, et l'acte d'appel portant que la copie lui a été remise à Bastia, en parlant à sa personne, l'augmentation à raison des distances ne pouvait être exigée dans une semblable hypothèse ;

Considérant, sous un autre rapport, que le sieur Joseph Estela avait si peu l'intention de priver l'intimé du délai nécessaire pour présenter sa défense, qu'il n'a fait aucune diligence pour obtenir le jugement de son appel ; — Que le sieur Aurèle Estela s'est trouvé dans la nécessité de faire inscrire lui-même la cause au rôle et de poursuivre l'audience, longtemps après l'expiration du délai ordinaire et du délai des distances ;

. . . .

SANS S'ARRÊTER aux moyens de nullité invoqués contre l'appel,
Et le tout REJETANT comme mal fondé,

Disant droit, au contraire, à l'appel relevé par le sieur Estela,

Met au néant le jugement attaqué,

Et procédant par nouveau jugé,

Dit qu'il n'y a lieu, en l'état, de soumettre le sieur Joseph Estela à l'assistance d'un conseil judiciaire.

Chambre Civile. — M. CALMÈTES, *Premier Président.*

MM. Milanta,
Estela, } *Avocats.*

DU 6 JUIN 1859.

ENDOSSEMENT EN BLANC. — PROCURATION. — TRANSMISSION DE LA PROPRIÉTÉ. — DÉFAUT
DE PROTÊT. — DÉCHÉANCE. — CARACTÈRE DE LA REMISE DES EFFETS *Pro soluto*. —
ENDOSSEMENT REMPLI.

*Si l'endossement en blanc ne vaut, en principe, que comme procuration,
il n'en est pas de même lorsqu'il est établi que le porteur de l'effet, en vertu
d'un endossement en blanc, en a fourni la valeur à son endosseur immédiat (1).*

*Le porteur à qui un effet a été transmis par un endossement en blanc,
ne peut conserver son recours contre son cédant que par l'accomplissement
de la formalité prescrite par les Articles 164 et suivants du Code de Commerce.*

*Le porteur conserverait, toutefois, son recours, abstraction faite du pro-
têt, s'il était établi qu'il a accepté l'effet* non pro soluto, sed pro solvendo.

---

(1) Voir Conf. : Douai, 3 août 1814 (S. 16. 2. 97) ; — Bordeaux, 6 août 1844 (S. V. 45.
2. 41 ; — D. P. 45. 4. 175) ; — Rejet, 24 décembre 1850 (S. V. 51. 1. 24 ; — D. P. 51. 1.
31) ; — Orléans, 1er février 1853 (D. P. 53. 2. 172) ; — NOUGUIER, *Lettres de change*, tom.
1er, n° 161, qui cite, en note, un arrêt rendu par la Cour d'Orléans le 19 janvier 1819 ; —
PERSIL, *eodem*, p. 212.
Contrà : Rejet, 7 avril 1813 (S. 13. 1. 574) ; — Cass., 23 juin 1845 (S. V. 45. 1. 829 ; —
D. P. 45. 1. 345) ; *Idem*, 20 août 1845 (S. V. 46. 1. 464 ; — D. P. 45. 1. 418).
Nous croyons devoir faire remarquer qu'il est généralement admis en jurisprudence,
que le porteur d'une lettre de change, en vertu d'un endossement en blanc, a le droit de
compléter cet endossement par un ordre régulier qui le rend propriétaire de l'effet, s'il en
a réellement fourni la valeur ; et qu'il est même recevable, vis-à-vis de son endosseur direct, à prouver le versement de cette valeur. Voir entre autres autorités : Rejet, 24 avril
1827 (S. 28. 1. 212 ; — D. P. 27. 1. 214) ; — Douai, 26 mai 1846 (S. V. 46. 2. 383) ; — Rejet, 3 avril 1848 (S. V. 48. 1. 277 ; — D. P. 48. 1. 82) ; — *Idem*, 29 décembre 1858 (S. V.
59. 1. 97) ; — PARDESSUS, *Droit Commercial*, n° 346 ; — NOUGUIER, *ubi suprà*, tom. 1er.
n° 159 et la note 2 ; — DEVILLENEUVE et MASSÉ, V° *Endossement*, n° 75, et les observations
de ce dernier auteur sur l'arrêt précité du 29 décembre 1858.

Conti C. Alata.

ARRÊT.

Après délibération en la Chambre du Conseil,

LA COUR ; — Sur les conclusions conformes de M. DE CASABIANCA, Avocat Général,

Considérant qu'il résulte, des termes du compromis du 29 Décembre 1858, que les signatures apposées par le sieur Alata au dos des effets souscrits par le sieur Bastiani, constituent non des acquits, mais bien de véritables endossements ; — Qu'il s'agit uniquement de rechercher quels sont les droits et les obligations résultant, pour le sieur Conti, des effets ainsi endossés ;

Considérant que, s'il est vrai que l'endossement en blanc ne vaut que comme procuration, il n'en saurait être ainsi lorsque, comme dans l'espèce, il est établi et non contesté que le porteur a fourni la valeur des effets à son endosseur immédiat ; — Qu'il est constant, en droit, que le porteur, en vertu d'un tel endossement, peut valablement le remplir à son profit, s'il existe une cause légitime de créance entre lui et l'endosseur, et si l'endossement a pour objet une négociation loyale et sérieuse ; — Que, dans de telles circonstances, le sieur Conti, porteur et propriétaire des effets dont il s'agit, ne pouvait conserver son recours contre le sieur Alata qu'à la charge du protêt régulièrement effectué le lendemain de l'échéance (Articles 164, 168 du Code de Commerce) ;

Considérant que cette formalité n'ayant pas été remplie, l'appelant est déchu de tout recours contre le sieur Alata ;

Considérant que rien ne prouve, d'ailleurs, que le sieur Conti ait reçu les deux effets *non pro soluto, sed pro solvendo ;*

Considérant que la cause présentant des éléments suffisants de décision, la preuve ordonnée par les arbitres est inutile et frustratoire ;

Disant droit aux appels respectifs,
Met au néant le jugement attaqué,
Et procédant par nouveau jugé ,
Évoquant le fond ,
Déclare le sieur Conti , Receveur général de la Corse, déchu de tout recours contre le sieur Alata, à raison des deux effets dont il s'agit au procès....................

Chambre Civile. — M. CALMÈTES , *Premier Président.*

MM. Milanta, ⎫
     Gavini, ⎬ *Avocats.*

DU 8 JUIN 1859.

ENREGISTREMENT. — EXTRAIT. — REPRÉSENTATION DU TITRE.

L'extrait de l'enregistrement d'un acte ne dispense pas de la représentation du titre, alors surtout que la difficulté du litige porte principalement sur les conditions de la convention, et que ces conditions ne sont pas mentionnées dans l'extrait délivré par la Régie de l'enregistrement (1).

Brignole C. la veuve Gaccini.

ARRÊT.

Après délibération en la Chambre du Conseil,

LA COUR ; — sur les conclusions conformes de M. DE CASABIANCA , Avocat Général,

SUR L'APPEL PRINCIPAL :

Considérant que le sieur Brignole ne peut invoquer d'autre titre, pour s'attribuer la propriété du mobilier du sieur Poggi, que la cession du 18 Octobre 1854 ;

Mais considérant que cette cession n'est pas produite, et qu'il ne saurait y être suppléé par un extrait incomplet de l'enregistrement dudit acte ; — Qu'il est de principe, en effet, que les extraits qui constatent l'accomplissement de cette formalité, ne dispensent pas de la représentation du titre ; — Qu'il en doit être surtout ainsi lorsque , comme dans

---

(1) Voir Conf. : Bastia, 15 décembre 1831 (Notre Recueil, tom. 1ᵉʳ, p. 533). Dans le second § de la note qui accompagne cet arrêt nous avons exprimé quelques doutes sur la solution de la Cour de Bastia, qui nous a paru empreinte d'une certaine sévérité, en ce qui concerne, du moins, le principe général sur lequel elle est basée.

l'espèce, la difficulté du litige porte principalement sur les conditions mêmes de la convention, et que ces conditions ne se trouvent pas mentionnées dans l'extrait délivré par la Régie de l'enregistrement;

Considérant qu'il résulte, de l'ensemble des documents de la cause, que le sieur Poggi avait fermement voulu que la créance de la femme Gaccini, reconnue dans le règlement du 15 Octobre 1854, fût soldée sur la valeur de son mobilier à défaut d'autre valeur successorale; — Qu'au bas de ce règlement, le sieur Poggi indiqua expressément ce mode de libération, et il l'imposa d'une manière impérative à son neveu le sieur Brignole, à qui il se proposait de consentir la cession de son mobilier;

Considérant que cette cession fut réalisée trois jours plus tard, par la convention du 18 Octobre 1854, et qu'on ne peut supposer que le sieur Poggi ait omis d'y stipuler, comme condition de la cession, le paiement de cette dette, qu'il regardait comme *sainte et sacrée;*

Considérant, d'ailleurs, qu'il existe, dans la cause, des présomptions graves, précises et concordantes, que cette condition a été insérée dans ledit acte; — Qu'à ces présomptions se joint un commencement de preuve par écrit résultant de documents émanés du sieur Brignole lui-même, et notamment de sa lettre du 10 Août 1855, laquelle sera enregistrée avec le présent arrêt;

Considérant que, dans ces circonstances, le sieur Brignole a à s'imputer de ne point produire un acte qui devrait se trouver entre ses mains, et sur lequel il fonde principalement son système de défense;..............

CONFIRME.

Chambre Civile. — M. CALMÈTES, *Premier Président.*

MM. BONELLI, } *Avocats.*
    GRAZIANI, }

DU 8 JUIN 1859.

PAIEMENT. — TIERS. — VALIDITÉ. — CONDITIONS. — CRÉANCIER. — RATIFICATION. — UTILITÉ. — CRÉANCE NON LIQUIDE.

Le paiement fait par le débiteur, non à son créancier, mais à un tiers, n'est valable que lorsque ce tiers avait qualité pour recevoir, ou que le créancier a ratifié le paiement, ou qu'il en a profité.

En vain, pour justifier le paiement, prétendrait-on que le créancier était lui-même débiteur du tiers à qui le paiement a été effectué; — Cette allégation serait sans valeur, particulièrement si cette prétendue créance n'était ni liquide, ni certaine à l'époque du paiement.

Minighetti C. Carrega.

ARRÊT.

Après délibération en la Chambre du Conseil,

LA COUR ; — sur les conclusions conformes de M. DE CASABIANCA, Avocat Général,

Considérant qu'en 1851, avant son départ pour la Sardaigne, le sieur Minighetti vendit au sieur Carrega une certaine quantité d'huile, dont il opéra la livraison et ne toucha pas le prix ;

Considérant que, pendant l'absence du sieur Minighetti, le sieur Rossi, qui se prétendait son créancier, obtint du sieur Carrega la remise d'une somme de mille treize francs, à-compte sur celle de treize cent quatre-vingt-dix-sept francs, valeur de l'huile vendue en 1851 ; — Qu'il s'agit de savoir si cette remise a été libératoire pour le sieur Carrega ;

Considérant que le paiement, pour être valable, doit être effectué au créancier, ou à la personne qui le représente ; ·

Considérant que le paiement fait à celui qui n'était pas chargé de recevoir, peut aussi être valable, si le créancier a ratifié le paiement, ou s'il en a profité;

Considérant que rien ne démontre, au procès, que le sieur Rossi fût le représentant du sieur Minighetti;

Considérant, d'un autre côté, que Minighetti n'a point ratifié le paiement des mille treize francs fait par le sieur Carrega au sieur Rossi; — Que ce paiement ne lui a été, d'ailleurs, d'aucune utilité; — Qu'il l'a, au contraire, jeté dans les embarras d'un procès qui peut-être n'aurait pas eu lieu, si le sieur Carrega s'était libéré entre les mains du sieur Minighetti; — Que, par conséquent, le paiement de la somme de mille treize francs n'a point libéré le sieur Carrega envers le sieur Minighetti, son créancier;

Considérant que la remise des quatre cents francs ne se réfère pas à la vente de l'huile, et ne saurait être imputée sur les mille trois cent quatre-vingt-dix-sept francs;

Considérant, enfin, que la prétendue créance du sieur Rossi envers Minighetti, n'était pas en 1851 et n'est pas même aujourd'hui certaine et liquide;

Disant droit à l'appel du sieur Minighetti et réformant,

Déclare non libératoire la remise de la somme de mille treize francs faite par le sieur Carrega au sieur Rossi;

Condamne, par suite, le sieur Carrega, par toutes les voies de droit et par corps, à payer au sieur Minighetti la somme de mille trois cent quatre-vingt-dix-sept francs, avec les intérêts à compter de la demande; ....

Chambre Civile. — M. CALMÈTES, *Premier Président.*

MM. Milanta, } *Avocats.*
Ollagnier, }

DU 21 JUIN 1859.

1° DÉLAI A RAISON DES DISTANCES. — DÉFENDEUR. — MAXIME : *Les délais sont communs aux deux parties.*
2° JONCTION D'INSTANCES. — INSCRIPTION AU RÔLE. — CONSTITUTION D'AVOUÉ.

1° L'appelant, domicilié en Amérique, ne peut invoquer le bénéfice du délai à raison de la distance imparti à l'intimé ou au défendeur par l'Article 73 du Code de Procédure Civile (1).

La maxime : Les délais sont communs aux deux parties, *est inconciliable avec les Articles 75 et 154 du Code de Procédure Civile, qui autorisent le défendeur à renoncer au supplément de délai à raison de la distance* (2).

2° Il ne peut être prononcé de jonction entre une instance inscrite au rôle et en état d'être plaidée, et une autre instance non inscrite et dans laquelle l'intimé n'a pas encore constitué avoué.

Valerj et consorts C. Haiman.

ARRÊT.

Après délibération en la Chambre du Conseil,

LA COUR ; — sur les conclusions conformes de M. DE CASABIANCA, Avocat Général,

SUR LA DEMANDE EN RENVOI JUSQU'A L'EXPIRATION DES DÉLAIS FIXÉS PAR L'ARTICLE 73 DU CODE DE PROCÉDURE CIVILE :

Considérant qu'en supposant que les sieurs Piccioni et Santoni fus-

---

(1-2) Voir Conf. : Montpellier, 27 novembre 1847 (S. V. 48. 2. 160) ; — CARRÉ, Quest. 396. — En sens contraire : CHAUVEAU, *ibidem*, qui cite cependant, comme conformes à l'opinion de CARRÉ, deux arrêts rendus les 5 mars 1832 et 16 août 1833, le premier par la Cour Supérieure de Bruxelles, le second par la Cour de Bordeaux.

La Cour de Toulouse a décidé, le 22 mai 1835 (S. V. 36. 2. 88), que les délais accordés

sent domiciliés, l'un dans le Département du Tarn, l'autre en Amérique, ils ne pourraient, en qualité d'appelants, invoquer, à raison de leur domicile, le bénéfice des délais impartis par l'Article 73 précité au défendeur ou à l'intimé ;

Considérant que l'ancienne maxime : *Les délais sont communs à toutes les parties*, est inconciliable avec les dispositions du Code de Procédure Civile ; — Que le défendeur, à qui la loi accorde un supplément de délai à raison des distances, peut renoncer à ce délai, conformément aux dispositions des Articles 75 et 154 dudit Code ;

Considérant, d'ailleurs, que les sieurs Valerj et Gavini ne sauraient, sous aucun rapport, se prévaloir des délais qui pourraient être accordés, soit au sieur Haiman, soit aux sieurs Piccioni et Santoni, dans l'appel relevé par ces derniers contre le sieur Haiman ;

Considérant que cet appel n'est pas encore inscrit au rôle ; — Que le sieur Haiman n'a pas constitué avoué sur l'assignation à lui donnée par les sieurs Piccioni et Santoni ; — Que, dès lors, il est impossible, en l'état, de prononcer la jonction de cette instance avec celle relative à l'appel relevé par les sieurs Piccioni et Santoni contre le sieur Haiman ;

REJETTE la demande en sursis fondée sur l'Article 73 du Code de Procédure Civile ;

Et, pour être plaidé au fond, RENVOIE à l'audience de mardi prochain..............

Chambre Civile. — M. CALMÈTES, *Premier Président.*

MM. GAVINI, }
MILANTA, } *Avocats.*

à raison des distances, pour comparaître sur une assignation, sont exclusivement dans l'intérêt du défendeur qui peut y renoncer. *Sic* SOUQUET, *Des temps légaux*, n° 800 de l'Introduction.

DU 27 JUIN 1859.

1° FAILLITE. — DÉBITEUR. — PRESCRIPTION QUINQUENNALE INTERROMPUE. — ACTE
SÉPARÉ. — BILAN. — MENTION. — PRESCRIPTION TRENTENAIRE.
2° FAILLITE. — CRÉANCIER. — DÉBITEUR. — INTÉRÊTS. — COMPENSATION.
3° FAILLITE. — PROCÈS-VERBAL DE VÉRIFICATION. — ENREGISTREMENT DES CRÉAN-
CES. — COUT.

1° *La faillite du débiteur ne fait pas obstacle à la prescription quinquennale* (1).

*Le porteur d'un effet de commerce peut toujours accomplir, envers la
faillite ou le tiré, tous les actes conservatoires autorisés par la Loi.*

*Le protêt faute d'acceptation et le protêt faute de paiement interrompent
la prescription, au cas de faillite du tireur ou accepteur. (Cod. Comm.
Art. 163).*

*Après le Jugement déclaratif, la remise des titres au Greffier du Tribu-
nal de Commerce constitue une demande en justice et interrompt la prescription.* [Ibid., *Art. 491*] (2).

*La prescription de cinq ans n'est point fondée sur une présomption de
paiement;*

*Ainsi, la certitude qu'un effet de commerce n'a pas été payé, n'empêche-
rait pas la masse, au cas de faillite du débiteur, d'opposer la prescription
quinquennale au créancier qui réclame son paiement* (3).

---

(1) C'est un point qui nous paraît constant en jurisprudence et en doctrine. Voir : Paris,
5 août 1813 (S. 15. 2. 123 ; — D. A. 11. 269) ; — Toulouse, 23 février 1827 (S. 27. 2. 101 ;
— D. P. 27. 2. 137) ; — Rejet, 23 février 1832 (S. 32. 1. 537 ; — D. P. 32. 1. 178) ; —
Idem, 14 février 1833 (S. V. 33. 1. 844 ; — D. P. 33. 1. 283) ; — NOUGUIER, *Lettres de change*,
tom. 1er, n° 340 *in fine* ; — PERSIL, *eodem*, p. 505 ; — VAZEILLE, *Prescription*, tom. 2, n° 635 ;
— TROPLONG, *eodem*, tom. 2, n° 713.

(2) Conf. : Grenoble, 29 février 1848 (S. V. 49. 2. 272) ; — D. P. 49. 5. 134) ; — Colmar,
29 décembre 1859 (S. V. 60. 2. 390). Voir, en outre, les autorités citées à la note 4 ci-après.

(3) Il nous semble qu'il n'est pas parfaitement exact de dire, que la prescription de cinq
ans, édictée par l'art. 189 du Code de Commerce, n'est point fondée sur présomption de
paiement ; car, s'il en était ainsi, on ne s'expliquerait pas trop pourquoi les prétendus débi-

L'Article 189 du Code de Commerce énonce limitativement les trois circonstances qui seules interrompent la prescription.

La mention de la créance dans le bilan n'équivaut pas à l'acte séparé de reconnaissance admis comme interruptif de la prescription par l'Art. 189.

L'acte séparé de reconnaissance ne substitue la prescription trentenaire à la prescription quinquennale, que lorsqu'il est établi que le débiteur a entendu conférer un titre nouveau à son créancier (4).

2° La compensation entre les intérêts dus à un créancier et ceux qu'il devrait lui-même à la faillite, n'est jamais admise en ce qui concerne les intérêts postérieurs au Jugement déclaratif de la faillite (Cod. Comm. Art. 445), car elle créerait au profit d'un créancier un privilége contraire à l'égalité qui doit régner entre tous les créanciers du débiteur failli, lorsque leurs créances ne sont garanties, ni par un nantissement, ni par un privilége ou une hypothèque.

3° Les frais de vérification et d'enregistrement des créances admises au passif sont à la charge de la faillite.

---

teurs peuvent être astreints à affirmer, sous serment, qu'ils ne sont plus redevables. Nous croyons seulement que cette présomption ne peut être détruite que par des preuves formelles, et qu'elle résiste aux simples présomptions quelque graves qu'elles puissent être. Voir dans ce sens : Cass., 9 novembre 1812 (S. 13. 1. 149 ; — D. A. 6. 738) ; — *Idem*, 16 juin 1818 (S. 18. 1. 289 ; — D. A. 6. 751) ; — Rejet, 1er décembre 1829 (S. 30. 1. 28 ; — D. P. 33. 1. 245) ; — POTHIER, *Du Contrat de change*, n° 203 ; — PARDESSUS, *Droit Commercial*, tom. 2, n° 240 ; — TROPLONG, *De la Prescription*, tom. 1er, n° 165 ; — VAZEILLE, *eodem*, tom. 2, n° 655 ; — NOUGUIER, *Ubi suprà*, n° 551 et la note 1re. Nous serions donc portés à penser que la *certitude* du non paiement devrait empêcher la masse d'opposer la prescription quinquennale.

(4) Ainsi que cela résulte de la solution ci-dessus, il faut distinguer le cas où l'acte séparé, dont parle l'art. 189, a procuré un titre nouveau au créancier, de celui où cet acte est reconnu ne former qu'un titre *additionnel* à la lettre de change elle-même. Dans la première hypothèse, la prescription trentenaire est substituée à la prescription quinquennale ; dans la seconde, c'est la prescription de cinq ans qui continue à être applicable. Voir : Rejet, 9 août 1831 (S. V. 31. 1. 297); — *Idem*, 28 novembre 1831 (S. V. 32. 1. 26 ; — D. P. 31. 1. 363) ; — *Idem*, 14 mars 1838 (S. V. 38. 1. 708 ; — D. P. 38. 1. 130) ; — Paris, 8 novembre 1855 (S. V. 56. 2. 145); — Cass., 7 avril 1857 (S. V. 57. 1. 527); — Aix, 25 mars 1858 et Paris, 26 janvier 1859 (S. V. 59. 2. 302 et 358) ; — MERLIN, *Rép.*, V° *Prescription*, Sect. 2, § 8, n° 10; — PARDESSUS, *Ubi suprà*, n° 240; — VAZEILLE, *De la Prescription*, tom. 2, n° 628 et 632 ; — TROPLONG, *eodem*, tom. 2, n° 536 et suiv. ; — NOUGUIER, *Lettres de change*, tom. 1er, n° 339 et la note 2 ; — DEVILLENEUVE, Observations sur un arrêt de la Cour d'Agen du 11 août 1853 (S. V. 53. 2. 540).

Syndics de la faillite Solari C. Gafforj.

ARRÊT.

Après délibération en la Chambre du Conseil,

La Cour ; — sur les conclusions de M. DE CASABIANCA, Avocat Général,

. . . .

EN CE QUI CONCERNE : 1° LA CRÉANCE DE MILLE VINGT-SIX FRANCS, RÉSULTANT D'UNE LETTRE DE CHANGE TIRÉE PAR SOLARI AU PROFIT DE FRANCESCHINI SUR BENIGNI, NÉGOCIANT A BASTIA, LE 1ᵉʳ JUILLET 1842 ;

2° LA CRÉANCE DE MILLE TRENTE FRANCS, MONTANT DE DEUX EFFETS SOUS-CRITS PAR SOLARI EN FAVEUR D'ARRIGHI, LES 19 ET 25 MAI 1843, TIRÉS SUR LE MÊME BENIGNI, QUI EN REFUSA LE PAIEMENT ;

3° LA SOMME DE MILLE TROIS CENT SOIXANTE-TREIZE FRANCS, MONTANT DE DEUX BILLETS A ORDRE SOUSCRITS PAR SOLARI, LES 6 ET 29 MAI 1843, EN FAVEUR DE COLOMBANI :

Considérant que les syndics repoussent la demande du sieur Gafforj tendante à l'admission de ces trois créances au passif de la faillite, sur le fondement que toute action relative à ces divers effets de commerce est éteinte par la prescription quinquennale ;

Considérant, et en fait, que les lettres de change et les billets à ordre dont il s'agit sont tous devenus exigibles avant le 2 Août 1845, date du Jugement déclaratif de la faillite Solari ;

Considérant qu'il est également certain que ni les bénéficiaires desdits effets, ni le sieur Gafforj n'ont formé aucune demande en justice, ni exercé aucune diligence dans le but d'en obtenir le paiement, jusqu'au mois de Mars 1853, date du dépôt des titres au greffe du Tribunal de

Commerce; — Que, par conséquent, la prescription doit être déclarée acquise au profit de la masse;

Considérant que vainement a-t-on objecté, que la prescription quinquennale étant fondée sur une présomption de paiement, l'exception doit être repoussée, dans l'espèce, puisqu'il est constant que Solari ne s'est pas libéré envers Franceschini, Arrighi et Colombani;

Considérant que l'Article 189 du Code de Commerce, en décidant que toutes les actions relatives aux lettres de change et aux billets à ordre se prescrivent par cinq ans à compter du lendemain de l'échéance, a déterminé, en même temps, les seules circonstances qui font obstacle à la prescription;

Considérant que, suivant cet Article, la prescription de cinq ans ne peut être invoquée, — 1° lorsqu'il y a eu condamnation; — 2° lorsque la dette a été reconnue par acte séparé; — 3° lorsque le prétendu débiteur, en étant requis, refuse d'affirmer, sous serment, qu'il n'est plus redevable;

Considérant que le sieur Gafforj ne se trouve placé dans aucun de ces cas exceptionnels, dont l'énumération est limitative et non simplement indicative;

Considérant que la mention des trois créances dont il s'agit dans le bilan de Solari, dressé à la date du 24 Février 1844, n'équivaut pas à l'acte séparé de reconnaissance exigé par l'Article 189;

Considérant que les énonciations du bilan ne modifient pas la position des créanciers du failli; — Qu'ils demeurent toujours soumis à la production de leurs titres et à la justification de leurs créances, pour en obtenir l'admission au passif de la faillite;

Considérant que l'acte séparé de reconnaissance de la dette n'a la valeur que lui assigne l'Article 189 précité, et ne substitue la prescription trentenaire à la prescription quinquennale, que lorsqu'il est établi que le débiteur a entendu renoncer à la prescription acquise, ou interrompre la prescription commencée, et conférer un titre nouveau à son créancier;

Considérant qu'il n'est pas même allégué, dans l'espèce, que par un acte quelconque le sieur Solari ait manifesté la volonté de remplacer l'obligation commerciale par une obligation civile ; — Qu'ainsi, en supposant que la mention faite dans le bilan des billets dont il s'agit ait eu un effet interruptif, la prescription qui aurait recommencé à courir à cette époque, serait toujours la prescription de cinq ans, laquelle se trouverait acquise avant la demande en paiement de ces effets par le sieur Gafforj ;

Considérant, sous un autre rapport, que la prescription n'est ni interrompue, ni suspendue par la faillite du débiteur ;

Considérant que, nonobstant la cessation des paiements, le porteur d'un effet de commerce peut toujours accomplir, envers le tiré ou le failli, tous les actes conservatoires que la Loi autorise ;

Considérant qu'aux termes de l'Article 163 du Code de Commerce, le porteur d'une lettre de change n'est dispensé, ni du protêt faute d'acceptation, ni du protêt faute de paiement, dans le cas de faillite de celui sur qui la traite était tirée ;

Considérant que l'accomplissement de cette formalité interrompt la prescription au profit du bénéficiaire de l'effet protesté ;

Considérant que, si c'est le tireur lui-même qui tombe en faillite, la Loi vient encore au secours du porteur et lui offre des moyens assurés de sauvegarder ses droits, dans la mesure des valeurs qui forment l'actif de la faillite ;

Considérant qu'après le Jugement déclaratif de la faillite, tout créancier peut remettre au Greffier du Tribunal de Commerce ses titres, avec un bordereau indicatif des sommes par lui réclamées ;

Considérant que cette remise dont le greffier est tenu de constater la date par un récépissé (Article 491 du Code de Commerce), constitue une véritable demande en justice, interruptive de la prescription ; — Qu'ainsi, la faillite ne paralysant, sous aucun rapport, les droits et les actions des créanciers, il en résulte manifestement qu'elle ne peut ni suspendre, ni interrompre le cours de la prescription au préjudice de la masse ; — Que, par conséquent, c'est le cas de déclarer que l'action en paiement des trois effets dont il s'agit est éteinte par la prescription, et que les créances dont le sieur Gafforj demande la collocation ne sauraient être admises au passif de la faillite.

En ce qui concerne le grief de l'appel principal relatif aux intérêts des créances d'Arène-Laur (quatre mille deux cents francs) et de Silvani (mille deux cent trente-huit francs) :

Considérant que les créances d'Arène-Laur ayant donné lieu à des poursuites suivies d'un jugement de condamnation prononcé contre Solari, il y a lieu d'admettre le sieur Gafforj au passif de la faillite, pour les intérêts légaux de cette créance jusqu'au 2 Août 1845, date du Jugement déclaratif de la faillite;

Considérant que la lettre de change dont le sieur Silvani était porteur ayant été protestée faute de paiement, à la date du 9 Mai 1843, les intérêts sont dus à compter de l'accomplissement de cette formalité, qui est constitutive de la demande;

Mais considérant qu'aux termes de l'Article 445 du Code de Commerce, le Jugement déclaratif de la faillite arrête, à l'égard de la masse, le cours des intérêts de toute créance non garantie par un nantissement, un privilège ou une hypothèque;

Considérant que le sieur Gafforj n'a excipé ni d'un nantissement, ni d'une hypothèque; — Qu'il s'est borné à soutenir que ses créances étaient protégées par le privilège de l'Article 2102, n° 4 du Code Napoléon;

Mais considérant qu'aucune des créances dont le sieur Gafforj demande le paiement ne se trouve placée dans les conditions prévues par l'Article précité;

Considérant, d'autre part, que l'intimé ne saurait davantage réclamer les intérêts postérieurs au Jugement déclaratif de la faillite, en compensation des fruits et revenus de la portion de maison dont la vente a été annulée; — Qu'il est de principe, en effet, que la compensation n'est jamais admise en cette matière, car elle créerait en faveur de certains créanciers un privilège contraire à l'égalité, sous l'empire de laquelle la masse est placée par la faillite.

En ce qui concerne le cout du procès-verbal de vérification et l'enregistrement des créances admises au passif :

Considérant que les frais de la vérification et de l'enregistrement des créances admises au passif sont à la charge de la faillite ;

. . . .

SUR LE GRIEF DE L'APPEL INCIDENT RELATIF AUX INTÉRÊTS DE LA CRÉANCE
CALENDINI (DEUX MILLE CINQ CENT SOIXANTE-SEPT FRANCS) :

Considérant que la créance Calendini ayant aussi donné lieu à un
Jugement de condamnation prononcé contre Solari le 26 Mai 1843, le
sieur Gaffori doit être admis au passif de la faillite, pour les intérêts de
la somme de deux mille cinq cent soixante-sept francs, jusqu'à la date
du Jugement déclaratif de la faillite ;

. . . .

DISANT DROIT à l'appel principal des syndics de la faillite Solari,
Et RÉFORMANT quant à ce seulement,
DIT que les intérêts des créances d'Arène-Laur et de Silvani ne se-
ront admis au passif de la faillite que jusqu'au 2 Août 1845, date du
Jugement déclaratif de la faillite ;
DÉCLARE éteinte par la prescription l'action en paiement des créances
Franceschini, Arrighi et Colombani ;
DISANT aussi droit à l'appel incident,
Et RÉFORMANT quant à ce seulement,
DÉCLARE que le sieur Gafforj sera admis au passif de la faillite pour
les intérêts de la créance Calendini jusqu'au 2 Août 1845, date du
Jugement déclaratif de la faillite.

. . . .

Chambre Civile. — M. CALMÈTES, *Premier Président.*

MM. MILANTA, ⎫
        GAVINI,   ⎬ *Avocats.*

DU 28 JUIN 1859.

MINE. — EXPLOITATION. — SOCIÉTÉ CIVILE. — COMMERCIALE. — CARACTÈRE.

L'exploitation d'une mine participe de la nature de l'exploitation de toute propriété rurale; — C'est un fait purement civil (1).
Le caractère de l'exploitation ne change pas de nature, lorsqu'elle est effectuée par une société (2).

Gazan C. Ponte.

ARRÊT.

Après délibération en la Chambre du Conseil,

La Cour ; — sur les conclusions de M. DE CASABIANCA, Avocat Général,

I. Sur l'incompétence *ratione personœ* :
Considérant que le sieur Gazan est domicilié à Marseille ; — Que l'assignation à lui donnée à la requête du sieur Ponte et consorts, pour comparaître devant le Tribunal de Commerce d'Ajaccio, avait princi-

---

(1-2) La question de savoir, si une société formée pour l'exploitation d'une mine doit être considérée comme commerciale ou purement civile, a été longtemps controversée ; mais c'est avec raison, selon nous, que la jurisprudence se prononce définitivement dans le sens de la solution ci-dessus. Voici l'indication de quelques-unes des autorités sur lesquelles les deux opinions sont fondées.
Conf. : Cass., 15 avril 1834 (S. V. 34. 1. 650 ; — D. P. 34. 1. 195) ; — *Idem*, 10 mars 1841 (S. V. 41. 1. 357 ; — D. P. 41. 1. 173) ; — Aix, 12 mars 1841 (S. V. 41. 2. 484 ; — D. P. 41. 2. 155) ; — Riom, 24 janvier 1842 (S. V. 42. 2. 260 ; — D. P. 42. 2. 202) ; — Douai,

palement pour objet l'annulation des conventions intervenues entre les parties, à l'effet de constituer une société pour l'exploitation de la mine d'Ota et d'Evisa ;

Considérant que cette société n'a pas été constituée et n'existe pas encore ; — Que, par conséquent, le sieur Ponte et consorts ne peuvent invoquer l'Article 59 du Code de Procédure Civile, pour attribuer la connaissance du litige au Tribunal d'Ajaccio, et distraire le sieur Gazan de ses Juges naturels ;

II. Sur l'incompétence *ratione materiæ* :

Considérant que, d'après l'Article 32 de la Loi du 21 Avril 1810, l'exploitation des mines est un fait purement civil ; — Que, par conséquent, la société formée pour l'exploitation d'une mine n'est pas de nature commerciale ;

Considérant qu'à l'appui de la commercialité du litige, on soutient que la société projetée entre les parties devait revêtir la forme des sociétés en commandite, et, par cela même, constituer une société commerciale ;

Considérant que la cause présente, en fait, des éléments de décision, sans qu'il soit nécessaire de se prononcer sur le caractère de la société en commandite formée pour l'exploitation d'une mine ;

Considérant qu'il résulte, en effet, de l'*Avenant* du 31 Janvier 1857, que le sieur Gazan avait reçu le pouvoir de constituer une société sous une forme quelconque ;

Considérant que la société n'ayant pas été réalisée, on ne saurait

---

17 décembre 1842 (S. V. 43. 2. 81 ; — D. P. 43. 2. 84) ; — Toulouse, 19 avril 1844 (S. V. 45. 2. 18 ; —· D. P. 45. 4. 251) ; — Douai, 15 février 1858 (S. V. 58. 2. 326) ; — Cotelle, *Droit Administratif*, tom. 2, p. 223 ; — Duvergier, *Sociétés*, n° 485 ; — Jourdain , *Sociétés Comm.*, Titre 1er, Chap. 1er, p. 8 ; — Troplong, *Des Sociétés*, tom. 1er, nos 326 à 331.

    Contrà : Cass., 30 avril 1828 (S. 28. 1. 418) ; — Bordeaux, 22 juin 1833 (S. V. 33. 2. 547 ; — D. P. 34. 2. 48) ; — Paris, 19 août 1840 (S. V. 41. 2. 483 ; — D. P. 41. 2. 247) ; — Dijon, 26 avril 1841 (S. V. 41. 2. 481 ; — D. P. 41. 2. 216) ; — Pardessus, *Droit Comm.*, tom. 1er, n° 36 ; — Bioche et Goujet, *Dict. de Proc.*, V° *Actes de Comm.*, n° 69 ; — Orillard, *Comp. Comm.*, n° 313 et suiv.

soutenir que la seule possibilité d'une commandite suffit pour attribuer juridiction aux Tribunaux de Commerce ;............

A MIS et MET l'appellation et ce dont est appel au néant,
Et PROCÉDANT par nouveau jugé,
DIT que le Tribunal de Commerce d'Ajaccio était incompétent, à la fois, *ratione personæ* et *ratione materiæ;*
DÉLAISSE les parties à se pourvoir ainsi qu'elles aviseront..........

Chambre Civile. — M. CALMÈTES, *Premier Président.*

MM. DE GAFFORJ,
MILANTA, } *Avocats.*

DU 6 JUILLET 1859.

1° L'Article 443 du Code de Commerce qui prononce le dessaisissement du failli ne fait pas obstacle à son action en annulation ou rétractation du Jugement déclaratif de la faillite. [Cod. Comm., Art. 580] (1).

La faillite résultant du fait seul de la cessation des paiements, la circonstance que les créanciers non payés pourront exercer une action récursoire contre certains commanditaires solidairement responsables à raison de leur immixtion, ne fait point cesser la faillite, et n'autorise pas le failli à demander la rétractation du Jugement déclaratif.

Celui qui n'est ni associé, ni gérant sérieux d'une société en commandite, et qui n'est intervenu dans les affaires sociales qu'en qualité de commis ou d'agent salarié des principaux membres du conseil de surveillance, ne peut être déclaré en état de faillite (2).

Ce gérant nominal a incontestablement action pour faire rétracter, en ce

---

(1-2-3) Les deux solutions relatives à la capacité du failli, nous semblent conformes à l'esprit de la jurisprudence et à l'opinion de la généralité des auteurs. Voyez, en effet, dans des espèces plus ou moins analogues : Douai, 3 mai 1841 (S. V. 42. 2. 57; — D. P. 42. 2. 73); —Rouen, 2 mars 1843 (D. P. 43. 2. 202) ; — Cass., 8 mars 1854 (S. V. 54. 1. 258); — *Idem*, 21 février 1859 (S. V. 59. 1. 855); — Nancy, 16 mai 1860 et Rejet, Ch. Civ., 25 juin 1860 (S. V. 60. 2. 490 et 1. 858); — LOCRÉ, tom. 5, p. 129 et 458; — BOULAI-PATY; *Des Failli-*

qui le concerne personnellement, le Jugement déclaratif de la faillite, et pour réclamer le paiement de son salaire aux membres du conseil de surveillance devenus solidairement responsables des dettes sociales pour fait d'immixtion dans les affaires de la société. — L'Article 443 du Code de Commerce ne saurait lui être opposé comme créant une fin de non-recevoir contre sa demande (3).

2° Les associés commanditaires, faisant partie d'un conseil de surveillance, engagent leur responsabilité solidaire envers les tiers et deviennent passibles de toutes les dettes sociales, lorsqu'ils s'immiscent dans l'administration des affaires de la société par des actes patents, nécessairement connus du public; — Par exemple, lorsqu'ils s'attribuent la nomination de tous les employés de l'entreprise, la vérification des pièces comptables et l'approbation de chaque mandat délivré par le gérant avant le paiement qui doit en être opéré par le caissier; lorsqu'ils réduisent, enfin, le gérant au rôle de simple commis, et qu'ils exercent eux-mêmes toutes les fonctions de la gérance. [Cod. Comm., Art. 27 et 28] (4).

3° Les Articles 27 et 28 du Code de Commerce n'ont eu en vue que l'intérêt des tiers: — L'action en responsabilité solidaire ne peut être admise de commanditaire à commanditaire pour fait d'immixtion (5).

---

tes, tom. 1er, nos 33 et 67; — RENOUARD, *eodem*, tom. 1er, n° 14; — PARDESSUS, *Droit Comm.*, tom. 4, n° 1117; — DEVILLENEUVE et MASSÉ, V° *Faillite*, n° 26; — BEDARRIDE, *Faillites*, tom. 2, n° 1182. — Quant à la question de savoir si l'on peut déclarer en faillite celui qui ne serait intervenu dans les affaires sociales qu'en qualité de commis ou d'agent salarié, nous croyons qu'elle ne saurait souffrir la moindre difficulté. Il est, en effet, certain que les commerçants seuls peuvent être déclarés en faillite, la jurisprudence et la doctrine sont unanimes sur ce point; et il nous paraît bien difficile, pour ne pas dire impossible, que ce commis ou agent salarié doive être considéré comme un homme qui exerce des actes de commerce et en fait sa profession habituelle.

(4) Voir Conf. : Bastia, 1er décembre 1858 et 6 juillet 1859 ainsi que l'arrêt de la Cour de Cassation qui rejette le pourvoi dirigé contre la première de ces deux décisions. (Notre Recueil, *suprà* et *infrà* à ces dates).

(5) Cette doctrine a été adoptée par la Cour de Lyon, le 27 mai 1859 (S. V. 60. 2. 15), ainsi que par les auteurs ci-après : PARDESSUS, *ubi suprà*, tom. 4, n° 1058; — PERSIL, *Sociétés Comm.*, sur l'art. 28, n° 3; — BEDARRIDE, *eodem*, n° 259 et suiv.; — TROPLONG, *Des Sociétés*, tom. 1er, n° 440. Mais elle a été repoussée par la Cour de Paris, le 9 janvier 1836 (S. V. 36. 2. 135; — D. P. 36. 2. 4). Suivant DELANGLE, *Sociétés Comm.*, tom. 1er, nos 412 et suiv., le commanditaire ne serait tenu à l'égard des autres associés qu'autant que les actes d'immixtion constitueraient une faute, qui aurait causé un dommage à la société.

Berla C. Valerj et consorts.

ARRÊT.

Après délibération en la Chambre du Conseil,

La Cour; — sur les conclusions conformes de M. de Casabianca, Avocat Général,

Sur l'irrecevabilité de la demande du sieur Berla :

Considérant que la demande du sieur Berla a un triple objet; — Qu'il conclut, en effet, — 1° à l'annulation du Jugement déclaratif de la faillite; — 2° à ce que ce Jugement soit tout au moins rétracté en ce qui le concerne personnellement; — 3° enfin, à la condamnation des sieurs Valerj et consorts au paiement de ce qui lui est dû à divers titres;

Considérant que l'Article 580 du Code de Commerce attribue nommément au failli le droit de former opposition au Jugement déclaratif de la faillite;

Considérant que nul n'a un plus réel intérêt que le failli à demander la rétractation d'un Jugement qui compromet si gravement sa position;

Considérant que les dispositions de l'Article 443 du Code de Commerce, qui prononcent le dessaisissement du failli, ne sauraient faire obstacle à une telle action, puisqu'elle tend à annihiler le Jugement déclaratif et les incapacités qui en sont la conséquence; — Qu'ainsi, la demande du sieur Berla en rétractation totale ou partielle de ce Jugement est incontestablement recevable.

Sur la rétractation du jugement déclaratif de la faillite de la société du gaz :

Considérant que la faillite résulte du seul fait de la cessation des paiements;

Considérant que les Magistrats à qui la déclaration de la faillite est demandée, n'ont pas à s'enquérir de l'importance de l'actif du failli, et bien moins encore des actions récursoires que les créanciers non payés pourraient avoir à exercer envers des tiers solidairement responsables du passif de la faillite ;

Considérant que quelles que soient les ressources d'un commerçant, s'il cesse ses paiements, il est par cela même en état de faillite ; — Qu'il importe donc peu, dans la cause, que les sieurs Valerj, Gavini, Piccioni et Santoni soient devenus solidairement responsables des dettes sociales, cette responsabilité ne pouvant exercer aucune influence sur l'existence ou la non existence de la faillite ;

Considérant qu'étant démontré que la société en commandite formée pour l'éclairage au gaz de la ville de Bastia a cessé ses paiements, l'action en rétractation du Jugement déclaratif de sa faillite doit être rejetée comme mal fondée.

SUR LA RÉTRACTATION DU JUGEMENT DÉCLARATIF DE LA FAILLITE, EN CE QUI CONCERNE LE SIEUR BERLA PERSONNELLEMENT :

Considérant qu'il résulte de tous les faits de la cause, que Berla n'a jamais été le gérant véritable de la société en commandite dont il s'agit au procès ; — Que sa position même ne lui permettait point d'être investi des fonctions de gérant ; — Qu'aux termes de l'Article 23 du Code de Commerce, les sociétés en commandite sont gérées par un ou plusieurs associés solidaires, dont les noms doivent figurer dans la raison sociale ;

Considérant que Berla n'était pas associé ; — Qu'il ne possédait aucune action ; — Qu'il n'offrait aucune garantie pour la sûreté de sa gestion ;

Considérant que, dans une semblable position, il est manifeste que le sieur Berla n'était et ne pouvait pas être un gérant sérieux ; — Qu'il n'était, en réalité, qu'un simple commis ou un agent salarié des membres du conseil de surveillance, administrateurs principaux de la Compagnie ; — Qu'en sa qualité de commis, il ne pouvait être tenu des dettes antérieures à son entrée en fonctions, ni déclaré en faillite comme gérant d'une société dans laquelle il n'avait aucun intérêt;

Considérant que, si en prenant le titre de gérant par une condescendance que sa position explique, il a pu devenir responsable envers les tiers des engagements qu'il a contractés au nom de la société pendant sa gérance fictive, cette circonstance ne saurait justifier sa mise en état de faillite comme gérant d'une société dont il n'était que l'agent salarié;

Considérant, au surplus, qu'ainsi que les syndics eux-mêmes l'ont reconnu à l'audience de la Cour, le sieur Berla se trouve aujourd'hui complètement affranchi des suites de sa mise en faillite;

Considérant que, par Jugement du 22 Février 1859, le Tribunal de Commerce de Bastia, sur le rapport du Juge commissaire et conformément à la demande des syndics, a reporté au 26 Juin 1856 la date de la cessation des paiements de la société du gaz de Bastia, sous la raison Dubois d'Hault et Compagnie; — Que, par le fait même de ce Jugement, le sieur Berla a été relevé de toutes les incapacités qu'entraînait pour lui la faillite, et que, dès lors, les sieurs Valerj, Gavini, Piccioni et Santoni ne peuvent se prévaloir, à son égard, de l'Article 443 du Code de Commerce, qui ne saurait, sous aucun rapport, lui être opposé.

SUR LES DEMANDES DU SIEUR BERLA DIRIGÉES CONTRE LES SIEURS VALERJ, GAVINI, PICCIONI ET SANTONI, COMME SOLIDAIREMENT RESPONSABLES DES DETTES SOCIALES :

Considérant que les parties de Corbara repoussent ces demandes, en soutenant que leur responsabilité solidaire ne peut être invoquée par le sieur Berla, puisqu'il n'ignorait pas qu'ils n'étaient que de simples commanditaires;

Considérant que, si le sieur Berla connaissait la qualité de commanditaires des sieurs Valerj et consorts, il savait aussi que, sous le titre de commanditaires, ils administraient, en maîtres absolus, les affaires sociales, et qu'il n'était lui-même que l'instrument docile de leurs volontés; — Qu'ainsi, les sieurs Valerj et consorts ne peuvent repousser les demandes du sieur Berla, en s'abritant derrière leur commandite et en lui opposant sa qualité de gérant, pour s'affranchir des engagements résultant de leur immixtion;

Considérant que l'immixtion dans les affaires sociales, de la part des dits sieurs Valerj et consorts, est désormais établie et incontestable; — Qu'elle résulte notamment des délibérations du conseil de surveillance, en date des 18 Août, 25 et 30 Septembre 1855, 6, 16 Janvier et 10 Août 1856, et enfin de la nomination du sieur Berla, lequel, sous le titre fictif de gérant, n'était en réalité que l'agent salarié des principaux membres du conseil de surveillance;

Considérant, d'ailleurs, que le sieur Berla invoque contre les sieurs Valerj et consorts l'engagement personnel qu'ils ont contracté envers lui, soit par l'intermédiaire du sieur de la Rochette, qui n'a pas été désavoué, soit par la lettre du sieur Valerj en date du 24 Septembre 1856; — Que, par conséquent, l'action du sieur Berla se trouve justifiée, soit sous le rapport de la responsabilité solidaire, soit au point de vue de l'engagement direct et personnel de ces quatre associés;

. . . .

SUR L'ACTION RÉCURSOIRE DES SIEURS VALERJ ET CONSORTS CONTRE LES SIEURS BONELLI, MATTEI ET DAMEI :

Considérant, en droit, que c'est uniquement dans l'intérêt des tiers que les Articles 27 et 28 du Code de Commerce ont déclaré solidairement responsable des dettes sociales l'associé commanditaire qui s'immisce dans la gérance ou dans l'administration de la société;

Considérant, en effet, que les actes d'immixtion d'un associé commanditaire ont pu tromper les tiers avec qui il traite, et leur laisser croire qu'il agissait dans la limite de ses attributions sociales; — Qu'il était, dès lors, souverainement juste de soumettre cet associé à la même responsabilité solidaire qui aurait pesé sur le gérant, si ses pouvoirs n'avaient pas été usurpés;

Mais considérant que ces motifs ne sauraient être invoqués de commanditaire à commanditaire;

Considérant que, si les sieurs Bonelli, Mattei et Damei s'étaient immiscés dans la gestion, leurs actes n'auraient pu ni induire en erreur les autres associés, ni engager envers eux leur responsabilité solidaire ;

Considérant que l'on ne comprendrait pas plus, dans une telle hypothèse, l'action récursoire d'un associé envers un autre associé, que celle qui serait intentée par l'auteur d'un délit ou d'un quasi-délit condamné à des réparations civiles, pour contraindre le co-auteur du délit ou du quasi-délit à supporter une part proportionnelle de la condamnation prononcée ;

. . . .

SANS S'ARRÊTER aux diverses fins de non-recevoir opposées à la demande du sieur Berla par les sieurs Valerj et consorts, lesquelles sont REJETÉES comme mal fondées ;

DISANT DROIT à l'appel du sieur Berla,

Et RÉFORMANT quant à ce seulement,

DÉCLARE ledit sieur Berla relevé de toutes les incapacités résultant pour lui du Jugement du 5 Janvier 1858, déclaratif de la faillite de la société du gaz établie à Bastia ;

Pour tout le surplus, DÉMET les parties de leurs appels respectifs......

Chambre Civile. — M. CALMÈTES , *Premier Président.*

MM. CECCONI ,
GAVINI ,
BONELLI , } *Avocats.*
MILANTA ,

DU 6 JUILLET 1859.

SOCIÉTÉ EN COMMANDITE. — CONSEIL DE SURVEILLANCE. — ACTES D'IMMIXTION. — RESPONSABILITÉ.

Les associés commanditaires faisant partie du conseil de surveillance, engagent leur responsabilité solidaire envers les tiers, et deviennent passibles de toutes les dettes sociales, lorsqu'ils s'immiscent dans l'administration des affaires de la société par des actes patents, nécessairement connus du public; — Par exemple, lorsqu'ils s'attribuent la nomination de tous les employés de l'entreprise, la vérification des pièces comptables et l'approbation de chaque mandat délivré par le gérant avant le paiement qui doit en être opéré par le caissier; lorsqu'ils réduisent, enfin, le gérant au rôle de simple commis, et qu'ils exercent eux-mêmes toutes les fonctions de la gérance. [Cod. Comm., Art. 27 et 28] (1).

Valerj et consorts C. Haiman.

ARRÊT.

Après délibération en la Chambre du Conseil,

LA COUR; — sur les conclusions conformes de M. DE CASABIANCA, Avocat Général,

AU FOND :

Considérant, en fait, qu'aucune contestation ne s'élève, ni sur le

---

(1) Voir Conf. : l'arrêt qui précède, ainsi que, *supra* à sa date, celui qui a été rendu le 1er décembre 1858, et qui a été confirmé par la Cour de Cassation. Il est inutile de faire remarquer que le principe sur lequel est basée la solution ci-dessus ne saurait être contesté, puisqu'il n'est que la reproduction textuelle des art. 27 et 28 du Code de Commerce. Quant à l'appréciation des faits de la cause, qui rentre d'ailleurs dans le pouvoir souverain

chiffre, ni sur la légitimité de la créance du sieur Haiman contre la
société en commandite formée pour l'éclairage au gaz de la ville de
Bastia; — Qu'il s'agit uniquement de savoir si le sieur Haiman est fondé à en demander le paiement aux sieurs Valerj, Gavini, Piccioni et
Santoni, membres du conseil de surveillance de ladite société, aujour-
d'hui tombée en faillite;

Considérant que la responsabilité des sieurs Valerj et consorts est
subordonnée à leur immixtion dans la gérance;

Considérant que l'immixtion des appelants dans l'administration des
affaires sociales a été reconnue par la Cour, dans son arrêt du 1er Décembre 1858, vainement déféré à la censure de la Cour de Cassation,
qui a rejeté le pourvoi dont cette décision avait été l'objet;

Considérant, d'ailleurs, qu'indépendamment de l'autorité morale qui
s'attache à cette décision souveraine, il y a lieu de reconnaître, d'une
manière spéciale, dans la cause actuelle, la réalité de l'ingérence des
sieurs Valerj, Gavini, Piccioni et Santoni dans l'administration de la
société;

Considérant que cette immixtion, attestée par la notoriété publique,
résulte de tous les documents et de tous les faits de la cause;

Considérant, en effet, que, dès les premiers actes du sieur Dubois
d'Hault, premier gérant de la Compagnie, le conseil de surveillance
conçut la pensée d'annihiler ses pouvoirs et de s'emparer de l'administration; — Que cette pensée ne tarda point à se réaliser, ainsi que
cela résulte manifestement du registre des délibérations de la Compagnie;

Considérant que le conseil de surveillance ayant été nommé le 28
Juin 1855, on le voit, dès le 18 Août de la même année, réduire le

----

des juges du fond, elle nous semble faite dans le sens de la jurisprudence et de l'opinion
des auteurs. Sur la distinction qu'il convient de faire entre les actes de simple surveillance qui ne sont pas prohibés, et ceux de gestion qui engagent la responsabilité du commanditaire, on peut consulter, entre autres autorités, celles qui sont indiquées dans la
note placée sous l'arrêt précité du 1er décembre 1858.

gérant à l'impuissance, en le privant de tout pouvoir propre et de toute action indépendante ; — Que, par cette délibération, le conseil décide que le caissier ne paiera les mandats du gérant qu'après la vérification des pièces comptables par un membre du conseil et l'approbation de son vice-président.; — Que, par cette mesure, le gérant se trouvait obligé, afin de dégager sa responsabilité personnelle et d'assurer le paiement de ses mandats, d'obtenir à l'avance l'approbation du conseil, pour toutes ses opérations, quelle que fût leur modicité ou leur importance ;

Considérant que cette délibération n'était pas un acte renfermé dans l'intimité du conseil ; — Que la restriction qu'elle apportait aux droits essentiels de la gérance, liait le caissier de la Compagnie, et lui interdisait d'acquitter tout effet souscrit par le gérant et dont le tiers porteur viendrait réclamer le paiement, si cet effet n'était revêtu de l'approbation du conseil de surveillance ; — Que, dès ce moment, la gérance ne reposa plus que d'une manière fictive sur ledit sieur Dubois d'Hault, le conseil s'étant attribué tous les pouvoirs, pour les exercer sans contrôle sous sa propre responsabilité ;

Considérant que, par une délibération postérieure, le conseil avait réduit à la somme dérisoire de deux cents francs le budget dont le gérant pourrait disposer, à la charge toutefois de rendre compte et de justifier de l'emploi de ce capital ; — Qu'il s'était fait même accorder, par l'assemblée générale des actionnaires, le pouvoir de nommer tous les employés nécessaires à l'administration de l'entreprise ;

Considérant, en droit, que, dans une société en commandite, le gérant doit avoir un pouvoir absolu sur le choix et le remplacement du personnel, puisqu'il est indéfiniment responsable des actes de tous ses agents ou employés ;

Considérant, d'autre part, que les délibérations du conseil de surveillance qui restreignent les attributions du gérant pour en conférer l'exercice au conseil lui-même, constituent essentiellement des actes d'immixtion ;

Considérant que, par la délibération du 6 Janvier 1856, le conseil désigna le sieur Zarri, expert, pour procéder au métré des travaux en maçonnerie exécutés par l'entrepreneur Berlin;

Considérant que, lorsque maître Gaudin notaire, caissier de la Compagnie, crut devoir faire fixer le chiffre de ses honoraires, ce fut au conseil de surveillance qu'il soumit sa demande, et, par sa délibération en date du 16 Janvier 1856, le conseil alloua une somme de quinze cents francs; — Que cette même délibération attribua au sieur Berlin, en actions de la société, une somme de cinq mille huit cent quatre-vingt-quatre francs, représentant la valeur des travaux par lui effectués à l'usine;

Considérant que ces délibérations n'étaient pas des actes latents, renfermés dans le secret du conseil; — Que les nominations des commis et des employés de toute sorte nécessaires à l'entreprise, étaient aussi des actes patents et ostensibles, qui devaient mettre les membres du conseil en contact avec le public;

Considérant que ce ne sont point là des imputations vagues et indéterminées qui mettent la défense dans l'impossibilité de les saisir pour les discuter et les combattre; — mais bien des faits précis, positifs, incontestables dans leur réalité, et auxquels le caractère d'actes d'immixtion a été déjà reconnu, soit par la Cour dans son arrêt du 1er Décembre 1858, soit par l'arrêt de la Cour de Cassation du 7 Mars 1859;

Considérant que l'immixtion du conseil dans la gérance devint plus manifeste encore après la retraite de Dubois d'Hault;

Considérant que, d'après l'Article 23 du Code de Commerce, les sociétés en commandite sont régies sous un nom social, qui doit être nécessairement celui d'un ou plusieurs des associés responsables et solidaires;

Considérant, toutefois, que les principaux administrateurs de la société choisirent pour gérant le sieur Berla, qui n'avait aucun intérêt dans la société, ne possédait aucune action et n'offrait aucune responsabilité; — Qu'ainsi, le sieur Berla ne réunissait aucune des conditions d'un gérant sérieux; — Qu'il est constant et notoire que le sieur

Berla ne fut qu'un simple commis ou agent rétribué aux appointements de trois mille francs par an et aux ordres du conseil; — Que tous les pouvoirs furent concentrés, dès cette époque, dans le conseil de surveillance représenté par ses membres les plus importants qui administrèrent la société, sans même constater leurs résolutions dans les registres des délibérations; — Que cependant les travaux continuèrent à l'usine après la nomination du sieur Berla; — Qu'il fut pourvu, en partie, à cette dépense, avec les fonds provenant de l'emprunt du 10 Décembre 1856; — Que ces fonds, s'élevant en totalité à quarante-cinq mille francs, ne furent versés dans la caisse sociale que jusqu'à concurrence de vingt-deux mille francs; — Que le surplus fut retenu par les sieurs Valerj et Gavini, qui se payèrent ainsi eux-mêmes des sommes qui leur étaient dues par la société, à divers titres, — ou affecté par eux à d'autres dépenses ou à des travaux exécutés, sous leurs ordres, par Berla leur agent; — Que, de tous ces faits, il résulte invinciblement que le sieur Berla n'était qu'un agent subalterne des membres du conseil de surveillance, qui, en abdiquant leur titre de commanditaires, s'étaient constitués publiquement les administrateurs de l'entreprise;

Considérant qu'on ne saurait sérieusement soutenir que les associés commanditaires ne peuvent engager leur responsabilité par des actes d'immixtion que lorsqu'ils les accomplissent en prenant ostensiblement le titre de gérants, en annonçant qu'ils agissent en cette qualité; — Que ce principe mettrait trop facilement le commanditaire, qui s'immisce dans la gestion sociale, à l'abri de toute responsabilité;

Considérant que la théorie développée, à cet égard, par les sieurs Gavini et consorts, ne saurait trouver aucun appui dans la Loi; — Que l'Article 27 du Code de Commerce se borne à énoncer cette règle : « L'associé commanditaire ne peut faire aucun acte de gestion, » ni être employé pour les affaires de la société, même en vertu d'une » procuration »; — Qu'il résulte, de ce texte précis, qu'il ne faut considérer que le fait en lui-même, et qu'alors même que le commanditaire, en faisant acte de gestion, annoncerait qu'il n'entend pas s'immiscer dans la gestion sociale, il n'en serait pas moins responsable, si l'acte accompli était une entreprise sur la gérance et un acte d'administration ;

. . . .

CONFIRME.

Chambre Civile. — M. CALMÈTES, *Premier Président.*

MM. GAVINI,
MILANTA,   } *Avocats.*
BONELLI,

DU 18 NOVEMBRE 1859.

PORT D'ARMES. — DÉTENTION. — USAGE EXTÉRIEUR.

La Loi du 10 Juin 1853 a eu pour but de réprimer et de punir, non la simple détention, mais le port extérieur des armes (1).

En conséquence, celui qui, de l'intérieur de sa maison, tire un coup d'arme à feu sur une poule poursuivant et déchirant à coups de bec les petits poussins de sa basse cour, basse cour attenante à ladite maison, ne commet pas le délit prévu par la Loi précitée (2).

Olivieri C. Ministère Public.

ARRÊT.

Après délibération en la Chambre du Conseil,

La Cour ; — sur les conclusions contraires de M. DE MONTERA, Substitut du Procureur Général Impérial,

SUR L'APPEL ÉMIS PAR OLIVIERI, JEAN-TOUSSAINT, PROPRIÉTAIRE, DEMEURANT A SARI, CONTRE LE JUGEMENT RENDU LE 4 OCTOBRE PAR LE TRIBUNAL CORRECTIONNEL D'AJACCIO, QUI L'A DÉCLARÉ COUPABLE D'AVOIR, LE 30 JUILLET 1859, ÉTÉ PORTEUR D'UN FUSIL, ET L'A CONDAMNÉ A DEUX MOIS D'EMPRISONNEMENT, SEIZE FRANCS D'AMENDE ET AUX FRAIS, EN VERTU DES ARTICLES 1ᵉʳ ET 2 DE LA LOI DU 10 JUIN 1853 :

Attendu qu'en s'armant, le 30 Juillet 1859, dans l'intérieur de sa maison, d'un fusil, et en faisant feu d'icelle sur une poule malfaisante

---

(1-2) Voir Conf. : Bastia, 7 mai 1858 confirmé par la Cour de Cassation, le 23 juillet de la même année; et *contrà : Idem*, 24 juillet 1857 (*suprà* à ces dates). Le pourvoi dirigé contre l'arrêt que nous rapportons a été rejeté par la Cour de Cassation, le 22 mars 1860, et l'on trouvera cette décision à la suite de notre arrêt. On pourra consulter également les indications faites sous les solutions précitées des 24 juillet 1857 et 7 mai 1858.

qui poursuivait et déchirait à coups de bec les petits poussins de sa basse
cour, basse cour attenante à sa dite maison, Olivieri n'a causé aucun
dommage à autrui, et ne s'est mis en contravention avec aucune Loi;
— Qu'il est impossible surtout, à moins de changer la signification des
mots, de voir, dans l'action qui lui est imputée, le délit de port d'armes
prévu et puni par la Loi du 10 Juin 1853; — Qu'on porte, en effet,
des armes, en sortant de chez soi, en allant, en venant d'un point à
un autre; mais que jamais on n'a dit de celui qui reste chez soi, qui ne
franchit pas le seuil de son habitation, qu'il porte des armes; — Qu'on
dit de celui-là, s'il a réellement avec lui des armes, et s'il se livre avec
elles à des exercices, à des actions, qu'il fait avec elles telle ou telle
chose, mais jamais, encore une fois, qu'il porte des armes; — Et que
ce serait frapper de ridicule la Loi, que de supposer, qu'en qualifiant de
délit le fait de porter des armes, elle a entendu comprendre dans cette
qualification l'action de celui, qui, tenant d'elle (de la loi) le droit et
usant du droit d'avoir des armes dans sa maison, s'aviserait d'y tou-
cher, de faire un pas avec elles, comme si c'étaient des immeubles par
destination.

Attendu que c'est en confondant et en réunissant ce qui doit rester
distinct et séparé — le port des armes et l'usage des armes — que le
Tribunal d'Ajaccio, qui, dans le dispositif de son jugement, s'est refusé
à dire qu'Olivieri s'était rendu coupable d'avoir été porteur d'un fusil;
qui a retenu purement et simplement, à son encontre, qu'il avait fait
feu de la fenêtre de sa maison sur des poules placées dans son jardin,
attenant à sa dite maison, s'est cru néanmoins autorisé à lui faire application de la Loi du 10 Juin 1853;

Attendu qu'un pareil système, qui est en contradiction avec la doctrine professée par la Cour de céans dans son arrêt du 7 Mai 1858,
confirmé par arrêt de la Cour Suprême du 23 Juillet 1858, ne peut se
soutenir à aucun point de vue; — Qu'il n'y a, qu'il ne peut y avoir
pour celui qui est détenteur dans l'intérieur de sa maison d'une arme
(autre qu'une arme de guerre), d'autre responsabilité que celle résultant de l'usage qu'il peut faire de cette arme, et que c'est vainement
que, pour arriver à l'application de la Loi de 1853, on distingue entre

l'action de celui qui fait feu de l'intérieur de sa maison, sans laisser apercevoir au dehors l'arme dont il s'est servi, et l'action de celui qui ne prend pas la même précaution, qui permet à son arme d'être vue de la rue et des passants, comme si, dans l'un et l'autre cas, le port et l'usage de l'arme n'étaient et ne restaient pas deux faits distincts, qu'il n'est pas permis de confondre dans la même nature, ni dans la même pénalité ;

Attendu que c'est encore vainement que le Tribunal d'Ajaccio invoque l'esprit et les intentions qui ont présidé à la Loi de 1853 ; — Que si utile qu'elle ait été et qu'elle soit encore, il faut craindre, comme le dit l'arrêt du 7 Mai 1858, d'exagérer la portée de cette Loi ; — Que son but n'a pas été précisément, comme dit le Tribunal d'Ajaccio, de faire tomber les armes des mains des Corses ; — Que ce qu'elle a voulu, ça été de leur faire perdre cette funeste habitude de marcher toujours armés, d'où résultaient à tout moment des collisions et des scènes sanglantes, et que déjà ce but a été en grande partie atteint ; — Que jamais, en effet, à aucune autre époque et sous aucun autre gouvernement, l'amour du travail et de l'industrie, l'amour des occupations utiles et sérieuses ne s'est manifesté avec autant d'ardeur et de persévérance sur tous les points de l'île ; — Et qu'il ne faut pas qu'il puisse être permis de croire que la Corse est un pays rebelle aux progrès, insensible aux bienfaits de la paix et de la civilisation, et n'aspirant, en quelque sorte, qu'à rentrer dans cet état de guerre, d'inimitiés et de divisions intestines auquel il a été condamné, pendant plusieurs siècles, par le déni de justice, l'impuissance ou la mauvaise volonté des gouvernements ;

FAISANT DROIT à l'appel d'Olivieri,
ANNULLE le jugement attaqué ;
ÉMENDANT, et faisant ce qui aurait dû être fait par les premiers Juges,
DÉCLARE Olivieri non coupable du délit qui lui a été imputé,
Et le RENVOIE des fins de la plainte............

Chambre Correctionnelle. — M. CASALE, *Président ;*

M. MILANTA, *Avocat.*

**Pourvoi du Procureur Général près la Cour Impériale
de Bastia.**

ARRÊT.

Après délibération en la Chambre du Conseil,

LA COUR ; — sur les conclusions de M. MARTINET, Avocat Général,

EN CE QUI TOUCHE LE PREMIER MOYEN FONDÉ SUR UNE VIOLATION PRÉTENDUE
DE L'ARTICLE 1er DE LA LOI DU 10 JUIN 1853 QUI PORTE : — LE PORT D'AR-
MES, DE QUELQUE NATURE QU'ELLES SÒIENT, EST INTERDIT EN CORSE.

Attendu que cette disposition n'a pas eu en vue la répression de la
détention, en Corse, de toutes armes quelconques, mais uniquement du
port des armes ; — Que ce but unique de la loi, déterminé par son
titre et révélé par l'exposé de ses motifs, résulte clairement d'ailleurs
du texte même de l'Article 1er ci-dessus cité, et de la disposition formelle de l'Article 7 qui investit le gouvernement du pouvoir de faire
cesser exceptionnellement le droit de détenir des armes, en lui confé-
rant le pouvoir d'ordonner, dans un intérêt de sûreté publique, le désarmement d'une ou plusieurs communes ;

Attendu que l'acte prohibé se réduisant à un acte de port d'armes,
abstraction faite de tout acte de détention, ne peut exister matérielle-
ment et légalement que lorsque c'est extérieurement qu'il a eu lieu ;
— Qu'il est impossible de reconnaître ces caractères de port extérieur
d'une arme dans le fait retenu par l'arrêt attaqué, et duquel il résulte
qu'Olivieri a, de l'intérieur et par l'une des croisées de sa maison, fait
feu sur une poule qui se trouvait dans une basse cour, attenante à la
dite maison ; — D'où il suit qu'en décidant que ce fait ne constitue pas
le délit de port d'armes, tel qu'il est prévu et puni par l'article ci-dessus visé, l'Arrêt attaqué, loin de violer ledit article, en a fait une saine
application.

En ce qui touche le second moyen fondé sur une violation prétendue des dispositions combinées dudit Article 1er et des Articles 154 et 189 du Code d'Instruction Criminelle :

Attendu que le pourvoi fonde, en fait, ce moyen sur cette circonstance, que l'arrêt aurait dénaturé le procès-verbal en substituant une basse cour à un jardin dans lequel se serait trouvé, selon ledit procès-verbal, la poule qu'aurait atteinte le coup de feu ; — Qu'une telle substitution, entièrement insignifiante relativement à l'appréciation légale du fait poursuivi, ne saurait par elle même constituer un grief contre l'Arrêt ;

Attendu, d'ailleurs, qu'un témoin ayant été entendu à l'audience, et le procès-verbal ayant été ainsi débattu, les Articles 154 et 189 précités ne pourraient plus recevoir d'application ;

Attendu, enfin, que l'Arrêt attaqué est régulier dans sa forme ;......

Rejette.

Du 22 Mars 1860. — Ch. Crim. M. VAISSE, *Président* ;
— M. Nouguier, *Cons. Rapp.*

DU 28 NOVEMBRE 1859.

SOCIÉTÉ. — COMPÉTENCE. — QUESTION PRÉJUDICIELLE.

Lorsque celui qui est assigné comme associé, devant le Tribunal du lieu où la société aurait été établie, dénie l'existence de la société et sa qualité d'associé, il ne peut demander son renvoi devant le Tribunal de son domicile pour faire juger préalablement cette exception [Cod. Proc. Civ., *Art. 59 et 420*] (1).

---

(1) Le système consacré par l'arrêt que nous rapportons ne nous paraît conforme ni au texte ni à l'esprit de la loi ; et nous doutons que les motifs déduits par la Cour de Bastia puissent démontrer la parfaite légalité des principes par elle appliqués à l'espèce qui lui était soumise. — Nous ferons d'abord remarquer que la question que la cause présentait réellement à juger, se trouve plutôt tournée que franchement décidée par l'arrêt. Il s'agissait, en effet, de savoir, si le Tribunal de Commerce de Bastia était compétent pour ordonner la preuve testimoniale d'une société formellement déniée devant lui, afin de pouvoir statuer ensuite sur la liquidation de cette prétendue société, et sur le règlement de compte réclamé par le demandeur. Cependant, c'est dans les dispositions de l'art. 420 du Code de Procédure Civile que l'on va chercher les raisons de décider, comme si entre Solina et Stagnaro il y avait jamais eu une convention quelconque relative à la vente de quelque marchandise que l'un devait livrer à l'autre. Il serait inutile de répéter ici ce que nous avons dit en note de l'arrêt rendu par la Cour de Bastia, le 15 janvier 1855, lequel porte : » que le § 3 de l'article précité ne s'applique qu'au cas de vente ou d'achat de marchandises, » et non au cas où il s'agit de l'exécution de tout autre contrat » (V. Not. Rec., tom. 4, pag. 105). Il nous suffira de constater que, lors même que l'on se prononcerait pour l'interprétation la plus large de l'art. 420, on serait obligé de reconnaître, avec la jurisprudence et la doctrine, que l'existence de la promesse invoquée dans l'espèce, bien loin d'être constante, était, au contraire, hautement déniée par Stagnaro, et que, par conséquent, la contestation ne pouvait être portée que devant le tribunal du domicile du défendeur. Voir dans ce sens : Rejet, 21 mars 1826 (D. P. 26. 1. 193) ; — Bordeaux, 9 août 1843 (S. V. 44. 2. 562) ; — Rouen, 12 décembre 1844 (S. V. 45. 2. 346) ; — Nancy, 9 août 1852 (S. V. 52. 2. 493) ; — Cass., 27 février 1856 (S. V. 56. 1. 749) ; — PARDESSUS, *Droit Comm.*, tom. 5, n° 1354 ; — DESPREAUX, *Trib. de Comm.*, n° 222 ; — ORILLARD, *Comp. des Trib. de Comm.*, n° 611. — Sous ce premier point de vue, nous pensons donc que la solution ci-dessus n'est

Stagnaro C. Solina.

Le 10 Septembre 1857, les frères Stagnaro, patrons pêcheurs à Lavondou (Var),
ont fait assigner, par devant le Tribunal de Commerce de Toulon, le sieur Solina,
marchand de poisson à Bastia, en paiement de la somme de cinq mille francs emprun-
tée par lui à diverses époques, et payable à Lavondon.

Sept jours après, Solina assigne, à son tour, le sieur Marius Stagnaro par devant le

pas à l'abri de la critique. Mais nous croyons pouvoir aller encore plus loin, et dire, que
l'incompétence du Tribunal de Commerce de Bastia, pour ordonner la preuve de l'existence
de la société, était évidente dans notre espèce. Nous savons bien qu'il a été décidé, plus
d'une fois, que le juge de l'action est le juge de l'exception; et qu'il n'est pas permis à une
personne assignée devant une juridiction d'exception, d'échapper à cette juridiction en
déniant les faits spéciaux qui devaient l'y soumettre. V. Rejet, 14 mars 1810, 9 mai 1826
et 6 novembre 1843 (S. V. 10. 1. 250; — 26. 1. 442; — 44. 1. 248 et D. A. 3. 319; — D. P.
26. 1. 277; — 44. 1. 28). Mais nous savons également que, dans toutes les affaires termi-
nées par ces arrêts, le fait antérieur de l'existence d'une société était constant, et la qualité d'associé, à une époque quelconque, positivement avouée. C'est le contraire qui résulte
de l'hypothèse dans laquelle nous nous trouvons, et par suite la solution ne saurait être
la même; car, si l'on adoptait le système de l'arrêt que nous combattons, on parviendrait
à enlever un justiciable à ses juges naturels, toutes les fois que l'on voudrait alléguer un
fait attributif de juridiction exceptionnelle et que l'on fonderait sa demande sur ce fait.
Notre opinion, sur ce point, trouve un solide et puissant appui dans un arrêt de la Cour de
Cassation, qui a rejeté, le 10 juillet 1857, le pourvoi dirigé contre une décision de la Cour
de Nîmes, à la date du 6 mars 1854 (S. V. 57. 1. 732; — D. P. 57. 1. 361). Cet arrêt forte-
ment motivé et rendu dans une espèce sur laquelle la nôtre semble calquée, trace d'une
manière aussi sûre que claire la voie que l'on doit suivre si on ne veut pas s'égarer; et
nous ne saurions mieux faire que de transcrire ici quelques-uns de ses *attendus*, parce
qu'ils résument, avec beaucoup plus de lucidité et d'autorité que nous ne sommes à même
de le faire, tous les arguments que nous aurions pu développer. « Attendu, dit l'arrêt dont
» nous parlons, que le tribunal de commerce d'Alais (à la juridiction duquel Lafont, domi-
» cilié à Cette, est constamment étranger), ne peut devenir compétent à l'effet de connaître
» de l'action intentée contre lui, comme associé prétendu de Girard, par les syndics de la
» faillite de ce dernier, qu'autant qu'il deviendra constant : 1° qu'il a existé une société
» commerciale entre Girard et Lafont; 2° que le siége de la société a été établi à Alais; —
» Attendu que ces deux faits, encore incertains et simplement allégués par les syndics, de-
» mandeurs, mais niés par le défendeur Lafont, sont l'unique fondement de l'action qu'ils

Tribunal de Commerce de Bastia, en liquidation d'une prétendue société verbale pour l'exploitation de divers étangs situés dans l'arrondissement de Corte. Cet exploit fut notifié à l'hôtel Staffe où le sieur Stagnaro avait été momentanément logé, et le 20 Octobre suivant il intervint jugement de défaut qui condamnait Stagnaro en paiement de la somme de sept mille deux cent cinquante francs, pour sa part de solde des pertes sociales.

D'autre part, et par Jugement du 16 Novembre même année, le Tribunal de Commerce de Toulon donnait défaut contre Solina, et le condamnait à payer aux frères Stagnaro, la somme de cinq mille francs par eux réclamée. Le Jugement confirmé sur opposition a maintenant acquis l'autorité de la chose jugée en dernier ressort.

Venu, de son côté, en opposition devant le Tribunal de Commerce de Bastia, le sieur Marius Stagnaro en a décliné la compétence, et, subsidiairement, il a demandé l'annulation de l'exploit introductif d'instance : 1° parce qu'il n'avait été remis ni à

» ont dirigée contre lui, et à laquelle Lafont oppose une exception déclinatoire ; — Attendu
» que le commun adage : Le juge de l'action est le juge de l'exception (en admettant qu'on
» puisse l'appliquer à un juge qui n'est lui-même qu'exceptionnel), suppose qu'il existe,
» entre l'action et l'exception, de telles différences, que le jugement de l'une sera tout à
» fait distinct et indépendant du jugement de l'autre ; — Qu'on ne peut donc, sous peine de
» perturbation complète dans l'ordre des juridictions, appliquer cet adage que lorsque l'ex-
» ception, si elle tend à dessaisir le tribunal devant lequel l'action a été portée, étant vi-
» dée dans un sens, soit affirmatif, soit négatif, il restera encore quelque chose à juger ;
» mais qu'on ne saurait appliquer ce même adage, si le jugement de l'exception devait, par
» la nature de la demande, être nécessairement le jugement de l'action elle-même ; — Qu'il
» en serait inévitablement ainsi, dans l'espèce, et que le tribunal de commerce d'Alais en a
» été tellement convaincu, qu'il a, par son jugement, joint l'exception d'incompétence au
» fond de la cause ; — Qu'en cela il s'est, à proprement parler, saisi du fond lui-même, ce
» qui constitue un empiétement inévitable, soit sur sa propre juridiction, s'il retient la
» cause, soit sur la juridiction d'un tribunal égal en degré, s'il lui renvoie le fond à déci-
» der, sous l'influence d'un immense préjugé résultant de la décision déjà rendue sur le
» déclinatoire. » — On pourra consulter d'ailleurs, sur la distinction faite par cet arrêt, la
note de M. DEVILLENEUVE (S. V. *ubi suprà*) et CHAUVEAU sur CARRÉ, Quest. 261 *quater*. — Enfin, même en supposant que nous nous trompions avec la Cour de Cassation, et que tout ce
que nous venons de dire ne soit pas fondé sur le texte de la loi sainement interprété, nous
ne pouvons nous empêcher de penser, ainsi que le soutenait l'appelant dans ses conclusions devant la Cour, que la prétendue société dont il s'agissait n'aurait été, dans tous les
cas, qu'une association en participation ; et que, conséquemment, celui qui aurait été associé, dans une telle société, n'aurait pas pu être distrait des juges de son domicile personnel, puisque la société en participation ne forme pas un être moral. Voir dans ce sens :
Rejet, 14 mars 1810 (S. 10. 1. 207 ; — D. A. 3. 317) ; — Cass., 28 mai 1817 (S. 17. 1. 254 ;
— D. A. 3. 318) ; — Bastia, 25 avril 1855 (Notr. Rec., tom. 4, p. 147 et la note) ; — Cass., 5
mai 1858 (S. V. 59. 1. 223) ; — NOUGUIER, *Trib. de Comm.*, tom. 2, p. 384 et les autorités
qu'il cite ; ainsi que CHAUVEAU sur CARRÉ, Quest. 261.

personne ni à domicile; 2° parce qu'il contenait sommation à comparaître avant l'expiration des délais accordés par l'Article 73 du Code de Procédure Civile.

Le 4 Mai 1858, jugement qui joint au fond le déclinatoire ainsi que les nullités, et, avant dire droit, admet le sieur Solina à établir par témoins l'existence de la société par lui alléguée et formellement déniée par le sieur Marius Stagnaro.

Déféré à la censure de la Cour, ce jugement a été l'objet d'un appel de la part du sieur Stagnaro, pour — 1° Fausse application de la règle que le Juge de l'action est le Juge de l'exception. En effet, la règle ne doit pas recevoir application devant les Tribunaux de Commerce, lorsque l'action et l'exception se confondent de telle sorte que le jugement de l'une emporte jugement de l'autre. En d'autres termes, la règle ne doit pas être suivie, lorsque l'admissibilité de la demande est dépendante, ainsi que dans l'espèce, d'*une qualité déniée*, qui est attributive de la juridiction exceptionnelle.

2° Violation des Articles 172 et 425 du Code de Procédure, qui exigent deux dispositions parfaitement distinctes, et ne permettent pas au premier Juge de joindre le déclinatoire au fond.

3° Fausse application de l'Article 59, § 5 du Code de Procédure, portant qu'en matière de société, le défendeur sera assigné devant le Juge du lieu où siége la société. Car, même en admettant l'existence de la société, il s'agissait évidemment au procès d'une participation, et, dès lors, cette participation n'ayant ni siége ni raison sociale, le sieur Stagnaro devait être assigné devant le Juge de son domicile, d'autant plus que le Tribunal de Commerce de Toulon était déjà saisi des différends existant entre les parties, et que les documents produits au soutien de l'appel incident, émanaient de personnes ayant elles-mêmes leur domicile dans les départements du Var et des Bouches du Rhône.

ARRÊT.

Après délibération en la Chambre du Conseil,

La Cour; — sur les conclusions conformes de M. de Casabianca, Premier Avocat Général,

Attendu qu'on relève de la citation donnée le 17 Septembre 1857 à Stagnaro, à la requête de Solina, que ledit Stagnaro est appelé de-

vant le Tribunal de Commerce de Bastia, à l'effet de voir dire et reconnaître « qu'une société a existé et existe encore entre eux, pour
» l'exploitation des étangs de *Diana*, *Urbino* et autres ; — Que cette
» exploitation a été par eux faite en commun pendant les années
» 1856-57 ; — Que Stagnaro a plus particulièrement exploité l'étang
» d'*Urbino*, et que, par suite, il y a lieu d'ordonner qu'il sera procédé
» à un réglement de compte entre eux, dans le cas où ledit Stagnaro
» ne voudrait plus continuer ladite société » ;

Attendu que quels que soient les termes employés par Solina dans
la citation sus-mentionnée, il n'en ressort pas moins bien évidemment
qu'il pose en fait qu'il existe entre lui et Stagnaro une association ayant
pour objet et pour but l'exploitation des étangs de *Diana*, *Urbino* et
autres, et les opérations commerciales résultant de cette exploitation ;
— Que cette association aurait été faite à Bastia, et que c'est dans cette
ville que devaient avoir lieu l'apport, la livraison, la vente ou l'expédition des marchandises provenant de cette même exploitation ;

Attendu que quoique cette allégation de Solina fut corroborée par
plusieurs faits résultant des documents par lui produits devant les premiers Juges, ceux-ci n'ont pas pensé que l'existence de l'association
fut d'ores et déjà suffisamment prouvée, et qu'ils ont, par le jugement
attaqué, admis Solina à en fournir la preuve par témoins et par toutes
autres voies ;

Attendu que, sans qu'il soit besoin de se préoccuper de la question
de savoir, si par son séjour et celui de sa famille à Bastia, pendant un
temps plus ou moins long, par sa présence sur les lieux objet de l'association, par les actes d'exploitation par lui faits, Stagnaro a suffisamment manifesté l'intention d'établir sa résidence dans ladite ville, et
s'il ne l'a quittée que par suite de la non réussite de l'association, toujours est-il que Solina a pu régulièrement citer Stagnaro devant le
Tribunal de Commerce de Bastia, conformément aux dispositions de
l'Article 420 du Code de Procédure Civile, et que ce Tribunal était
compétent pour statuer sur la contestation ;

SANS S'ARRÊTER à l'appel émis par Stagnaro envers le Jugement du

Tribunal de Commerce de Bastia, en date du 4 Mai 1858, non plus qu'à l'appel incident de Solina, de tout quoi ils sont DÉMIS et DÉBOUTÉS,

CONFIRME le Jugement attaqué.

Chambre Civile. — M. ANDRAU-MORAL, *Conseiller-doyen, f. f. de Président.*

MM. SAVELLI, ⎱
BONELLI, ⎰ *Avocats..*

Fin du Cinquième et dernier Volume.